中国南方机车车辆工业集团公司年鉴

2006

《中国南方机车车辆工业集团公司年鉴》编辑委员会

中 国 铁 道 出 版 社

北 京

《中国南方机车车辆工业集团公司年鉴》
（2006年刊）
编　辑　委　员　会

特 约 编 委

《中国南方机车车辆工业集团公司年鉴》
（2006年刊）
编辑出版工作人员

主　　编　张　军

副 主 编　曹子章

编　　辑　何树高　中国南车集团公司办公室
廖日凡　南方汇通股份有限公司
王学让　南车四方机车车辆股份有限公司
肖　光　中国南车集团石家庄车辆厂
杨锦祥　中国南车集团戚墅堰机车车辆厂
刘怀文　中国南车集团襄樊内燃机车厂
袁　洋　中国南车集团石家庄车辆厂
常宏岩　中国南车集团洛阳机车厂
石佑达　中国南车集团眉山车辆厂

责任编辑　周秀梅

10月14日，中共中央总书记、国家主席、中央军委主席胡锦涛到戚墅堰厂视察。

8月12日，中共中央政治局常委、国务院总理温家宝到株机厂视察。 摄影/夏伟雄

12月12日，中共中央政治局常委李长春到南方汇通公司视察。

9月7日，中共中央政治局委员、上海市委书记陈良宇参观集团公司展台。

4月8日，中共中央政治局委员、国务院副总理曾培炎到南方汇通公司视察。

5月28日，国家发展与改革委员会主任马凯到株机厂视察。

7月1日，戚墅堰厂生产的东风11G型机车牵引着浦镇厂制造的新型车辆从泰州站始发，拉开中国铁路红色旅游线开行的帷幕。铁道部部长刘志军出席通车仪式。

摄影/庄园良

6月2日，铁道部副部长孙永福到四方股份公司视察。 摄影/刘恩忠

4月4日，铁道部副部长胡亚东视察新型重载货车。 摄影/刘 峰

7月21日，国资委国有企业监事会主席赵喜子到浦镇厂检查指导工作。

8月29日，集团公司总经理赵小刚到石家庄厂调研。

8月12日，集团公司党委书记郑昌泓到四方有限公司检查指导工作。

8月10日，集团公司副总经理唐克林到铜陵厂检查指导工作。

6月15日，集团公司党委副书记、纪委书记、工会主席张军到襄樊厂检查指导工作。

9月8日，集团公司副总经理傅建国到铜陵厂检查指导工作。

8月10日，集团公司副总经理刘化龙到江岸厂检查指导工作。

11月21日，集团公司总会计师詹艳景到洛阳厂检查指导工作。

7月25日，集团公司领导看望抗战老战士。　　摄影/李敏

1月7日，集团公司工作会议在北京召开。

5月26日，集团公司举办2005中国南车高峰论坛。 摄影/李敏

2月18日，集团公司部署保持共产党员先进性教育活动。　　摄影/何明新

4月23日，集团公司第一届党代会第二次全体委员会议在京召开。　　摄影/李敏

6月17日，集团公司总部先进性教育活动圆满结束。　　摄影/李敏

集团公司总部群众为总部机关开展党员先进性教育活动群众满意度投票。　　摄影/李敏

9月22日，集团公司召开第二批先进性教育活动总结大会。　　摄影/葛铁夫

10月16日，集团公司总经理赵小刚会见美国GE公司高层领导。

2月22日，集团公司、四方股份公司和川崎重工、伊藤忠商事合资设立青岛四方川崎车辆技术有限公司。

7月13日，三菱电机株式会社社长野间口有率团访问株洲所。

4月19日，株洲所与美国密歇根州立大学联合成立“电力电子系统研发中心”。

3月23日，集团公司与兖矿建立战略合作伙伴关系。

9月8日，株洲电力机车有限公司揭牌成立。摄影/夏伟雄

10月28日，株洲南车时代电气股份有限公司创立。

8月13日，四方股份、川崎重工、三菱电机、株洲所、株洲电机、石家庄国祥六方在青岛签订时速200公里铁路动车组项目采购合同。

3月23日，株辆厂与澳大利亚戈尼南公司举行平车供货合同签字仪式。

匈牙利国家铁路公司到株洲所访问。

10月31日，戚墅堰厂签约铁道部大功率交流传动内燃机车采购和技术引进项目。

摄影/王建文

8月14日，集团公司参加“全民节约，共同行动”大型宣传活动。

摄影/何明新

9月9日，集团公司领导在广西靖西、那坡县检查扶贫工作。　　摄影/葛铁夫

集团公司表彰公司职业技能竞赛获奖选手。

9月29日，石家庄厂举行建厂100年庆典。

摄影/钱庆芊

4月25日，中央电视台《与您相约》栏目组在戚墅堰厂摄制“五一”特别节目

3月12日，纳米比亚总统努乔马为四方股份公司出口纳米比亚动车组运营剪彩。　摄影/沈家骏

8月9日，资阳厂举行首次出口土库曼斯坦内燃机车交接仪式。

1月20日，四方股份公司出口纳米比亚动车组下线。

11月18日，株机公司生产的广州地铁车辆下线。
摄影/王义明

10月18日，四方股份公司制造的叙利亚客车在青岛港装船启运。　摄影/刘思忠

自主知识产权国产化地铁车辆

东风11G型内燃机车　　摄影/马建明

出口纳米比亚动车组在运营中

出口土库曼斯坦机车车辆在穿越中土边境地区　　摄影/李关渝

出口伊朗客车装船

出口土库曼斯坦内燃机车

直线电机地铁车辆

摄影/刘恩忠

广州三号线地铁列车

70吨级通用敞车

出口委内瑞拉矿石侧翻货车

公路铁路两用车

电动公交车

浦镇厂制造的暑运列车首开“红色之旅”

编 辑 说 明

一、《中国南方机车车辆工业集团公司年鉴》（2006年刊），是中国南方机车车辆工业集团公司（简称中国南车集团公司）年鉴编辑委员会编辑出版的第5部年鉴。主要记述中国南车集团公司总部及下属单位2005年1月1日至12月31日生产经营等各项工作活动情况，是本年度内中国南车集团公司行政和党群各项工作活动的史册，是具有权威性和实用性的资料工具书。

二、本《年鉴》设特载、专文、大事记、概况、经营与销售、技术管理、人力资源管理、党群工作、下属单位、人物与荣誉、统计资料、合资合作经营企业、附录和索引14个栏目。栏目下设类目、条目。条目为本《年鉴》的基本单元和记述信息数据资料的主要形式，是全书的主体。

三、本《年鉴》主要由中国南车集团公司总部及下属各单位撰稿，经部门和单位领导审核。总部及各单位领导干部名单，以总部及各单位提供的名单为准。各厂所、公司、院校的特约编委成员，以单位上报名单为准。人物栏目内的新闻人物，以2005年仍在任期内的为准；先进人物和先进集体，均以2004年度至2005年度获得的荣誉称号为准；逝世人物，以各单位提供的资料为准。

四、为了叙述简便，“中国南方机车车辆工业集团公司”在文中一般简称为“中国南车集团公司”或“集团公司”；下属厂所、公司、院校的名称除类目标题使用全称以外，一般使用本行业内部简称；厂所、公司、院校统称“各厂所、公司、院校”。

五、按照《年鉴》每一条目都应注明作者姓名的规范化要求，本《年鉴》除按条目注明“××”之外，为叙述简便，凡多个条目构成的一个类目由一人或多人共同撰稿的，仅在此类目末尾注明“××供稿”。

六、本《年鉴》“索引”标目只将《年鉴》栏目、类目列入，按汉语拼音字母顺序排列，标目后数字为页码。

七、本《年鉴》在编辑过程中，得到集团公司各级领导、各部门的关心和帮助；各位特邀编辑人员在文稿的修改编辑方面做了大量细致的工作；在出版过程中，得到了中国铁道出版社和大连机车研究所的大力支持，谨致谢意。

八、由于编辑水平所限，本《年鉴》难免存在疏漏笔误之处，诚请读者指正。

编 辑 说 明

目　　录

特　　载

创新发展模式　提高发展质量　做全面落实科学发展观的表率
——中共中央政治局常委、国务院副总理黄菊在中央企业负责人会议上的讲话(2005年12月25日)……………………………（3）

高举邓小平理论和“三个代表”重要思想伟大旗帜　用科学发展观统领铁路各项工作
——中共中央政治局常委、国务院副总理黄菊在全国铁路工作会议上的讲话(摘要)(2006年1月7日)……………………（10）

全面贯彻落实科学发展观　努力实现中央企业更快更好发展
——国务院国有资产监督管理委员会主任李荣融在中央企业负责人会议上的讲话(摘要)(2005年12月25日)…………………（16）

用科学发展观统领铁路工作　深入推进铁路跨越式发展　为我国经济社会又快又好发展作出更大贡献
——铁道部部长刘志军在全国铁路工作会议上的报告(摘要)(2006年1月6日)…（26）

专　　文

落实科学发展观　抢抓机遇谋发展　全面实现南车集团“十五”战略目标
——总经理赵小刚在中国南车集团公司工作会议上的报告(摘要)(2005年1月7日)……………………………………（37）

增强紧迫感　提高执行力　为实现南车集团改革发展目标提供坚强的政治保证
——党委书记郑昌泓在中国南车集团公司工作会议上的讲话(摘要)(2005年1月7日)……………………………………（51）

加强领导　精心组织　确保保持共产党员先进性教育活动取得实效
——党委书记郑昌泓在中国南车集团公司总部保持共产党员先进性教育活动动员大会上

的讲话(摘要)(2005年2月18日)…… (60)

诚信经营 廉洁从业 做国家财富的优秀创造者

——总经理赵小刚在中国南车集团公司纪检监察工作会议上的讲话(摘要)(2005年4月24日) …… (68)

大 事 记

集团公司2005年大事记 …… (77)

概 况

行政工作概述 …… (87)

概述 …… (87)

"十五"经营目标 …… (87)

机车车辆 …… (87)

城轨地铁 …… (87)

对外贸易 …… (87)

体制改革 …… (88)

主辅分离改制分流 …… (88)

结构调整 …… (88)

三项制度改革 …… (88)

新产品开发 …… (88)

主产品与国际接轨 …… (89)

技术改造 …… (89)

战略管理 …… (89)

企业管理 …… (89)

信息化建设 …… (90)

精神文明建设 …… (90)

党群工作概述 …… (90)

概述 …… (90)

企业党建工作 …… (90)

保持共产党员先进性教育活动 …… (91)

领导班子建设 …… (91)

党风廉政建设工作 …… (92)

理论学习和宣传思想工作 …… (92)

企业文化工作 …… (93)

工会、共青团工作 …… (93)

集团公司行政部门组织机构图(2005年) …… (94)

集团公司党群部门组织机构图(2005年) …… (95)

中国南车集团公司领导干部名单 …… (96)

中国南车集团公司工会副主席、纪委副书记、副总经济师、副总工程师、副总会计师名单 …… (96)

中国南车集团公司总部机关各部门负责人名单 …… (97)

经 营 与 销 售

企业管理 ………………………………（101）

概述 ………………………………（101）

企业改制 ………………………………（101）

主辅分离改制分流 ………………………………（101）

企业资产经营责任制 ………………………………（101）

企业管理创新 ………………………………（102）

安全生产管理 ………………………………（102）

企业办社会职能移交 ………………………………（102）

商标注册 ………………………………（103）

流程管理 ………………………………（103）

法律事务工作 ………………………………（103）

统计和统计分析 ………………………………（103）

销售工作 ………………………………（103）

概述 ………………………………（103）

机车车辆销售 ………………………………（103）

配件销售 ………………………………（104）

物资管理 ………………………………（104）

出口贸易 ………………………………（104）

规划与投资 ………………………………（104）

概述 ………………………………（104）

战略与规划 ………………………………（104）

年度专业计划 ………………………………（105）

产品结构调整 ………………………………（105）

产业政策研究 ………………………………（105）

投资项目 ………………………………（105）

设备招标采购 ………………………………（106）

项目竣工验收 ………………………………（106）

合资合作 ………………………………（106）

财务管理 ………………………………（106）

概述 ………………………………（106）

主要财务指标完成情况 ………………………………（106）

清产核资 ………………………………（106）

主辅分离 ………………………………（107）

财务制度和项目调研 ………………………………（107）

国有资产管理 ………………………………（107）

上市公司股权分置改革 ………………………………（107）

资金管理 ………………………………（107）

资产经营责任制 ………………………………（107）

成本价格管理 ………………………………（107）

会计信息化及会计基础工作 ………………………………（107）

重要会议 ………………………………（108）

审计工作 ………………………………（108）

概述 ………………………………（108）

任期经济责任审计 ………………………………（108）

风险管理审计 ………………………………（108）

效益管理审计 ………………………………（109）

内部控制评审 ………………………………（109）

工程项目审计 ………………………………（110）

经济合同审计 ………………………………（110）

内部审计质量体系建设 ………………………………（111）

信息化建设 ………………………………（111）

概述 ………………………………（111）

株辆厂 ERP 系统全线运行 …………（111）
集团公司财务报表系统……………………（112）
编制集团价格指数系统……………………（112）
计算机技术在货车状态分析中的应用 ……………………………………（113）
洛阳厂生产管理系统通过集团公司验收 ……………………………………（113）
多元经营……………………………………（113）
概述 ………………………………………（113）
多经企业经营发展情况……………………（114）
多经企业产品研发情况……………………（114）
多经实体管理 ……………………………（114）
多经工作会议 ……………………………（115）

技 术 管 理

科技发展与管理……………………………（119）
概述 ………………………………………（119）
科技计划管理………………………………（119）
科技成果……………………………………（120）
专利技术……………………………………（120）
标准化工作…………………………………（120）
质量管理与通用技术……………………（120）
概述 ………………………………………（120）
质量体系认证………………………………（120）
质量管理小组………………………………（120）
产品质量监督检查…………………………（121）
计量与理化检测……………………………（121）
通用技术……………………………………（121）
通用技术培训………………………………（122）
通用技术项目审定…………………………（122）
机车生产与技术开发……………………（123）
概述 ………………………………………（123）
东风$_{8CJ}$型内燃机车 ……………………（125）
大功率交流传动内燃机车…………………（125）
GK_{2C}型内燃机车 ……………………（125）
DJ4 大功率交流传动电力机车 ………（125）
电动车组高温超导变压器…………………（125）
交流传动系统及控制技术…………………（126）
16 头钢轨打磨走行齿轮箱轮对 ……（126）
CKD_{4C}型内燃机车 ……………………（126）
SDD_1 型窄轨内燃机车 ………………（126）
出口土库曼斯坦内燃机车…………………（126）
出口南非 SDD_2 型外走廊窄轨内燃机车 ……………………………………（127）
出口越南 SDD_3 型准轨内燃机车 ……（127）
自主知识产权国产化地铁车辆……………（127）
直线电机地铁车辆…………………………（127）
广州地铁三号线车辆………………………（128）
地铁车辆转向架国产化……………………（128）
车辆生产与技术开发……………………（128）
概述 ………………………………………（128）
青藏客车项目开发与生产…………………（129）
动车组项目研发与生产 …………………（129）

时速160公里快速货车转向架及制动系统……（129）
三支点敞车通过铁道部技术审查……（130）
E14-1型制动缸通过铁道部技术审查……（130）
D_{11}型凹底平车通过部级生产质量认证……（130）
大吨位预制梁专用车设计通过铁道部审查……（130）
280吨、150吨凹底平车通过铁道部技术审查……（130）
70吨级氧化铝粉罐车通过铁道部技术审查……（130）
能源管理与环境保护……（130）
概述……（130）
节能管理……（131）
环境保护……（131）
培训会议……（132）

人力资源管理

人事管理……（135）
概述……（135）
领导班子建设……（135）
领导班子结构……（135）
创建“四好”领导班子活动……（135）
公开选拔工作……（136）
总会计师委派制……（136）
科技人才管理……（136）
职称评审……（136）
出国审批及政审……（137）
制度建设……（137）
校园招聘……（137）
变更企业名称……（137）
总部机关机构改革……（137）
总部机关人事管理……（137）
老干部管理……（137）
劳动工资管理……（138）
概述……（138）
薪酬制度改革……（138）
工效挂钩与工资总额管理……（138）
主要劳动工资指标……（139）
员工构成……（139）
“两个确保”与企业稳定工作……（139）
劳动用工制度改革……（140）
职业技能鉴定……（140）
职业技能竞赛……（140）
劳动定额……（141）
编制业务工作流程……（141）
教育管理……（141）
概述……（141）
员工培训……（141）
职业教育……（141）
教育研究会和基础教育……（142）

党 群 工 作

组织工作……………………………………（145）

概述……………………………………（145）

保持共产党员先进性教育活动………（145）

配合国资委党委工作…………………（147）

党委换届改选…………………………（147）

两级班子民主生活会…………………（147）

党支部建设……………………………（147）

发展新党员……………………………（147）

创先争优………………………………（148）

组织工作座谈会………………………（148）

党内统计工作…………………………（148）

宣传工作……………………………………（148）

概述……………………………………（148）

理论学习………………………………（148）

形势任务教育…………………………（149）

宣传阵地建设…………………………（149）

企业文化建设…………………………（149）

对外宣传报道…………………………（150）

统战和“法轮功”痴迷者教育转化工作……………………………………（150）

自身建设………………………………（151）

纪检监察工作………………………………（151）

概述……………………………………（151）

纪检监察工作会议……………………（151）

反腐倡廉教育…………………………（151）

领导干部廉洁自律……………………（152）

党风廉政建设责任制…………………（152）

源头防范治理…………………………（152）

案件检查与审理………………………（153）

效能监察………………………………（153）

纪检基础建设…………………………（153）

工会工作……………………………………（154）

概述……………………………………（154）

集团公司工会第二次代表大会………（154）

集团公司工会一届七次全委会………（154）

厂务公开民主管理……………………（155）

群众性经济技术创新工程……………（155）

生活保障工作…………………………（155）

女员工工作……………………………（156）

财务与经审工作………………………（156）

信息工作………………………………（156）

工会业务知识培训……………………（156）

工会自身建设…………………………（157）

共青团工作…………………………………（157）

概述……………………………………（157）

青年理论学习…………………………（157）

青年思想教育实践活动………………（157）

青年形势任务教育……………………（157）

“创建学习型团组织，争做知识型青年”活动……………………………（158）

青年岗位论坛活动……………………（158）

青年文明创建活动……………………（158）

青年文化活动…………………………（158）

青年典型选树…………………………（158）

“双岗”活动 …………………………………… (159)

青年创新创效活动 ……………………………… (159)

青年岗位建功实践活动 ………………………… (159)

团的基层组织建设 ……………………………… (159)

增强团员意识主题教育活动第一阶段工作 …… (160)

团干部队伍建设 ………………………………… (160)

集团公司第二次团代会 ………………………… (160)

共青团工作新探索 ……………………………… (161)

机关党务工作 ………………………………… (161)

概述 ……………………………………………… (161)

保持共产党员先进性教育活动 ………………… (161)

组织建设 ………………………………………… (162)

思想作风建设 …………………………………… (162)

党支部建设 ……………………………………… (162)

宣传企业文化 …………………………………… (162)

学会·协会 …………………………………… (163)

中国南车集团公司政治思想工作研究会 ……… (163)

中国南车集团企业管理协会 …………………… (163)

中国南车集团公司科学技术协会 ……………… (165)

中国南车集团公司体协 ………………………… (165)

下 属 单 位

中国南车集团株洲电力机车有限公司 ………… (169)

概述 ……………………………………………… (169)

改革改制 ………………………………………… (170)

新产品开发 ……………………………………… (170)

质量管理 ………………………………………… (171)

党群工作 ………………………………………… (171)

国务院总理温家宝到厂视察 …………………… (172)

株机公司成立 …………………………………… (172)

公司副职领导干部公开选拔 …………………… (172)

广州地铁车辆 …………………………………… (173)

重要纪事 ………………………………………… (173)

领导干部名单 …………………………………… (173)

中国南车集团资阳机车厂 …………………… (174)

概述 ……………………………………………… (174)

改革改制 ………………………………………… (174)

新产品开发 ……………………………………… (174)

质量管理 ………………………………………… (175)

党群工作 ………………………………………… (175)

出口土库曼斯坦 CKD_{8A} 型客运内燃机车 …… (176)

出口土库曼斯坦 CKD_{8C} 型货运内燃机车 …… (176)

出口苏丹 SDD_1 型窄轨内燃机车 …………… (176)

出口南非 SDD_2 型外走廊窄轨内燃机车 …… (176)

重要纪事 ………………………………………… (176)

领导干部名单 …………………………………… (177)

中国南车集团戚墅堰机车车辆厂 …………… (178)

概述 ……………………………………………… (178)

改革改制……………………………………（179）
新产品开发………………………………（179）
质量管理…………………………………（179）
党群工作…………………………………（180）
东风$_{8CJ}$型内燃机车通过科技成果
　鉴定……………………………………（182）
CKD_{4C}型内燃机车方案通过技术
　评审……………………………………（182）
NX_{70}型平车、GQ_{70}型轻油罐车
　通过铁道部质量认证…………………（182）
大功率交流传动内燃机车采购和
　技术引进………………………………（183）
重要纪事…………………………………（183）
领导干部名单……………………………（183）
南车四方机车车辆股份有限公司………（184）
概述………………………………………（184）
改革改制…………………………………（185）
新产品开发………………………………（185）
质量管理…………………………………（186）
党群工作…………………………………（186）
直线电机地铁列车………………………（186）
重要纪事…………………………………（187）
领导干部名单……………………………（188）
四方机车车辆有限责任公司……………（189）
概述………………………………………（189）
改革改制…………………………………（189）
新产品开发………………………………（190）
质量管理…………………………………（190）
党群工作…………………………………（190）
重要纪事…………………………………（190）
领导干部名单……………………………（191）
中国南车集团南京浦镇车辆厂…………（192）
概述………………………………………（192）
改革改制…………………………………（192）
新产品开发………………………………（193）
质量管理…………………………………（193）
党群工作…………………………………（193）
城轨车辆生产……………………………（194）
重要纪事…………………………………（194）
领导干部名单……………………………（195）
中国南车集团株洲车辆厂………………（196）
概述………………………………………（196）
改革改制…………………………………（196）
新产品开发………………………………（196）
质量管理…………………………………（197）
党群工作…………………………………（197）
重要纪事…………………………………（198）
领导干部名单……………………………（198）
中国南车集团眉山车辆厂………………（199）
概述………………………………………（199）
改革改制…………………………………（200）
新产品开发………………………………（200）
质量管理…………………………………（200）
党群工作…………………………………（201）
重要纪事…………………………………（202）
领导干部名单……………………………（202）
中国南车集团武昌车辆厂………………（203）
概述………………………………………（203）
改革改制…………………………………（203）
新产品开发………………………………（203）

党群工作 ……………………………… (204)
重要纪事 ……………………………… (204)
领导干部名单 ………………………… (205)
中国南车集团铜陵车辆厂 ……………… (206)
概述 …………………………………… (206)
新产品开发 …………………………… (206)
质量管理 ……………………………… (206)
党群工作 ……………………………… (206)
重要纪事 ……………………………… (207)
领导干部名单 ………………………… (207)
中国南车集团成都机车车辆厂 ………… (208)
概述 …………………………………… (208)
改革改制 ……………………………… (209)
新产品开发 …………………………… (209)
质量管理 ……………………………… (209)
党群工作 ……………………………… (209)
工厂与美国GE公司签约电机制造
技术引进合同 ……………………… (210)
25G型空调客车试修通过部级技术
评审 ……………………………… (210)
重要纪事 ……………………………… (210)
领导干部名单 ………………………… (210)
中国南车集团洛阳机车厂 ……………… (211)
概述 …………………………………… (211)
改革改制 ……………………………… (211)
新产品开发 …………………………… (212)
质量管理 ……………………………… (212)
党群工作 ……………………………… (212)
重要纪事 ……………………………… (213)
领导干部名单 ………………………… (213)
中国南车集团襄樊内燃机车厂 ………… (214)
概述 …………………………………… (214)
改革改制 ……………………………… (214)
新产品开发 …………………………… (215)
质量管理 ……………………………… (215)
党群工作 ……………………………… (215)
重要纪事 ……………………………… (216)
领导干部名单 ………………………… (216)
中国南车集团北京二七车辆厂 ………… (217)
概述 …………………………………… (217)
改革改制 ……………………………… (218)
新产品开发 …………………………… (218)
质量管理 ……………………………… (219)
党群工作 ……………………………… (219)
重要纪事 ……………………………… (220)
领导干部名单 ………………………… (220)
中国南车集团石家庄车辆厂 …………… (221)
概述 …………………………………… (221)
改革改制 ……………………………… (222)
新产品开发 …………………………… (222)
质量管理 ……………………………… (222)
党群工作 ……………………………… (222)
百年厂庆 ……………………………… (223)
重要纪事 ……………………………… (223)
领导干部名单 ………………………… (224)
中国南车集团武汉江岸车辆厂 ………… (225)
概述 …………………………………… (225)
改革改制 ……………………………… (226)
新产品开发 …………………………… (226)
质量管理 ……………………………… (226)

党群工作……………………………………（227）
重要纪事……………………………………（228）
领导干部名单………………………………（228）
南方汇通股份有限公司
（中国南车集团贵阳车辆厂）…………（229）
概述…………………………………………（229）
改革改制……………………………………（230）
新产品开发…………………………………（230）
质量管理……………………………………（231）
党群工作……………………………………（231）
重要纪事……………………………………（232）
领导干部名单………………………………（232）
中国南车集团株洲电力机车研究所……（233）
概述…………………………………………（233）
改革改制……………………………………（234）
新产品开发…………………………………（234）
质量管理……………………………………（234）
党群工作……………………………………（234）
交流传动系统及其高性能控制技术
的研究……………………………………（235）
机车分布式微机控制与网络系统……（235）
机车交流传动系统试验台………………（235）
重要纪事……………………………………（236）
领导干部名单………………………………（236）
中国南车集团戚墅堰机车车辆工艺研究所
……………………………………（237）
概述…………………………………………（237）
改革改制……………………………………（238）
新产品开发…………………………………（238）
质量管理……………………………………（238）
党群工作……………………………………（238）
与日本住友集团就时速200公里
EMU用车钩及缓冲器技术转让
签约………………………………………（239）
城轨用密接式车钩和缓冲器装置
通过江苏省成果鉴定……………………（239）
16头钢轨打磨车走行齿轮箱轮对
通过装车考核……………………………（239）
15项科技成果获奖………………………（239）
现场接触焊轨车产业化关键技术
研究………………………………………（240）
重要纪事……………………………………（240）
领导干部名单………………………………（240）
中国南车集团襄樊牵引电机有限公司
……………………………………（241）
概述…………………………………………（241）
改革改制……………………………………（241）
新产品开发…………………………………（242）
质量管理……………………………………（242）
党群工作……………………………………（242）
重要纪事……………………………………（243）
领导干部名单………………………………（243）
湖南铁道职业技术学院…………………（244）
概述…………………………………………（244）
教学与科研…………………………………（244）
数控技术专业实验培训基地……………（245）
重要纪事……………………………………（245）
领导干部名单………………………………（245）
常州铁道高等职业技术学校……………（246）
概述…………………………………………（246）

行业培训 ……………………………… (246)
基地建设 ……………………………… (246)
安全工作 ……………………………… (247)
党群工作 ……………………………… (247)
重要纪事 ……………………………… (247)
领导干部名单 …………………………… (247)
北京铁工经贸公司 ……………………… (248)
概述 …………………………………… (248)
中车大厦 ……………………………… (248)
北京飞龙阁饭店 ………………………… (249)
南戴河中车宾馆 ………………………… (249)
北海铁工宾馆 …………………………… (249)
海南鑫源置业发展有限公司 ………… (249)
泰安傲徕峰山庄 ……………………… (250)
时代新材料科技股份公司 …………… (250)
领导干部名单 ………………………… (250)
新力搏交通装备投资发展有限公司 …… (251)
概述 …………………………………… (251)
经营工作 ……………………………… (251)
基础管理 ……………………………… (251)
资产管理 ……………………………… (251)
服务工作 ……………………………… (252)
精神文明建设 ………………………… (252)
领导干部名单 ………………………… (252)

人物与荣誉

先进人物 …………………………… (255)
一、获国家级荣誉称号先进人物 …… (255)
全国劳动模范 ………………………… (255)
全国“五一”劳动奖章获得者 ……… (255)
政府特殊津贴获得者 ………………… (255)
何梁何利科学与技术进步奖获得者 ………………………………… (255)
全国技术能手 ………………………… (255)
全国“五一”巾帼奖 ………………… (255)
全国“三八”红旗手 ………………… (255)
全国青年岗位能手 …………………… (255)
全国内部审计先进工作者 …………… (255)
二、获省部级荣誉称号先进人物 …… (255)
北京市劳动模范 ……………………… (255)
湖南省劳动模范 ……………………… (255)
火车头奖章获得者 …………………… (255)
第七届詹天佑铁道科学技术成就奖 ………………………………… (255)
第七届詹天佑铁道科学技术青年奖 ………………………………… (255)
茅以升铁道工程师奖 ………………… (256)
中央企业青年岗位能手 ……………… (256)
中央企业技术能手 …………………… (256)
湖南省十大杰出青年 ………………… (256)
四川省优秀青年企业家 ……………… (256)
全路优秀工会工作者 ………………… (256)
中央企业优秀团干部 ………………… (256)
北京市优秀团干部 …………………… (256)

河北省优秀团务工作者……………（256）
四川省优秀团干部……………………（256）
中央企业优秀团员……………………（256）
北京市优秀团员………………………（256）
全路先进女工工作者…………………（256）
全路先进女职工………………………（256）
中央企业巾帼建设标兵………………（256）
四川省优秀技术人才…………………（256）
北京市优秀青年工程师………………（256）
河北省企业文化建设先进个人……（256）
北京市青年岗位能手…………………（256）
湖南省青年岗位能手…………………（257）
四川省知识型、技能型优秀员工
……………………………………………（257）
四川省青年技术创新带头人………（257）
四川省十佳创新明星…………………（257）
三、获集团公司荣誉称号先进人物
……………………………………………（257）
集团公司优秀共产党员………………（257）
集团公司优秀党务工作者……………（257）
集团公司优秀团委书记………………（258）
集团公司优秀团干部…………………（258）
集团公司优秀团员……………………（258）
集团公司青年岗位能手标兵………（258）
集团公司青年岗位能手………………（259）
集团公司技术标兵……………………（259）
集团公司技术能手……………………（259）
集团公司女员工素质提升工程先
进个人…………………………………（259）
集团公司先进女员工工作者………（259）
逝世人物………………………………（260）
李茂林…………………………………（260）
冯方银…………………………………（260）
李　伸…………………………………（260）
余庆生…………………………………（260）
先进集体………………………………（260）
一、获国家级荣誉称号………………（260）
全国文明单位…………………………（260）
全国企业文化建设先进单位………（260）
第十一届国家级企业管理现代化
创新成果一等奖……………………（260）
全国职业教育先进单位………………（260）
全国青年职业技能大赛“优胜杯”
……………………………………………（260）
全国青年技能鉴定示范单位………（260）
全国模范职工之家……………………（260）
全国模范职工小家……………………（260）
全国“五四”红旗团委创建单位……（260）
全国青年文明号………………………（261）
全国群众体育先进单位(2001～
2005年度)……………………………（261）
全国亿万职工“迎奥运”健身活动
月系列活动优秀组织奖…………（261）
二、获省部级荣誉称号………………（261）
山东省文明单位………………………（261）
湖北省文明单位………………………（261）
四川省思想政治工作先进单位……（261）
河北省企业文化建设先进单位……（261）
火车头奖杯获得集体…………………（261）
全路模范职工之家……………………（261）

全路模范职工小家……………………（261）
全国铁路女职工工作先进集体……（261）
湖南省女职工工作先进集体………（261）
中央企业“五四”红旗团委…………（261）
中央企业“五四”红旗团委创建
单位………………………………（261）
中央企业青年文明号………………（261）
中央企业“五四”红旗团支部………（261）
四川省青年安全生产示范岗………（261）
四川省“创建学习型组织，争做
知识型技能职工”活动先进
单位………………………………（261）
三、获集团公司荣誉称号……………（261）
集团公司“四好”领导班子…………（261）
集团公司先进基层党组织…………（261）
集团公司“工会好班子”……………（262）
集团公司女员工素质提升工程
先进集体…………………………（263）
集团公司青年“双五小”成果征集
评选活动先进单位………………（263）
集团公司“五四”红旗团委…………（263）
集团公司先进基层团组织…………（263）
集团公司青年文明岗标杆…………（264）
集团公司青年文明岗………………（264）

统 计 资 料

2005年中国南车集团公司主要经营指
标综合表(表1)…………………………（267）
2005年中国南车集团公司各厂所、公司
主要产品产量明细表(表2)…………（267）
2005年中国南车集团公司各厂所、公司
工业总产值、工业增加值和工业销售
产值(表3)………………………………（270）
2005年中国南车集团公司各厂所、公司、
院校主要财务指标表(表4)…………（271）
2005年中国南车集团公司各厂所、公司、
院校用地与房屋建筑面积统计表
(表5)……………………………………（272）
2005年中国南车集团公司各厂所、公司、
院校设备拥有量分类统计表(表6)
…………………………………………（273）
2005年中国南车集团公司各厂内燃、
电力机车修理周期统计表(表7)……（274）
2005年中国南车集团公司各厂、公司客
车修理生产周期统计表(表8)………（274）
2005年中国南车集团公司各厂、公司货
车修理生产周期统计表(表9)………（275）
2005年中国南车集团公司各厂所、公司
多经企业状况统计表(表10)………（276）

合资合作经营企业

青岛四方—庞巴迪—鲍尔铁路运输设备有限公司……………………………（279）
株洲西门子牵引设备有限公司…………（279）
株洲斯威铁路产品有限公司……………（279）
石家庄国祥运输制冷设备有限公司……（280）
北京隆长泰工程机械有限公司…………（280）
北京丰华实机械有限公司………………（280）
北京中铁二七储运有限公司……………（281）
汇通源泉环境科技有限公司……………（281）
贵州航天电源科技有限公司……………（282）
贵州汇通华城楼宇科技有限公司………（282）
宇宙钢丝绳有限公司……………………（282）
南方汇通微电子分公司…………………（282）

附　　录

牢固树立服务运输宗旨　全面提升车辆装备水平　为推进铁路跨越式发展作出新的更大贡献………（285）
我国轨道交通网的结构与技术特征……（297）
装用280系列柴油机机车的技术优势和发展前景……………………………（305）
我国自行研制的DMUs和EMUs回顾 …（311）
中华人民共和国铁道部2005年铁道统计公报……………………………（316）
2005年铁路主要指标完成情况…………（321）

索　　引

索引 ……………………………………（325）

特载

创新发展模式　提高发展质量　做全面落实科学发展观的表率

——中共中央政治局常委、国务院副总理黄菊在中央企业负责人会议上的讲话(2005年12月25日)

高举邓小平理论和“三个代表”重要思想伟大旗帜　用科学发展观统领铁路各项工作

——中共中央政治局常委、国务院副总理黄菊在全国铁路工作会议上的讲话(摘要)(2006年1月7日)

全面贯彻落实科学发展观　努力实现中央企业更快更好发展

——国务院国有资产监督管理委员会主任李荣融在中央企业负责人会议上的讲话(摘要)(2005年12月25日)

用科学发展观统领铁路工作　深入推进铁路跨越式发展
为我国经济社会又快又好发展作出更大贡献

——铁道部部长刘志军在全国铁路工作会议上的报告(摘要)(2006年1月6日)

创新发展模式　提高发展质量
做全面落实科学发展观的表率

——中共中央政治局常委、国务院副总理黄菊在中央企业负责人会议上的讲话

（2005年12月25日）

同志们：

很高兴参加这次会议。我来参加会议的主要目的是看望大家。在即将过去的一年中，中央企业认真落实科学发展观和中央的方针政策，同志们工作很努力，很辛苦，也很有成效。我代表党中央、国务院，对你们一年来的辛勤工作表示衷心感谢！对中央企业的广大职工表示亲切慰问！

借此机会，我讲三点意见。

一、一年来中央企业取得了可喜的成绩

去年中央企业负责人会议以来，广大中央企业深入贯彻落实党的十六大、十六届五中全会和中央经济工作会议精神，开拓创新，奋发努力，扎实工作，克服种种困难，各方面工作都取得了新的进步，呈现出经济效益不断提高、资产质量不断改善、各项改革不断深入的良好态势。

*一是经济效益继续提高，对经济和社会发展的贡献更大。*今年以来，中央企业努力发挥自身优势，克服了多种不利因素的影响，经济运行质量和效益继续提高。销售收入预计到年底将突破6.6万亿元，比2004年增长18%。今年1—11月，实现利润5649.9亿元，同比增长24.7%，预计到年底将达6000亿元，比2004年增长23%；上缴税金4931.4亿元，同比增长24.4%。需要特别提出的是，中央企业主动承担社会责任，在缓解煤电油运紧张状况、保证生产生活需要，努力为“三农”服务，防治猪链球菌和禽流感疫情，维护企业和社会稳定等方面都做了大量工作，为保证国计民生、保证经济平稳较快发展和社会安定和谐作出了重要贡献，同时也树立了中央企业的良好形象。

*二是国有资产数量增加，质量改善，企业竞争能力进一步增强。*在实现经济效益大幅度增长的同时，中央企业的整体素质不断提高，国有资产保值增值能力进一步增强，竞争能力不断提升。截至今年11月底，中央企业资产总额达10.6万亿元，净资产4.5万亿元，分别比2002年增加3.47万亿元和1.31万亿元。资产运营效率良好，预计今年中央企业净资产收益率为9.5%，同比提高1个百分点；总资产报酬率可达7.3%，同比提高0.5个百分点。中央企业国际竞争能力增强，并已得到国际一些知名机构的肯定和认同。

*三是改革步伐进一步加快，结构调整取得新的成效。*中央企业近几年来在快速发展和整体素质、竞争能力的持续提高方面有了新进展，这与中央企业不断深化改革、加快结构调整是分不开的。改革取得新进展。股份制改革进一步加快，法人治理结构进一步完善。一批中央企业先后在境内外资本市场上市，有的还实现了主营业务资产整体上市，促进了机制转换和管理创新。股权分置改革积极稳妥推进。选人用人机制进一步完善。主辅分离辅业改制和分离办社会职能工作、兼并破产工作、企业内部三项制度改革等工作

积极推进，取得了新的进展。结构调整取得新成绩。中央企业联合重组的步伐明显加快。2005年，又有9组18户企业参与了重组，中央企业户数已从2003年的196家减少到169家，资源配置状况得到改善。中央企业普遍加大了产品结构调整力度，取得积极效果。特别是一些钢铁企业、汽车制造企业等，增加适销对路和高附加值产品，增强了竞争力，提高了经济效益。96家中央企业明确了主业，企业发展方向和投资方向不断趋于合理。企业内部重组整合力度加大，管理层级进一步压缩，促进了组织结构优化和管理效率的提高。

按照中央的统一部署，从今年1月开始，中央企业先后分两批开展了保持共产党员先进性教育活动。通过这项活动，党员普遍受到了一次教育，思想认识有所提高，党组织的战斗堡垒作用得到了增强，企业领导班子精神风貌有所改变，促进了中央企业改革发展的各项工作。为促进中央企业的改革和发展，国资委认真贯彻党中央、国务院的各项方针政策，做了大量卓有成效的工作。下个月，我还要专门就国资委工作讲话，在这里，就不展开了。

中央企业成绩的取得是很不容易的，对国资委和中央企业今年的工作中央是满意。希望同志们继续保持昂扬向上的精神风貌，加倍努力，在明年和“十一五”时期各项工作中取得新的更大成绩。

二、中央企业要在全面贯彻落实科学发展观中发挥表率作用

明年是“十一五”的起步年。面向未来，我们站在一个新的历史起点上。以邓小平理论和“三个代表”重要思想为指导，认真落实科学发展观，并把科学发展观贯穿到改革开放和现代化建设的全过程，是完成“十一五”各项任务、全面建设小康社会的根本保证。在中央经济工作会议上，胡锦涛总书记、温家宝总理发表了重要讲话，深入分析了当前的国际国内形势，全面总结了今年的经济工作，明确提出了明年经济工作的指导思想、总体要求和主要任务，具体部署了明年的经济工作。会议要求，要坚持以科学发展观统领经济社会发展全局，保持宏观经济政策的连续性和稳定性，着力加快改革开放，着力增强自主创新能力，着力推进经济结构调整和经济增长方式转变，着力提高经济增长的质量和效益，实现又快又好发展，促进和谐社会建设，为顺利实施“十一五”规划开好局、起好步。

中央企业大都关系国家安全和国民经济命脉的重要行业和关键领域，在我国经济社会发展中发挥着举足轻重的作用。中央企业一定要认真学习和贯彻党的十六届五中全会和中央经济工作会议精神，努力转变发展观念，积极创新发展模式，大力提高发展质量，在全面落实科学发展观中作出表率。

（一）中央企业要做好处理好改革发展稳定关系的表率。

发展是硬道理，中央企业必须保持又快又好地发展；改革是企业发展的强大动力，要不失时机地推进企业的改革；稳定是企业发展和改革的前提。中央企业要正确处理好企业改革发展稳定三者之间的关系，将改革的力度、发展的速度和企业社会可承受的程度统一起来，在企业稳定社会稳定中推进改革与发展，通过企业改革和发展促进企业和社会更好的稳定。

中央企业要在国民经济平稳较快增长中发挥稳定器的作用。这几年中国经济发展的一个特点是，经济平稳较快增长。明年我国经济发展中的重要任务就是把保持经济平稳较快增长、避免出现大的起伏作为经济工作的基本任务。中央企业有1000万职工，资产总额超过10万亿元，销售收入超过6万亿元，在石油石化、国防军工、电力电信、钢铁煤炭、交通运输等领域举足轻重，在缓解煤电油运紧张中发挥了主力军的作用，在宏观调控、结构调整、转变增长方式、价格调控中起到至关重要的作用。因此，中央企业不仅仅是一般的企业，而是关系到国家经济平稳较快发展、体现国家意志的企业，中央企业肩负的责任重大。中央企业都要从国家经济大局出发，找准自己的定位，发挥好各自企业的作用，作出各自的贡献。

中央企业要在体制机制创新中取得新进展。我国国有企业改革已经取得了重要进展，但一些深层次矛盾和问题仍需要花大力气加以继续深入推进。要加快推进中央企业股份制改革，继续完善公司治理结构。在继续推进国有经济结构和布局的战略性调整中，加大国有独资企业和垄断行业的改革力度，推进投资主体和产权多元化。中央企业控股的上市公司要积极推进股权分置改革。上市公司股权分置是历史遗留的一个大问题，在这方面，改革的方向和原则必须坚定不移。到12月23日，已有51家中央企业控股的上市公司完成或进入了股权分置改革程序，约占整个境内证券市场市值的12%，但还有一批中央企业控股的上市公司需要创造条件，积极部署和推进股权分置改革。我们要求中央企业从大局出发，齐心协力，为推进资本市场改革作出应有的贡献。

要进一步完善国有资产监管体系。建立和完善国有资产监管体制，是加快国有企业现代企业制度建设、落实国有资产保值增值责任的重要体制保障。要建立健全国有资本经营预算制度，着手编制中央企业国有资本经营预算，进一步探索以包括资产经营公司在内的多种方式和途径，继续推进中央企业的调整重组，使中央企业真正做强做大。要进一步完善企业经营业绩考核体系，建立有效的激励与约束机制，确保国有资产保值增值。

要十分重视做好企业和社会的稳定工作。随着改革的不断深化，企业稳定工作十分突出。中央企业在关闭破产和企业改制分流人员的安置方面、科研院所改制后离退休人员待遇问题方面、厂办大集体下岗职工社会保障问题等方面，都有不稳定的因素存在。这些问题处理不当，就可能激化矛盾。今年就发生过多起这样的问题，牵制了大量的精力，影响了部分企业和地区社会的稳定，因此，中央企业负责人要高度重视企业稳定工作，确保在稳定的环境下推进改革、加快发展。

（二）中央企业要做促进国有经济布局结构优化的表率。

加大国有经济布局和结构调整力度，进一步推动国有资本向关系国家安全和国民经济命脉的重要行业和关键领域集中，有利于发挥国有经济的主导作用。中央企业是国有经济的主导力量，要在促进国有经济布局和结构优化方面充分发挥带动作用。

要实现中央企业国有资本的优化配置。中央企业资产总额占全国国有资产的近一半。中央企业国有资本的优化配置，对优化国有经济布局结构至关重要。国务院国资委经过充分调查研究，已经初步形成了中央企业国有经济布局和结构调整的总体思路。要积极稳妥地组织实施，有进有退，重组调整，使中央企业国有资本更多地向关系国家安全和国民经济命脉的重要行业和关键领域集中，向具有较强国际竞争力的大公司大企业集团集中，进一步增强国有经济的控制力、影响力和带动力。要尽快扭转中央企业行业分布面过宽、资源配置不尽合理的状况，通过整合，最终形成80—100家主业突出、技术先进、结构合理、机制灵活、具有自主知识产权、有较强国际竞争力的大公司大企业集团。同时，继续抓好突出主业工作，减少管理层次，缩短管理链条。加强集团公司控制力，实现中央企业内部资源的优化配置。

中央企业要大力调整产品结构。要大力开发技术含量大、附加值高的产品,增强产品市场竞争力,进一步提高企业经济效益。要密切关注国际国内市场需求变化,及时调整投资和生产方向,增加适销对路产品生产,保证企业不断发展,更好地满足社会生产和人民生活需要。

中央企业要为促进区域经济协调发展作努力。中央大企业多数是跨省区市的企业,有的在东中西部地区都有产业,因此中央企业在促进区域协调发展,推动东中西部地区良性互动方面有着特殊的作用,可以做很多事情。

(三)中央企业要做增强自主创新能力的表率。

党的十六届五中全会提出,要把增强自主创新能力作为科学技术发展的战略基点和调整产业结构、转变增长方式的中心环节,大力提高原始创新能力、集成创新能力和引进消化吸收再创新能力。在编制国家中长期科技发展规划时,中央提出用15年时间争取使我国进入科技创新型国家行列,把科技对经济增长的贡献率由现在的39%提高到70%以上。我们要以放眼世界的宽广视野,从国家长远发展的战略高度,充分认识增强自主创新能力的重要性和紧迫性,把增强自主创新能力作为国家战略,致力于建设创新型国家。

企业是自主创新的主体。增强我国自主创新能力,关键是要充分发挥企业在自主创新中的作用。国有大型企业特别是中央企业在我国国民经济中占有重要地位,具有较强的科技创新能力,要责无旁贷地担负起自主创新的重任。近年来,中央企业在技术进步和科技创新方面已经取得了很大成绩。中央装备制造企业在三峡建设中实现了我国大型水电机组研制的跨越式发展。中央建设施工企业在青藏铁路建设中突破了"高寒缺氧、高原冻土、生态脆弱"三大世界性难题,赢得了青藏铁路全线提前铺通的重大胜利。特别是神舟五号、神舟六号载人航天飞行的圆满成功,标志着我国在一些重要技术领域达到世界先进水平。这一切都说明,中央企业有责任、也有条件在增强自主创新能力方面挑起更重的担子,继续发挥排头兵的作用。

要切实增强企业自主创新能力。自主创新能力是企业竞争力的核心。现在有一种说法:"一流企业卖标准,二流企业卖技术,三流企业卖产品"。我们都需要。中央大企业既要有产品,又要有技术,还要有标准。不掌握核心技术和自主知识产权的企业,不可能成为世界一流企业。我们的一些企业之所以大而不强,关键是缺乏核心技术和自主知识产权。这种状况必须改变。中央企业要切实加强自主创新,坚定不移地把立足点逐步转变到主要依靠自主创新上来。关系国家安全的高技术和我国已有优势产业的中央企业,要充分利用现有基础,大力推进原始性创新。在已形成规模、国内外市场需求大的产业的中央企业,要有效整合国内外科技资源,加强集成性自主创新,创立自己的品牌;在国内外差距大又有可能引进外资产业的中央企业,要坚持以我为主,进一步加大引进、消化、吸收和再创新的力度。要加大技术和产品研发投入,有条件的都要建立研发机构,并充分发挥现有科研机构特别是国家级技术中心的作用,加大产学研结合力度,加快科技成果向现实生产力的转化。

坚持用高新技术和先进适用技术改造提升传统产业。通过科技创新和技术改造提升现有产业技术水平,实现产业结构优化升级,是增强自主创新能力的一个重要方面。大型装备制造企业要依托国家重点工程,采取联合开发、联合制造和自主研发等多种方式实现重点突破,提高拥有自主知识产权的重大

技术装备制造能力。能源、原材料生产企业要提高生产集中度和整体技术水平,建立具有国际竞争力的大型能源、原材料生产基地。产能相对过剩行业的企业,要加强重大技改和新产品开发,逐步淘汰落后生产能力。

要加快建立鼓励自主创新的激励机制。增强自主创新能力需要有效的体制机制来保障。要加快建立形成支持和鼓励技术创新的考核和分配体系,进一步调动科技人员的积极性,充分发挥他们在科技创新中的主导作用。加强人力资源能力建设,加快培养创新型科技人才特别是以中青年为主体的创新型领军人才。继续实施职工素质工程,加快培育高技能人才队伍。

(四)中央企业要做节约资源和保护环境的表率。

人口众多、资源相对不足、环境承载能力较弱,是中国的基本国情。资源问题始终是我国现代化建设中带有全局性和战略性的重大问题。长期以来,我国经济建设走了一条粗放型发展路子,突出的问题是资源消耗高、浪费大、污染重。我国资源和环境对于支撑这样的经济社会发展模式已经到了难以承受的地步。随着工业化、城镇化加速推进和人民生活水平不断提高,对资源的需求将持续增加,资源供需矛盾和环境压力将越来越大。党的十六届五中全会提出,要把节约资源作为我国的基本国策,加快建设资源节约型、环境友好型社会,并明确提出了“十一五”期末单位能耗降低的具体目标。这是缓解资源供需矛盾的根本出路,也是贯彻落实科学发展观的重要举措。中央企业要从全局和战略的高度,充分认识节约利用资源的极端重要性,在节约能源资源、保护生态环境方面为全社会做出表率。

要大力推进以节能降耗为主要目标的技术改造和技术工艺开发。钢铁、有色、电力、建材等行业的中央企业,要充分发挥技术装备水平较高、工艺较先进的优势,进一步搞好与国际先进水平的“对标”,努力降低高耗能行业资源消耗水平。中央企业都要制定降低资源消耗的年度指标,国资委要把中央企业降低资源消耗情况列入考核范围。要大力研究开发资源综合利用、资源节约、资源替代等先进技术,积极发展新能源和可再生能源,努力取得关键技术的重大突破。

要加快发展循环经济。要大力推广济钢等企业发展循环经济的经验和做法,继续深入开展创建资源节约型企业的活动。重点行业的中央企业要按照减量化、资源化、再利用的原则,以节能、节水、节材、节地和资源综合利用为重点,实现循环式生产,推进产业循环式组合,不断提高能源资源利用效率。要积极推行清洁生产,采用清洁技术,努力建设一批清洁、节约、环保的新型企业。

要通过加强管理制止浪费资源行为。目前,我国在资源开采、储运、生产、消费等各个环节普遍存在着大量浪费资源现象,重要的原因是管理松懈,监督不力。中央企业一定要建立健全各项规章制度,采取切实有效措施,坚持科学管理和严格管理,坚决制止跑冒滴漏。各企业都要认真开展一次资源利用情况大检查,找出存在问题和薄弱环节,认真整改,堵塞漏洞。

(五)中央企业要做积极实施“走出去”战略的表率。

当前,我国经济发展的国际环境发生了深刻的变化,特别是加入世界贸易组织以后,我国正在加快融入全球生产和贸易体系,逐步形成大进大出的发展格局。新的形势要求我们更加积极地参与国际经济技术合作与竞争,充分利用国内国际两个市场、两种资源,实现更快更好的发展。加快实施“走出去”战略步伐,是我国经济发展和对外开放新阶段的必然要求,不仅可以扩大我国经济发展的空间,而且可以减少贸易摩擦,缓解我国资源供需矛盾,也是解决当前部分行业生产能力过剩问题的有效途径。相当一部分中央企业已具备了“走出去”参与国际竞争的实力,在这方面应该有更大的作为,做出表率。

*要积极参与海外资源开发和工程建设。*有条件的中央企业要采取多种方式“走出去”,加强与国外能源资源企业的合作,为我国经济发展赢得更多的资源能源份额。要大力推进工程总承包,推动我国技术装备的出口。要顺应国际产业转移的大趋势,将国内过剩、国外亟需的产业及时转移出去,扩大国际市场份额,减少国际贸易摩擦,推动国内产业的升级与优化。在“走出去”的过程中,要注重促进和推动东道国经济发展,努力实现互利共赢。

*要注重更好地利用国外科技资源。*有条件的中央企业要积极“走出去”,到境外设立研发机构或高技术企业,开发生产具有自主知识产权的新技术新产品,加快提升自主创新水平。

三、高度重视企业安全生产工作,关心职工群众生产生活

坚持以人为本,推进和谐社会建设,要求中央企业高度重视安全生产工作,关心职工群众的生产生活,维护企业的稳定。

安全生产,人命关天。党中央、国务院一贯高度重视安全生产工作,采取了一系列重大政策措施。中央领导同志多次就安全生产工作做出重要指示。在今年中央经济工作会议上,锦涛同志、家宝同志都对切实做好安全生产工作提出了明确要求。今年以来,各地区、各部门和企业做了大量工作,全国安全生产形势总体上趋于稳定好转。但安全生产形势依然严峻,特别是近一个时期,重特大安全生产事故时有发生,损失惨重,教训十分深刻。这些重大事故的发生,暴露出安全生产工作还存在着突出问题,反映出我们一些地方和企业认识不到位,制度不健全,责任不落实,措施不得力,必须尽快加以改进。

中央企业作为“国家队”,安全生产工作要有更高要求,真正发挥表率和带动作用。要从实践“三个代表”重要思想、全面贯彻落实科学发展观和维护改革发展稳定大局的高度,充分认识抓好安全生产工作的重要意义,以对党和人民高度负责的精神,切实做好中央企业的安全生产工作,为坚决遏制重特大安全生产事故频发势头、促进全国安全生产状况进一步好转作出积极努力。

*一是要严格落实安全生产责任制。*安全生产责任重于泰山。中央企业要切实落实安全生产领导责任制。企业的主要负责人是安全生产的第一责任人,要真正负起领导责任,对安全生产要真抓、真管,抓实、抓细、抓出成效。要按照“安全第一,预防为主”的方针,层层落实安全生产工作责任。对违法违规、管理不当、措施不力、执法不严等造成的安全生产事故,要严格按照事故原因未查清不放过,责任人员未处理不放过,整改措施未落实不放过,有关人员未受教育不放过的原则,依法严肃追究相关人员包括领域的责任。国务院国资委要把安全生产纳入企业业绩考核体系,严格考核,严格兑现奖惩。

*二是要认真做好有关重点行业和领域的安全生产专项整治。*国务院安委会决定,从12月15日起至月底,组织11个督查组,对各地及相关行业(领域)的安全生产情况进行一次督查。有关中央企业要积极配合做好监督检查。各中央企业都要以此为契机,认真进行安全生产的自查自纠,对本企业安全生产的重点部门、重点岗位以及薄弱环节认真做好专项整治,消除安全生产隐患。

*三是要加强安全生产的基础工作。*要按照《中华人民共和国安全生产法》等法律法规的要求,不断完善并严格执行安全生产的各项规章制度、作业标准和岗位技术操作规程,确保各项安全生产制度措施落到实处。要切

实加强安全生产全员培训，生产一线的员工必须经过安全教育培训合格后，才允许上岗转岗。

四是加大安全生产投入和科技开发。目前煤矿、危险化学品等行业（领域）事故多发，一个重要原因是安全生产投入不足。中央企业要按规定提取安全生产费用，尽快弥补安全生产投入的历史欠账，保证必要的安全生产投入。要加强安全生产基础设施建设，搞好安全生产的技术改造，积极推进技术创新与进步，采用安全性能可靠的新技术、新工艺、新设备和新材料，不断改善安全生产条件。

要安排好职工群众的生产生活，重点关心困难职工群众的生活。要把解决职工群众最关心、最直接、最现实的切身利益问题，作为保持企业稳定、促进和谐社会建设的着力点。要特别关心困难职工生活，帮助他们解决实际困难。要充分发挥基层党组织的作用，做好宣传教育、解疑释惑、凝集人心的工作，维护企业稳定，促进社会和谐。

元旦、春节即将来临，要认真做好岁末年初的各项工作。精心组织好当前的生产经营，安排好明年的工作，保证生产经营有序进行。坚持节日值班制度，做好节日期间的安全工作。中央企业的领导同志要深入基层、深入群众，帮助困难企业和困难职工解决实际问题，使广大职工和家庭欢度“两节”。要牢记“两个务必”，坚决防止铺张浪费。

同志们，明年中央企业改革发展的任务十分繁重。我们要在以胡锦涛同志为总书记的党中央领导下，全面贯彻落实科学发展观，团结一心，开拓进取，艰苦奋斗，扎实工作，努力实现“十一五”良好开局，为国家现代化建设作出新的更大贡献！

谢谢大家。借此机会，向大家拜个早年，祝大家身体健康、全家幸福。

高举邓小平理论和“三个代表”重要思想伟大旗帜 用科学发展观统领铁路各项工作

——中共中央政治局常委、国务院副总理黄菊在全国铁路工作会议上的讲话(摘要)

(2006年1月7日)

今天，很高兴来看望出席全国铁路工作会议的代表们。“十五”期间，特别是党的十六大以来，铁路系统认真贯彻党的十六大和十六届三中、四中、五中全会精神，全面落实科学发展观和党中央、国务院的部署，在铁道部党组的带领下，全面深入推进铁路跨越式发展，铁路各项工作都取得了显著成绩，为缓解煤电油运紧张状况、保障经济社会发展和人民群众正常生活作出了重要贡献。

铁路是国家重要基础设施、国民经济大动脉和大众化交通工具，在经济社会发展中占有重要位置，发挥着十分重要的作用。党中央、国务院对铁路工作高度重视，胡锦涛总书记、温家宝总理多次对搞好铁路工作做出重要指示，对加快铁路发展提出明确具体要求，对铁路部门着眼于服务经济社会发展大局，加快铁路建设，推进技术装备现代化，确保重点物资运输，努力缓解铁路运输“瓶颈”制约给予了充分肯定。刘志军同志已对“十五”期间特别是党的十六大以来铁路工作进行了总结，分析了“十一五”铁路工作面临的形势，提出了“十一五”铁路工作目标，对今年铁路工作进行了部署。希望铁路部门深入学习领会和贯彻落实党的十六届五中全会和中央经济工作会议精神，按照科学发展观的要求，结合行业实际，精心部署和安排好“十一五”和今年的铁路工作，全面深入推进铁路跨越式发展，为经济社会发展和提高人民群众生活水平提供更好的服务与保障，为全面建设小康社会和加快推进我国现代化进程作出积极贡献。下面，我讲六点意见。

一、铁路跨越式发展取得显著成绩，为经济社会发展作出了重要贡献

“十五”期间，铁路系统按照党的十六大提出的全面建设小康社会的战略目标，以邓小平理论和“三个代表”重要思想为指导，贯彻落实科学发展观，提出了铁路跨越式发展思路。三年来，铁路部门抢抓机遇，开拓创新，紧紧围绕实施铁路跨越式发展这条主线，全面加强铁路各项工作，在加快铁路建设、提高装备水平、深化铁路改革、确保运输安全等方面都取得了显著的成绩。

(一)运输生产经营跃上新台阶。在国民经济持续增长、运输需求与供给矛盾十分突出的情况下，铁路部门以服务经济社会发展为己任，通过实施提速战略、发展重载运输、优化运输组织等措施，千方百计挖掘运输潜力，主要运输生产指标连创新高，经营效益稳步增长。全路成功地实施了第五次大面积提速，使客货运输能力分别提高18.5%和15%，推出了一批适应社会要求的运输新产品，大幅度提升了社会对铁路运输的满意率。通过对大秦、侯月等线路实施扩能改造，使主要煤运通道能力大幅提高。特别是大秦铁路在技术改造后，2002年运量达到1亿吨的基础上，2005年提前实现了2亿吨的目标，相当于新建了一条大秦铁路，创造了世界铁路重载运输的奇迹。通过强化调度、集中统一指挥、优化运输组织，进一步提高了运输效率。近三年来，全路日均装车每年增加1万车，2005 年超过 12 万车，三年跨了三大步。“十五”期间，全路客运量、货运量、运输收入分别较“九五”增长 9.6%、33.4%、75.6%，铁路在满足经济社会持续快速发展的要求上充分发挥了不可替代的大动脉作用。

特别值得肯定的是，在铁路运能与需求矛盾十分突出的情况下，铁路部门坚持国家和人民利益至上，集中 90%以上的运力保证关系国计民生的重点物资运输，多次成功组织了抢运煤炭、粮食、化肥、棉花战役，圆满完成了多项重点物资运输任务。“十五”期间，全路煤炭、石油、粮食运量比“九五”分别增长 43.8%、40.4%和 45.9%。铁路部门为保证电力迎峰度夏、粮食市场稳定、人民群众正常生活需要作出的贡献，多次受到中央领导同志的充分肯定，受到社会各界的广泛好评。

（二）实施《中长期铁路网规划》取得重大进展。2004 年 1 月，国务院审议通过了《中长期铁路网规划》以来，铁路部门以只争朝夕和攻坚克难的精神，苦干实干拼命干，围绕实施《规划》做了大量卓有成效的工作。两年来，全路安排了 89 个新开工项目，建设投资规模超过 6000 亿元。目前，以客运专线和煤运通道建设为重点，一批重点工程项目相继开工建设，大规模铁路建设已全面展开，我国铁路建设进入了新的历史时期。

一批在建的重点工程项目进展顺利。青藏铁路在攻克“多年冻土、高寒缺氧、环境保护”三大世界性难题方面取得重大成果，于 2005 年 10 月实现全线提前铺通。渝怀线、赣龙线、武九线等项目已建成投产，浙赣电化、宜万线等项目全部完成建设进度任务。到 2005 年底，全国铁路总营业里程达 7.5 万公里，比“九五”末增加 6500 公里。其中，电气化线路比“九五”末增长 35.7%。无论是路网的规模还是质量都上了一个新台阶。

（三）技术装备现代化迈出重要步伐。为加快缩短与发达国家铁路机车车辆装备的差距，铁路部门坚持引进先进技术与自主创新相结合，围绕突破铁路发展中的重大难题，大力加强原始创新、集成创新和引进消化吸收再创新，正在探索一条具有中国特色的铁路技术创新的路子。三年来，铁路部门按照“引进先进技术，联合设计生产，打造中国品牌”的要求，成功引进了时速 200 公里及以上动车组技术和大功率内燃、电力机车技术，技术的消化吸收再创新也正在有序推进，动车组、大功率内电机车国产化率最高可达到 85%以上；国产机辆装备的更新改造和自主创新取得重大进展，成功研制了 25 吨轴重通用货车，实施了既有货车时速 120 公里技术改造，货车装载能力显著提高。技术装备上的重大进步，为铁路扩大运输能力、提高经济效益、改善服务质量、加快现代化进程提供了有力的支撑。

（四）铁路内部改革取得了历史性突破。以建立适应社会主义市场经济要求的铁路新的管理体制为目标，铁路基础性改革取得重大进展。大力推进主辅分离，中铁物资总公司、铁通公司、部属 4 个勘察设计院和铁路局所属 38 家设计施工企业顺利实现与铁路脱钩，铁路中小学、职业学校、医院、幼儿园全部移交地方政府。三年来，铁路共移交辅业人员近 40 万人。特别是贯彻国务院 2005 年改革年的部署，铁道部精心组织，周密部署，成功实施了铁路局直接管理站段体制改革，撤销了 43 个铁路分局，消除了铁路局、铁路分局两级法人以同一方式经营同一资产的体制性弊端，为释放和发展运输生产力创造了有利条件。大面积调整运输生产力布局，运输站段数量由 1500 多个减少到 857 个，进一步优化了运力资源配置，提高了运输效率效益。与此同时，在加快推进铁路投融资体制改革，积极吸引地方政府和境内外战略投资者投资铁路建设和股改试点项目方面，都取得重要进展。这些铁路部门内部的重大改革，有效地提高了铁路的运输效率和效益,进一步增强了铁路发展活力。

(五)铁路运输安全保持了基本稳定。在运输生产、基本建设和各项改革任务十分繁重的情况下,铁路系统牢固树立"安全第一"的思想,始终把确保运输安全摆在突出位置。全路认真贯彻《铁路运输安全保护条例》,坚持依法管理安全;强化安全生产责任制,狠抓安全工作的具体落实;坚持关口前移,超前防范,深入开展安全大检查和安全生产专项整治,铁路运输安全保持了基本稳定,为促进全国安全生产状况逐步好转、保持社会政治稳定、构建和谐社会作出了积极贡献。

此外,铁路客货运输服务质量有了新的提高,职工生产生活条件得到改善,保持共产党员先进性教育活动取得成效,党的建设、职工队伍建设和精神文明建设取得了新成绩。

二、进一步加快铁路发展步伐,在"十一五"期间再创新业绩

"十一五"是全面建设小康社会的关键时期,是经济社会全面贯彻科学发展观的关键时期。在综合交通运输体系中,铁路具有运力大、能耗低、污染小、占地少等比较优势,在全面落实科学发展观、建设资源节约型和环境友好型社会中应当发挥更大的作用。党的十六届五中全会通过的《中共中央关于制定国民经济和社会发展第十一个五年规划的建设》明确提出要"加快发展铁路";前不久召开的中央经济工作会议,也对铁路工作提出了明确要求。铁路系统要自觉肩负起促进经济社会发展的重大责任和神圣使命,坚持以邓小平理论和"三个代表"重要思想为指导,全面落实科学发展观,认真贯彻党中央、国务院的部署和中央经济工作会议精神,奋发努力,开拓创新,进一步加快发展步伐,为缓解煤电油运紧张状况、实现我国经济社会又快又好发展提供更加有效的运力保障。

(一)加快铁路建设,快速提升路网能力。满足经济社会发展需要,解决目前铁路运力严重不足的问题,最根本的是要加快铁路新线建设,扩大路网能力。"十一五"是大规模铁路建设最关键的阶段,这五年建设规模之大、建设标准之高、投资数额之多都将是前所未有的。铁路部门必须集中一切力量,克服一切困难,采取一切有效措施,坚决打胜铁路建设这场攻坚战。目前,各省市自治区加快发展铁路的积极性很高,铁路建设的外部环境非常好,铁路部门要抓住当前有利时机,扩大建设规模,加快《中长期铁路网规划》的实施。一是以建设世界一流客运专线为目标,全力抓好客运专线建设。今年,铁路续建和开工的客运专线项目多达24个,在我国没有建设客运专线成熟经验的情况下,同时建设这么多的客运专线,任务之艰巨、挑战之严峻是前所未有的。铁路系统一定要把工程质量摆在最重要的位置,以科学的态度、最有力的措施搞好客运专线建设。要认真学习和借鉴国外先进的建设技术和管理经验,抓紧建立完善具有中国特色的客运专线技术标准,加快客运专线技术系统集成,搞好人员培训,加强工程管理,高质量地完成客运专线建设任务。二是在严格执行国家规定的建设程序前提下,加快项目前期和开工准备工作,狠抓勘察设计、评估论证等关键环节,力争更多的工程项目早日开工。三是引入竞争机制,进一步开放铁路建设市场,为咨询、设计、施工、监理等单位创造公开、公平、公正的建设环境。四是加大政府监管力度,强化行业监督,强化合同管理,落实监督责任,全面提高铁路建设和管理水平,确保每一项工程都经得起运营的检验、时间的检验和历史的检验。

(二)大力提高铁路自主创新能力,加快推进铁路技术装备现代化。提高自主创新能力,建设创新型国家,是中央的重大战略决策。铁路作为国家重要基础设施,作为综合交通体系的骨干,作为环保型、低成本的运输工具，必须积极贯彻党中央的重大战略决策部署，进一步增强自主创新能力，争当自主创新的火车头，为把我国建设成为创新型国家作出应有的贡献。一是要坚持技术引进与自主创新相结合，树立以我为主的思想，以掌握核心技术为目标，把原始创新、集成创新和引进消化吸收再创新结合起来，全面提高铁路创新能力，加快客运专线建设和机车车辆装备现代化步伐。同时，支持重点装备制造企业，加快技术改造，打造具有世界一流水平的铁路装备制造基地，尽快缩短我国铁路装备制造业与世界先进水平的差距，为早日实现中国铁路技术装备现代化奠定基础。二是要抓紧建立以政府为主导、企业为主体、市场为导向、产学研相结合的技术创新体系，全面增强铁路科技持续创新能力。

三、努力挖掘运输潜力，千方百计缓解运输供需矛盾

近年来，在运输需求保持快速增长、供需矛盾十分突出的情况下，铁路系统为缓解煤电油运紧张状况，采取一系列内涵挖潜措施，取得了显著成效。实践证明，实施内涵扩大再生产，不仅是缓解铁路“瓶颈”制约快捷有效的方法，而且也是铁路系统落实科学发展观、加快建设节约型社会的重要举措。下一步，要认真总结好、运用好这方面的经验，进一步拓展挖潜的思路，开辟挖潜的空间，不断挖掘运输潜力，扩大运输能力。要充分发挥铁路局直接管理站段的体制优势，优化运力资源配置，改进生产组织方式，调整劳动组织结构，最大限度地释放运输生产力。要抓好第六次大面积提速的实施，加快既有线扩能改造，提高路网的整体运输能力。要强化运输组织，加强调度指挥，加快机车车辆周转，提高运输效率和效益。

坚持国家利益和人民利益至上，千方百计搞好重点运输，这是国家和人民对铁路部门的要求，也是铁路系统一贯坚持的基本原则。铁路作为国民经济的大动脉，多年来，讲政治、顾大局，不讲代价、不计得失，全力以赴保证重点运输，有力地促进了国民经济和社会发展。在当前煤电油运仍然十分紧张的情况下，铁路系统要继续发扬成绩，把保证重点运输作为铁路运输组织工作的重中之重，加强领导，精心组织。要进一步完善确保重点物资运输的措施和办法，建立规范有序的重点物资运输保障机制。要继续加大运力倾斜力度，全力确保煤炭、石油、粮食、化肥等重点物资运输。对防疫物资、救灾物资，要做到急事急办特事特办，确保万无一失。要抓好春运、暑运、黄金周等重点时期的旅客运输，努力提高服务质量，最大限度地满足人民群众对铁路运输服务质量的需要。

四、坚持“安全第一”思想不动摇，确保铁路运输安全持续稳定

党中央、国务院对安全生产工作非常重视。党的十六届五中全会明确提出了安全发展的理念，对新时期经济工作和安全生产工作提出的新要求。交通部门作为事故多发领域，在坚持安全发展、确保人民生命财产安全方面，肩负着更为重大的责任。近年来，铁路部门认真贯彻“安全第一，预防为主”的方针，深入开展安全大检查和安全专项整治，消除了大量的安全隐患，保持了铁路运输安全总体稳定。但安全生产要警钟长鸣，特别是在当前铁路运输十分繁忙、主要干线超负荷运转、既有线施工大面积展开、列车密度和速度进一步提高的情况下，铁路运输安全面临的考验更为严峻。铁路系统一定要认真贯彻党中央、国务院关于加强安全生产工作的一系列部署，充分认识确保铁路安全稳定的重大意义，时刻保持强烈的忧患意识和责任意识，始终坚持“安全第一”不动摇，狠抓安全生产责任制和各项措施的落实，确保铁路运输安全持续稳定。

（一）认真落实《铁路运输安全保护条

例》,坚持依法管理安全。《铁路运输安全保护条例》是规范铁路运输安全管理、全面保护铁路运输安全的行政法规。贯彻好、实施好《条例》,对加强铁路运输安全管理、推进依法行政、保障铁路运输安全和畅通、保护人民群众人身安全和财产安全以及其他合法权益、促进铁路运输业和经济社会的协调发展具有重要意义。铁路部门一定要把贯彻实施《条例》作为加强安全工作的一项重要任务,提高铁路依法监管水平。当前,要在继续抓好《条例》宣传、提高干部职工和社会公众依法保护铁路运输安全意识的同时,依法履行行业安全监管职责,加强对合资、地方铁路以及专用铁道、铁路专用线的安全监管,推进铁路运输安全管理不断向规范化、制度化、法制化迈进。

(二)抓紧规范新体制下安全管理,进一步强化安全基础。撤销铁路分局,调整运输生产力布局,必然带来安全管理组织、管理模式、管理手段、管理制度、管理思维等全面深刻的变化,大量的新问题、新矛盾需要研究解决,规范和抓好新体制下安全管理是一项极其艰巨的任务。目前,铁路部门在这项工作上取得了重要进展,但距离建立适应新体制要求的安全管理体系目标还有很大差距,需要进一步加大工作力度,继续把这项工作做好。要继续加大安全投入,推进科技进步,提高行车设备保安全能力,不断强化铁路安全基础。

(三)突出抓好提速安全,确保第六次大面积提速顺利实施。铁路将实施第六次大面积提速,主要干线将首次开行时速200公里客车,相应的劳动组织、生产布局和产品结构将有重大调整。这次提速与前五次提速相比,实施的难度更大,要求更高。能不能保证第六次大面积提速顺利实施,关键在安全。铁路部门一定要把确保提速安全作为实施第六次大面积提速的核心工作来抓。要认真总结历次铁路提速的经验,科学指导安全运行,把握提速安全规律,探索做好提速安全的有效途径。要针对实施提速中可能遇到的新情况、新问题,做好充分的预想,制定周密的应急预案,确保第六次大面积提速顺利实施,确保提速安全特别是旅客列车安全万无一失。

(四)深入开展安全生产专项整治,及时解决影响运输安全的突出隐患和问题。实践证明,安全专项整治是解决惯性事故的有效方法。几年来,铁路部门深入开展安全专项整治,消除了大量安全隐患,收到了很好的效果。下一步,铁路部门要继续把这项工作作为搞好安全生产的重要手段,下更大的功夫,坚持不懈地抓下去。要以解决威胁运输安全最突出的问题为重点,对安全专项整治工作进行深入研究,制定有效措施,在治本上取得实效,坚决杜绝重特大事故的发生。

五、继续深化铁路改革,为加快铁路发展提供动力

铁路改革的目标是建立适应社会主义市场经济要求的铁路管理体制,实现铁路管理体制创新。目前,我国铁路网不够完善,运输能力供不应求,技术装备水平比较低,运输市场发育不够成熟,这使得我国铁路体制改革更为复杂,更具有挑战性。铁路改革必须从目前的国情路情出发,既要积极深入探索,又不能操之过急,改革作为生产关系的调整,必须能够适应和促进生产力的发展。铁路一切改革必须紧紧围绕提高运输生产力来展开,有利于加快铁路发展、保持路网的完整性、坚持运输集中统一指挥、提高运输效率、确保运输安全。这是中央对铁路改革的要求,也是推进铁路改革所必须遵循的方向和原则。近年来,铁路部门加大改革力度,在分离企业办社会职能、推进铁路投融资体制改革、调整运输生产力布局、实施铁路局直接管理站段体制改革等方面,采取一系列措施,取得明显进展,促进了铁路运输效率和效益的提高,增强了企业活力。下一步,要按照党中央、国务院关于改革工作的部署,着眼于进一步解放和发展铁路运输生产力,积极稳妥地把铁路改革引向深入,不断取得铁路改革新突破。

(一) 加快铁路投融资体制改革。这是党中央、国务院的明确要求,也是目前大规模铁路建设的迫切需要。铁路部门要进一步解放思想,创新思路,采取更加开放、更加有力的举措,努力在铁路投融资体制改革上取得新进展。要坚持"政府主导、多元化投资、市场化运作"的要求,构建多元投资主体,拓宽融资渠道,形成多种融资方式,实现铁路投资、融资体制创新,走出一条运用市场机制加快铁路发展的新路子。要加强铁路与地方合作,鼓励、支持和引导国有、民营及境内外各类资本投资铁路基础设施建设。要加快建立市场投资收益机制,建立和完善铁路项目投资监管体系,为推进铁路投资主体多元化提供制度和政策保证。要继续抓好铁路企业股份制改革,认真总结试点经验,加大推进力度,努力实现铁路运输企业的制度创新。

(二) 完善铁路局直接管理站段体制改革和运输生产力布局调整。铁路部门要适应新体制要求,积极探索建立保证新体制高效运转的管理机制,充分发挥新体制在保证运输安全、提高运输效率、加快铁路发展上的优势。要做好运输生产力布局调整的完善工作,加快生产资源和劳动组织整合,不断提高资源的使用效率。对改革中涉及到的资产处理、劳动保险、干部安排、职工安置等问题,要及时给予妥善解决,确保改革顺利推进。

(三) 继续推进主辅分离、辅业改制。要认真做好学校、医院、幼儿园等单位移交后的善后工作,保持队伍稳定。要认真研究其他社会职能移交方案,继续做好分离企业办社会职能工作。要加快推进辅业改制步伐,把创造岗位和创造效益结合起来,在提高辅业企业吸纳主业富余人员能力和市场竞争力上取得新进展。

在铁路推进改革的过程中,一定要处理好改革、发展和稳定之间的关系,把改革的力度、发展的速度和职工可承受的程度协调统一起来,重视和解决职工群众最关心、最直接、最现实的切身利益问题,确保职工队伍稳定,为各项改革的顺利推进打下良好的群众基础。

六、加强铁路队伍建设,为加强铁路发展提供坚强保证

党的十六届五中会全为今后5年我国经济社会全面协调可持续发展规划了宏伟蓝图。落实十六届五中全会精神,确保"十一五"规划的顺利实施,对我们各级领导干部和广大干部职工的能力和素质提出了新的更高的要求。铁路系统要以提高执政能力为重点,深入开展"三个代表"重要思想和科学发展观教育,全面加强领导班子思想建设、作风建设、组织建设和党风廉政建设,进一步增强各级领导班子用科学发展观统领各项工作的自觉性与坚定性。要进一步巩固党员先进性教育活动成果,全面提高党员素质。要大力加强基层党组织建设,增强党组织的凝聚力和战斗力,充分发挥党组织的政治保障作用。要把人才队伍建设作为一项紧迫的战略任务来抓,结合铁路形势发展的需要,制定科学的人才培养规划,建立起培养人才、吸引人才、使用人才的有效机制,造就一支适应铁路跨越式发展要求的高素质人才队伍。

同志们,我们已进入实施"十一五"规划的重要时期,铁路系统肩负着重大的责任和光荣的使命。希望铁路系统在以胡锦涛同志为总书记的党中央领导下,高举邓小平理论和"三个代表"重要思想伟大旗帜,用科学发展观统领铁路各项工作,团结一心,开拓进取,扎实工作,不断夺取铁路跨越式发展的新胜利,为经济社会又快又好发展作出新的更大贡献。

全面贯彻落实科学发展观 努力实现中央企业更快更好发展

——国务院国有资产监督管理委员会主任李荣融在中央企业负责人会议上的讲话(摘要)

(2005年12月25日)

这次中央企业负责人会议的主要任务是,贯彻落实党的十六届五中全会和中央经济工作会议精神,总结今年中央企业改革发展情况,分析形势,交流经验,研究部署明年工作。国务院领导对这次会议十分重视,会前黄菊副总理听取了我们的汇报,刚才又做了重要讲话。黄菊副总理的讲话,充分肯定了中央企业改革发展取得的成绩,全面阐述了中央企业贯彻落实科学发展观要着力做好的重点工作,我们要认真学习领会,全面贯彻落实。下面,我代表国资委和国资委党委,讲四个问题。

一、2005年中央企业改革发展的进展情况

(一)生产经营稳步快速发展,对经济社会发展的贡献进一步加大。

在去年快速增长的基础上,今年中央企业继续保持销售收入和实现利润大幅提高、资产质量进一步改善的良好局面。1—11月,中央企业实现销售收入59917.8亿元,同比增长21.8%;实现利润5649.9亿元,同比增长24.7%。预计全年实现销售收入6.6万亿元,实现利润6000亿元。到11月底,中央企业资产总额10.6万亿元,同比增长14.2%;净资产4.5万亿元,同比增长14.6%。预计全年总资产报酬率可达7.3%,同比提高0.5个百分点;净资产收益率9.5%,同比提高1个百分点。

中央企业在增加财政收入、执行宏观政策、稳定市场、服务"三农"等方面作出了重大贡献。1—11月,中央企业累计上缴税金4931.4亿元,同比增长24.4%;国有及国有控股工商企业上缴税金占全社会工商税收的43%,中央企业占国有及国有控股工商企业上缴税金的48%。石油石化、电力、煤炭、运输等行业的中央企业,精心组织生产,严格履行合同,努力保障市场供应,为缓解煤电油运瓶颈制约作出了积极贡献。电信企业积极推进经济社会信息化建设,电力企业注重发展农电事业,建筑企业积极承建国家重点工程项目,商贸企业努力活跃市场流通,农业企业积极研制和生产防治猪链球菌和禽流感疫情生物药品,各行各业的中央企业在经济社会发展中都发挥了重要作用。军工企业按时保质保量完成军品科研和生产任务,为国防建设作出了突出贡献。举世瞩目的"神舟六号"成功发射、青藏铁路全线贯通,中央企业都作出了重大贡献。

(二)各项改革稳步推进,企业经营机制进一步转换。

以股份制改革和完善公司治理结构为重点,今年中央企业各项改革都取得了新的进展。神华能源、东风股份、中国远洋、中化化肥、华电国际、中材国际以及中石油股份、宝钢股份等一批企业先后在境内外上市或增发股票。中央企业按照上市公司规范运作的要求,整合业务,加强财务基础工作,建立和完善公司治理结构和内部组织构架,作了大量

卓有成效的工作,上市公司的质量进一步提高。中国石化、宝钢股份、中远航运和中化国际被国际权威机构评为2005年中国25家最受尊敬上市公司的前四名。按照国务院的统一部署,国有控股上市公司股权分置改革积极稳妥有序地推进,截至12月23日,已有51家中央企业控股的上市公司启动或完成了股权分置改革程序,特别是长江电力、武钢股份、鞍钢新轧、中海发展等大盘蓝筹股股权分置改革的顺利进行,为稳定市场预期发挥了积极作用。中央企业严格按照要求规范改制,推动了国有产权有序流转。

国有独资公司建立和完善董事会试点取得积极进展,宝钢、神华等6家企业相继建立和完善了董事会,中铁建等9家企业的试点工作正在积极推进。组织25家中央企业完成了面向海内外公开招聘高级经营管理者工作,进一步完善了相关制度,实现了由公开招聘副职到正职的突破。中央企业内部竞争上岗、对外公开招聘工作也稳步推进。

中央企业主辅分离、辅业改制和分离办社会职能工作取得新进展。截至9月底,已有71家中央企业主辅分离的总体方案得到批复,共涉及改制单位3820户,分流安置职工60万人;第二批74家中央企业分离办社会职能工作全面启动,预计到年底将有1600多个办社会机构从企业分离移交地方政府,涉及职工近14万人。中央企业在普遍实行全员劳动合同制、全员竞争上岗和以岗定薪的基础上,加大推广绩效考核为主的工资制度,企业经营机制进一步转换。

(三)结构调整步伐加快,增长方式进一步转变。

围绕做强做大主业,中央企业加大了调整重组力度。已确认公布了96家中央企业主营业务。完成了9组18家中央企业的联合重组,目前中央企业已减少到169家。中央企业非主营业务资产剥离重组迈出了重要步伐。招商集团将旅游业务剥离,无偿划转港中旅,使资源得到优化配置。中国包装总公司交由国家开发投资公司托管,中国寰岛(集团)公司交由中国诚通控股公司托管,普天集团所属8户企业划转诚通控股公司,在以资产经营公司为平台推进企业调整重组、处置不良资产方面进行了新的探索。

适应市场变化,中央企业普遍加大了产品结构的调整力度。钢铁企业在国内钢材产能过剩、价格下跌的情况下,增加高附加值、高效益品种产量,取得积极效果。汽车企业面对市场变化快、需求增长减缓、油价居高不下的情况,加快新车型的投放,扩大适销对路车型的生产和销售,保持了市场占有率。电信企业立足于做大市场,拓展增值服务,竞争秩序进一步规范。中央企业积极实施"走出去"战略,开拓海外市场,加大海外投资力度,中石油、中石化、中海油、中国五矿、中国铝业等积极开发海外资源,为缓解我国油气、重要矿产资源短缺作出了积极贡献。

中央企业积极开展创建资源节约型企业活动,17家企业带头向社会作出节能降耗承诺,一批企业在资源节约方面取得新的成效。国家电网公司以节能降耗为中心,加强电网运营管理过程中的资源节约,进一步降低了线损率。华能集团联合中央发电和煤炭企业,共同实施了"绿色煤电"示范电站项目。四大钢铁企业以节能、节水、节约物耗为重点,大力发展循环经济,资源综合利用水平进一步提高。

(四)科研开发取得重大成果,技术创新步伐进一步加快。

中央企业把技术进步作为提升企业核心竞争力的重要手段,以市场为导向,加强了科技创新和高新技术的推广应用工作。目前,中央企业拥有各类技术创新机构476个,从事技术创新活动人员达27.6万人。中央工业企业全部建立了国家级的研发机构。今年以来，17家中央科技型企业共获得国家科技进步二等奖5项，省部级奖励108项；制定国际标准20项，国家标准97项，行业标准127项。哈电、东电以三峡工程建设为载体，通过引进技术、消化吸收再创新，使我国特大型水轮发电机组设计制造技术获得了跨越式发展，在与国外一流发电设备制造厂商竞标中，成功获得了三峡右岸部分水轮发电机组的设计制造合同。航天科技集团注重自主创新和关键环节的系统集成创新，在载人航天工程中，突破了许多国际宇航界公认的技术难关。“神舟六号”发射和成功返回，被胡锦涛总书记誉为“今年我国最具影响、最具战略意义的重大科技活动”，确立了我国在世界高科技领域的战略地位。

(五)企业管理得到加强，综合素质进一步提高。

以提高经营效益为目标，中央企业普遍加强了财务资金管理、战略规划管理、企业信息化建设和风险监控与防范，企业管理的水平和效率有了很大提高。中国移动等企业推行全面预算管理，建立和完善了预算、考核、薪酬为一体的闭环管理体系，创新了绩效考核模式。国家电网、中储粮等企业加强资金集中管理，提高资金使用效率，全面提升了财务管理水平。中国电子科技集团将战略规划和业绩考核紧密结合，构建起“战略规划领跑的经营业绩考核体系”。中石油、中石化、中远等一批企业全面推行信息化管理，搭建集成数据统一业务平台，实现了管理现代化。宝钢、武钢等企业对经营风险进行辨识和评估，制定了一系列规章制度，探索建立了全面风险管理体系。一些在境外上市的中央企业按照上市地证券监管有关法律的要求，建立了既符合企业实际、又能适应有关监管法律要求的内部控制体系，并覆盖到未上市企业，增强了风险防范能力。中央企业法律顾问制度建设和“四五”普法工作取得明显进展，法律风险防范机制逐步建立，依法经营管理的能力进一步提高。

(六)先进性教育活动成效显著，企业党建工作进一步加强。

按照中央统一部署，中央企业356万名党员、19万多个党组织分两批开展了先进性教育活动。国资委党委高度重视，成立了专门的领导机构和工作机构，先后派出了24个督导组。中央企业按照“四个一”的总体要求，贯彻“五个坚持”的指导原则，坚持先进性教育和生产经营“两不误、两促进”，坚持以解决改革发展和职工群众关注的突出问题为重点，认真抓好集中学习教育三个阶段的工作，先进性教育活动取得了明显成效。通过先进性教育活动，党员素质进一步提高，先锋模范作用得到明显体现；基层党组织进一步加强，党建工作的力度明显加大；服务职工群众的要求进一步落实，党群干群关系明显改善；各项工作进一步推进，企业改革发展取得明显成效。广大党员学习实践“三个代表”重要思想的自觉性进一步增强，在建立健全党员“长期受教育、永葆先进性”的长效机制上取得了新的进展。中央企业的先进性教育活动，得到了党中央的充分肯定，受到了职工群众的普遍好评。

以先进性教育活动为契机，中央企业党建工作得到进一步加强和改进。结合先进性教育活动，中央企业按照中组部和国资委党委的部署，认真制定方案，深入推进创建“四好”班子活动，领导班子的精神面貌有了新的变化，求真务实、开拓创新成为中央企业领导班子的主流。中央企业把纪检监察工作与企业经营管理有机结合，积极推进了领导人员廉洁从业、查办案件、效能监察工作，抓紧构建惩治和预防腐败体系。今年以来，中央企业宣传思想工作和企业文化建设进一步加强，增强团员意识教育活动扎实开展，厂务公开和民主管理进一步深入，职工素质工程和高技能人才队伍建设深入推进，新闻宣传、保密工作、外事工作等各项工作都取得了新的进展。

围绕推进中央企业的改革发展，今年以来，国务院国资委认真履行出资人职责，加大了各项工作的力度。研究制定和发布了一系列规章和规范性文件，进一步加强了对中央企业国有产权转让、国有产权登记、国有资产评估、境外投资、不良资产处置、重大法律纠纷案件等的监督管理。对中央企业2004年度经营业绩进行了认真考核，严格兑现了奖惩。继续加强和改进监事会工作，重点检查了国有资本权益和国有资产安全情况。进一步完善出资人财务监督制度体系，全面开展了中央企业经济责任审计工作，加强和改进对中央企业财务预算、决算管理，在建立企业不良资产管理长效机制方面进行了积极探索。我们还积极参与了《公司法》、《证券法》等重要法规的修订工作。

对来之不易的成绩，我们要倍加珍惜。越是形势好，越要保持清醒的头脑。我们许多企业都经历过困难时期，好的时候不能忘记曾经有过的艰难，更不能无视经营管理中存在的问题。从财务分析看，中央企业中的一些问题十分突出。

一是部分企业应对市场变化能力不强。

二是部分企业经营成本增长过快。

三是部分企业经营风险加大。

四是部分企业财务管理不规范。

这些问题是企业管理体制、经营机制、增长方式等方面问题的集中体现，如果不抓紧解决，一旦市场发生大的变化，一些企业就有可能重新陷入困境，这不仅影响中央企业的整体效益，影响中央企业的整体形象，还会对国民经济带来影响。我们必须见微知著，居安思危，高度重视，切实解决存在的问题，强身健体，为迎接更大的挑战打好基础，做好准备。

二、明年面临的形势和需要把握的几个问题

明年是"十一五"的开局起步之年。关于明年的经济形势，中央经济工作会议已经做了全面分析。总的看，明年宏观经济环境对中央企业的改革发展是有利的。世界经济将继续保持增长态势，国际产业转移、科技创新和技术扩散的继续加快，国际经济合作的深入发展，都将为我国经济发展提供良好机遇。从国内形势看，努力扩大内需，坚持实施稳健的财政政策和货币政策，继续加强和改善宏观调控等政策取向，有利于实现经济平稳较快增长。但从今年下半年情况看，经济运行中各种矛盾和问题也不少。

一是部分行业产能过剩的矛盾将进一步显现。

二是重要原材料和能源供需结构性矛盾仍然存在。

三是国际贸易摩擦和争端可能增多，企业面临的竞争更激烈。

从中央企业改革调整的环境看，面临的矛盾和问题也十分复杂。一方面，我国经济发展已经进入社会矛盾的多发期，维护社会稳定的压力很大；另一方面，国有企业改革仍处于攻坚阶段，调整结构、解决历史包袱问题的任务还很艰巨。中央企业要结合自身实际，认真分析研究国内外政治经济环境的变化，做到心中有数，应对有方。

根据中央经济工作会议对明年经济工作的总体要求，明年工作总的要求是：**以邓小平理论和"三个代表"重要思想为指导，认真贯彻落实党的十六届五中全会和中央经济工作会议精神，牢固树立和落实科学发展观，创新体制机制，优化资源配置，转变增长方式，推进技术创新，强化资源节约，力争在一些重点领域和关键环节实现新的突破，巩固扩大先进性教育活动成果，加强和改进企业党的建设，促进中央企业持续、稳定、健康、和谐发**

展，更好地发挥国有经济的主导作用，为“十一五”规划开好局、起好步作出积极贡献。做好明年的工作，确保全面完成明年的目标任务，必须重点把握好以下五个方面。

一是要更加注重体制机制创新。

二是要更加注重资源有效配置。

三是要更加注重增长的质量和效益。

四是要更加注重自主创新和资源节约。

五是更加注重企业与社会的和谐。

三、明年国资委着力推进的几项重点工作

明年是国有资产管理体制改革和国有企业改革十分重要的一年。国务院国资委成立近三年来，在党中央、国务院的正确领导下，在中央企业和社会各界的理解支持下，初步建立了国有资产监管体制框架，以出资人为主导的国有企业改革也取得了积极进展。国资委成立之初，我们提出从2004年开始，用三年时间建立起国有资产监管体制框架。明年是实现这一目标的最后一年，根据中央经济工作会议对明年国有资产监管体制和国有企业改革的要求，明年要在巩固各项工作的同时，在以下三个方面取得新的突破。

（一）深入推进中央企业建立和完善董事会工作。

国有独资公司建立和完善董事会，是深化国有企业改革的突破性工作，是在企业层面全面落实出资人职责的关键措施，也是国资监管机构真正解决“婆婆加老板”问题的根本途径。明年我们将在现有的基础上积极选择条件成熟的企业，继续扩大国有独资公司建立和完善董事会试点范围，依法有序地推进试点工作。**一是**认真研究制定指导试点的各项规定，包括董事会和董事评价办法、职工董事管理暂行办法、规范国资委与董事会关系的意见等，完善配套措施，从出资人的角度，探索对中央企业领导人员管理的新模式。**二是**规范国资委与董事会的关系，加强与董事会、董事的沟通。国资委将把出资人的部分职权授予规范的董事会行使，确保董事会行使选择、考核经理人员和决定经理人员薪酬的职权。探索建立国资委与董事会、董事之间及时沟通信息、交换意见的机制，确保董事会代表出资人利益，确保企业对出资人的透明度。**三是**加强外部董事队伍建设，尽快建立中央企业外部董事人才库。我们将根据企业情况，在现有外部董事队伍基础上，扩大选人视野，增加选拔具有国际化大公司工作经历的金融、财务、法律等方面的专业人才。结合我国国有企业实际，加大对外部董事的培养，不断提高他们的履职能力。**四是**把国有独资公司董事会试点的制度性措施，包括外部董事和独立董事制度，董事会管理经理人员等，推广纳入到国有控股的中央企业。

（二）积极稳妥地推进中央企业调整重组。

调整国有经济的布局和结构，是党的十六大提出深化经济体制改革的重大任务，也是国务院赋予国资委的重要职责。国资委成立之初我们就提出，中央企业要成为行业排头兵，要围绕培育和发展具有国际竞争力的大公司大企业集团，推进中央企业的调整重组。今年8月份中央企业负责人会上我们进一步提出，中央企业要通过调整重组，形成80—100家主业突出、技术先进、结构合理、机制灵活、具有自主知识产权、有较强国际竞争力的大公司大企业集团。近三年来，一批中央企业按照中央的要求，结合自身的发展，积极开展联合重组，取得了积极成效。明年要在继续鼓励中央企业联合重组的同时，积极探索以资产经营公司为平台推进中央企业的调整重组。发挥资产经营公司在促进资本流动、推进企业改制、吸引战略投资者方面的重要作用，大力推进中央企业特别是一般性竞争行业中央企业的股份制改革。发挥资产经营公司在托管困难企业、处置不良资产等方面的重要作用，加大经营困难、包袱沉重、缺乏竞争力企业的退出力度。发挥资产经营公司在推进结构调整、企业重组方面的重要作用，加快培育发展大公司大企业集团。

（三）抓紧建立中央企业国有资本经营预算制度。

建立国有资本经营预算制度，是国有经济布局和结构战略性调整的客观需要，是国资委有效履行出资人职责的必要手段，也是促进企业健康稳定发展的重要举措。党中央、国务院对这项工作十分重视，党的十六届五中全会明确提出，要加快建立国有资本经营预算制度，温家宝总理在中央经济工作会议上也提出了明确要求。从去年开始，我们组织力量对建立国有资本经营预算制度进行了研究，已经提出了初步工作方案。一些地方国资委在这方面也进行了积极的探索，积累了一定经验。明年我们将结合中央企业的实际情况，进一步规范和提高企业财务预算编制质量，积极研究制定中央企业国有资本经营预算及相关配套制度文件。在此基础上，着手编制中央企业国有资本经营预算。

与此同时，明年还要扎实推进各项工作，切实履行好出资人职责。**一是**不断探索和完善中央企业经营业绩考核体系。完善考核方法，优化考核指标，加强分类指导，加强监测分析，严格责任追究，推动中央企业同国际先进企业的“对标”工作，更好地发挥业绩考核在促进中央企业改革发展、实现国有资产保值增值等方面的导向作用。**二是**进一步规范和完善中央企业薪酬激励与收入分配制度。积极探索股权激励等多种方式，加快建立对企业经营者的中长期激励机制。推动企业尽快建立起规范、透明、严格、有效的企业负责人职位消费制度的基本框架，规范中央企业负责人职位消费。坚持按照“两低于”的原则，加强和改进对企业收入分配的调控。**三是**深化出资人财务审计监督工作。进一步探索完善出资人财务监督工作体系，完善企业财务预决算管理，做好重大财务事项监控和风险防范工作，强化中介机构审计和企业内部审计监督。进一步加强境外企业财务监管和高风险投资业务监管，加快建立重大投资决策失误和重大财产损失责任追究制度，完善重大投资报告和重大投资后评价制度。**四是**加强企业法制工作。进一步完善和切实贯彻实施有关企业国有资产监督管理的法规和规章。推动中央企业加快建立健全以总法律顾问制度为核心的法律风险防范体系。继续做好中央企业重大法律纠纷案件的备案、协调工作。做好“四五”普法的总结表彰和“五五”普法的启动工作。**五是**继续坚持和完善外派监事会制度。按照《公司法》的有关规定，修订《国有企业监事会暂行条例》，调整监事会职责定位，改进工作方式和方法。加强与审计、纪检、财务等其他监督方式的协调与合作，将监事会的监督检查与国有资产的监管结合起来，强化出资人监督。**六是**继续加强和改进中央企业党建工作。进一步巩固和扩大中央企业保持共产党员先进性教育活动成果，探索建立保持共产党员先进性的长效机制。全面贯彻中办发〔2004〕31号文件精神，加强监督检查。加强中央企业领导班子和人才队伍建设。大力推进中央企业的企业文化建设，不断提高中央企业精神文明建设水平。切实做好中央企业党风建设和反腐倡廉工作。

四、2006年中央企业改革发展的主要工作

明年中央企业改革发展的任务十分繁重，要紧紧围绕做强做大主业和增强企业可持续发展能力，以科学发展观统领全局，突出重点，统筹兼顾，全面做好各项工作。

（一）进一步深化改革，转换经营机制。

明年要坚持把深化改革放在更加突出的位置，继续以股份制改革和完善法人治理结构为重点，加快推进国有企业改革。**一是**加快国有大型企业股份制改革。以贯彻新的《公司法》为契机，加快中央企业多元投资主体的股份制改革。具备整体引入战略投资者或整体改制上市条件的企业，要加快整体改制、整体上市的步伐。已有部分资产上市但不具备整体改制上市条件的企业，要通过增资扩股、收购资产等方式把优良主营业务资产注入上市公司，促进上市公司的健康发展。要规范母公司与上市公司的关系，加大存续企业改革改组力度。**二是**以推进国有独资公司建立完善董事会为重点，完善公司法人治理结构。已经建立规范董事会的企业要规范运作，切实履行好董事会的职责；列入试点的企业要抓紧推进各项前期工作。中央企业要进一步推进下属全资、控股子企业法人治理结构的完善，对具备条件的子企业，要参照实施国有独资公司董事会试点的制度性措施。**三是**积极推进控股上市公司股权分置改革。国务院确定的39家重点中央企业控股的上市公司，要认真研究难点问题，创新思维，抓紧完善股权分置改革方案。要加强与流通股股东的沟通，争取各方支持，尽快完成股权分置改革。其他中央企业控股的上市公司也要积极稳妥地做好这项工作。同时要规范行使国有股东的权利，提高上市公司的整体质量。**四是**继续深化企业内部改革，切实转换经营机制。要按照建立健全现代企业制度的要求，推进人力资源市场化配置，努力创造条件，积极推进企业内部中高级管理岗位公开招聘和竞争上岗。**五是**继续做好主辅分离辅业改制工作，积极稳妥解决历史遗留问题。要把握好主辅分离辅业改制相关政策延长的机遇，进一步拓宽思路，加大工作力度，争取在三年内基本解决企业富余人员问题。要采取分离移交、共建共管、辅业改制、市场化改革等多种途径，加快分离企业办社会职能进度。要积极做好厂办大集体改革试点工作，东北地区中央企业要按照国务院批复要求，在地方政府的统一组织下，积极开展试点；东北地区以外具备条件的中央企业，可以参照批复文件精神，做好启动改革的准备。要进一步规范国有企业改制和国有产权转让，提高国有资产转让的进场交易率，切实防止国有资产流失，维护职工合法权益。

（二）围绕做强做大主业，加快结构调整步伐。

加快结构调整，形成国有经济的合理布局，实现资源优化配置，是全面贯彻落实科学发展观的重要措施。要结合落实"十一五"规划，加快结构调整步伐，做强做大中央企业主业。**一是**认真研究企业"十一五"发展思路，搞好三年滚动规划调整。重点研究涉及企业根本性、方向性和长远性的重大战略问题，明确企业组织结构、产品结构、技术结构、市场结构和人才结构调整的重点和方向。**二是**严格控制非主业，集中力量做强做大主业。已明确主业的中央企业，要按照主营业务板块加强内部整合，减少管理层次，缩短管理链条，进一步将主业做强做优做精。要逐项与世界一流企业"对标"，找差距，定措施，尽快成为在行业内具有较强国际竞争力和影响力的企业。要严格控制非主业发展，加快非主营业务资产的剥离，使资金、人才、技术等各种资源集中到主营业务上来。**三是**加强中央企业之间的战略合作。具有上下游产业关系或者具有优势互补关系的中央企业之间，要加强产品供应、技术开发、市场开拓等方面的合作，形成战略联盟，实现资源、信息共享。**四是**继续做好困难企业的关闭破产和重组脱困工作。要按照国务院批复的四年规划，积极推进中央企业的政策性破产，继续做好重组脱困工作，努力降低重组脱困成本，减少国有资产的损失。

（三）增强集团公司控制力，强化财务资金管理。

增强集团公司控制力，是企业集中资源做强做大主业的重要措施，也是企业加强管理、规避经营风险的必然要求。明年要在这方面加大力度。**一是**加强企业信息化建设。运用信息化手段，实现集团公司对所属各级子企业的实时监控和管理，增加透明度，提高管理效率，优化资源配置。**二是**加强重大事项管理。要加强集团公司对投融资、担保、固定资产支出、大额资金往来、重大物资采购、工资福利政策等重大财务事项的集中管理与控制。**三是**加强财务预算管理。坚持以战略规划为导向，合理编制企业财务预算，加强对预算执行情况的考核，逐步实施企业全面预算管理。积极探索适应企业特点的资金集中管理模式，加强现金流量和资金链的管理，严格控制资金流向，提高资金使用效率。**四是**建立完善内部控制机制。要加强内控制度建设，强化内控制度执行监督，逐步开展内部控制有效性评估工作。认真探索建立不良资产管理责任制度，层层落实资产管理责任，积极开展资产损失责任追究工作，建立惩防并举的不良资产管理工作体系。**五是**加强对高风险投资业务的监管。完善投资决策程序和风险控制措施，规范操作程序，建立严格的授权审批、责任追究制度和预警与防范机制，确保企业持续健康发展。针对目前中央企业境外投资监管薄弱的状况，集团公司要逐步建立规范的以产权为纽带的境外投资关系，加强境外投资的监督与管理，有效防范经营风险。这里要强调的是，集团公司要学会做股东，以行使股东权利的方式增强集团公司的控制力。对于独立法人的子企业，既要尊重其自主权利，又要充分实现集团公司经济资源的整体运作。

（四）加快技术创新步伐，增强自主创新能力。

中央企业要把提高技术创新能力、提高整体素质和可持续发展能力摆在更加突出的位置。**一是**加大科研开发投入，加快引进、消化、吸收和创新，在主导产品和关键技术、集成技术上尽快形成自主开发能力，努力掌握一批核心技术，拥有一批自主知识产权，造就一批国际知名品牌。**二是**加大利用高新技术、先进实用技术和关键技术改造传统产业的力度，不断提高工艺技术装备水平。特别是核电和输变电、大型石油化工等行业的中央企业和军工企业要发挥自身优势，加强自主研发制造，不断提高研发设计、核心元器件配套、加工制造和系统集成的整体水平。**三是**加快科研成果产业化步伐，中央科研企业要进一步面向市场，加强与生产企业的合作与联合，建设以市场为导向、产学研相结合的技术创新体系，使科技成果迅速转化为富有市场竞争力的新工艺、新技术、新产品。**四是**高度重视和认真做好知识产权保护工作，加快建立健全中央企业知识产权法律保护制度。按照国务院的统一部署，国资委牵头负责“企业知识产权战略和管理指南研究”专题工作，这是制定国家知识产权战略的一项重要基础工作，希望中央企业高度重视和积极配合。**五是**加强科技人才队伍和高技能人才队伍建设。要进一步实施“人才强企”战略，健全和完善高层次人才的引进、培养、选拔、使用、激励等制度，建立健全科技创新体制和分配机制，培养、凝聚和激励更多的优秀科技人才。建立健全高技能人才队伍的培养、评价、选拔体系和激励机制，深入实施职工素质工程，鼓励和积极采用职工的技术创新建议并使之制度化。

（五）创建资源节约型企业，促进增长方式转变。

建设节约型社会，发展循环型经济，是转变经济增长方式的关键措施。明年中央企业要在创建资源节约型企业方面迈出新的步伐。**一是**以提高资源利用效率为核心，以节能、节水、节材、节地、资源综合利用和发展循环经济为重点，依托技术进步和科学管理，加快结构调整和系统优化，加快资源节约型、环境友好型企业建设步伐，进一步提高资源综合利用效率和投入产出水平。**二是**大力发展循环经济，中央企业尤其是冶金、建材、化工、电力等行业的企业要积极探索循环经济的有效模式，全面推广清洁、环保生产，努力形成低投入、低消耗、低排放和高效率的节约型增长方式，切实提高中央企业的整体素质和可持续发展能力。**三是**积极按照发展改革委关于抓好1000家试点企业节能降耗目标和措施的落实工作要求，牢固树立节约意识和社会责任感，分解目标，落实措施，加强管理，强化与国际同行业先进水平的"对标"工作，切实提高重点耗能企业的资源节约和综合利用水平。

（六）巩固和扩大先进性教育活动成果，切实加强中央企业党的建设。

巩固和扩大中央企业保持共产党员先进性教育活动成果，抓好整改措施的落实，建立健全保持共产党员先进性的长效机制和加强中央企业党的建设的长效机制，是中央企业明年的一项重要工作。**一是**继续抓好先进性教育活动的巩固和扩大成果工作，认真做好建立保持共产党员先进性长效机制的工作，按照《国资委党委关于建立健全中央企业保持共产党员先进性长效机制的指导意见》要求，重点建立七个方面的长效机制：党员学习培训机制，扩大党内民主、严格组织生活机制，党员联系和服务群众机制，党员监督约束机制，企业党组织建设机制，企业领导班子建设机制，党建工作督导检查机制。**二是**积极探索建立适应现代企业制度要求的党建工作新机制。建立健全党组织参与企业重大问题决策的程序和机制，形成企业党组织与公司法人治理结构相适应的领导体制与运行机制。继续深入开展"四好"班子创建活动，加强中央企业领导班子思想政治建设。进一步规范党组织机构设置和工作制度，创新党组织活动内容和方式。加强重组、改制、关闭、停产、破产企业党的工作，重视做好下岗分流等流动党员的管理工作，积极做好发展新党员工作。**三是**加强企业宣传思想工作，做好新闻宣传工作，正确引导舆论。大力推进企业文化建设，努力构建以企业价值观为核心的理念体系，不断增强企业的凝聚力、竞争力，树立良好的社会形象。**四是**继续深入推进厂务公开民主管理，健全和完善职工代表大会制度，严格按照《工会法》要求加强工会自身建设，依法维护职工群众的合法权益。落实党建带团建工作，加强对共青团的领导。**五是**进一步搞好党风建设和反腐倡廉工作。要坚持标本兼治、综合治理、惩防并举、注重预防的方针，加强教育，完善制度，强化监督，扎实推进构建惩治和预防腐败体系建设。

（七）切实做好安全生产工作，努力维护企业和社会稳定。

安全生产关系到广大职工群众的切身利益和生命安全，是坚持"以人为本"、构建和谐社会的一项重要内容。安全永远是企业管理的薄弱环节，必须居安思危、警钟长鸣、常抓不懈。中央企业安全生产总体形势是比较好的，但今年以来重特大事故时有发生，不仅损失严重，在社会上也造成很大影响。今年1—11月，中央企业发生重大及以上安全生产事故20起，造成141人死亡，110人受伤。这些事故暴露出中央企业在安全生产管理方面还存在着不少薄弱环节，必须引起高度重视。中央企业要从贯彻落实科学发展观、构建社会主义和谐社会的战略高度，进一步提高对安全生产工作重要意义的认识，强化安全生产管理，努力构建安全生产的长效机制。**一是**切实落实安全生产责任制。总经理要切实履行好安全生产第一责任人的职责，党委（党组）每年至少要两次专题研究安全生产工作，督促各项措施落实。已经建立规范董事会的，董事会要把安全生产作为重点工作之一，定期听取经营管理者的汇报，做好监督检查。**二是**进一步加强安全管理基础工作。结合企业特点和实际，加大安全生产投入，完善安全生产管理制度和监管、检查体系，建立健全安全生产事故逐级报告制度，强化安全生产业绩考核，加强安全生产的全员培训，完善安全生产应急预案和应急救援体系。**三是**深入开展安全生产督导检查。配合国家安监局集中解决一批安全生产重大隐患，尤其要下功夫解决好建设施工、石油、化工、煤矿及非煤矿山、交通运输等重点行业的安全隐患排查和治理工作。国务院国资委也将按照《国务院办公厅关于加强中央企业安全生产工作的通知》要求，进一步改进内部工作程序，完善事故报告、事故跟踪、事故调查、事故档案管理和安全生产业绩考核制度，努力构建起中央企业安全生产的长效机制。

稳定工作事关改革发展大局，明年中央企业推进改革的力度将进一步加大，稳定工作所面临的形势将更加严峻。要妥善处理好改革发展稳定的关系，高度重视并切实做好维护企业稳定的工作。**一是**进一步健全和完善稳定工作责任制，党委（党组）书记要切实履行好稳定工作第一责任人的职责，加强对维稳和信访工作的领导，确保组织到位、制度到位、责任到位。**二是**完善各项稳定工作制度、处理突发事件的工作预案和快速反应机制，加强对矛盾纠纷和职工反映强烈的热点、难点问题的定期排查工作，把工作重心从事后处理转移到事前排查调处上来，及时发现不稳定的苗头，采取措施化解矛盾，把问题解决在萌芽状态，把问题解决在基层，防止事态扩大。**三是**按照《信访条例》规定，调整和改进企业信访工作方式和方法，完善受理、办理信访事项的程序，形成新的工作运行机制，确保群众反映意愿和问题的渠道畅通无阻。

同志们，明年改革发展稳定的任务十分繁重和艰巨。我们要牢记党中央、国务院赋予我们的光荣使命，以在胡锦涛同志为总书记的党中央的领导下，以邓小平理论和“三个代表”重要思想为指导，认真贯彻落实党的十六大和十六届三中、四中、五中全会与中央经济工作会议精神，全面落实科学发展观，锐意进取，开拓创新，扎实工作，努力推进中央企业更快更好发展，为实现国民经济持续快速协调健康发展作出新的更大贡献！

用科学发展观统领铁路工作 深入推进铁路跨越式发展 为经济社会又快又好发展作出更大贡献

——铁道部部长刘志军在全国铁路工作会议的上报告(摘要)

(2006年1月6日)

这次会议的主要任务是,认真学习贯彻党的十六届五中全会、中央经济工作会议和中纪委六次全会精神,落实科学发展观和党中央、国务院部署,总结“十五”工作,分析面临的形势,明确“十一五”目标,安排2006年工作,动员全路广大干部职工紧紧抓住战略机遇期,乘势而上,奋勇开拓,深入推进铁路跨越式发展,为我国经济社会又快又好发展作出更大贡献。

一、以推进铁路跨越式发展为主要标志,“十五”铁路工作取得巨大成就

(一)大规模铁路建设全面展开。2004年1月,国务院审议通过了我国铁路史上第一个《中长期铁路网规划》,确定了到2020年的铁路建设的宏伟蓝图。根据这一规划,到2020年,我国铁路营业里程将达到10万公里,其中客运专线1.2万公里,这标志着我国铁路网不仅规模有大的扩展,而且标准和水平有质的飞跃。为加快实施规划,全路做了大量卓有成效的工作。铁道部提出了“以人为本、服务运输、强本简末、系统优化、着眼发展”新的建设理念,修订了《铁路主要技术政策》,为提高铁路建设水平提供了重要的指导思想和技术保证;与31个省市自治区政府就加快铁路建设逐一会谈,签订了战略合作协议,为加快铁路建设创造了良好环境。在国家有关部门和各省市自治区党委政府的大力支持下,两年来全路共安排以客运专线和煤运通道建设为重点的新开工项目89个。新建铁路规模达到10500公里、改建铁路规模达到9400公里,投资规模超过6000亿元,其中京津、武广、郑西、石太、武合、合宁、甬台温、温福、福厦、广深港、广珠等11条客运专线建设规模达到3243公里。按照“政府主导、多元化投资、市场化运作”的指导思想,加快铁路投融资体制改革,积极吸引地方政府和境内外战略投资者参与铁路建设,为大规模建设提供了资金保证。全路组建了20个客运专线和其他项目公司,对工程建设实行项目法人管理,并按照国际上通行的做法,全面推行“小业主、大咨询”管理模式,实现了铁路建设管理体制的重大创新。按照建设世界一流客运专线的目标,制定了客运专线技术标准,组织开展了客运专线技术引进消化吸收和技术攻关,有序推进勘察设计和施工准备,全面加强工程质量控制。目前,我国由南到北、从东到西,大规模铁路建设全面展开。其他在建重点工程项目进展顺利。举世瞩目的青藏铁路建设在攻克“多年冻土、高寒缺氧、环境保护”三大世界性难题方面取得重大成果,于2005年10月实现全线提前铺通;渝怀线、宁西线西合段、赣龙线、武九线等项目建成投产,宜万线、浙赣电化、洛湛线永岑段等项目全面完成建设进度任务。到2005年底,全国铁路总营业里程达到7.5万公里,比“九五”末增加6500公里,增长9.5%,其中复线2.5万公里,电气化线路2万公里,分别比“九五”末增长18.6%和35.7%。

（二）技术装备现代化取得重大成果。 党中央、国务院对铁路技术装备现代化高度重视、十分关心，中共中央政治局常委会、国务院常务会议以及国务院领导主持召开的专门会议多次研究铁路技术装备现代化问题，明确了铁路技术装备现代化的方向和原则。部党组把铁路技术装备现代化作为战略任务来抓，提出了“先进、成熟、经济、适用、可靠”的技术方针，确定了技术装备现代化的实施方案。为尽快缩小与发达国家铁路机车车辆装备差距，铁道部立足以我为主和自主创新，按照“引进先进技术，联合设计生产，打造中国品牌”的要求，重点扶持长客股份、四方股份、大连机车车辆公司、大同电力机车公司、株洲电力机车公司、戚墅堰机车车辆厂等六家国内机车车辆制造企业，成功引进了法国阿尔斯通、日本川崎重工、加拿大庞巴迪、德国西门子这四家世界上最先进的时速200公里及以上动车组技术，以及美国GE、EMD公司等世界上最先进的大功率电力、内燃机车技术。在技术引进过程中，铁道部和有关单位紧紧抓住关键技术的消化吸收，确保实现技术的全面转让和国产化目标。目前采购的机辆装备国产化率动车组最高达75%以上、大功率电力机车最高达70%以上、大功率内燃机车最高达85%以上。由于铁道部对技术引进工作统一组织，充分运用我国铁路市场空间巨大的优势，实现了低成本引进技术的目标，与国际上同类技术引进项目比较，我国铁路引进这些技术的费用要低20%至40%。目前，引进的机车车辆技术消化吸收工作正按计划有序推进。在引进先进技术的同时，大力推进机车车辆的自主创新。以科学的态度组织了国产动车组阶段验收总结，并开展了试运营，为其逐步改进完善创造条件。自主研发制造的25吨轴重的C80、C76型运煤专用货车在大秦线投入使用。载重70吨的通用货车投入批量生产。按照时速120公里要求，对既有货车进行技术改造，到2005年底全路有26.5万辆货车满足提速要求，占总保有量的41.6%。铁道部制定并实施了《铁路信息化总体规划》，将运输组织、客货营销、经营管理作为信息化的重点，铁路信息化建设取得新进展。全路3012个车站、30580公里线路完成了列车调度指挥系统（TDCS）建设，京哈、京沪、京广、京九、陇海、浙赣六大干线基本建成车辆安全防范和预警系统（5T），新一代分散自律调度集中系统（CTC）、列车运行控制系统（CTCS）和数字移动通信系统（GSM－R）建设进展顺利，客票发售和预订系统不断改进完善，大客户管理系统成功运行。围绕铁路技术装备现代化，不断扩大铁路对外开放和合作交流，2003年以来，我国铁路与多个国家铁路签订了以技术合作、职工培训为重点的双边铁路合作协议，开创了我国铁路利用国际国内两种资源加快发展的新局面。

（三）内涵扩大再生产取得显著成绩。 2003年以来，面对煤电油运“瓶颈”制约状况，全路以保证国民经济平稳运行为己任，坚持实施内涵扩大再生产，深入开展“多拉满载、挖潜提效”主题活动，不断扩充运输能力。既有线提速取得新突破。第五次大面积提速调图系统运用挖潜扩能的技术手段和运输组织措施，在优化列车开行方案、调整运输产品结构、实行客车密集追踪、改革设备维修方式和劳动组织等方面取得了一系列重大进步，客货运输能力分别增加18.5%和15%。全路大力开展了第六次大面积提速调图准备工作。经过不断的提速改造，目前，全路时速120公里以上的线路延展里程达到22090公里，时速160公里以上的线路延展里程达到14025公里，时速200公里以上的线路延展里程达到5371公里，为进一步提高干线运输能力拓展了空间。重载运输取得新突破。对几大煤运通道实施了重载扩能改造。大秦铁路大量开行万吨级重载列车，在2002年运量达到1亿吨设计能力的基础上，2003年达到1.2亿吨，2004年达到1.5亿吨，2005年达到2.03亿吨，一条重载铁路运输通道达到这样高的运量，在世界铁路史上是没有的。侯月线2005年完成运量1.01亿吨，比2004年翻一番。六大干线普遍开行5000吨重载列车，部分区段达到5500至6500吨，其他部分干线普遍提高列车牵引定数，增加了既有线输送能力。路网整体能力利用取得新突破。统筹利用干线、支线和合资铁路通道能力，不断优化车流径路，提高了路网综合运输能力。机车车辆运用效率取得新突破。2005年，货物列车平均总重达到3038吨，比2000年增长13.5%；货车周转时间完成4.92天，比2000年压缩0.47天，相当于每天节约运用车5万多辆。全国铁路日均装车继2003年突破10万辆、2004年突破11万辆之后，2005年突破12万辆。2005年，全国铁路货物发送量完成26.86亿吨，货运量增长连续两年保持在2亿吨以上。“十五”期间，全国铁路旅客发送量完成53.52亿人，比“九五”增长9.6%；旅客周转量完成26272亿人公里，比“九五”增长35.6%。货物发送量完成113.7亿吨，比“九五”增长33.4%；货物周转量完成86839亿吨公里，比“九五”增长32.9%。“十五”是建国以来我国铁路客货运量增长最快的时期。

（四）重点物资运输得到有力保障。全路坚持国家利益和人民群众利益至上，集中运力保证关系国计民生的重点物资运输。铁道部和各铁路局普遍建立了规范有序的重点物资运输保障机制，实现了对重点物资运输计划、配车、装车、挂运、卸车“五优先”。多次成功组织了煤炭、粮食、化肥、棉花的突击抢运，多次圆满完成了防疫物资、救灾物资的紧急调运，为保证电力迎峰度夏、粮食市场稳定、人民群众正常生活作出了突出贡献。“十五”期间全国铁路煤炭、石油、粮食运量比“九五”分别增长43.8%、40.4%和45.9%。这些成绩使铁路作为国民经济重要基础设施、国民经济大动脉和国家宏观调控工具的性质得到充分体现，受到了党中央、国务院的充分肯定和社会各界的赞扬。

（五）客货运输服务质量明显提升。全路努力适应经济社会发展和运输市场变化对铁路运输服务质量的要求，优化产品结构，改善服务设施，创新服务方式，客货服务水平跨上了新的台阶。在客运服务方面，结合第五次大面积提速调图，推出一站直达列车，大量增开“夕发朝至”列车、城际列车和旅游专列，向社会展示了铁路客运服务理念的新变化和客运产品的新面貌。在全路43个较大客运站深入开展“树标塑形”活动，对较大客运站普遍进行修缮和改造，北京、北京西、沈阳北、南京、广州、昆明等客运站相继建成无柱风雨棚和高站台，旅客候车、乘降条件明显改善，受到了旅客的赞誉。在货运服务方面，推进大客户战略的实施，到2005年底，铁道部与100家年货物发送量在100万吨以上或运费在1亿元以上的大客户建立了战略合作关系，创造了铁路货运服务的新模式。积极发展煤炭、矿石、粮食等大宗货物战略装车点，组织直达运输，为重点企业提供了便捷、可靠的运输服务。积极开发行包和行邮专列、集装箱班列、冷藏班列等快运产品，发展现代物流，初步形成了覆盖全路的货运快捷运输网络。

（六）运输和多元经营效益大幅度增长。“十五”期间，全路运输收入完成8075亿元，比“九五”增长75.6%。2003年以来，铁路运输经济效益显著提高，每年跨上一个大的台阶。2003年全路实现运输收入1483亿元、收取建设基金410亿元，比上年分别增长4.4%、4.2%；2004年实现运输收入1794亿元、收取建设基金446亿元，比上年分别增长

20.9%、8.8%；2005年实现运输收入2032亿元、收取建设基金473亿元，比上年分别增长13.3%、6.1%。运输收入和建设基金的这一增长速度，在我国铁路历史上是前所未有的。全路努力转变经济增长方式，严格控制支出，大力节支降耗，提高劳动生产率，取得了良好的经济效益。运输利润2003年实现5亿元，2004年达到30.2亿元，2005年达到70亿元，铁路经营状况有了明显改善，为增强铁路自我发展能力、改善职工生产生活条件奠定了坚实基础。多元经营不断发展。“十五”期间，全路多元经营完成营业收入3630亿元，比“九五”增长一倍。2003年以来，全路多元经营呈持续快速发展态势，营业收入年均增长20%，2005年达到1000亿元。到2005年底，全路多经企业安置和聘用铁路职工24.3万人。

（七）铁路改革取得历史性突破。党的十六大以来，铁路系统以建立适应社会主义市场经济要求的铁路新的管理体制为目标，以消除制约铁路运输生产力发展的体制性弊端为重点，大力推进铁路基础性改革。非运输企业分离取得重大进展。将中铁物资总公司、铁通公司移交国资委管理，部属4个勘察设计院和铁路局所属38家设计施工企业移交国资委下属的工程总公司和建筑总公司。社会职能移交成效显著。到2005年底，已将826所中小学、65所职业学校、208所医院和225所幼儿园移交地方政府管理。三年中，铁路辅业单位和社会职能机构共移交近40万人，不仅精干了运输主业，而且为移交单位发展壮大创造了基础性条件。铁路局直接管理站段体制改革进展顺利。2005年3月18日撤销了所有铁路分局，解决了我国铁路长期以来存在的铁路局和铁路分局两级法人以同一方式经营同一资产的体制性弊端，为运输企业建立现代企业制度、释放和发展运输生产力提供了体制保证。运输生产力布局调整取得重大成果。运输站段数量由调整前的1504个减少到目前的857个，为优化运力资源配置、调整运输生产组织结构、提高运输效率效益创造了有利的条件。专业运输改革迈出了新的步伐，组建了集装箱、行包、特货三个专业运输公司。铁路投融资改革迈出较大步伐，积极开展股份制改革试点，大秦股份、广深股份、铁龙股份、中铁快运与行包公司合并重组等项目取得重要进展，组建了中国铁路建设投资公司。基础性改革的重大突破，为加快铁路发展注入了强大活力。

（八）运输安全保持基本稳定。全路把确保人民群众生命财产安全作为第一位的职责，强化基层、基础、基本功，不断深化安全基础建设，认真解决提速安全中出现的新情况、新问题，深入开展安全大检查和安全生产专项整治，基本完成六大干线安全标准线建设，积极探索和规范实行铁路局直接管理站段新体制和运输生产力布局大范围调整情况下的运输安全管理。通过制定实施《铁路运输安全保护条例》，全面强化安全保障措施，完善安全监管体系，推动了运输安全管理的法制化进程。2003年以来，在客货运量大幅度增长、列车运行速度不断提高、既有线改造全面展开、各项改革不断深化的形势下，运输安全保持了相对稳定，行车重大、大事故比前三年减少34.5%，为深入推进铁路跨越式发展创造了良好环境。

（九）职工生活明显改善。全路各级组织认真贯彻党中央关于实现好、维护好、发展好广大人民群众根本利益的要求，对提高职工生活水平高度重视，努力使广大干部职工共享铁路改革发展成果。职工收入实现较大幅度增长。2003年至2005年，全路职工工资年均增长12%。文化线、生活线建设取得新成绩。2003年以来，全路文化线、生活线建设投入资金8亿多元，修建、改建小食堂5万多个、小浴室5万多个、小活动室3万多个、小宿舍10万多间,沿线职工工作和生活条件有了较大改善。帮困救助工作取得显著效果。在多年来帮困救助的基础上,部党组于2004年作出了不让一名职工看不起病、不让一名职工子女上不起学、不让一个职工家庭生活在当地贫困线以下的承诺,各单位建立健全困难职工救助机制,共帮扶各类困难职工家庭近30万户次,救助患病职工10万多人次,救助困难职工子女入学2.8万多人,累计支付救助资金6亿多元,兑现了“三不让”承诺,使困难职工生活得到有效保障。

(十)党的建设和精神文明建设取得重要成果。全路各级党群组织坚持融入中心、服务大局,紧紧围绕推进铁路跨越式发展,大力加强党的建设、精神文明建设和思想政治工作。按照中央的统一部署,在90余万名党员中开展了保持共产党员先进性教育活动,使全路广大党员受到了一次系统的“三个代表”重要思想和科学发展观教育,一批影响改革发展稳定、涉及职工群众切身利益的突出问题得到解决。适应铁路跨越式发展要求,选拔了一大批优秀年轻干部进入各级领导岗位,改善了各级领导班子结构,整体功能普遍增强。全面实施人才强路战略,采取与清华大学等高等院校联合办学等措施,加强铁路各级各类人才培养。广泛开展创建党支部“安全屏障”工程活动,充分发挥了基层党组织和广大党员在确保运输安全方面的模范带头作用。针对铁路运输管理体制重大改革、主辅分离、社会职能移交和安全生产中的新情况、新问题,深入细致地开展思想政治教育,贯彻《信访工作条例》,强化信访工作,化解不稳定因素。深入推进党风廉政建设和反腐败工作,狠抓领导干部廉洁自律,加大了宣传教育、路风监察和执法监察力度,查处了一批有影响的大案要案。以培养“四有”职工队伍为目标,大力加强精神文明建设,深入开展行业文明创建活动,提高了职工思想道德素质,发展了铁路先进文化。

回顾“十五”,尤其是总结近三年来铁路跨越式发展的成功实践,我们对实现铁路跨越式发展的重大意义和如何把铁路跨越式发展全面推向深入有五个方面的认识和体会。

第一,实现铁路跨越式发展是铁路系统落实科学发展观的具体实践,在铁路跨越式发展的进程中,我们必须坚持用科学发展观统领各项工作。

第二,时代给铁路实现跨越式发展创造了有利条件,我们必须紧紧抓住机遇,以只争朝夕的精神实现既定目标。

第三,铁路跨越式发展是超常规、高效益的发展方式,我们必须树立世界眼光和战略思维,充分利用国际国内、路内路外各种资源。

第四,铁路跨越式发展带来的运输生产力的重要变化和铁路运输管理体制的重大变革,是在保证稳定的前提下实现的,我们必须继续正确处理好改革发展稳定的关系。

第五,铁路跨越式发展是前无古人的开创性事业,任务极其艰巨,我们必须始终发扬苦干实干拼命干的创业精神。

二、正确认识和准确把握铁路跨越式发展面临的新形势,坚决实现“十一五”铁路发展目标

我们带着丰硕成果进入了机遇与挑战并存、机遇大于挑战的“十一五”,铁路工作面临着新的形势。集中表现在三个方面:

第一,党中央、国务院要求加快发展铁路,这既为我们创造了更为有利的政策环境,也对我们提出了更高要求。

第二,“十一五”是我国经济继续保持快速发展的时期,也是经济社会发展转入科学发展轨道的关键时期,铁路的作用将更加突出,加快发展铁路的责任更加重大。

第三,“十一五”是深入推进我国铁路跨越式发展的关键阶段,面临许多严峻挑战,战胜这些挑战，铁路跨越式发展就会取得决定性胜利。

总之，“十一五”铁路发展的环境更为有利，任务更为艰巨，挑战更为严峻。全路干部职工必须以更加强烈的使命感和责任感，抓住机遇，应对挑战，全力以赴做好铁路各项工作，坚定不移地把铁路跨越式发展推向深入。

“十一五”铁路工作的总体要求是：**高举邓小平理论和“三个代表”重要思想伟大旗帜，用科学发展观统领铁路各项工作，认真贯彻党中央、国务院关于加快发展铁路的重要指示，坚持以推进铁路跨越式发展为主线，精心组织，高标准、高质量地推进大规模铁路建设；增强自主创新能力，加快技术装备现代化；进一步实施内涵扩大再生产，大力提高运输效率和经营效益；强化安全基础，确保运输安全持续稳定；适应以人为本的要求，显著提高客货运输服务水平；深化铁路改革，推进体制创新和管理创新；实现好、维护好、发展好职工群众的根本利益，不断提高职工的物质文化生活水平，形成各项工作协调发展的良好局面，为我国经济社会又快又好发展作出更大贡献。**

按照这一要求，“十一五”铁路跨越式发展要实现以下目标：

——发达铁路网初具规模。“十一五”建设新线19800公里，其中客运专线9800公里；既有线增建二线8000公里，既有线电气化改造15000公里。2010年全国铁路营业里程达到9.5万公里，复线和电气化比例分别达到45%以上。

快速客运初步成网。建设京沪、京广、京哈、沈大、陇海等客运专线，列车时速达到200至300公里；建设京津、沪宁、沪杭、宁杭、广深、广珠等大城市群的城际轨道交通系统，列车时速达到200公里以上；继续推进既有线提速，在13000公里提速干线实现客车时速200公里。在此基础上，再经过5年左右的努力，我国铁路将形成客运专线、城际客运铁路和既有线提速线路相配套的32000公里的快速客运网络。以北京、上海、郑州、武汉、广州、西安、成都为中心，形成这些中心城市与邻近省会城市一至两小时的交通圈、与周边城市半小时至一小时的交通圈，这些中心城市之间的时空距离也将大大缩短。这一快速客运网络，能够辐射我国70%的50万以上人口城市，覆盖人口达到7亿多，满足人们快速便捷出行的要求。

各大区域之间大能力货运通道网络初步形成。南北通道，在建设京沪、京广客运专线的同时，对京沪、京广、京九、焦柳四大南北既有干线全部进行电气化改造，发展货物重载运输，四条大通道过江货运总能力达到4亿吨以上。进出关通道，在建设津秦客运专线的同时，实现津秦沈电气化，构成以京山线为主的进出关大能力货运通道，货运总能力达到1.2亿吨。西部通道，建设沪汉蓉大能力通道、西安至安康、昆明至六盘水复线，进出西南地区通道运输能力达到3亿吨以上；建设太中银铁路、兰武复线，对包兰线石嘴山至兰州段进行电气化改造，进出西北大通道货运总能力达到2亿吨以上。煤运通道，围绕十大煤炭基地，建设大能力煤运通道，对大秦、侯月等重点煤运专线进行扩能改造，形成运力强大、组织先进、功能完善的煤炭运输系统，煤运通道能力达到15亿吨以上。实现这些目标，我国铁路东西南北中之间货运将实现大出大入，长期制约我国经济发展的铁路“瓶颈”问题将基本得到解决。

快速货运网络初步建成。建成北京、上海、广州等18个集装箱中心站，建成一批行邮运输基地，双层集装箱运输通道总规模达到1万公里以上，铁路集装箱运输达到1000万TEU，基本满足高附加值货物快速运输需要。

东部铁路基本实现现代化。京广线以东

地区主要干线实现客货分线运输，铁路干线电气化成网，完成既有线时速200公里提速改造，主要城市间实现客运快速，主要货运通道实现重载运输。新建和改建一批大型客站和现代物流中心。配备先进的机车车辆。调度指挥、客货服务和经营管理全面实现信息化。形成适应市场需求的运输产品系列和知名品牌，铁路运输服务基本达到世界先进水平。

——基本实现技术装备现代化。加快实现客车车辆升级换代，时速200公里及以上动车组实现国产化，700列动车组投入运营，提速客车比“十五”末增长7倍以上；货车车辆技术实现大的进步，货车全部达到时速120公里，载重70吨通用货车、80吨运煤专用货车和100吨矿石、钢铁专用货车批量投入使用；大功率交流传动机车实现国产化并大规模应用，单机牵引5000吨、时速120公里的大功率电力和内燃机车投入运用1000台以上。机车车辆检修初步实现现代化，建成北京、上海、武汉、广州四大现代化检修基地。基本实现铁路信息化，以调度指挥智能化、客货营销社会化、经营管理现代化为重点，基本建成功能完善的铁路信息系统。

——运输效率和经营效益跃上新台阶。运力资源配置进一步优化，运输效率显著提高，运量持续增长。2010年，铁路客运量达到15亿人，货运量达到35亿吨，换算周转量达到35000亿吨公里，运输收入达到3000亿元，与2005年相比，分别增长30%、30%、31%、50%。经济增长方式实现大的转变，运输成本实现科学有效的控制，每万换算吨公里综合能耗下降5%，运输企业盈利和偿债能力稳步提高。多元经营实力增强，2010年力争实现营业收入1500亿元。

——运输服务质量达到新的水平。按照“功能性、系统性、先进性、经济性、文化性”的要求，加快新客站建设和既有客站改造，推广高站台、无站台柱风雨棚、无障碍行走，增强客运站的服务功能。结合动车组和新型客车的应用，改善旅客的乘车环境，提高客车的服务功能。全面改进客运售票、候车、餐饮、卫生、秩序等基本服务，全面改进货运办理等基本服务。适应现代社会个性化服务的要求，创新服务方式，大幅度提升社会满意度。

——铁路体制创新和管理创新取得重大进展。铁路投融资体制改革取得大的突破，形成铁路建设多元化投资、多渠道融资的新格局，铁路建设资金中路外投资的比重不断加大。深化铁路局直接管理站段体制改革，理顺关系，建立适应新体制要求的管理机制，新体制优势得到充分发挥。完善运输生产力布局调整，运力资源使用效率大幅度提高。主辅分离、辅业改制取得新成效，完善辅业管理体制，推进辅业企业改制，加快辅业企业走向市场步伐，有步骤地减少运输主业人员。

——职工生产生活条件实现大的改善。职工工资收入稳步增长，增幅高于“十五”。沿线职工生产生活环境进一步改善，生活线、文化线、卫生保健线建设达到新水平。广泛开展健康有益的文体活动，职工群众精神文化生活更加丰富。全面落实部党组提出的“三不让”承诺，建立起完善的帮困救助机制。

实现上述目标，我国铁路无论是路网规模、运输能力、现代化水平，还是服务质量，都将有一个很大的提升，几代中国铁路人梦寐以求的愿望将变成现实。在这一历史性的关键时期，全路干部职工要把思想统一到党中央和国务院的要求以及部党组的部署上来，把力量凝聚到铁路跨越式发展事业中来，坚定信心，脚踏实地，埋头苦干，坚决实现“十一五”铁路发展目标。为此，要围绕以下六个重大问题进一步统一思想和行动：

（一）关于搞好大规模铁路建设问题。“十一五”是大规模铁路建设最关键的阶段，续转和新安排建设项目达200多个，其中客运专线28个，建设总投资12500亿元。建设规模之大、建设标准之高、投资数量之多都是前所未有的。能否如期、高质量、高效率、低成本地完成建设任务，对铁路跨越式发展目标的实现具有决定性的影响。全路要以科学的态度，采取有效的措施，坚决打胜“十一五”铁路建设这场攻坚战。重点要解决好建设规模、工程质量和资金筹措三大关键问题。“十一五”铁路建设之所以安排这样大的规模，是根据《中长期铁路网规划》，综合考虑各种因素作出的正确选择。质量是工程的生命，是百年大计，大规模铁路建设成败的关键在质量。两年来积极推进铁路投融资体制改革，多渠道筹集铁路建设资金，可以肯定地讲，大规模铁路建设的资金是完全能够保证的。

（二）关于增强铁路自主创新能力问题。随着铁路现代化水平的提高，铁路技术含量不断增加，尤其客运专线是高新技术的集成，铁路发展必须以提高自主创新为基础。“十一五”期间，铁路系统要在技术创新上取得大的突破，实现大的跨越。无论是快速扩充运输能力，还是快速提升技术装备水平，最关键、最核心的是要增强自主创新能力。要把原始创新作为增强铁路自主创新能力的基础。

（三）关于深化铁路改革问题。这几年，全路将深化改革与加快发展有机结合，通过大力推进基础性改革，不仅提高了运输生产力，而且在建立适应社会主义市场经济要求的新的铁路管理体制进程中迈出了一大步。“十一五”期间，按照目前的改革思路继续推进，在构建新的铁路管理体制方面将会取得更大成效。我们实施的基础性改革是构建铁路新的管理体制的必经阶段，今后全路要按照这一方向继续推进铁路管理体制创新。我们实施的基础性改革是一项战略性任务，“十一五”期间要继续以此为重点向建立铁路新的管理体制目标迈进。

（四）关于强化运输经营问题。充分挖掘运输潜力，扩大运输能力，既是进一步缓解煤电油运紧张状况，保证国民经济平稳较快发展的要求，又是增强铁路经济实力，保证铁路跨越式发展目标顺利实现的需要。全路要把强化经营管理摆在更加突出的位置，在提高运输效率、增加经济效益等方面取得更大成效。

（五）关于确保安全稳定问题。铁路是大众化的交通工具，在确保人民群众生命财产安全上责任重于泰山。全路要始终把运输安全摆在第一位，深入探索和把握运输安全工作的规律，采取更加有力的措施，创造运输安全持续稳定的局面。

（六）关于加强人才队伍建设问题。深入推进铁路跨越式发展，要求我们必须更加重视人才队伍建设。目前，我国铁路人才队伍存在的突出问题是：人才流失严重，尤其在经济发达地区通信、信号、信息等专业人员，技术能力强的设备维修人员，机车驾驶人员，工程设计和管理人员，大量离开铁路；人才结构不合理，高层次人才、重点专业人才和运输生产一线人才短缺；人才素质不够高，一些领导者缺乏经营管理、铁路建设和技术装备现代化的管理能力；许多专业人员本专业的基础理论和基本技能功底不够扎实，尤其是缺乏对新技术、新知识的掌握，难以承担加快铁路发展的专业管理任务。人才是一切工作基础的基础。“十年树木，百年树人”。全路必须把人才队伍建设作为紧迫的战略任务来抓。一是以保证运输生产、设备维修、设备运用为重点，对有关管理和专业技术人员加强培训。二是以保证客运专线建设和推进技术装备现代化为重点，加强对铁路发展所需人才的培养。多年来，高技术人才不愿意进入铁路系统，铁路系统人才大量流失，究其原因，是我们吸引人才、使用人才的政策不到位。在收入分配上，要提高大学毕业生和专业技术人才的收入水平,尤其要向重点岗位人才和优秀人才倾斜。建立完善各类优秀人才专项奖励制度,充分发挥经济利益和荣誉对人才的双重激励作用,认真解决大学毕业生和专业技术人才生产、生活中的实际困难,重视对优秀人才的提拔使用,增强铁路系统对人才的吸引力、凝聚力。

三、做好 2006 年重点工作,夺取"十一五"开局首战全胜

2006 年是"十一五"开局之年,也是深入推进铁路跨越式发展的关键一年,做好 2006 年工作意义十分重大。根据党中央、国务院部署,结合铁路实际,2006 年全路要重点做好以下八个方面的工作:

(一) 加强建设管理,高标准、高质量地推进铁路建设。今年全路计划新开工项目 87 个,续建项目 38 个,收尾销号项目 38 个。全年计划投资 1600 亿元;新线铺轨 376 公里,投产 1436 公里;复线铺轨 1028 公里,投产 1214 公里;电气化铁路投产 3860 公里。要全面强化工程管理,优质高效地完成今年铁路建设任务。

一是加快项目前期和开工准备工作,力争上工程项目早工开工。建设单位要提前介入前期工作各个环节,尤其对一些重大技术方案要及早了解、参与设计。

二是加强续建和新开工项目的管理,确保工程进度。以京津城际铁路为重点,保证客运专线项目的工程进度。

三是强化责任落实,提高建设管理水平。今年客运专线项目新开工 13 个、续建 11 个,搞好客运专线建设是大规模铁路建设的重头戏。

(二) 加快铁路技术进步,积极推进主要技术装备现代化和信息化。按照铁路"十一五"技术进步的总体目标,加快推进铁路技术装备现代化和铁路信息化。

(三) 继续大力挖潜扩能,全面完成运输经营任务。2006 年运输生产经营的主要预期值是:全国铁路旅客发送量 11.84 亿人,其中国家铁路 11.32 亿人;全国铁路货物发送量 28 亿吨,其中国家铁路 24 亿吨;国家铁路运输收入 2145 亿元。从总体上讲,增量比较大,完成难度比较大,全路要攻坚克难,确保目标实现。

(四) 强化运输经营管理,提高运输经营效益。在挖掘运输潜力、增加运输收入的同时,推进集约经营,强化成本管理,进一步提高运输经营效益。

(五) 深化铁路改革,扩大铁路对外开放。全面深化铁路基础性改革,加强铁路国际交流与合作,努力取得铁路改革和对外开放的新突破、新成效。

(六) 大力强化运输安全生产,确保铁路运输安全稳定。认真贯彻党中央、国务院关于加强安全生产的一系列重要指示,深入落实全路运输安全工作会议部署,以规范新体制下运输安全管理为重点,强化安全基础。

(七) 坚持执政为民,切实维护好职工群众利益。按照科学发展观和构建和谐社会的要求,不断改善干部职工的生产生活条件,维护好职工群众利益,进一步提高职工的物质文化生活水平。

(八) 加强党的建设和思想政治工作,为铁路跨越式发展提供有力的政治保证。各级党组织要继续坚持融入中心、服务大局,充分发挥政治优势,为铁路跨越式发展提供强有力的政治保证。

专文

落实科学发展观　抢抓机遇谋发展　全面实现南车集团“十五”战略目标

——总经理赵小刚在中国南车集团公司工作会议上的报告(摘要)(2005年1月7日)

增强紧迫感　提高执行力　为实现南车集团改革发展目标提供坚强的政治保证

——党委书记郑昌泓在中国南车集团公司工作会议上的讲话(摘要)(2005年1月7日)

加强领导　精心组织　确保保持共产党员先进性教育活动取得实效

——党委书记郑昌泓在中国南车集团公司总部保持共产党员先进性教育活动动员大会上的讲话(摘要)(2005年2月18日)

诚信经营　廉洁从业　做国家财富的优秀创造者

——总经理赵小刚在中国南车集团公司纪检监察工作会议上的讲话(摘要)(2005年4月24日)

落实科学发展观 抢抓机遇谋发展
全面实现南车集团"十五"战略目标

——总经理赵小刚在中国南车集团公司工作会议上的报告(摘要)

(2005年1月7日)

这次会议的主要任务是,认真贯彻落实中央经济工作会议和中央企业负责人会议精神,回顾总结2004年集团公司各项工作,分析把握生产经营、改革发展面临的新形势,研究部署2005年的主要工作,组织动员集团公司全体员工,以科学发展观为指导,抢抓机遇,谋划发展,开拓创新,顽强拼搏,为全面实现南车集团"十五"发展战略目标而努力奋斗。

一、落实经营责任,夺取全面胜利的2004年

2004年,是国资委对中央企业负责人实行经营业绩考核的第一年。一年来,在国家实施宏观调控、市场变化加剧和改革发展任务繁重的形势下,全体员工按照集团公司2004年总体工作思路,紧紧围绕"确保一个增长,着力两个实现,达到三个突破,取得四个发展"的目标,积极适应市场变化,加快技术创新,深化改革改制,落实经营责任,各项工作取得了新的成绩。

(一)不断加大市场开发,生产经营成果喜人

——经营指标全面刷新纪录。2004年,铁道部机车车辆招标品种、厂修规程、货款支付办法发生变化,原材料、运输、动能价格持续上涨,改革成本支出加大,流动资金贷款增加,财务费用上升,欧元升值影响等等,使经营难度不断加大。集团公司及各厂所、公司,化压力为动力,积极应对,主动出击,取得了比预期要好的成绩。销售收入稳步增长,赢利水平有所提高,各项经营指标全面刷新纪录。集团公司2004年实现销售收入174.98亿元,同比增 长23.7%,比年初提出的145亿元目标增长20.7%,提前一年超额完成集团公司"十五"发展战略提出的销售收入目标;实现利润15962万元,同比增长223.4%,利润总额首次过亿元;全年亏损企业减为4个,亏损总额减少45.5%,江岸厂、浦镇厂、洛阳厂实现扭亏为盈;集团公司年人均主营业务收入16.6万元,同比增长28.8%;净资产收益率2%,实现了国有资产保值增值;成本费用利润率0.92%,完成了国资委的经营业绩考核指标。

——铁路机车车辆市场不断拓展。在国铁市场需求变化复杂的情况下,各厂所、公司采取有力措施,千方百计克服市场波动带来的困难,强化生产组织协调,确保合同兑现。全年新造内燃机车485台、客车611辆,同比分别增长16.6%和1.8%;新造电力机车176台、货车10381辆,同比分别下降16.2%和15.8%;修理电力机车76台、客车2425辆,同比分别增长81.0%和2.3%;修理内燃机车712台、货车30017辆,同比分别下降10.3%和10.5%。积极开拓路外和国外机车车辆市场取得明显成效,全年向非国铁市场提供机车235台、客车91辆、货车2687辆,同比分别增长21.8%、10.0%和71.4%;其中为国外用户提供机车48台、货车938辆。石家庄厂年修货车突破1万辆,资阳厂全年新造机车突破300台,一批新的产销纪录在南车

集团诞生。

——城轨地铁市场开发取得新突破。去年,我们从集团公司发展战略高度,围绕培育重要经济增长点,充分重视城轨地铁项目,强化组织协调,加大市场开发力度,取得了新的突破。四方股份公司中标广州 4 号、5 号线地铁车辆 300 辆,浦镇厂中标上海 1 号线延长线地铁车辆 128 辆,株洲所在香港地铁应急通风电源招标中中标,集团公司获得了 43.9 亿元的国内合同订单,占当年城轨地铁市场的 72.2%。浦镇厂为上海明珠线提供的 168 辆地铁车辆全部交付,南京地铁 1 号线已交付 1 列车;株机厂为上海明珠线二期提供的第一列车下线,产业优势已开始显现。

——外经外贸迈上新台阶。去年,我们积极适应经济全球化的发展形势,努力开拓国际市场,加大国际市场协调力度,出口贸易快速增长,外经外贸工作呈现良好态势。据初步统计,集团公司全年签订出口合同金额 22732 万美元,收汇 20207 万美元,同比分别增长 6.2% 和 128.6%,第一次双双突破两亿美元大关。国际化经营开始迈步。株辆厂在巴西筹备合资建厂,并与美国 Gunderson 公司签署了货车部件长期生产合作意向;株洲所与三菱公司地铁车辆交流传动系统合资方案已初步确定。“中国南车”品牌影响力在南美、中亚、东南亚迅速扩大,“南车”产品在出口国成为主型轨道运输装备,并被印上了纪念邮票和纪念徽章。

——多元经营稳步发展。去年,各厂所、公司围绕集团公司多经发展思路,结合主辅分离改制分流,强化多经管理,清理整顿多经项目,加大多经新产品和项目的开发力度,“公司化管理,规模化经营,产业化发展”格局初步形成。株洲所以其变流装置和网络控制为核心技术所研制的电动汽车,有望实现产业化;资阳厂、戚墅堰所分别进入船舶和汽车关键零部件制造领域,具有广阔的市场前景。集团公司全年实现非铁路机车车辆产品销售收入 26 亿元,比上年增长 42.9%。

(二)深化改革改制,经营机制持续转换

——主辅分离改制分流稳步实施。去年,集团公司积极稳妥推进主辅分离改制分流,制定了主辅分离改制分流《总体规划》和《主辅分离企业改制分流方案》,获国家有关部委批准。截止 2004 年底,集团公司已正式批复改制分流具体方案的企业有 58 户(其中,6 户改制为国有法人控股企业,47 户改制为非国有法人控股企业,重组、注销 5 户企业),分流安置人员 8000 余人,32 户企业正式挂牌经营。制定上报了集团公司第二批 75 户企业主辅分离改制分流方案,并于 2004 年 12 月 16 日得到了国资委的正式批复,部分单位已经启动第二批改制分流工作。集团公司和株机厂、四方有限公司荣获全国再就业先进集体称号,株辆厂、四方有限公司、株机厂、成都厂等单位改制分流取得了一批好经验。社会职能的移交工作开始起步,部分企业完成了中小学和医院的移交。

——结构调整稳步推进。去年,集团公司根据国家“发展具有国际竞争力的大公司大企业集团”的精神,按照“整机产品集约化、重要零部件专业化、一般零部件市场化、后勤辅助社会化”的思路,稳步推进结构调整。株洲所与北京机械厂实现资产重组,北京南车时代重工机械有限公司已生产出产品;株洲南车电机公司、石家庄国祥公司建设进展顺利,推进了关键部件专业化生产。铜陵厂铸造业务引进战略合作伙伴,当年实现扭亏为盈;四方有限公司、武昌厂等企业通过引进战略合作伙伴,石家庄厂通过改制整合,正着手铸造搬迁。各厂所、公司结合主辅分离改制分流,大力进行内部业务整合,突出了主营业务,提高了市场竞争力。

——三项制度改革不断深化。去年,集团公司在总结平推三项制度改革经验的基础上,积极评价改革效果,深化完善改革措施。各厂所、公司加强劳动合同管理,全年解除劳动合同1750人,并结合主辅分离改制分流,实现净减员4618人,南车集团年末员工人数降为103850人。人事制度改革又有新突破,洛阳厂、石家庄厂、四方股份公司和南方汇通公司公开选拔行政副职,戚墅堰厂、襄樊厂和浦镇厂完成领导班子竞争重组,首次面向社会公开招聘厂级领导副职,拉开了干部人事制度市场化改革序幕。分配制度改革持续深入,完善岗位工资制办法,在各厂所、公司实施了岗位工资制;完善经营者年薪制办法,扩大实施范围,16家企业实施经营者年薪制。

——*员工培训成绩显著*。各厂所、公司采取多种方式加大员工培训力度,完善科技人员和关键岗位人员激励政策,稳定和吸收关键人才。继续实施"工程师晋升通道"计划,促进专业技术人员快速成长。加强员工培训,一年来,组织各类管理、技术班培训干部618人次,其中,在国家行政学院和国内有关院校培训198人、海外培训420人。认真贯彻国家高技能人才培养精神,落实高技能人才培养计划,积极开展职业技能鉴定和技能竞赛,洛阳厂张素丽荣获第七届"中华技能大奖",集团公司获国家技能人才培育突出贡献奖;组织参加中央企业技能大赛,在79个参赛单位中获团体总分第二名,荣获优秀组织奖;四方股份公司设立首席制造师,戚墅堰厂设立首席技师,株辆厂率先建立网络培训学院,反映良好。

(三)坚持科技兴业,技术创新步伐加快

——*新产品开发成果丰硕*。去年,集团公司积极适应铁路跨越式发展形势,以客运高速、快速和货运快捷、重载为重点,加快新产品开发。全年组织集团公司及以上科技立项89项,试制新品种机客货车和动车组整车共12项,研发重要零部件和关键技术77项,满足铁路运输需要。在铁路第五次大提速中,铁道部开行的19对一站直达式特快列车,有18对列车牵引由南车集团的机车产品担当;520辆新型25T客车中,南车集团生产246辆,占47.3%,充分展示了南车集团科技创新实力。开展新产品运用考核,"中华之星"和"先锋"号电动车组,顺利完成铁道部50万公里试运行考核任务,基本达到了鉴定要求。株机厂出口乌兹别克斯坦和哈萨克斯坦机车、资阳厂装用引进美国GM公司径向转向架技术的新型大功率内燃机车受到用户好评;戚墅堰厂与奥地利AVL公司合作完成的6400马力柴油机通过UIC360小时耐久性试验,经济性指标达到国际先进水平;研制了不锈钢及碳钢的C80货车和25吨轴重货车转向架;C80铝合金货车、双层集装箱平车实现产业化,及时满足了铁路运输需要。认真落实《铁路机车车辆现代化实施纲要》,制定了集团公司引进技术国产化计划,开展了产品与国际先进水平对标工作。在铁道部的统一组织下,集团公司组织四方股份公司、株机厂、戚墅堰厂等单位就引进时速200公里动车组、电力机车和内燃机车与日本联合、德国西门子、美国GE等公司进行了艰苦细致的谈判,目前动车组和电力机车的技术合同已经签订,内燃机车合同仍在谈判中,谈判的总体情况得到了铁道部的肯定。

——*技术改造力度加大*。去年,集团公司以建设世界一流生产基地为目标,多方筹集资金,加快企业技术改造。全年技术改造共计完成投资9.5亿元;其中重点技改项目11项,投资7亿元。原国家经贸委立项的8个国债项目已基本完成;发改委立项的浦镇厂城轨一期、株洲所网络与控制系统项目已进入待验收阶段,株机厂城轨一期、浦镇厂城轨二期项目基本实施完毕;商务部立项的四方有限公司钢结构项目基本实施完毕,资阳厂曲轴项目正在实施。积极组织新项目申报,去年集团公司向国家发改委申报了9个国债项目，其中，株机厂城轨二期、四方有限公司客车修理等6个项目已获发改委立项审核。投资管理不断加强，切实开展项目清查、验收检查和审计，严格加强利用外资项目管理，收到实效。

——*产品质量不断提升*。去年，集团公司认真落实“十五”质量攀登计划，加快产品质量与国际接轨步伐，被评为全国质量效益型企业。各厂所、公司质量意识增强，采取有力措施，提升设计工艺制造水平和产品质量，“先油漆后组装”工艺在机客车新造厂普遍推广，制定并实施“提升货车修造质量计划”，有力促进了产品质量提高。加强售后服务，了解用户需求，强化质量整改，受到用户好评。特别是在铁路第五次大提速中，戚墅堰厂、株机厂、四方股份公司、株洲所等单位领导亲临运输第一线，赢得了用户的赞扬。质量体系建设取得新进展，集团公司所有企业均通过ISO9000—2000认证，16家企业通过ISO14000环境管理体系认证。

（四）强化企业管理，管理效益不断提高

——*战略管理不断加强*。去年，集团公司及各厂所、公司充分重视战略动态管理，加强企业发展战略研究、制定和实施，战略意识、大局意识和长远意识明显增强。根据集团公司发展目标和国资委要求，编制了集团公司发展战略和子战略，开始制定各职能子战略。加强轨道装备制造产业发展研究，为国家产业政策制定提供参考意见。部分厂所、公司根据集团公司及本企业发展规划，制定了详细的实施计划，确保了战略执行。

——*企业管理扎实有效*。去年，集团公司以财务管理为中心，以资金管理为重点，推进管理创新，不断强化企业管理，两项管理成果荣获国家级管理成果一等奖。加强经营风险控制，开展财务风险警示，规范集团公司担保业务，有效控制经营风险，戚墅堰厂的4项财务风险控制指标达到了集团公司考核要求，株辆厂、二七车辆厂有3项指标达到了考核要求。强化资金管理，加快资金回笼，提高了资金运营效率，资金周转加快。严格成本管理和费用控制，加大成本否决和效益考核力度，全年集团公司管理费用有所降低，其中总部管理费用降低8.0%。集团公司总部积极帮助各厂所、公司缓解资金困难，为下属20家企业提供贷款担保56.4亿元，内部资金调剂11亿元，年末债务保理11.6亿元，为困难企业减免利息900万元。完成了第二次清产核资工作，共计清查损失2.7亿元，预计损失0.7亿元；开展清产核资后期管理，加大不良资产处理力度，盘活不良资产0.7亿元。加强财务基础工作，全面实施财务预算管理。强化审计监督，全年完成审计项目318个，查出问题金额9377万元，审计确定调账金额2615万元；审计合同20463份，送审标的金额100.2亿元，审减金额2009万元；审计工程预算4073份，标的金额7.3亿元，审减金额4760万元。深入开展“三重一大”、工资资金管理、清产核资效能监察，取得明显实效。全面学习贯彻国家安全法规，落实安全生产责任制，全年无死亡事故发生，实现安全生产年。

——*信息化建设深入推进*。去年，集团公司按照统筹规划、分步推进、重点突破的原则，进一步加快信息化建设步伐。编制上报了《中国南车集团信息化建设立项报告》和《中国南车集团信息化建设可行性报告》，总结推广了洛阳厂生产制造系统、眉山厂财务物资系统和株辆厂ERP系统开发经验；有11家企业物资流、财务流信息整合通过集团公司验收。进一步完善集团公司办公自动化（OA）系统，集团公司总部和大部分厂所基本实现了无纸化办公，完成集团公司视频会议系统调试。加强集团公司外网建设，完成了中国南车集团网络管理办法。

（五）服务中心工作，精神文明建设取得

新成果

继续深入开展“十好”领导班子创建活动，领导班子的思想作风建设不断加强，领导干部勤政、廉政、优政的风气逐步形成。紧紧围绕企业改制分流、三项制度改革等重点难点工作，加大宣传和思想政治工作的力度，确保了企业改革发展的稳步推进。加强企业文化建设，“诚信、敬业、创新、超越”的企业精神和“求新、求快、求实、求优”的企业作风更加深入人心。坚持依靠群众，实行厂务公开，民主管理逐步深化。开展群众性经济技术创新活动，激发了广大员工的积极性和创造性。有7名员工荣获中央企业劳动模范，2个企业获中央企业先进集体。继续落实对广西那坡、靖西两县的定点扶贫措施；深入开展“送温暖”活动。继续开展“南车集团十大杰出青年”评选活动，激励广大青年在改革发展中发挥生力军和突击队作用。企协、科协、体协、老干部等各方面工作都取得了新的进展，有力地堆动了集团公司的改革发展稳定工作。

回顾总结2004年的工作，我们有以下几个方面的体会。

——只有以市场为导向，加快与国际水平接轨，才能提高市场竞争力。

——只有冷静面对市场，增强应变能力，才能不断适应市场变化要求。

——只有加快主辅分离，深化改革改制，才能激发企业活力。

——只有加强基础管理，积极防范财务风险，才能保证企业持续健康发展。

——只有培育企业文化，实施品牌战略，才能增强南车集团的影响力。

在回顾总结过去一年工作成绩的时候，我们也要看到工作中存在的问题和困难。受多种因素影响，相当部分企业工业增加值同比减少，增产增收却没有增加效益；企业的直接融资渠道不宽，资产规模、负债结构及负债比例与扩张规模不匹配，经营风险加大；结构调整和产销一体化工作进展不大，现代企业制度建设亟需加快；主辅分离工作发展不平衡，个别单位仍在等待观望；人力资源结构性矛盾突出，适应全球市场经营发展的各类人才严重匮乏，利用全球优势资源能力较低；由于有关政策不配套不完善，深化改革中的不稳定因素依然存在。我们必须清醒认识这些问题和矛盾，采取积极有效的措施加以解决和改进，加快集团公司改革发展进程。

二、趋利避害，正确把握当前面临的机遇和挑战

2005年，是中央贯彻落实科学发展观、巩固宏观调控成果、保持经济社会良好发展态势的关键一年，也是南车集团全面实现“十五”发展目标，衔接“十一五”发展的重要一年。我们要认真贯彻落实集团公司第一次党代会精神和企业发展战略，增强忧患意识，增强紧迫感和责任感，沉着应对今年三大战略机遇和挑战，解决矛盾，规避风险，锐意进取，全力攻坚，坚定不移地完成“十五”发展既定目标，为“十一五”发展奠定良好基础。

(一)市场形势总体趋好，必须不断化解经营矛盾和市场风险，保证生产经营持续快速增长。今年，国内生产总值增长预计超过8%。受国民经济快速发展拉动，铁路运输产品供不应求，给国内轨道交通装备制造业带来难得商机。国外机车车辆市场，也因我们制造水平的提升和国家对外投资加大的影响，出现前所未有的良好市场环境和发展机遇。从总体看，全年生产经营有以下三个特点。第一，国铁市场稳中有升，有喜有忧。铁道部今年安排机车车辆购置费230亿元，扣除50亿元技术引进整车购置费用后，比上年实际采购量略有上升。全年预计新造货车采购将超过92亿元；并计划用3年时间完成36万辆左右既有货车转K2改造，使货车造修工厂生产薄弱环节矛盾凸现，部分部件产能难以满足用户需求。与此同时，受采购费用

总盘子影响，除货运机车新造相对稳定外，全年机客车修造市场波动大，变数多，部分品种降幅将超过50%。企业忙闲不均，部分产品产销缺口较大，既给集团公司业务整合带来机遇，也给未来产销平衡带来困难。*第二，成本压力加大，扭亏增盈任务艰巨。*过去的一年，集团公司修理厂主营业务全面亏损，相当部分新造厂工业增加值呈现负增长，使集团公司主营业务处在亏损状态。当前，国内机车车辆产品市场价格体制尚未建立，原材料、动能和人工成本刚性增长部分得不到相应补偿，受原材料动能价格高位波动影响，企业成本费用压力大。能否扭转主营业务亏损，成为完成全年经营任务的难点和关键。国资委对集团公司主营业务销售收入成本费用率有明确考核要求，我们要下定决心，改变销售收入增长的内涵，实现工业增加值与销售收入同步增长，用3年左右时间消灭主营业务亏损。主营业务销售收入成本费用率超过100%的企业，要降到100%以内；小于100%的，也要比上年有所下降。这要作为经营管理的一项攻坚任务。从今年起，各厂所、公司要自定目标，自加压力；集团公司要不讲客观环境，不讲内部条件，严格加以考核，尽快取得成效。*第三，经营风险加大，资金接续难度高。*今年，国家执行稳健的货币政策和财政政策，四大银行实行股份制改造，将使企业资金供应出现有保有压的局面，部分亏损企业资金供应将十分困难。由于集团公司对各厂所、公司的担保已达到临界点，再加上部分机车车辆产品短期爆发式需求增长可能引发的投资热潮，将使企业经营风险加大，部分企业已经出现资金断流。加强企业风险管理，充分发挥有限资金的使用效率，是对各级领导经营能力、管理水平的考验。形势要求各级领导干部，把财务管理做为企业管理的中心，财务管理要把降低财务风险、提高资金使用效率作为工作重点，创造风险防范和资产利用的新鲜经验。

（二）改革改制环境有利，必须全面加快改制分流和企业重组，大力推进现代企业制度建设。国有企业改革仍然是经济体制改革的中心环节，黄菊副总理在中央企业负责人会议上强调，要按中央的方针政策，坚定不移地推进国企改革。国资委也要求加大企业改革改制力度。目前，509家国有重点企业80%以上已完成公司制改制，党中央国务院为中央企业分离办社会职能创造了十分有利的外部环境，集团公司改革改制任务紧迫而繁重。今年，集团公司改革改制面临四项艰巨任务。*一是集团公司管理体制和管理模式必须进行创新。*国资委实施大公司大企业战略以及对中央企业进行经营业绩考核，要求集团公司必须创新体制、整合业务，努力做强做优做大，不断适应发展需要。同时，随着我国经济融入经济全球化进程，集团公司将迎接越来越激烈的市场竞争，要实现集团公司发展战略目标，也需要我们必须通过改革改制，大胆创新体制机制，进一步消除影响各厂所、公司活力和竞争力的体制和机制障碍。*二是分离办社会职能和主辅分离改制分流工作必须加快步伐。*今年是国家实施主辅分离辅业改制优惠政策的最后一年，而且中央企业分离办社会职能工作也要全面展开，集团公司百年老厂、三线企业多，据统计需要分离的三类资产和员工分别占集团公司总资产的14.9%和总人数的38.2%，超过了中央企业8.1%和25.2%的平均水平，改制分流的任务重、成本高。我们必须抓住机遇，总体谋划，稳妥操作，大力推进，确保完成改制分流总体目标。*三是平推三项制度改革必须继续深化。*平推三项制度改革虽已取得很大成绩，但离国企真正实现干部能上能下、员工能进能出、工资能升能降的动态管理，员工能以平和的心态来面对变化还差距甚远。我们要继续深化三项制度改革，防止出现员工的合同签订流于形式、岗位工资缺乏考核而造成的"固化"现象,并转变观念,大力推行干部社会化、市场化聘用,以增强企业的活力。**四是结构调整和业务重组必须积极着力推进。**面对经济全球化和国际竞争的大潮流,我们必须顺应世界经济潮流,按照国际市场运用规律,优化资源配置,调整产品结构,整合产业链,进行企业重组和业务流程再造,才能适应国际竞争和企业发展的需要。抓住机遇,加快结构调整和业务重组,是企业突出主业、增强实力、实现效益增长的长远需要,也是充分利用现有资源扩大生产规模,千方百计满足用户需求的现实需要。要下决心在产品结构调整和企业重组整合方面取得突破,优化配置存量和增量资源,减少企业之间的无序竞争,利用基础资源的联动效应,增强集团公司和各厂所、公司的核心竞争力和外部扩张力。我们必须以集团公司大局为重,统一思想、统一步伐、抓紧实施,坚定不移地推进结构调整,迎接更加激烈的市场竞争。

(三)技术平台快速提升,必须积极推进开放式技术创新以实现与国际接轨目标,打造自主制造的核心竞争力。在铁路跨越式发展和日益激烈的国际国内市场竞争中,我们既面临提高产品质量、提升技术能力的严峻挑战,更面临着产品质量和技术水平大跨越的难得机遇。今年是铁道部实施技贸结合、技术引进、国产化生产机车车辆装备的第一年;同时也是集团公司提出的3年实现产品技术与国际接轨的最后一年。要采取有效措施,切实提高企业可持续发展能力。要充分利用国外先进技术资源,与跨国公司进行多种形式的技术开发和合作,积极共建研发中心和先进生产制造基地,把先进技术引进与消化、吸收、创新更好地结合起来,加快研究开发成果的工程化、产业化步伐,努力形成一批具有自主知识产权的关键技术和知名产品。要站在技术引进的国际平台上,通过对标奋力赶超,使既有产品尽快实现原定的国际接轨目标,并在3至5年的技术引进和自主创新中,尽快掌握自主制造的核心和关健技术,力争在新的技术平台上形成新的具有国际先进水平的产品序列,实现产品技术的历史性跨越。时不我待,智者自胜,我们必须根据集团公司发展战略部署,坚持自主创新和引进关键技术相结合的发展道路,积极打造核心竞争力,在技术引进、国际接轨方面取得显著成效,在为铁路现代化发展提供有力支撑的进程中,实现集团公司的持续稳定发展。这不仅是做强做大企业的经济问题,而且是坚持社会主义公有制主体地位和加强党的执政能力建设的重大政治问题。我们一定要牢记肩负的使命和责任,树立和落实以人为本、全面协调、可持续发展的科学发展观,推进集团公司持续健康协调发展。

三、落实战略,全面完成2005年工作任务和"十五"发展目标

2005年,集团公司工作的总体思路是:**深入贯彻中央经济工作会议和中央企业负责人会议精神,认真落实科学发展观,按照集团公司第一次党代会确定的奋斗目标,坚定不移地推进集团公司发展战略,加大改革和结构调整力度,加速开放式技术创新,强化市场营销,加强管理创新,培育南车文化,实现改革改制的新突破,达到与国际接轨的新标准,确保生产经营的新增长,创造企业管理的新经验,扩大南车品牌的新效应,为全面实现"十五"发展战略目标而努力奋斗。**

2005年的主要经营目标是实现"两增长、两确保"。两增长是继续保持销售收入和利润总额的增长势头,全年实现销售收入176亿元,利润总额1.38亿元。两确保是确保净利润达到3000万元;确保成本费用总额占主营业务收入比率同比下降0.1个百分点。完成或超额完成国资委的各项经营业绩考核指标。为实现集团公司今年的经营目

标，要重点做好以下工作。

（一）以企业改革为主线，建立完善集团公司发展框架

加快步伐，努力完成主辅分离改制分流工作。今年，中央已经下决心解决中央企业办社会的问题，并设立了专项资金。要根据中央精神和国资委的要求，抓紧工作，以省、直辖市为单位，组织区域内企业统一对地方商谈企业社会职能的移交问题，力争年内各厂所、公司的中小学校、公安系统移交地方。企业医院的分离工作也要迈出实质步伐，采取出售一部分、改制分流一部分、移交地方一部分、股份制改造一部分等多种办法进行分离。有条件的企业后勤部门，要以有限责任公司等形式完成分离改制工作。要进一步加大主辅分离工作力度，积极稳妥地推进改制分流工作。按照国资委等部委对集团公司改制分流总体方案的批复精神，完成第一批企业的改制分流工作；全面启动第二批企业的改制分流工作，争取75家企业中40%批复、30%挂牌；第三批改制分流方案报国资委批准。到2005年底，力争累计完成120家左右企业的改制分流工作，分流安置人员15000人左右。对已挂牌的改制分流企业，集团公司及各厂所、公司要加强跟踪指导，确保分离企业的规范运作和生存发展。

规范运作，积极推进现代企业制度建设。要积极探索集团公司按国有独资公司运作的新模式，探索建立集团公司法人治理结构和重大投资决策等参谋机构，加强制度建设，规范业务流程，基本构建起市场型公司管理模式和规范的母子公司管理体系。根据集团公司党代会3年完成现代企业制度建设的要求，制定3年企业改革改制计划，加快集团公司所属企业现代企业制度建设步伐。今年，各厂所、公司股份制改革要有新的突破，四方股份公司和株洲所要力争实现上市融资；启动株机、资阳、戚墅堰、浦镇、株辆、成都、二七车辆、石家庄厂等一批条件成熟企业的有限责任公司的改制工作，力争年内有3家以上公司挂牌。继续抓好三级企业的规范改制、理顺产权、确保稳定工作，放开搞活非主业的中小企业。按照国资委要求，进一步清理、整顿、规范三级企业，原则上不得建立四级企业。

有进有退，认真实施结构调整和企业整合。坚持“有进有退、有所为有所不为”和扬长避短、优胜劣汰的原则，按照专业化生产、规模化经营的目标，明确各厂所、公司主业发展方向，认真稳妥地实施结构调整，努力培育和打造一批龙头企业、强势企业和优势企业，初步搭建完成集团公司产品结构调整框架，为完善集团公司产业组织体系做好准备工作。株机厂、资阳厂、戚墅堰厂、四方股份公司、株洲所等单位要根据集团公司发展战略，制定打造年销售收入30亿元的龙头企业的4年规划，按照“四化”要求，积极组织实施结构调整和改组改造。其他厂所、公司也要根据自身的条件，自我定位，努力打造年销售收入10亿~20亿元的强势企业和年销售收入超过5亿元的优势企业。利用市场机遇，着手对货车造修企业进行产品结构调整和业务重组，整合优势资源，解决制约生产的关键问题，提升货车生产整体能力。做好株洲所和北京机械厂重组后的相关工作，完成二七车辆厂、北京机械厂货车配件的业务整合，尽快挂牌成立公司。株洲电机业务和石家庄空调业务，要实现在新厂址的生产。抓住时速200公里动车组、电力机车、内燃机车技术引进的机遇，进一步整合零部件生产能力，防止通过引进形成新一轮的大而全、小而全，制动机、电子电器、柴油机、转向架等重要部件的专业化生产要取得突破。认真研究有关企业的重组和整合方案，推进湖北企业发展方案的论证工作，大幅度调整四方股份公司机车制造和客车制造的结构矛盾。大力吸引外部企业参与集团公司的重组整合，形成战略联盟或参股合作，拓展经营领域，增强市场控制力。研究建立长期亏损、资不抵债的三级企业的退出机制，制定企业破产预案。

完善机制，巩固三项制度改革成果。认真总结平推企业人事、劳动、分配制度改革经验，继续坚持效果评估，巩固深化三项制度改革的措施及成果。深化人事制度改革，逐步建立市场化的选人用人机制和有效的激励约束机制。坚持推进各厂所、公司的领导班子竞争重组，今年要做好8个单位全部副职的竞聘上岗工作，扩大正职的竞聘范围，探讨建立干部交流的新机制。进一步完善领导干部"双向进入、交叉任职"工作，完善绩效评价办法，树立领导干部考核的新观念，绩效在考核中的比重应占到80%。继续加强劳动合同管理，加快建立和完善以市场为导向、企业自主用工、员工能进能出的用工机制。深入调研企业在用工方面存在的问题，提出规范劳动合同管理的具体要求，做好改制企业劳动关系处理工作，通过合同的签订使企业承受的市场压力能传导到每位员工。完善薪酬体系改革，重在动态管理。加强岗位工资的动态考核，全面建立与岗位工资制配套的绩效考核体系，工资收入要与个人工作业绩挂钩，能增能减。要抓好研发人员、销售人员、不同岗位的管理人员的考核和激励；在认真调研的基础上，提出完善计件工资的指导意见。在两低于的原则下，稳步提高员工收入水平；积极筹备，建立企业年金，逐步构建多层次的员工养老保险体系。继续坚持减员增效措施，加强定岗定员定额管理。加强出资人对企业负责人薪酬的管理机制，总结经验，完善办法，全面实施企业经营者年薪制。正确处理改革、发展、稳定的关系，继续做好两个确保工作，保证企业基本稳定。

（二）以引进技术为平台，实现产品技术与国际水平接轨

全力以赴，实现产品与国际接轨目标。当前，铁道部技贸结合引进国外先进机车车辆，为我们实现产品与国际水平接轨提供了实物标本和赶超目标。为此，我们要认真抓好四个方面的工作。一要认真做好引进技术的消化吸收工作。集团公司要组织相关企业积极参与技术引进及国产化工作，抓好各项工作的落实。要加快引进技术转化，全面开展大功率电力机车、内燃机车和时速200公里动车组引进技术评估分解和攻关，做好设计制造、运用检修、售后服务与技术培训等准备工作；对未能列入引进范围之内的关键技术，要组织立项攻关，取得突破。要转化利用国外的先进技术，搭建集团公司的技术平台。加快引进技术的平移，对适合既有车型的引进技术进行移植研究，提高国产化技术水平。要高度重视技术引进对集团公司产业链的影响，研究制定办法，促进业务整合，带动相关产业发展。二要认真做好既有车型与国际接轨工作。以产品性能、制造水平、标准化水平和实物质量等为主要内容，制定实施与国际接轨的评价体系，严格落实，年内实现机车车辆主产品与国际全面接轨。三要加快自主知识产权的新产品开发。根据技术引进情况，及时调整技术创新的思路、方向和方法，充分利用国内外先进生产力和智力资源，形成具有南车特色的开放式的研发体系，实现集团公司的产品技术飞跃。最近，铁道部印发了《铁路主要技术政策》，对铁路技术发展作了原则性规定。我们要及时响应行业政策，认真研究铁路发展对机车车辆要求的变化，进一步明确产品发展方向。要加快时速200公里电力机车研制，加快青藏铁路客车和载重70吨的新型通用货车开发，积极推广应用先进成熟的货车转向架，结合25T、25G型客车样板车制造，逐步形成不同系列品牌的机车车辆产品体系的具体方案。完成"中华之星"、"先锋"号动车组、"奥星"号电力机车、交流传动内燃机车鉴定的准备工作。加强大修技术研究,继续做好22型客车翻新改造和货车转K2型转向架技术改造。加快城轨地铁车辆关键技术研究,提高自主设计能力。四要进一步夯实技术基础。建立和完善工艺设计体系,以机客货车关键件为载体,创建"集团公司典型工艺评价体系";改进产品试验验证手段,加快完善与国际接轨的标准化体系。

多方融资,加快技术改造步伐。以集团公司发展战略为指导,加大技术改造力度,培育龙头企业,突出核心业务,增强集团公司核心竞争力和国际竞争力。加强投资规划,落实筹资渠道,积极争取良好的外部政策环境,探讨企业长期融资的具体办法,建立和完善多元化、社会化的投融资体系。加大技改资金的筹措力度,保证10亿元技改资金到位,加强对重点企业和重点项目的技改投入。加大科技投入,努力提高研发投入占销售收入的比率,在继续提高企业技术装备水平、提升制造能力的基础上,注重提升研发和试验检测能力,形成集团公司核心优势。认真贯彻国家《投资体制改革的决定》,落实好集团公司《投资管理办法》,修订完善相关制度。加强投资管理,强化效益意识,控制和收敛形象工程投入。加强投入产出分析和投资风险分析,落实项目责任制,开展项目验收、检查和审计工作。加快在建项目实施,尽快投产,发挥效益,继续参与"中国轨道交通装备产业研究"工作,确立轨道交通装备产业在国家的战略地位,争取国家政策支持,为整个行业创造良好的发展环境。

以我为主,积极加强国际合作。继续坚持"引进来,走出去"的方针,认真总结经验,提高集团公司对外开放水平,在办好已有合资企业的基础上,跟踪落实引进技术、实施国产化所涉及的合资合作项目,争取在重点项目上有大的突破。积极引进外资和先进技术,大力进行合资合作,在境内新建合作项目要取得新进展,株洲所、浦镇厂等企业的合作项目要完成谈判和审批程序。加快推进在国内建立合资研发机构的工作。分析调研现有合资项目经营发展情况,按照集团公司《对外合作管理办法》,加强项目管理,维护企业合法权益。积极实施"走出去"战略,继续探索国外开办合资企业的路子,株辆厂在巴西合资建厂项目要按计划完成,尽快建成投产。抓好信息收集与处理,争取今年有更多的合资合作项目立项。积极参与中外交流活动,组织针对国外制造技术的专项考察或培训。

精益求精,全面提高产品和服务质量。去年,集团公司产品出现两次大的切轴事件,给产品质量敲响了警钟。我们必须严格落实集团公司"十五"质量攀登计划,加快产品质量与国际水平接轨。要高度重视铁路跨越式发展对产品质量带来的新考验,密切关注和分析铁道部将要出台的"设备召回制度和赔偿制度",积极开展产品寿命成本和可靠性研究,提高产品的可靠性和安全性。要推行全面质量管理,严格管理原材料、配件质量,控制质量源头;建立健全检修技术研究机构,强化试验检测手段,加大走行部等关键部位质量控制;加强关键工艺、工序和生产过程控制,规范典型零部件焊接工艺,提升制造工艺技术水平,不断提高产品实物质量。认真总结第五次大提速的成功经验,抓好既有产品的技术完善和质量整改,确保铁路运输安全;继续抓好新产品运用考核,搞好技术追踪和服务协调。加强和改进售后服务,完善售后服务体系,建立和完善面向用户的售后服务工作机制,提高服务的及时性和有效性。严格质量考核,建立健全质量考评体系,加大考核与激励力度,创新质量考核机制,落实质量责任。巩固ISO 9000—2000质量体系和ISO 14000环境管理体系的认证成果,大力推行职业安全健康管理体系认证,为质量安全提供保障体系。

（三）以组织协调为重点，持续促进生产经营良性增长

*发挥合力，保持国内机车车辆市场优势。*随着《铁路中长期规划》的实施，铁路将步入大发展时期。我们必须紧紧抓住这难得的历史机遇，乘势而上，加快发展，促进生产经营的持续快速良性增长。集团公司及有关厂所、公司要认真研究解决部分产品市场需求较大与产能不足的矛盾，积极整合生产能力，组织均衡生产，提高劳动生产率，确保市场订单顺利兑现。对于产品市场波动较大的企业，要继续加强市场开发，积极拓展地方铁路市场和企业自备车市场，加大与重点工矿企业的合作力度，全方位、多层次开拓经营领域，努力完成资产经营责任指标。要继续加强客户关系管理，密切关注重要大客户，培养稳定长期的客户群，开发顾客终身价值。要从促进机车车辆市场健康发展的高度，加强行业战略合作，积极构筑“双赢”机制。加强集团公司营销协调与管理，避免内部不正当竞争，加大对符合产品结构调整方向的零部件的行政协调力度，提高集团内部自供率，发挥整体合力，确保南车集团利益的最大化。

*敢为人先，大力开拓海外轨道交通装备市场。*深刻理解世界经济和产业发展形势，利用国际产业转移和国家发展大型跨国集团的有利时机，有计划、分步骤地实施规模、品牌扩张，逐步形成相互配合、支持与促进的国际国内两个主市场；加强与跨国集团产品配套的研究，寻找战略合作伙伴，融入国际生产体系，不断增强国际竞争力。全力开拓国际市场，充分利用比较优势，保持发展中国家市场，拓展发达国家市场，努力扩大产品出口，全年出口签约力争达到2.5亿美元，收汇超过2亿美元。加强集团公司内部协调，降低国际市场交易成本，最大限度规避国际市场风险。加强外贸管理工作，制定《中国南车集团公司出口管理暂行办法》。加大国际市场宣传力度，扩大企业国际知名度；充实和加强外贸队伍，改进国际营销手段和方法，建立健全国际营销网络，努力扩大自营出口业务。

*积极开发，不断拓展城轨地铁市场领域。*要站在战略高度上认识和发展城轨地铁项目，抓住城轨地铁市场加快发展的有利时机，巩固和发展城轨地铁优势。加强城轨地铁产业发展研究，跟踪国家产业发展政策，争取良好的外部政策环境。广泛收集信息，努力开拓城轨地铁产品新市场；抓好城轨地铁既有订单生产组织，严格产品质量，按期保质交货，强化售后服务，增强市场信誉度和美誉度。要加快城轨地铁产能扩充，有关厂所、公司要切实抓好城轨地铁二期技改工程施工，尽快形成能力，早日投产，抢占市场制高点。

*核心扩张，稳步推进多经规模化发展。*有选择地发展多经项目，是集团公司分流富余人员的重要举措。经过多年的市场淘汰，集团公司多经已涉足六大产业，要认真进行梳理，积极培育一批有发展前景、效益看好的多经项目和产品，扩大规模优势，形成集团公司多经支柱产业。要加大新项目的扶持力度，电动汽车要尽快实现产业化生产；要充分发挥集团公司整体优势，加快向船舶零部件等领域挺进，实现战略性扩张。充分利用铁路大发展的有利时机，积极发展相关多元化产业，加快铁路铺架养护设备和工程机械市场开拓，争取尽快形成产业优势。围绕集团公司发展战略，明确多经发展方向和主业，对既有多经产业和产品进行进一步筛选，坚决关停并转亏损的项目，集中资金支持企业控股经营的重要项目；严格新项目审批程序，防范多经投资风险。加快多经企业改制步伐，认真研究多经企业改制分流后的管理格局及对集团公司多元经营的影响；进一步完善多经工作规章制度，创新管理体制和工作机制，促进多经企业做强做大，努力实现全年非铁路机车车辆产品销售收入30亿元的目标。

(四)以管理创新为动力,确保完成经营业绩考核目标

*落实责任,努力完成经营业绩考核指标。*去年底,集团公司与国资委签定了2004～2006年任期及2005年年度经营业绩责任书。责任书规定的年度指标主要有利润总额、净资产收益率、人均主营业务收入和成本费用总额占主营业务收入比重,任期指标包括国有资产保值增值率、三年主营业务收入平均增长率、任期内三年经营业绩考核结果、技术投入比率及弥补未分配利润亏损等目标。国资委通过任期和年度考核,从出资人的角度要求中央企业落实国有资产保值增值责任,做强做大主业,建立资源节约型、环境友好型、本质安全型企业,促进经济增长方式的根本性转变,这是中央企业经营业绩考核的深化和完善。我们要自觉承担经营压力和考核责任,树立科学发展观,兼顾近期效益和长远发展,突出核心精力,提高竞争实力,圆满完成各项考核指标。集团公司将根据国资委年度和任期经营业绩考核要求,结合各企业推行年薪制和建立现代企业制度的实际,将指标层层分解下去,进一步创新和完善资产经营责任制,建立与国资委的经营业绩考核配套的考核体系,完善企业激励约束机制。

*增强意识,抓好经营风险的防范和管理。*市场经济条件下,企业经营风险是客观存在的,我们必须增强风险意识,加强风险管理,善于识别风险,有效地防范风险、控制风险、化解风险。要认真吸取一些企业的教训,把降低经营风险列入各单位的议事日程,主要抓四个方面的工作:*一是防范投资风险。*要加强投资决策的风险分析,客观评价企业可能面临的各种风险,从严控制对外投资,严格控制固定资产投资规模,控制非经营性资产的投入,未经集团公司批准,各厂所、公司不得进入期货、炒股和房地产开发等高危风险领域。*二是化解财务风险。*随着集团公司及所属企业市场化进程的加快和发展规模的扩展,部分企业潜在的财务风险日益显现,并日益危及集团公司的生存和发展。目前,集团公司担保金额已占净资产的82.4%,6家企业资产负债率超过70%,10家企业应收账款占总资产比例高于20%,7家企业经营性现金流量为负值,三级企业的亏损面大,企业经营风险加大。要时时关注现金流量,严格控制流动资金贷款规模;加大货款回收力度,提高资金周转速度;严格执行集团公司担保管理办法,规范借款担保,实行担保预算管理。建立集团公司资本经营预算制度、资金集中管理体系和债务风险防范体系,加强企业结算中心管理,减少企业财务风险。*三是抓好成本管理。*要认真贯彻集团公司《成本费用管理若干规定》,加强成本费用的核算管理,提高成本管理水平。加快集团公司成本战略研究,采取有力措施控制成本费用。推行项目预算管理,要算了干,不能干了算。开展对修理企业财务状况及经营情况的综合性调研分析,帮助修理企业提高经营素质、增强发展内涵。研究制定企业三年内实现主营业务盈利的具体措施,尽快实现主营业务销售收入成本费用率低于100%。*四是节约能源。*坚持开发与节约并重,把节约放在首位,加强能源监测监察工作。大力推进节能技术进步,开展创建资源节约型企业活动,逐步建立适应市场经济体制的节能新机制。

*着力创新,全面提高企业科学管理水平。*结合建立现代企业制度,积极推进企业管理创新,提高科学管理水平。各厂所、公司要坚持从严治企、严格管理的方针,进一步更新管理理念,转变管理方式,改进管理方法,完善管理制度,不断推进管理创新和管理增效。要进一步确立"效益至上"、"以人为本"的观念,从单纯注重物货管理向价值形态管理和人本管理转变,突出强调质量与效益、诚信与和谐、创新与实践,使管理的最终效果不仅体

现在成本降低和利润提高上,更体现在人的积极性和创造能力的提高上。要切实抓好扭亏增盈工作,加大对亏损企业的帮扶力度,确保年度亏损企业的亏损总额比上年下降30%。加强人工成本管理,特别要抓好亏损企业的减员增效工作,做好审计、监察工作,继续开展经济责任审计、专项审计、投资项目审计,加大盈亏审计和管理审计力度,开展清产核资的账销案存资产、主辅分离改制分流的资产评估审计,堵塞管理漏洞;针对企业改革发展和生产经营的重点、难点、关键点和薄弱环节,以降低主营业务成本费用占销售收入比率为重点,深入开展效能监督。加强对企业制度执行情况的监督检查,进一步完善和健全管理制度,搞好制度建设效能监察。加强物资采购管理,逐步建立与国际接轨的采购体系,推广网上竞价采购,不断降低采购成本,理顺物流,优化供应链。创新设备管理的思路和方法,加强设备管理和维护,提高设备利用率,减少资源浪费和资产流失。坚持“安全第一,预防为主”的方针,强化安全生产基础工作,严格执行安全生产规章制度,努力提高设备设施的本质安全度,重点建立集团公司重大危险源监控体系,全面推进职业健康体系建设进程,通过创新管理,实现安全生产的有序可控、持续稳定。加强信访工作,完善重大事件预防预案,维护企业稳定。

明确目标,精心绘制集团公司“十一五”发展蓝图。以跻身世界轨道交通装备制造业三强为目标,认真组织编制集团公司“十一五”发展规划是今年的一项重要任务。集团公司及各厂所、公司要按照树立和落实科学发展观的要求,瞄准和追赶国际同行业先进水平,抓紧完善企业中长期发展战略规划,进一步明确企业调整和发展的方向,突出主营业务,加快技术进步,优化产品结构,节约能源资源,提高质量效益,走新型工业化道路,增强可持续发展能力。我们要本着做强(增强综合实力)、做精(提高整体素质)、做优(实现协调发展)、耐久(可持续发展)的原则,结合实际,准确定位,做好“十一五”规划的制定工作。集团公司要按国资委第10号令《中央企业发展战略和规划管理办法(试行)》的要求,加强对各厂所、公司战略规划的管理,指导企业形成更具科学性、前瞻性和实用性的中长期发展战略规划,并监督实施。

因地制宜,深入抓好企业管理信息化工作。继续按照统筹规划、分步推进、重点突破的原则,根据发改委对集团公司信息化进度的要求,积极稳妥地推进集团公司的信息化建设,发展电子商务和服务平台。进一步加强和完善集团公司办公自动化建设,进行OA系统升级;实施集团公司视频会议系统和电子档案系统;启动人力资源管理系统,提升人力资源管理水平和效率。全面实现财务与物资流的信息共享,建立比较完善的集团公司信息化平台;在制造企业推广网上竞价采购。在认真总结部分企业实施ERP经验的基础上,进一步加强指导和示范作用,因地制宜,注重实效,稳步推行。

(五)以企业文化为核心,加强企业精神文明建设

实施人才强企战略,形成人才新优势。一是建设高素质人才队伍。要通过建立与现代企业制度要求相适应的选人用人新机制,加快高层次经营管理人才的培养。按照职业化、现代化和国际化的要求,打造一支现代企业家队伍。加快技术人才骨干队伍建设,重点抓好高层次人才的培养,特别要注意发现和培养一批站在科技前沿、勇于创新和创业的科技带头人,发现和培养一批掌握现代制造技能、爱岗敬业、勇于攻关克难的高技能人才。二是建立充满生机和活力的人才培养机制。树立大教育、大培育观念,重点抓好学习能力、实践能力、创新能力的培养。不断完善集团公司和各厂所、公司的培训体系建设,改革培训机制、内容和方法，科学制定人才培训规划，抓好五类人才的培养，重视中层干部岗位培训，强化专业知识更新，实现人才培训总量目标、结构目标和机制目标的统一。深入开展素质工程，加快员工队伍知识型、学习型转化，争取在最短时间内，建设起一支以中级工为主体、以高级工为骨干，结构合理的技术工人队伍。*三是搭建人才脱颖而出的舞台。*继续完善公开选拔领导干部的竞争机制，实施内部竞聘上岗、社会公开招聘、人才市场选聘等多种形式的人才配置方法，为各类人才脱颖而出创造条件。深入贯彻《中国南车集团公司创新奖励暂行办法》，激发科技人才的积极性、主动性和创造性。*四是营造人才施展才华的环境。*各企业要大力倡导“尊重劳动、尊重知识、尊重人才、尊重创造”的风气，营造有利于员工培养、成才和使用的良好环境。要积极宣传各类技术专家和高技能人才的优秀事迹，激发他们的光荣感、使命感和责任感，形成比学赶超的氛围。各企业领导要建立与骨干人才的联系制度，努力为他们提供良好的工作和生活条件，使他们创业有机会、干事有平台、发展有空间。

*实施企业文化战略，形成文化新优势。*企业文化是循序渐进、不断积累沉淀的系统工程。把企业文化建设融入企业管理、思想政治工作和精神文明建设的全过程，形成以爱国奉献为追求、人本管理为核心、服务发展为宗旨、学习创新为动力，具有时代气息、健康向上的企业文化，是我们打造国内一流、国际知名、具有国际竞争力的轨道交通装备企业的必由之路，必须认真抓好抓实。今年，要把完成制定集团公司企业文化战略，作为企业文化建设的重要任务。我们强调，企业文化是大家认同的工作态度、工作方法、业务流程。南车集团各厂所、公司分布在全国10个省市，历史不同，环境不同，条件各异，要形成全集团公司特有的企业文化，关键是要形成特有的业务流程。这个流程应该具有管而不死，严而不慢，上下互动，充分信任的特点。管是这个流程的设计目的，严是这个流程的精髓。管而不死是指人的思维是活跃的，市场是变化的，企业的管理不能僵化不变，要有创新超越、求新求优的追求，而不是不要严格管理。严格管理就是在战略指引下，在制度规范下的管理。当前，我们确实有管理不严的问题，比如我们在三级企业检查中发现有乱投资现象，就是有的厂所、公司没有履行好管理责任。严格管理要体现南车集团求快、求实的工作作风，严而不慢。要做到严而不慢，必须要使业务流程简明、便捷、规范，能够产生高的效率。这就需要我们有共同的工作态度和共同的工作方法。培养这种共同的工作态度和工作方法，需要上下互动。加强沟通是培育企业文化的重要途径。目前，我们已有完善的通信手段和电子交流平台，集团公司任何员工，都可以向集团公司领导提出建议和批评，共同研究问题。诚信、敬业是集团公司企业精神的一部分，南车集团业务流程的设计，要体现充分信任的原则。充分信任是相互的，南车集团领导和总部各部门要以自己优良的业务素质、优秀的工作业绩，得到各厂所、公司尊重和信赖；各厂所、公司领导也要练好内功，勇于开拓，善于决策，不辱使命。这样整个南车集团就能在上下互动、充分信任的环境中，形成一个团结拼搏、无坚不摧的优秀团队。能够培养出体现南车集团整体意志，具有鲜明特点的生动、和谐、完整的优秀企业文化。

同志们，新年伊始，万象更新。让我们努力实践“三个代表”的重要思想，认真贯彻集团公司党代会精神，与时俱进，求实创新，开创南车集团更加美好的明天。

增强紧迫感 提高执行力 为实现南车集团改革发展目标提供坚强的政治保证

——党委书记郑昌泓在中国南车集团公司工作会议上的讲话(摘要)

(2005年1月7日)

这次工作会议,是在集团公司第一次党代会后的一次重要会议。刚才,小刚同志作了工作报告。报告认真总结了集团公司2004年的工作成绩,深刻分析面临的形势,提出了2005年的目标任务和重点工作。我们要认真贯彻落实工作报告的精神。今年,是“十五”计划的最后一年,也是贯彻落实集团公司第一次党代会精神的第一年,集团公司将坚定不移地贯彻落实发展战略,加大改革和结构调整力度,加速开放式技术创新,加快国际化经营步伐,以新思路新举措打好“十五”计划的最后一仗,规划好“十一五”的工作,努力为实现集团公司改革发展目标打下坚实的基础。

这里,我就加强领导班子建设、加强党组织自身建设、加强和改进思想政治工作讲三点意见。

一、加强领导班子建设,提高执行力和操作力

今年,我们要认真总结过去几年创建“十好”领导班子活动的经验,按照中央组织部和国资委党委的要求,深入开展“政治素质好、经营业绩好、团结协作好、作风形象好”的“四好”领导班子创建活动。根据集团公司第一次党代会精神,今年“四好”领导班子创建活动要把提高领导班子和领导干部的执行力、操作力作为重点。提高领导班子和领导干部的执行力和操作力,是新形势下在企业增强党的执政能力的重要措施。当前,衡量和检验领导班子和领导干部的执行力和操作力强不强,主要看我们的领导班子和领导干部,能否唱好“高八度”,即:一看决策的“准确程度”;二看企业的“改革力度”;三看企业的“发展速度”;四看各方关系的“协调度”;五看企业的“稳定度”;六看领导干部行为的“影响力度”;七看广大干部员工对领导班子和领导干部的“信任度”;八看广大员工的“满意度”。要唱好这“高八度”,就要在以下四个方面狠下功夫。

第一,在提高决策能力上狠下功夫。对企业重大问题做出决策,不仅仅是一种权力,更是一种责任。新的形势、新的任务要求各级领导干部要不断提高自身素质,增强参与重大问题决策的能力和水平,实现民主决策、科学决策和依法决策,降低决策风险,减少决策失误。*一是提高理论水平,增强科学决策的能力。*在牢固树立和全面落实科学发展观,用科学发展观统领工作全局,并切实贯穿到企业改革发展的各项工作中。要尊重和把握市场经济规律,努力学习和掌握现代决策理论和方法,自觉用科学知识充实头脑,用科学方法指导实践。坚决摒弃凭经验、“拍脑袋”、“拍胸脯”的决策。在加强政治理论学习,坚定政治信仰,增强政治意识,提高政治素质的同时,还要加强市场经济、现代企业制度、国际贸易规则、现代管理知识、计算机网络等知识的学习,提高参与决策的水平,促进决策的科学化。*二是提高政策水平,增强依法决策的能力。*要坚持在法律规定的范围内开展企业经营活动,严格按经济规律和规定程序进行决策,重大投资和融资等项目必须按规定程序办理,提高防范风险的能力,确保依法决策。要吃透包括党和国家的方针政策、法律法规和国资委的有关文件精神、机车车辆工业的发展趋势和集团公司的发展规划等,结合本地区、本企业和基层实际,把“上头”的政策和“下头”的实际有机地结合起来,创造性地开展工作。三是健全组织功能,增强民主决策的能力。党的力量在于组织。企业党组织参与重大问题决策是一种组织行为,而非个人行为。因此,企业党组织在参与重大问题决策时,要做到组织参与同个人参与相结合,以组织参与为主,不能以个人参与代替组织参与。要完善领导班子内部议事和决策机制,健全党内政治生活的各项准则,注重发挥集体领导的作用。领导班子成员,特别是党政主要领导首先要增强民主意识,形成民主氛围,集思广益,共谋大事,实现决策的民主化、科学化、制度化。要正确处理好民主与集中的关系,坚持正确集中和发扬民主并举。

第二,在提高解决复杂问题能力上狠下功夫。我们看一个领导干部的能力,不仅要看他在工作中有无创新,还要看在错综复杂的环境中有无解决复杂问题和防范各种风险的能力。解决复杂问题和防范风险,不能坐而论道,必须深入基层,躬身实践,积累经验。一是要深入调研,提高分析判断能力。调查研究是分析判断作决策的基础。面对错综复杂的情况,不做调查研究,不掌握第一手资料,分析判断就没有依据。高质量、高水平的调研要把握好“两个度”:一要有深度。浮光掠影、浅尝辄止的调研很难得到真实的情况。只有深入调研,才能透过现象把握事物的本质,识破虚假现象弄清问题的真相。二要有广度。调研既要面向基层,了解企业和员工的实际情况,又要借助现代传媒和必要的“走出去”,广泛了解国际、国内以及兄弟单位的情况,掌握一切直接和间接、现形和隐形的情况。只有通过深入的调查研究,掌握大量第一手资料,才能运用辩证唯物主义的观点,去分析、判断和解决各种复杂问题。二是要防微杜渐,善于化解矛盾。矛盾的发展有个过程。我们的领导干部,必须要做到见微知著,防微杜渐,及时发现矛盾苗头,防止矛盾扩大化和复杂化,把矛盾解决在内部、解决在基层、解决在萌芽状态。要注意经常分析和把握企业和员工生活中的矛盾,特别是要正确掌握员工群众的所求、所思和所忧。各级领导干部应该定期下基层,到车间、班组以及员工家中,变上访为下访,化消极为积极,妥善处理好各种矛盾。三要坚持原则,做到依法办事。依法办事,是化解矛盾的有效方法之一。在处理复杂问题上,我们必须树立法制观念,强化法制意识,养成遇事懂法、办事依法、言必合法、行必守法的良好习惯,克服以言代法、以权代法甚至以权压法的不良行为。在推进企业改革发展各项工作的进程中,要按照法律法规和制度办事,防止不作为和乱作为、错位和越位、失职和失当的现象。同时,也要加大群众监督的力度,规范和监督企业的行政行为。

第三,在提高整体凝聚能力上狠下功夫。凝聚力是对企业领导班子最基本的要求。领导班子个体的能力不能等同于整体的素质。各级领导班子要牢固树立整体意识和团队精神,确定共同的工作愿景和目标,形成工作合力,达到“内部形成凝聚力,横向形成亲和力,上下形成吸引力,对外形成战斗力”的氛围和境界。提高整体凝聚力,一是要统一思想,增强领导班子的整体合力。思想统一是保证组织和行动统一的基础,是增强凝聚力的前提条件。人与人的成长经历和阅历不同,对问题的分析和判断不尽相同,思想上存在分歧也是正常的。班子做决策时可以畅所欲言,发表意见,求同存异,但形成决定后,就必须统一思想认识，统一推进步调，大家心往一处想，智往一处聚，步往一处迈，劲往一处使，坚定不移地贯彻实施。二是要营造和谐环境，促进班子的团结协调。和谐宽松的环境，是领导班子团结的客观要求。环境好，班子成员心情舒畅，精神振奋，工作热情高，人际关系融洽，容易团结；环境不好，班子成员心情压抑，情绪低落，积极性不高，难以团结。只要班子成员之间在思想上做到相互信任，在工作上相互支持，在生活上相互关心，以诚相待，就能够创造出一个宽松和谐的共事环境和氛围，就能建成一个和谐团结的领导班子。三是要加强协作，形成团结干事的氛围。团结出凝聚力、出战斗力、出生产力。讲团结，不是表面上一团和气，而是政治上的统一意志，工作上的默契配合，作风上的民主与集中有机结合。树立团结干事的思想，要强化以事业为重的意识，做到自觉为发展求团结、为事业求团结；强化宽以待人的意识，坚持与人为善，在班子内部建立起相互信任、坦诚相待、密切配合和批评与自我批评的良好风气；强化甘于吃亏的意识，努力在名利得失上做到默默奉献不争功诿过，清廉自励不争待遇厚薄。四是要率先垂范，坚持发挥好带头作用。作为企业改革发展的领路者和开拓者，各级领导班子和领导干部必须认真贯彻执行中纪委、中组部、监察部、国资委等四部委刚刚下发的《国有企业领导人员廉洁从业若干规定(试行)》，坚持廉洁自律。领导干部要率先垂范，以身作则，努力发挥好表率带头作用，要求别人做的，自己首先做到，要求别人不做的，自己首先不做。要自觉接受监督，经常开展批评和自我批评，虚心听取不同的意见和建议。要不断增强履行监督职责和接受监督的意识，自觉接受党组织和员工群众的监督。通过表率带头作用的发挥，形成凝聚力、战斗力、创造力强的领导集体。

第四，在提高抓落实的操作能力上狠下功夫。落实是所有工作的基础。对集团公司和各企业来说，制定出宏观的发展战略是十分必要的，但更重要的是要有落实发展战略的具体措施。再好的发展目标和再好的决策也只有通过落实后才能显示其价值。加强领导班子建设，树立求真务实的工作作风是关键。而抓落实，则是树立求真务实作风的重要基础，也是检验每个领导干部执行力、操作力强弱的试金石。一是抓落实，要善于打主动仗。打主动仗，就是要树立主动意识，发扬不用扬鞭自奋蹄的精神，不等不靠。打主动仗，就要做时间的主人。各级领导班子都必须养成珍惜时间、节约时间、用好时间的良好习惯，以只争朝夕的精神，主动抓好企业改革发展的各项工作。打主动仗，就要做到“四个破除”。即：破除碰到问题躲着走，遇到难事绕着行的被动思想；破除怕担责任，得过且过的消极态度；破除不求有功，但求无过的无为观念；破除跟在人后、亦步亦趋的惰性作风。二是抓落实，要重视细小环节。既不要忽视小的失误，又必须重视从小的细节一步步做起。我们应该树立一种严谨、严谨、再严谨，细致、细致、再细致的工作作风，不断提高工作质量和工作水平。三是抓落实，要注重脚踏实地。做工作，需要借助一定的形式，没有形式，内容表现不出来。但是必须注重脚踏实地，不能搞形式主义。我们要努力克服做表面文章、不深入实际、浮在表面的不良作风，要做事不作秀，坚持求真务实，脚踏实地狠抓各项工作的落实。

二、加强党组织自身建设，提高凝聚力和战斗力

党的基层组织是党全部工作的重要基础，是党的整个组织的力量源泉。当前，我们要深入学习十六届四中全会精神，认真贯彻和落实《中共中央关于加强党的执政能力建设的决定》、《中央组织部、国务院国资委党委关于加强和改进中央企业党建工作的意见》，

结合党员先进性教育活动，加强、改进和创新党建工作，提高各级党组织的创造力、凝聚力和战斗力。

第一，认真贯彻落实《意见》，加强、改进和创新党建工作。各级党组织要深入学习《决定》和《意见》的精神，积极探索研究如何以加强党的执政能力建设为目标，把集团公司各级党组织建设成为我们党执政的坚实组织力量，在企业中体现和增强党的执政能力。一是要认真学习、深刻领会在国有企业加强党的执政能力建设的重要性。国有企业是我国国民经济的支柱，是国有经济发挥主导作用的主力军。国有企业党组织是我们党执政的重要基础之一。加强和改进国有企业党建工作，对做强做大做优企业，提升企业的核心竞争力，切实增强党的阶级基础和提高党的执政能力，都具有重要意义。我们要认真把握提高党的执政能力对国有企业党建工作提出的新要求，充分认识加强和改进党建工作的重要性，按照国资委党委的总体部署，认真学习贯彻《意见》精神，精心组织，抓好落实，务求实效。二是要结合学习贯彻《意见》精神，加强和改进企业党建工作。要将学习贯彻《意见》与推动企业改革发展实际结合起来，认真查找企业党建工作存在的突出问题。按照集团公司第一次党代会提出的今后四年党的建设“**围绕一个目标，坚持两个原则，发挥三个作用，搞好四个结合，推进五项建设**”的指导思想、任务和“**六好一高**”的目标，加强和改进党建工作，为巩固党在国有企业的执政基础提供保障。集团公司党委将在上半年召开党建工作会议，结合中央和国资委的要求，制定出台集团公司加强和改进党建工作的意见，突出操作性和针对性，对改制企业党组织工作机构设置、活动方式、人员编制、活动经费等作出明确的规定，各企业要认真贯彻执行。对《意见》中提出的“中央企业集团领导机构与其所属企业党的关系在不同省（区、市）的，下属企业党组织由地方党委和企业集团党组织双重领导，以地方党委为主”的问题，我们已经向国资委请示，在国资委没有作出明确答复之前，仍然以集团公司党委管理为主。要结合党员先进性教育，就如何提高发挥党组织政治核心作用的能力，进一步加强和改进企业党的建设，促进企业改革发展等问题进行思考和调研，提出企业加强党建工作的具体意见。三是要通过深入贯彻《意见》，推动企业的改革与发展。作为我国铁路机车车辆工业的支柱企业，我们不仅对加强党的执政能力建设、巩固我们党的执政地位担负着重要的责任，也要在我国铁路的发展中发挥重要作用。深入贯彻《意见》，我们必须紧紧抓住发展这个第一要务，认真研究企业在改革改制、建立现代企业制度、企业整合、结构调整、内部改革中存在的突出问题，坚定不移地深化改革、调整结构、加快创新、开拓市场，不断提高企业核心竞争力、持续发展力和做强做大做优的能力，为我国机车车辆工业的发展作出更大的贡献。

第二，扎实开展党员先进性教育活动，提高党员素质，增强党组织的活力。根据中央的要求，今年集团公司将在全体党员中开展保持共产党员先进性教育活动。集团公司党委将在深入开展调研的基础上，制定开展活动的指导意见。我们要通过开展党员先进性教育活动，使共产党员成为企业一面具有号召力、感召力的旗帜，党的基层组织成为凝聚人心、鼓舞斗志、攻坚克难的政治核心和战斗堡垒。一是加强调查研究，做好开展教育活动的安排。各企业要按照集团公司的部署，在充分调研的基础上，结合集团公司指导意见的精神，制定各企业开展先进性教育活动的计划，成立组织领导机构，明确专人负责，切实抓好教育活动。二是加强培训工作，抓好开展教育活动的准备工作。为保证教育活动的效果，集团公司将组织办好四个培训班:党委书记培训班一期;党委副书记、纪委书记培训班一期;组、宣、办负责人培训班两期;教育活动督导员培训班一期。通过培训提高抓好教育活动的能力。三是认真组织实施,分步开展好教育活动。根据国资委党委的安排,南车集团属于第一批开展活动的企业,集团公司总部将先开展教育活动,随后各厂所、公司分两批开展。开展教育活动要按照学习动员、分析评议、整改提高三个阶段进行。同时要保证生产经营的正常进行,做到教育和生产"两不误、双提高",还必须做到"五坚持",即:坚持理论联系实际,务求实效;坚持正面教育为主,认真开展批评与自我批评;坚持发扬党内民主,走群众路线;坚持领导干部带头,发挥表率作用;坚持区分情况,分类指导,确保教育活动不走过场,收到实效。四是搞好总结表彰,发挥教育活动的作用。活动结束后,各企业要认真总结经验,查找存在问题,及时向集团公司报送总结报告。要适时开展"回头看"活动,巩固和扩大整改成果,使党员先进性教育活动建立起一套长效机制,使共产党员的先进性和纯洁性得到保持,先锋模范作用有效发挥。集团公司党委要在教育活动结束后,评选表彰在教育活动中涌现出的先进单位和先进个人,并同时表彰一批优秀共产党员、优秀党务工作者和先进基层党组织。

第三,积极探索研究,建立适应现代企业制度的党建工作领导体制和工作机制。国有企业党组织的政治核心作用,是由我们党的性质、地位决定的,是实现党对国有企业政治领导的重要途径。企业在改制过程中,要从巩固党的经济基础、阶级基础和执政地位的高度来正确认识和认真解决好这一问题。这里,我还要继续强调,各企业改制必须坚持"四改四不能",即:企业改制,不能改变党组织的政治核心地位;企业改革领导体制和决策机制,不能改变党组织参与重大问题决策的权力;企业改革干部管理制度,不能改变党管干部、党管人才原则;企业改进党组织活动方式和内容,不能削弱党组织的政治核心作用。当前,我们要重点抓好以下几方面的工作。一是积极探索研究适应现代企业制度的党组织工作体制与运行机制。积极探索和研究企业建立现代企业制度后,党群组织如何按照党章、工会、职代会和共青团章程等有关规定履行职责,设置组织机构和开展活动;如何坚持党管干部、党管人才原则;如何参与重大问题决策,充分发挥政治核心作用,建立起党建工作新的管理体制和工作机制。按照"集体研究、分别体现、双向反映、科学民主"的要求,积极探索改制企业党组织参与重大问题决策的工作机制,不断实现企业科学决策、民主决策和依法决策。建立适应现代企业制度的党建工作新的管理机制,必须正确处理好"四个关系",发挥好"四个作用",即:要处理好与董事会的关系,发挥在企业重大问题决策中的"参与者"作用;处理好与经理层的关系,发挥好在贯彻执行党的方针政策和国家法律法规方面的"监督者"作用;处理好企业内部各种利益群体之间的关系,发挥好维护各方权益的"协调者"作用;处理好与企业内各群众组织的关系,发挥好"领导者"和"凝聚者"的作用。要继续深化干部人事制度改革,健全完善党管干部、党管人才的管理制度,加快建立适应现代企业制度的干部选拔机制,提高和扩大在社会公开招聘人才的层次和范围。各企业要在中层干部及一般干部中加大推进公开竞聘上岗的力度。要继续改善领导班子综合结构,加强领导干部的交流,积极推行党群与行政领导干部双向进入、交叉任职和各企业之间的干部交流。同时,我们还要围绕企业发展战略目标,积极探索研究建立党建工作的目标管理机制,建立健全党群领导干部任期目标、年度工作目标责任制,对党员实施目标管理。二是健全党的基层组织,提高党建工作水平。要认真贯彻落实中央办公厅印发的《中央组织部、国资委党委关于加强和改进中央企业党建工作的意见》,坚决做到无论企业怎么改、产权关系怎么变,党的基层组织不能散、领导关系不能乱、党的活动不能停。根据建立现代企业制度的新情况,要及时修订和完善《企业党支部建设纲要》。积极适应新经济组织建立、生产布局调整和机构精简的需要,及时建立和调整党组织设置。重视加强多经企业和集体企业党支部的建设。努力创造条件将主辅分离企业党组织和离退休党支部逐步转到地方管理。三是加强党员教育管理,建设先锋型党员队伍。新时期的党员管理工作,要主动适应新形势,积极探索党员发展、教育、管理的新路子,重点要把好"四关",即:加强考察,把好入口关;加强教育,把好素质关;加强管理,把好质量关;加强考核,畅通出口关。通过有效的教育管理措施,着力解决"党员不是骨干、骨干不是党员"的问题。

第四,加强制度建设,健全完善党建工作制度。一是要根据新的形势要求建立健全制度。要按照中央、国资委以及集团公司的要求,建立健全各项规章制度,通过深入调研,把一些成功的做法转化为制度措施,把好的经验转化为长效机制,使党建工作有章可循、有法可依。要进一步完善民主集中制的组织原则和工作制度。根据新形势,集团公司总部党群有关部门要在深入调研的基础上,建立集团公司党委全委会和常委会的有关工作制度,明确全委会和常委会的职责、议事内容等,为集团公司第一届党委和常委开展工作提供制度保证。各企业党委要进一步健全和规范会议制度、议事规则和决策程序,形成靠制度管人、按程序办事的工作机制;要始终坚持党内民主生活会制度。继续坚持集团公司领导定期参加厂所、公司民主生活会制度。集团公司领导班子成员将按照统一安排,参加各企业领导班子民主生活会,加强对各级党组织民主生活会的检查和指导;要建立健全充分反映党员和党组织意愿的党内民主制度。认真贯彻中央印发的《中国共产党党员权利保障条例》,以保障党员民主权利为基础,以完善党员代表大会制度和党的委员会制度为重点,建立和完善集团公司的党内民主制度。通过加强制度建设,实现三个"新提高",即:使各级领导干部在贯彻民主集中制的自觉性上有新提高;在执行能力和领导水平上有新提高;在领导班子的集体领导上有新提高。二是要根据新情况变化修订完善制度。集团公司成立以来,根据上级要求,结合自身实际,建立健全了党的建设、思想政治工作、党风廉政建设、工团组织建设等方面的规章制度,党建工作初步实现规范化、制度化和科学化。但随着国有企业改革的不断深化,管理体制的不断完善,我们的党建工作也面临越来越多的新问题,各种制度也出现了与企业发展不相适应的地方。根据这一新情况,各企业也要通过深入调研,认真总结好的做法和经验,修订完善党建工作的有关制度,推动企业党建工作的制度化和规范化。要坚持民主集中制原则,进一步完善集体领导下的个人分工负责制,提高工作效率。根据新情况,各企业要进一步健全完善集体领导、组织建设、民主生活,以及工团组织建设等方面的规章制度,使之与现代企业制度相统一,保证党的各项工作的开展。三是要对制度执行情况加强监督检查。制度的成效,最终体制在落实上。我们既需要科学地建章立制,又需要严格地贯彻落实。制度制定后,我们要加强监督检查,对制度执行的情况组织专人进行检查考核,认真抓好落实工作。今年集团公司纪检监察的重点工作之一,就是要紧密围绕企业规章制度的健全和执行情况开展规章制度的效能监察。重点实施"三抓三促",即抓制度的健全完善,促进制度体系的建立;抓制度的宣传教育,促进制度意识的增强;抓制度的监督检查,促进制度的贯彻落实。要通过效能监察,总结贯彻执行制度的效果,查找存在的问题;着力解决制度不健全、内容不规范、执行不严肃以及有章不循等问题,确保我们的各项规章制度不是挂在墙上、说在嘴上,而是落实在工作中。

三、加强和改进思想政治工作,提高影响力和吸引力

当前,我们正处于瞬息万变的市场环境中,市场竞争十分激烈,并且企业主辅分离、改制分流、结构调整和建立现代企业制度的力度加大,必将出现许多思想问题和不稳定因素。因此,加强和改进思想政治工作,不断增强针对性和时效性,提高思想政治工作的影响力、吸引力和向心力,就显得十分必要。

第一,改进思想政治工作,增强影响力。新时期的思想政治工作必须紧紧围绕企业的中心工作,不断加强、改进和创新,努力增加四个"影响力",更好地服务企业的生产经营和改革发展。*一是回答和解决实践过程中的重大问题,增强理论影响力。*要有针对性地解疑释惑,解开员工思想上的"扣子",就必须加强理论学习,增强理论的影响力。要把回答和解决实践提出的重大问题和课题作为思想政治工作的重要任务,深入实际开展调查研究,尤其要结合现阶段企业改革改制、结构调整、市场开拓等实际工作,找准问题症结,有的放矢学理论,力争在理论与实践的结合上拿出一批有深度、有分量、有影响力的研究成果。*二是尊重人、理解人、关心人,增强情感影响力。*思想政治工作必须把立足点放在调动员工积极性上,牢固树立群众观念,通过尊重人、理解人、关心人,增强工作的情感影响力,使思想政治工作由单项灌输转为双向互动。对于企业领导干部来说,尊重人,突出对员工人性的重视,是十分重要的。我们要与工作对象的员工建立起和谐融洽的关系,使广大员工感到浓浓的人情味和亲和力。如果相互之间缺乏感情交流,光搞"我说你听",习惯于命令式和口号式、标语式的空话套话,就容易拉大彼此间的心理距离,大大降低思想政治工作的效果。*三是拓宽知识面和研究领域,增强学识影响力。*思想政治工作必须适应时代发展要求,拓宽知识面和研究领域。要在深入学习马克思主义、邓小平理论、"三个代表"重要思想等理论的基础上,加强教育学、政治学、伦理学、心理学、社会学和管理学等多种知识的学习,努力使自己掌握更广阔的知识,积累更丰富的经验。要准确把握广大干部员工的思想脉搏、心理需求和生活追求,做好广大员工的教育引导工作。*四是培养良好的工作和生活作风,增强人格影响力。*古人云:"其身正,不令而从;其身不正,虽令不从"。身教重于言教,思想政治工作者自己说的自己不信,自己做不到、做不好、不想做,甚至说与做背道而驰,这样的工作就毫无效果而言。我们必须依靠真理使人信服,依靠人格力量使人信任,更多地在"身教"和"立行"上下功夫,对自己要高标准、严要求,工作上有创新发展,生活上一尘不染,作风上公道正派。

第二,加强企业文化建设,增强吸引力和向心力。企业文化是企业核心竞争力的重要组成部分,是企业管理的灵魂。一个先进的企业文化不仅能激发广大员工的积极性,促使员工按照企业所想要的方式去努力,而且能够适应动态环境的变化和企业战略的调整。在企业中,人是第一战略资源,其他资源只有通过人的劳动和创造才能转化为经济效益。因此,我们要坚持以人为本,把实施企业文化战略,加强企业文化建设,作为新形势下发挥党建工作重要作用、加强思想政治工作和精神文明建设的重要载体。要通过企业文化建设,形成集团公司和各企业统一价值观、统一的文化氛围,使广大员工产生对企业的强烈归属感和认同感，努力增强吸引力和向心力，形成统一的思想、统一的行动，提高对企业的忠诚度和对岗位的敬业度。一是建设以人为本的企业文化，打造内涵丰富的企业文化体系。要在大力培养和树立南车集团“诚信、敬业、创新、超越”企业精神和“求新、求快、求实、求优”企业作风的同时，切实抓好制度建设，形成党政工团各级组织、各个部门齐抓共管的长效运行机制。要注重企业核心价值观和经营理念的提炼。一位著名的企业家说过：“三流企业卖产品，二流企业卖服务，一流企业卖标准，超一流企业卖文化”。应该说，我们打造国内一流、国际知名的企业，不光是在产品、服务、标准上下功夫，还要在建设丰富的企业文化体系上下功夫，上升到靠先进企业文化、先进经营理念和核心价值观制胜的境界。在企业文化建设过程中，要注重抓好渗透灌输、规范养成和环境熏陶三个环节，使企业精神、核心价值观和经营理念体系在员工中入脑、入心。根据企业改革发展和生产经营的实际，积极开展企业文化的理论和实践研究，对企业文化体系进行充实完善，大力探索和建设企业先进的价值文化、优秀的制度文化、精细的制造文化、高尚的廉政文化、和谐的人文文化、丰富的文体文化，不断赋予企业文化新的内涵。二是建设以人为本的企业文化，营造良好的发展空间。关键是要营造学习、创新和超越的氛围，建立让优秀人才脱颖而出的激励机制，为员工创造一个事业需求和发展的空间，把员工发展与企业发展融为一体。要创造条件，使员工不断开发自己、改变自己、塑造自己、超越自己，在实现个人价值的同时，为企业的发展建功立业，贡献才华。要在企业内部形成一种能够适应企业外部环境变化、促进企业战略目标实现的企业文化。三是建设以人为本的企业文化，培养员工对企业的归属感。要不断改进对人的管理，把严格的刚性管理和柔性的人文关怀有机结合起来，变“行为控制”模式为“自我管理模式”；变“训导、驯服”式管理为“引导启发”式管理，不断强化人文关怀，实行“无情管理，有情操作”，进一步增强员工执行企业规章制度的自觉性，培养对企业的归属感。四是建设以人为本的企业文化，注重全员参与。企业文化是员工的思想观念、思维方式、行为方式以及企业规范、企业生存氛围的总和。文化因素对企业管理的影响是全方位、全系统和全过程的，它渗透在企业管理的每项职能之中。因此，我们必须强调企业主要领导干部是企业文化的身体力行者和倡导者，是本企业文化建设的主要负责人。同时，又必须把全体员工作为企业文化的主体和动力源泉，充分发掘全员参与的动力，不断提升具有优秀团队精神的企业核心竞争力。

第三，加强企业民主政治建设，全心全意依靠员工群众。要按照党的十六届四中全会提出的“不断发展社会主义民主政治的能力”的要求，加强企业政治文明建设，推进民主管理，切实保障员工群众民主管理、民主监督的权力。一是强化以职代会为基础的民主管理形式。要按照现代企业制度的要求，健全职代会工作制度，创新民主管理的机制，畅通民主管理渠道，使广大员工的呼声得到倾听，疾苦得到关注。要不断提高职工代表的素质，充分发挥职工代表的作用，增强他们参与民主管理和民主决策的能力。二是强化机制建设，深化厂务公开工作。要强化机制建设，形成公开、监督、检查和考核一体化的工作机制和多层次的厂务公开工作体系，使员工的知情权、参与权和监督权得到更好的落实。要积极创新厂务公开形式，进一步规范管理制度。要深入贯彻落实集团公司厂务公开工作会议精神，加强对公开工作的监督检查。三是深入开展员工素质工程，打造知识型员工队伍。要按照突出重点、创新载体、完善机制、注重实效的工作思路，在新的历史时期不断赋予员工素质工程新的内涵。深入开展好“创建学习型组织、争做知识型员工”的活动，在打造学习型组织的同时，促进员工队伍素质的提高。着眼企业长远发展，采取培训、练兵、比武等手段，激励广大员工学习钻研业务技术、努力提高技能水平，下大力气培养一支一专多能、知识型的技术人才队伍，在工人技师、高级工人技师中培养“专家型”能工巧匠，建设一支高素质的技术工人队伍。四是加强群团组织自身建设，增强服务中心工作的能力。各企业党委要加强对工团组织的领导。要不断加强群团组织的自身建设，提高工会和共青团组织工作人员的综合素质，增强工团等群众组织动员员工、宣传员工、教育员工和服务员工的本领。紧密结合企业改革发展的中心工作，充分发挥工团等群众组织依靠员工、团结员工、组织员工、号召员工的桥梁纽带作用和生力军、突击队作用。为总结“十五”期间的工作成绩和树立先进典型，今年将适时开展集团公司劳动模范评选表彰活动。

第四，落实责任加强排查，努力维护企业稳定。当前，随着改革的深化，国有企业正处于一个“矛盾凸现期”。在各种矛盾比较集中的情况下，群体性事件如果处理不好，局部问题可能转化为全局问题，经济问题可能转化为政治问题，非对抗性问题可能转化为对抗性问题。因此，我们必须落实责任，建立机制和制度，加强对不稳定因素的排查，抓好稳定工作，为企业改革发展创造稳定的环境。一是健全矛盾纠纷预警和应对机制。要立足“治早”、“治小”、“治好”，建立舆情汇集和分析机制，形成全方位、多层次、广覆盖的情报信息网络，及时准确地掌握各种矛盾和不安定因素。通过有效措施，形成指挥统一、功能齐全、反应灵敏、处置有效的应急机制，掌握好稳定工作的主动权。要建立健全防范和处理群体性事件的工作制度和预案，坚持信息报告制度，及时上报有关情况。二是严格落实维护稳定工作责任制。稳定压倒一切，责任重于泰山。企业有关负责人特别是党政一把手要切实负起责任。对重点问题要做到有领导负责，有专人处理，有调处方案，有解决时限，有督查结果，切实落实各级各部门的工作责任。三是要关心困难企业和弱势群体。要关心员工生活，尤其要努力为困难企业和弱势员工群体排忧解难。各级领导干部特别是党政主要领导，要切实转变作风，带头深入基层、深入群众，倾听群众的呼声，体察群众情绪，关心群众疾苦，满腔热情地帮助困难员工解决生活中的突出问题，多做得人心、暖人心、稳人心的工作。要坚持开展好送温暖活动，广泛开展“进万家门、知万家情、解万家难、暖万家心”的各种利民服务活动，并且通过健全帮困救助机制和加强保障制度建设，形成维护企业稳定的长效机制。四是深入做好不稳定因素的排查工作。大量的不稳定因素起源于基层。要加大基层不稳定因素的排查工作，以“发现得早、化解得了、控制得住、处置得好”为目标，积极预防和妥善处理好目前企业涉及的离退休待遇、剥离辅助、改制分流等工作中的不稳定因素，抓好对邪教组织的控制与防范，扎扎实实把不稳定因素解决在基层，解决在萌芽状态。要不断提高基层干部自身的综合素质和协调关系、化解矛盾的能力，构筑维护企业稳定的“第一道防线”，努力营造和谐社会与和谐企业的氛围。

世上无难事，只要肯登攀。同志们，在企业改革进入攻坚阶段，发展进入关键时期，稳定面临严峻考验的时候，让我们牢固树立时不我待的紧迫感，增强如履薄冰的危机感，激发强烈的使命感，坚定必胜的责任感，认清形势、坚定信心、开拓创新、团结拼搏，努力抓住机遇，主动迎接挑战，战胜艰难险阻，为建设“国内一流、国际知名、具有国际竞争力的轨道交通装备企业”作出新的更大的贡献！

加强领导　精心组织
确保保持共产党员先进性教育活动取得实效

——党委书记郑昌泓在中国南车集团公司总部保持共产党员先进性教育活动动员大会上的讲话(摘要)

(2005年2月18日)

按照中央的统一要求和国资委的安排部署,集团公司总部在这里召开以实践"三个代表"重要思想为主要内容的保持共产党员先进性教育活动动员大会。会议的主要任务是:贯彻落实党的十六大、十六届四中全会和中央保持共产党员先进性教育活动工作会议精神,动员中国南车集团总部机关全体共产党员提高认识,统一思想,积极行动起来,高标准、高质量地搞好先进性教育活动,为实现南车集团的发展战略目标,打造"国内一流、国际知名、具有国际竞争力的轨道交通装备企业"提供强有力的政治保证。

一、统一思想,充分认识开展先进性教育活动的重大意义

在全党开展保持共产党员先进性教育活动,是党中央在深入研究新世纪新阶段的形势、任务和党员队伍状况的基础上作出的一项重大决策。这是我们党在落实科学发展观和构建社会主义和谐社会中加强党的执政能力建设的一项重大基础工程,是关系我国改革开放和现代化建设大局的一件大事。我们必须充分认识和理解开展这次先进性教育活动的重大意义。

第一,开展先进性教育活动,是实践"三个代表"重要思想,并用其武装全党的重大战略部署。"三个代表"重要思想是马克思主义在中国发展的最新成果,是当代中国的马克思主义。贯彻"三个代表"重要思想,核心是坚持党的先进性。这次先进性教育活动,是改革开放20多年来,我们党在全党范围内开展的一次人数最多、规模最大的集中教育活动,是新世纪新阶段中国共产党作出的一项重大战略举措。先进性教育活动的根本着眼点是深入实践"三个代表"重要思想,紧紧抓住永葆先进性这个党的建设的灵魂,进一步巩固党的执政基础,提高党的执政能力,确保我们党更好地肩负起继往开来的历史使命。

第二,开展先进性教育活动,是加强党的执政能力建设的重要基础工程。党的十六届四中全会作出了关于加强党的执政能力建设的决定,突出强调要把加强党的执政能力建设作为党执政后的一项根本性建设。党的先进性是党的生命所系、力量所在,事关党的执政地位的巩固和执政使命的完成。进入新世纪新阶段,我们党所处的国内外环境、所肩负的历史任务和党员队伍的现实状况都发生了深刻变化,这对保持党的先进性提出了新的要求,也使保持党的先进性面临新的考验。广大党员是党的肌体的细胞和党的活动主体,党的基层组织和党员队伍建设是党的建设的基础。在全党开展先进性教育活动,就是要在新形势下始终保持我们党与时俱进的理论和实践品质,始终保持马克思主义政党的先进性,使各级党组织不断提高创造力、凝聚力和战斗力、始终发挥领导核心作用和战斗堡垒作用,使广大党员不断提高自身素质、始终发挥先锋模范作用,使我们党保持与时俱进的品质、始终走在时代前列,不断提高执政能力、巩固执政地位、完成执政使命。

第三,开展先进性教育活动,是提高党员

队伍素质，增强党组织创造力、凝聚力和战斗力的重要举措。近年来，集团公司党委按照政治工作融入中心、服务大局的要求和重基层、抓基本、强基础的思路，全面加强党员队伍和基层党组织建设，企业党建和思想政治工作取得了一定成效。集团公司总部设机关党委，有总支部1个，支部12个，共有163名党员。其中研究生占4.3%，大学本科占66.9%，处级以上领导干部占38%。集团公司成立以来，总部机关的员工尤其是广大党员在深化改革、加快发展、维护稳定的各项工作中，在各种“急、难、险、重”任务面前，经受住了各种锻炼和考验，充分发挥了先锋模范作用。但是，我们也要清醒地看到总部机关的党员队伍中也存在着与党员先进性要求不相适应、不相符合的一些问题。这次要通过党员先进性教育，着力解决总部机关党员以下几个问题，并且要取得实际效果。一是解决理论学习自觉性不高、理想信念动摇、党性观念不强的问题。有的党员意识和执政意识淡薄，思想觉悟不高；有的理论学习自觉性不强，积极性不高，不能按照要求完成理论学习任务；有的理论水平不高，思想观念滞后，技术业务能力不强，语言和文字表达能力不强，不能完全适应市场经济的要求；有的把自己混同于普通群众，不能发挥先锋模范作用，党员的先进性在工作中难以体现。二是解决党员宗旨意识淡薄、工作作风不实的问题。有的大局意识、责任意识、服务意识和忧患意识不强，奉献精神和艰苦奋斗的作风弱化，在一定程度上存在着不负责任的官僚主义、不求实效的形式主义、不坚持原则的好人主义、不守纪律的自由主义和不艰苦奋斗的享乐主义；有的工作不扎实、不主动，不求有功，但求无过，得过且过；有的工作效率不高、标准不高、要求不严，不安心本职工作，做事拈轻怕重；有的事业心和责任感不强，思想作风不端正，工作作风不扎实，深入基层不够，指导工作走马观花，服务大局、服务基层的意识淡薄，脱离群众的问题比较突出。三是解决执行方针政策有偏差、贯彻民主集中制有不足的问题。有的党员干部改革创新意识不强，谋划参谋能力不强，落实和实施集团公司发展战略的能力不强，解决复杂问题的能力有限，执行力和操作力不强，组织协调能力不强，领导能力和领导水平不适应集团公司新形势、新任务的要求；有的执行民主集中制的各项规定不到位，民主气氛不浓厚，开展批评和自我批评不够；有的党员领导干部工作作风漂浮，缺乏应有的事业心和责任感；有的执行制度不严，对工作不负责任。四是解决自律有所放松、干部管理不严的问题。有的党员组织纪律观念不强，自由主义现象严重；有的放松了自身修养，降低了自我要求，说话办事随便，不负责任；有的不参加组织生活，不愿意听取群众意见；有的参加党内活动不积极，不能够履行党员起码的义务；党员的管理客观上存在放松现象，对党员的管理监督不力，党员教育缺乏针对性。五是解决机关党的组织建设提高水平、进一步增强工作活力的问题。适应总部机关特点的支部建设活动开展不够多，党内组织生活制度贯彻执行不够严格；有的支部对如何适应新形势、新任务和围绕集团公司中心工作探索研究不够，方式方法不灵活，针对性和有效性不够明显。这些问题的存在，在一定程度上削弱了集团公司总部机关党组织的创造力、凝聚力和战斗力，影响了集团公司总部的工作质量和工作效果，有的甚至在某种程序上导致集团公司改革发展工作滞后。开展先进性教育活动，对于着力解决存在的这些突出问题，保持党员队伍的纯洁性和先进性，增强集团公司总部机关党组织的创造力、凝聚力和战斗力，有着重要的作用。

第四，开展先进性教育活动，是促进企业改革发展稳定的重要保证。集团公司的发展战略规划和第一次党代会提出了"贯彻六个坚持,实施八大战略,形成八大新优势"的发展目标,明确了"完成生产经营、深化改革、结构调整、科技进步、企业管理、员工队伍素质、精神文明建设、员工生活水准"等八方面的具体目标,提出了2008年提前两年实现销售收入230亿元、2010年达300亿元的奋斗目标。今年年初工作会议又提出了"两确保、两增长"的目标。开展先进性教育,就是要教育引导广大党员树立和落实科学发展观,紧紧围绕集团公司的改革发展战略和目标,立足岗位做贡献,齐心协力谋发展,把党员的先进性更好地体现在实际工作中,为促进南车集团改革发展稳定作出积极的贡献。

二、明确要求,正确把握开展先进性教育活动的指导思想、目标要求和指导原则

去年11月,中央下发了关于在全党开展保持共产党员先进性教育活动的意见,明确提出了开展教育活动的指导思想、目标要求、指导原则,以及开展教育活动的总体安排和方法步骤。我们要认真学习贯彻,深刻领会精神实质,严格按照中央的要求扎实推进集团公司总部的先进性教育活动。

第一,切实把握,认真贯彻开展先进性教育活动的指导思想。

根据中央确定的关于开展保持党员先进性教育活动的指导思想,集团公司总部开展先进性教育活动的指导思想是:以邓小平理论和"三个代表"重要思想为指导,贯彻党的十六大和十六届三中、四中全会精神,树立和落实科学发展观,坚持党要管党、从严治党的方针,紧紧围绕集团公司改革发展稳定大局、发展战略和发展目标,立足于保持党员队伍的先进性、纯洁性,增强党组织的创造力、凝聚力和战斗力,组织全体党员进行集中党性教育,使广大党员进一步增强先进性意识,坚定理想信念,坚持党的宗旨,增强党的观念,发扬优良传统,达到提高素质、服务群众、促进工作的根本目的,开创集团公司总部机关党建工作和工作作风的新局面,为建成国内一流、国际知名、具有国际竞争力的轨道交通装备企业提供坚强有力的思想政治保证和组织保证。落实这一指导思想,必须把握好"四个一",即:要抓住学习实践"三个代表"重要思想这条主线;把握好保持共产党员先进性这个主题;明确提高执政能力这个着眼点;坚持好党要管党、从严治党这个方针。

第二,着力实现,准确把握开展先进性教育活动的目标要求。

这次先进性教育活动,必须着力实现党中央的"提高党员素质、加强基层组织、服务人民群众、促进各项工作"这"四句话"要求,切实增强教育活动的针对性和有效性。一是在提高党员素质方面,要使全体党员普遍受到一次党的最新理论成果的教育,对新时期保持共产党员先进性的基本要求和具体要求更加明确,广大党员学习实践"三个代表"重要思想的自觉性、坚定性进一步增强,理想信念进一步坚定,先锋模范作用进一步发挥。党员中存在的突出问题得到有效解决,党性意识不断增强,先锋模范作用更加突出。离退休党员要通过学习,提高认识,正确理解改革,支持改革,达到"政治坚定、思想常新、理想永存"的要求。二是在加强基层组织方面,要使党的基层组织在成为贯彻"三个代表"重要思想的组织者、推动者和实践者上取得新进展,融入生产经营中心、服务改革发展大局的能力明显提高,党员教育管理制度更加完善,基础工作得到加强,政治核心作用和战斗堡垒作用更加突出,创造力、凝聚力和战斗力进一步增强。三是在服务人民群众方面,使党员全心全意为人民服务的宗旨观念进一步增强,组织群众、宣传群众、教育群众、服务群众的本领进一步提高,党群、干群关系进一步密切,真正做到为民、务实、清廉。总部机关长期存在的各种问题得到有效解决,工作作风进一步转变，工作效率不断提高，工作质量明显改进，逐步建立健康、和谐、以人为本的工作氛围。四是在促进各项工作方面，要进一步树立科学的发展观和正确的政绩观，使本部门、本系统影响集团公司改革发展稳定的突出问题得到有效解决，各项工作目标顺利实现，在落实集团公司发展战略和发展目标以及今年工作会议确定的各项任务中做出新成绩、再创新辉煌，有力促进集团公司改革发展稳定各项工作取得新的进展。

第三，强调坚持，全面落实开展先进性教育活动的指导原则。

中央提出的“五个坚持”的指导原则，系统总结了我们党开展集中学习教育活动特别是先进性教育活动试点工作的基本经验，集中体现了我们党的优良传统和作风，是指导教育活动深入扎实推进、达到预期目的的重要保证。我们一定要把这五条原则贯彻好、落实好。一是要坚持理论联系实际，务求实效。要大力弘扬求真务实精神，用科学理论武装头脑、指导实践、推动工作。把先进性教育活动与促进企业改革发展稳定紧密结合起来，与推动本部门、本系统各项工作紧密结合起来，不搞形式主义，不做表面文章。要把学习与实践统一起来，边学习、边实践、边整改、边提高，以学习指导和推动实践，用实践深化和检验学习。二是要坚持正面教育为主，认真开展批评与自我批评。这是我们党解决党内矛盾和问题、保持先进性的一大法宝。这次先进性教育，必须坚持正面教育、自我教育为主，调动党员的主观能动性。要树立和宣传先进典型，弘扬正气；引导党员提高学习的自觉性，主动查找和切实解决自身存在的问题；运用好批评与自我批评这一武器，促使党员自我认识问题、自我解决问题，提高自我改造的能力，做到互相帮助，共同进步，为党员加强党性锻炼、发挥先锋模范作用创造条件。三是坚持发扬党内民主，走群众路线。在先进性教育活动中，要尊重党员的民主权利，听取党员的意见和建议，激发调动党员参加先进性教育活动的积极性。要充分相信和依靠群众，坚持走群众路线，组织引导群众正确行使民主权利，实事求是地提出批评意见，帮助党员和党组织搞好先进性教育活动。广大党员要积极主动地听取群众意见，正确对待和真诚接受群众的评议和监督。四是坚持领导干部带头，发挥表率作用。各级党员领导干部都要以普通党员的身份参加先进性教育活动，做到带头参加学习，带头查找问题，带头制定和落实整改措施，为广大党员做出表率。要求党员学习的，领导干部首先要学好；要求党员做到的，领导干部首先要做好；要求党员整改的，领导干部首先要整改。尤其要认真解决理想信念、廉洁从政、求真务实、联系群众等方面存在的问题。要通过模范带头作用，推动本部门、本单位先进性教育活动的开展。五是要坚持区别情况，分类指导。对集团公司总部而言，我们要根据党员领导干部、在职普通党员、离退休党员、流动分散党员等不同的党员群体，有针对性地提出教育的具体要求，确定重点学习内容和解决的主要问题，采取切实可行的教育方式，把教育活动的组织工作做深、做细、做到位，保证教育活动的质量。

三、联系实际，按步骤扎实深入地开展先进性教育活动

根据国资委有关文件的要求，集团公司已制定开展先进性教育活动的《实施方案》。集团公司的先进性教育活动按照先总部机关、后基层的顺序，分两个批次、用一年的时间完成。作为今年全国第一批参加教育活动的单位，总部机关的先进性教育要集中用半年左右的时间、分三个阶段完成。我们一定要精心组织好教育活动，为集团公司各所属企业的教育活动树立一个良好的榜样。由于集团公司总部领导干部比较集中，党员比例高，教育对象的文化层次和政策水平也比较高。我们的教育活动搞得好，可以积累好的经验，产生好的示范作用，对集团公司第二批先进性教育活动产生积极的影响。因此，总部机关各部门要高度重视并下大力气抓好开局、起步的各项工作，扎扎实实、认认真真，从一开始就高标准、严要求，坚决防止流于形式和走过场。

第一，强化理论学习，在真学深悟上狠下功夫。理论学习是开展先进性教育活动的关键环节。一要明确学习内容。要在广泛思想发动的基础上，组织广大党员认真学习《保持共产党员先进性教育读本》，重点学好党章，学好胡锦涛、曾庆红、贺国强等中央领导同志就党员先进性教育活动发表的重要讲话，学好《江泽民论加强和改进执政党建设》，学好中共中央《关于在全党开展以实践“三个代表”重要思想为主要内容的保持共产党员先进性教育活动的意见》和国资委在中央企业开展党员先进性教育活动的实施意见，使广大党员进一步深化对邓小平理论和“三个代表”重要思想的理解，深化对十六大和十六届三中、四中全会精神的理解，增强深入学习实践“三个代表”重要思想和落实科学发展观的自学自觉性。二要采取多种形式。集团公司总部机关的理论学习，要按照“三集中四统一”的总体要求，也就是：集中人员、集中精力、集中时间，做到统一领导、统一组织、统一安排、统一要求，采取专题讲座、上党课和革命传统教育等灵活多样的形式，抓实抓好。届时，我与小刚总经理、张军副书记都要分别给大家讲党课。我们要重点突出抓好集团公司领导班子和部门领导的学习。学习可以采取多种形式，坚持做到“四个结合”，即：坚持自学和集中学习相结合、通读原文和重点辅导相结合、讨论和交流相结合、理论和实践相结合，抓好自学、辅导和交流三个关键环节。要灵活掌握，区别不同情况，因岗因人制宜，分类施教，因人施教，保证参学率达到100%。三要强化学习纪律。要建立学习考勤制度、补课制度、检查考核制度、教育档案制度，确保教育活动的参学率。总部党员的学习除了分两期在二七车辆厂举办集中学习培训外，一般以支部为单位进行，总的学习时间不少于40个学时。所有党员都要记学习笔记，撰写一篇联系自己思想和工作实际的学习心得体会文章。集团公司党员先进性教育活动办公室要加强对学习情况的检查，适时对学习情况进行测试，确保学习质量和效果。

第二，深入分析评议，在党性锻炼上狠下功夫。“批评难”是民主评议中经常出现的现象，要抓好党性分析、民主评议这个阶段的工作，我们要重点抓好五个环节：一是广泛征求意见。尤其是多渠道、多层次征求下属企业和员工群众的意见，找准存在的突出问题。对每个党员的具体意见，各支部要经过梳理后如实向党员反馈，每个党员都结合反馈意见进行反思。二是做到全员谈心。党员之间、党员与普通员工之间要广泛开展谈心交心活动，沟通思想，增进了解和团结，便于能够摸清存在的问题。三是搞好对照检查。要认真对照民主集中制的“四个服从”、对照党员标准、党员宗旨、入党誓词和身边的典型查找自身存在的问题，按照“五多五少”的要求写好自我总结，即：多写问题少写成绩、多写教训少写经验、多找主观原因少找客观原因、多找自己的问题少找别人的责任、多写整改措施和努力方向少写单纯表态的原则话。集团公司党政主要领导同志的党性分析材料由党委常委讨论把关，其他领导班子成员的党性分析材料由党委书记把关。领导班子中党员领导人员的党性分析材料要向总部机关的中层干部和集团公司所属企业主要负责人通报，并上报上级先进性教育活动领导小组。四是开好民主生活会。在广泛开展谈心活动的基础上，党员个人进行对照检查，自我批评，党员之间开展评议，开展批评和自我批评。根据评议意见，认真修改自己的党性分析材料并在支部生活会上交流。五是开好支委会。要根据评议情况和员工群众的意见，提出对每个党员的评议意见。同时，支部还要向每个党员反馈评议意见，指出存在问题。对不履行党员义务、不具备党员条件的党员，要进行批评教育，帮助其认识问题并要求改正。此外，支部还要以一定的方式，在一定范围内向员工群众通报民主评议党员的情况。

第三，切实搞好整改，在解决突出问题上狠下功夫。存在的问题是否得到整改，整改措施是否落到实处，员工群众是否满意认可，这是衡量教育活动质量的重要标准。我们要紧紧围绕教育活动的目标要求，坚持个人整改与组织整改相结合，努力提高整改的针对性和有效性，认真抓好整改措施的制定和落实工作。每个党员要根据自己存在的问题和党组织的评议意见，认真归纳整理，分析研究，制定切实可行的整改措施。机关党委各党支部要针对党员队伍中存在的问题，制定整改方案，并交党员大会讨论通过。要坚持边查边改与集中整改相结合，做到什么问题突出就着力解决什么问题。要认真对查出的问题和员工群众提出的意见分类梳理，分层立项，建立整改责任制，明确解决问题的责任和时限，集中力量抓好整改，确保整改的实际效果。要坚持自我整改与群众参与相结合，自觉接受群众监督，查找问题要听取群众意见，整改措施要向群众公示，整改结果要让群众评判，把群众满意不满意作为衡量整改成效的重要标准。在学习教育活动基本结束后，我们要用一定的时间抓好巩固和扩大整改成果的工作。一是对整改情况进行梳理。对应当解决而没有解决的问题要集中力量继续整改；对暂时解决不了的问题向员工作出说明；对员工群众提出的新问题要及时纳入整改，切实以真诚的行动和扎实的整改效果取信于员工群众。二是对这次活动效果显著的党支部和涌现出的优秀党员，集团公司要予以大力表彰。三是对违纪党员，要按照党内处分条例，给予纪律处分。对问题一时查不清楚的党员，待问题查清楚后再根据有关规定进行处理。

四、加强领导，保证先进性教育活动的质量和效果

开展党员先进性教育是全党政治生活中的一件大事，是对各级领导班子抓大事、议大事的领导、组织能力和水平的一次实际检验。我们要把做好这项工作摆在集团公司党建工作重中之重的位置，作为贯彻全年、贯通上下、牵动全局的一项重大活动，切实加强领导，做到“六个到位”：思想到位、组织到位、措施到位、工作到位、整改到位、效果到位。做到以上“六个到位”，着重要抓好以下五方面的工作。

第一，提高思想认识，切实高度重视。党的十六大作出了开展保持共产党员先进性教育活动的决定后，中组部选了 19 个单位进行试点。党的十六届四中全会对开展教育活动提出了明确要求。去年中央先后召开了政治局常委会议和政治局会议专题研究了先进性教育活动，下发了《中共中央关于在全党开展以实践“三个代表”重要思想为主要内容的保持共产党员先进性教育活动的意见》。胡锦涛总书记等中央领导专门对这项工作作了重要讲话。因此，我们必须提高思想认识，高度重视这项工作，认真抓好教育活动，确保活动的实效性。当前，我们要注意克服对开展教育活动存在的以下一些模糊认识：一是要克服厌倦情绪。认为“三讲”学习教育活动结束后不久，又开展先进性教育活动，没有多大必要。二是要克服畏难情绪。对搞好先进性教育活动看困难多，信心不足。三是要克服担忧情绪。认为企业改革发展和生产经营任务繁重，搞先进性教育活动影响业务工作，担心摆不正关系；认为强调以自我教育为主，就会放松要求，担心走过场。这些思想上的模糊认识，都会阻碍先进性教育活动的开展，必须引起我们的高度重视，总部机关的党员领导干部和广大党员必须认真领会和贯彻中央关于先进性教育活动的指导思想、目标要求、基本原则和具体要求，紧密联系本部门和自身实际，创造性地加以贯彻落实，保证教育活动取得实效。

第二，加强组织领导，明确工作责任。经集团公司党委常委会讨论通过，集团公司党员先进性教育活动领导小组和办公室等组织机构已经成立。领导小组组长由我担任，小刚同志、张军同志和李建国同志担任副组长，成员以党群部门的领导为主。领导小组下设办公室，办公室下设综合组、秘书组、宣传组、机关组、指导组等五个组。五个组要齐心协力，认真负责地搞好总部机关的党员先进性教育活动。在教育活动中，要确保“六个贯穿始终”，即：切实做到坚持把学习实践“三个代表”重要思想贯穿始终；把不断解放思想、统一思想贯穿始终；把提高党员队伍素质贯穿始终；把查找、整改和解决党员和党组织在思想、组织、作风以及工作方面存在的突出问题贯穿始终；把进一步调动党组织和党员的积极性、主动性，促进本部门工作和服务集团公司中心工作贯穿始终；把加强领导，作表率、抓落实、求实效贯穿始终。要以支部为单位，明确总部机关各级组织和各级领导干部抓先进性教育活动的职责，机关各党支部书记作为直接责任人，要组织好先进性教育的各项活动，抓出成效。各部门要积极参与，形成抓教育活动的工作体系和整体合力。下一步，集团公司所属各企业都要成立领导小组和工作机构，明确责任，健全制度，落实分工。

第三，强调领导带头，发挥表率作用。先进性教育活动能不能取得实效，关键在领导，而领导得力不得力，关键又在于领导的表率作用发挥的好不好。胡锦涛总书记在听取先进性教育活动准备工作情况汇报时，特别强调领导干部一定要起表率作用，并提出政治局常委要带头，专门研究政治局常委参加先进性教育活动的方案，为全党做出了表率。在此，我也代表集团公司领导班子向大家表态，集团公司领导班子尤其是我自己，一定在教育活动中严于律己，以身作则，切实做到“五个带头”，即：带头参加学习、带头查找问题、带头过好组织生活、带头开展批评和自我批评、带头制定和落实整改措施。我们党员领导干部既是教育活动的参与者，也是教育活动的领导者、组织者，在带头参加教育活动的同时，要认真负责抓好本支部、本部门的先进性教育活动。总部机关先进性教育活动能否富有成效，对确保南车集团的教育活动质量具有示范作用，我们更要精心组织、周密部署，从严要求，确保质量，做出表率。

第四，高标准严要求，保证教育质量。开展先进性教育活动，必须确保质量，任何阶段、任何环节都不能放松对质量的要求。要做到指导思想要认真贯彻、基本原则不能偏离、方法步骤不能简化。每一步都要一丝不苟、扎扎实实。每个阶段都要坚持标准、严格要求，不合格不转段，严格质量控制，确保不走过场。要认真总结推广经验，及时发现和解决问题。对那些政策性、倾向性的问题，要进行专题研究，提出指导性意见，并及时向上级请示报告，保证教育活动的正确方向。要坚持时间服务质量，进度服从效果，只要发现质量达不到要求的，该补“强”的要补“强”，确保教育活动的质量和效果。党的先进性的实现不是一劳永逸的，而是一个不断提出新要求、充实新内容、做出新努力的的实践过程。为巩固和扩大先进性教育活动的成果，我们还必须把集中解决突出问题与经常性工作结合起来，逐步建立完成学习机制、约束机制、激励机制和管理机制等,使各项工作进一步走向经常化、制度化、规范化。要建立集团公司保持共产党员先进性教育活动的各种制度,包括组织领导制度、责任制度、学习制度、补课制度、检查考核制度、联系点制度、教育档案制度、群众监督评价制度,在抓好总部机关教育活动的基础上,也为第二批教育活动积累经验。

第五,搞好三个结合,实现两促进两不误双丰收。今年,是集团公司全面实现"十五"计划目标,衔接"十一五"发展的重要一年,是实现集团公司第一次党代会提出的目标任务的第一年。集团公司生产经营面临重大挑战,改革改制处于攻坚关口,技术质量亟需与国际接轨,企业稳定工作任务繁重。尤其是建立 M 型公司,加大改革力度,加快结构调整、建立现代企业制度步伐,加速开放式技术创新和主辅分离分流等各项工作都要认真落实。我们要正确处理好开展教育活动与做好各项工作的关系,统筹兼顾,有机结合,实现党的建设与企业中心工作的相互促进、共同发展;先进性教育与工作有机结合、两不误,夺取思想教育与工作的双丰收。因此,我们既不能脱离中心工作孤立地搞先进性教育活动,也不能因为工作忙而不认真抓先进性教育活动。要合理安排领导分工,确保教育活动与各项工作都有足够的领导力量,防止出现脱节和空挡。开展先进性教育活动,要切实做到"三个结合":一是与实现集团公司第一次党代会和今后的工作目标结合起来。在学习教育的过程中,要结合学习,深入思考集团公司第一次党代会提出的奋斗目标和今后的工作目标。各部门、各系统的领导和主管人员,都要认真对标和思考:实现集团公司党代会提出的奋斗目标和 2005 年的工作,本部门、本系统应该怎么做、自己应该怎么做。要将集团公司的发展目标分解和落实,看看本部门今年重点要做什么,自己重点抓什么,底数一定要清楚。从自己做起,用小目标的实现,支撑集团公司大目标的实现。二是与深入贯彻《意见》,加强和推进党建工作创新结合起来。中组部和国资委党委下发的《关于加强和改进中央企业党建工作的意见》,对于新时期加强和改进国有企业党建工作提出了具体要求,指出了方向。我们要将教育活动与深入贯彻《意见》精神,加强和改进企业党建工作结合起来,认真查找企业党建工作存在的突出问题。按照集团公司第一次党代会提出的今后四年党的建设"围绕一个目标,坚持两个原则,发挥三个作用,搞好四个结合,推进五项建设"的指导思想、任务和"六好一高"的目标,加强和改进党建工作,为巩固党在国有企业的执政基础提供保障。结合中央和国资委的要求,要研究制定和出台集团公司关于加强和改进党建工作的意见,突出操作性和针对性,对改制企业党建工作进一步作出明确规定。三是与提高党员的思想、文化、业务素质结合起来。教育活动不仅立足于提高党员的思想政治素质,也要提高党员的文化和业务素质。要通过教育活动的开展,促使党员学理论、学文化、学业务知识的意识和自觉性不断增强,广大党员综合素质不断提高。

同志们,搞好总部机关保持共产党员先进性教育活动的意义深远、责任重大、任务艰巨。我们一定要以饱满的政治热情、高度的政治责任感、严肃的政治态度,全力以赴把各项工作落到实处,深入扎实地开展好先进性教育活动,把南车集团党的建设提高到一个新水平,为企业改革发展稳定提供强有力的思想政治保证,推动我国轨道交通装备事业的发展跃上一个新的台阶,向十万南车人交出一份满意答卷。

诚信经营　廉洁从业
做国家财富的优秀创造者

——总经理赵小刚在中国南车集团公司纪检监察工作会议上的讲话(摘要)

(2005年4月24日)

这次纪检监察工作会议,是集团公司历史上党政领导参加会议人数最多的一次会议。会议的召开,将对集团公司党风廉政建设产生深远影响。这里我结合学习贯彻中纪委五次全会和中央企业纪检监察工作会议精神,着重讲一下领导干部的诚信问题。

什么是诚信?诚信就是诚实和忠诚、信用和信誉。古今中外,诚信二字均为哲人和民间作为高尚人品的重要内含。早在春秋时期,先哲老子就在道德经中说道:"与善仁、言善信"。意思是待人要真诚仁义,善于遵守信用。犹太人在2000多年的颠沛流离中能够生存下来,得益于他们的诚信。犹太人善于经商为世人所知,他们经商的准则是诚信为本,一诺千金。他们深信:遵守约定,诚实为人,死后才可以升上天堂。诚信也是中华民族的传统美德,古人把诚信当着处事的关键、攻坚的法宝、立身的准则,留下了"诚信者,天下之结也"、"至诚则金石为开"、"巧诈不如拙诚"的警世名言。诚信是集团公司一贯倡导的经营理念。集团公司自成立以来,就把诚信作为企业的基本理念之一,提炼形成了包含诚信内容的"诚信、敬业、创新、超越"的企业精神。几年来,集团公司全体员工把"以人为本,诚信为先"的诚信理念,作为企业文化建设和精神文明建设的重要内容,视诚信为企业的生命,弘扬企业精神,打造诚信品牌,在增强企业竞争实力、推动企业健康发展中作出了不少成绩。但是,在实际工作中,一些单位为了眼前利益和小团体利益,置党纪国法和企业形象于不顾,对员工不诚信、对出资人不诚信、对企业不诚信、对用户不诚信的现象仍然时有发生,有的人甚至图一时之利,坏长期之名,失终身之信,严重损害国家、企业和员工利益,走向犯罪道路。集团公司查处的大量案件,促使我们深刻反思领导干部的诚信教育和企业诚信文化建设中存在的问题,深刻反思缺诚失信给企业和个人带来的危害。同时,也使我们深刻认识到,企业诚信文化建设的关键,是企业的主要领导干部要做到诚实守信。领导干部的诚信品格是企业的重要资源,对外代表企业诚信经营的整体形象,对内产生强大的影响力和凝聚力。企业领导干部对企业的诚信建设起着示范作用,领导干部诚实做人、诚信办事、守信经营,言必行,行必果,就能形成企业诚实守信的良好氛围,提高整个企业的诚信文化建设水平。实践证明,加强企业诚信文化建设,是党风廉政建设在企业中的基础性工作;增强领导干部的诚信意识,是从思想上拒腐防变的有效措施。当前,从加强纪检监察工作的需要出发,各级领导干部要切实做到以下四个方面的诚信。

一、坚持以人为本的企业宗旨,对员工要诚信

现代企业的竞争,归根到底是企业员工团队的智慧力、管理力、服务力、应变力、竞争力、执行力的较量。因此,坚持全心全意依靠员工办企业的根本方针,认真实践以人为本的企业宗旨,是各级领导干部的天职。古人说:“人先信而后求能”。以人为本,首先要做到对员工诚信。结合集团公司改革发展实际,当前要重点解决好三个问题。

第一,解决好损害员工利益的“小金库”问题。我们许多单位所谓的“小金库”,其资金来源主要是员工工资的节余或以员工福利名义的各种款项。将员工工资、福利款项不用在员工身上,而作为领导干部自由支配的活钱,本身就是“小利害信”,如果管理不严,被贪污、挪用,更是对员工的犯罪。群众利益无小事,各厂所、公司要把真心实意维护员工利益,切实解决“小金库”问题作为即将开展的二级单位党员先进性教育活动的重要内容之一。必须按照集团公司关于加强工资管理的若干规定,规范工资及其他福利项目的支出管理,从根源上杜绝“小金库”的产生。

第二,解决好干部艰苦奋斗精神的教育问题。我们提倡以人为本,对员工诚信,需要有一个共同的思想基础,这个思想基础,就是艰苦奋斗精神。艰苦奋斗是我们党克敌制胜的重要法宝,是各级领导干部拒腐防变的思想武器,是保持和员工群众血肉联系的精神纽带。历史和现实都表明,一个没有艰苦奋斗精神作支撑的民族,是难以自立自强的;一个没有艰苦奋斗精神作支撑的企业,是难以兴旺发达的;一个没有艰苦奋斗精神作支撑的干部,是必然要腐败的。应该看到,这些年来,拜金主义、享乐主义和奢靡之风在干部队伍中有滋长蔓延之势,艰苦奋斗的优良作风在一部分干部中被淡忘了,一些企业和领导干部,遇事讲排场、比阔气,给少数人挥霍浪费、贪污腐败创造了机会。牢记“两个务必”的教导,对我们加强与员工群众的血肉联系,筑起思想上的反腐防线有着重要的现实意义和深远的历史意义。我们在国家全面建设小康社会的历史时期强调艰苦奋斗,不是要大家去过“清教徒”、“苦行僧”式生活;我们批评和抵制享乐主义人生观,并不是反对合理适度的物质生活享受。我们建设企业,加快发展,奋斗的目标就是在为国家创造财富的同时,使员工过上更加殷实美满的生活。近几年来,集团公司加强分配制度改革,全面实施了以岗位工资制为基础的分配制度,员工的平均工资年均增长达到8.6%以上,各单位中层管理干部的增长幅度更高,而且,绝大部分企业都实施了经营管理者年薪制,大大提高了企业领导层的经济收入。但是,为什么我们有些干部带会出现经济方面的问题呢?人是要有点精神的,没有艰苦奋斗的精神,就会脱离群众,在现实生活中经受不住各种诱惑,成为金钱、物欲的俘虏。大力弘扬艰苦奋斗的精神,关键是企业主要领导干部要以身作则、率先垂范,带头树立艰苦创业的形象。

第三,解决好领导干部法律纪律的教育问题。企业经营管理者队伍是集团公司宝贵的资源。使用好、保护好这个资源,是集团公司的重要职责。市场经济是法治经济,加强各级领导干部法律纪律教育,是落实以人为本宗旨,建设好经营管理者队伍的重要措施。有关案件所暴露出的领导干部在法律知识上的空缺,令人震惊,其教训是十分深刻的。搞市场经济,需要我们各级领导干部特别是企业党政主要领导干部带头学法、懂法、守法,要认真学习和熟知与本职工作密切相关的法律法规,增强法律意识,自觉养成依法办事、依法经营的工作作风,善于运用法律手段解决生产经营中的各种问题和矛盾,善于运用法律手段保护企业和自身权益。各厂所、公司党政主要领导要把警示教育作为法律纪律教育的重要内容,通过总结分析、深入解剖集团公司的一些典型案例,教育广大党员干部增强法律意识和自我控制、自我约束能力。与此同时,要切实加强对各级领导干部的党风廉政监督,监督约束本身也是对领导干部的爱护和帮助。从集团公司查处的案件来看,一些违纪违法的领导干部案发前都反感监督、逃避监督，被查处后又痛哭流涕、后悔没有主动接受组织的监督。培养一个优秀的企业管理人员和业务骨干不是一件容易的事情，对企业的优秀管理人员和业务骨干必须从严要求、从严管理，宁可听骂声，不愿听哭声。要关心爱护干部，建立健全干部重大廉政事项报告制度和诫勉谈话制度，力争使他们不犯错误、少犯错误。一旦出现问题，也要坚持党的惩前毖后、治病救人方针，实事求是地依法对犯罪分子进行惩处，真心诚意地帮助挽救犯了错误的同志。

二、坚持实事求是的工作作风，对出资人要诚信

各厂所、公司主要领导是集团公司任命的国有资产的管理者和经营者，对保证国有资产保值增值负有义不容辞的责任。坚持实事求是的工作作风，对出资人诚实守信是基本的职业道德。集团公司对国资委要诚信负责，各厂所、公司对集团公司要诚信负责，各三级企业对各厂所、公司要诚信负责，要形成逐级负责的诚信体系。从前不久集团公司布置的账外资金检查中可以看出，有的企业领导在集团公司三令五申的情况下，仍然不敢说真话、讲实情，缺乏诚信精神。还有一些企业领导，对贯彻执行集团公司的管理制度和工作部署，搞“上有政策、下有对策”，对自己有利就执行，对自己不利就拖着不办；报喜不报忧，或者报忧不报喜；经营成果不真实，统计数字有水分，隐瞒利润或者虚报利润。这些问题，在各单位都有所表现，严重败坏了党的实事求是的作风，影响到集团公司改革发展稳定的大局，必须引起在座各位的高度重视。倡导实事求是的工作作风，强调对出资人的诚信，当前，要重点解决好效益观念问题、管理约束问题、群众监督问题和廉政责任问题。

第一，要健全利润最大化的经营约束机制，防止考核过宽。从集团公司查处的案例可以看出，企业所以产生大量账外资金，主要是经营观念有问题。从集团公司层面看，我们在各企业考核指标制定上缺乏从严从紧的要求；从二级企业层面看，少盈利或不盈利、宁肯亏损也不出利润的指导思想比较普遍。这说明原有的考核机制和办法存在缺陷。当前，国资委明确了集团公司国有资产管理和经济责任考核办法，我们必须树立追求企业利润最大化的新观念。各级经营管理者，要认真研究确定促使企业追求利润最大化的新机制、新办法。要从修改完善下一轮资产经营责任制考核指标和年薪制考核办法入手，加强各级业绩考核的压力，建立完善资产经营业绩考核和责任追究的机制，从根本上切断账外资金源头。只有利润最大化了，才能从根本上促使企业加强管理、堵塞漏洞，从根本上加强党风廉政建设。

第二，要健全经济责任的审计约束机制，防止管理失严。充分发挥审计作用，是从源头上防治腐败、促进领导干部廉政勤政的重要措施。通过严格的任期经济责任审计，不仅为领导干部的交流、管理提供必要的依据，而且能够有效发现某项权力运作过程中存在的漏洞和弊端，从而完善相应制度，严格管理，为从源头上预防和治理腐败提供保障。从这次集团公司账外资金检查清理来看，各企业账外账产生的一个主要原因，就是审计监察工作的机制不健全，审计发现的苗头和问题，怎么解决，责任如何追究，缺少系统措施，检查处理没有形成闭环，审计的威慑力不够，处理审计出来的问题，畏首畏尾，以至于小问题形成大问题。总结近年来的经验，加强领导干部的经济责任审计，首先，必须强化审计意识。企业的法定代表人是内部审计的第一负责人，要亲自部署审计工作，审阅审计报告，落实审计问题。其次，要加强工作协调，规范审计程序。加大各相关部门的协调审计力度，变审计部门一家承担经济责任审计，为纪检监察、组织人事部门和审计机关共同组织实施，各司其职，各尽其责。第三，要重视审计结果，强化审计权威。组织人事部门应将审计结果作为领导干部的重要考核依据。

第三，要健全员工群众的日常约束机制，防止行为失范。国有企业员工与国有资产出资人的根本利益是一致的，他们对企业各方面的情况最熟悉、最敏感，对领导干部身上存在的不正之风有真切的感受，是一支不可替代的内部监督力量。建立员工群众的日常约束机制。一要充分发挥职代会的作用。要调动员工群众参与企业民主管理、民主监督的积极性，建立健全职代会民主评议领导干部制度，定期组织广大员工对企业中层以上领导干部的领导作风、工作实绩、廉洁自律等情况进行评议。二要进一步完善和规范厂务公开制度。要把厂务公开作为日常约束的重要载体，凡未涉及商业秘密的经营信息都可以向员工公布，通过厂务公开，增加涉及群众切身利益的有关政策和工作的透明度。三是认真做好信访举报工作。要认真处理群众来信来访，整合信访资源，畅通信访举报渠道，完善信访处理机制，妥善处理信访突出问题及群体性事件，提高解决信访问题的能力。对群众信访举报的线索要认真对待，及时调查，核实确定的要认真查处，决不能压案不查，隐瞒不报。

第四，要健全党风廉政的责任约束机制，防止工作失职。对企业党风廉政建设负责，是对出资人诚信的基本要求。各厂所、公司领导班子的正职，也就是我们在座的厂长、党委书记、董事长、总经理们，是本单位党风廉政建设的"第一责任人"，你们要主动承担起领导和组织的责任，切实对本单位本部门的党风廉政建设和纪检监察工作负总责，充分发挥总揽全局、协调各方的作用，管住班子，带好队伍，重大问题要亲自过问。领导班子其他成员要根据分工抓好分管部门和单位的反腐倡廉工作，真正做到"一岗双责"，对职责范围内的党风廉政建设负直接领导责任。要探索建立集团公司党风廉政建设问责制，对发生重大党风廉政案件单位的"第一责任人"要连带追究相关责任。

三、坚持廉洁从业的行为规范，对企业要诚信

追逐企业的利润，不仅是对出资人诚信负责的重大问题，也是对企业自身发展负责的重大问题。企业缺乏发展后劲归根到底是盈利能力差、甚至亏损造成的。对企业要诚信，就要出于公心，舍弃所谓的个人荣辱，大刀阔斧地堵漏洞，提效益。各厂所、公司的主要领导，是企业生产经营的主要责任者，要对企业当前和长远发展负责，要正确处理公与私的关系，忠诚企业、廉洁勤政。当前，要重点抓好四个方面的工作。

第一，严格廉洁从业管理，认真执行各项规定。去年12月，中央纪委、中央组织部、监察部和国务院国资委联合下发的《国有企业领导人员廉洁从业若干规定(试行)》，对国有企业领导人员廉洁从业的行为规范、实施与监督、违反规定的处理都做了明确规定。各厂所、公司主要领导干部都要认真学习和执行廉洁从业的各项规定，对照要求进行自查自纠，从我做起，身体力行，廉洁自律，做严格执行廉洁从业各项规定的表率和模范。要结合国有企业领导人员廉洁从业规定的贯彻，进行一次领导干部在外兼职和自己通过亲属投资办企业与所在企业开展关联交易情况的清查，按有关规定自查自纠，不愿自纠的，要按规定辞去现职。

第二，严格工作流程管理，规范权力运作程序。加强党风廉政建设，遏制企业腐败现象，既要治"标"，更要治"本"，要在强化企业工作流程管理，健全完善各项制度，实现权力科学配置上下功夫。企业领导人对企业讲诚信，首先要做到重大决策的科学化、程序化，提高决策的透明度。中国南车集团公司章程和集团公司党委有关规定明确了总经理办公会、党委会的职责权限，要强化两会的工作流程管理。其次要在强化企业工作流程管理基础上，健全完善各项制度。在市场竞争日趋激烈的态势下，我国企业要用20多年积累的管理经验与发达国家企业用几百年积累起来的管理优势相抗衡，难度是相当大的。因此，我们必须从基础管理抓起，不断学习，坚持创新，强化以信息技术为支撑的现代企业管理，促进企业业务流程和管理流程精细化、规范化、标准化和制度化。制度好能够使坏人无法任意横行，制度不好可以使好人无法充分做好事，甚至会走向反面。这条政治定律同样适用于企业。企业制度建设中的一个重要方面是合理的制度安排、科学的工作流程和完全到位的个人责任制。企业的制度安排要保证让那些乐于为他人着想，为组织奉献的人，从长远来讲不吃亏；也要让那些遇事先替自己打算，明哲保身的人占不到便宜。工作流程是保证制度落实的具体手段，完全到位的个人负责制是落实工作流程的必然要求。坚持下去，充满责任心的人就会越来越多，不负责任的人就会越来越少，我们企业的管理水平也会越来越高，党风廉政建设也会取得新成果。今年上半年，集团公司各部室要以规范流程管理为突破口，明确工作职责、工作程序和工作要求。各厂所、公司也要加强工作流程建设。要认真按照集团公司即将开展的“制度建设”效能监察的要求，在推进健全经营管理制度中，深化企业财权、事权和用人权改革，着重在投资管理、基建工程、物资采购、废旧物资管理、销售管理等方面，加强制度建设，规范工作流程。

第三，严格资金使用管理，规范廉洁从业行为。资金管理是企业管理的重点之一，也是企业监督约束机制的基础和重点，资金管理好了，就堵住了腐败产生的一个重要源头。严格资金管理，要充分发挥企业财务、审计等部门在资金管理中的重要作用，堵塞漏洞，防患于未然。厂长(总经理)、总会计师在企业的资金管理中负有重要职责。按照“谁主管谁负责”的原则，总会计师对整个企业的财务工作履行全面管理的职责，发生企业资金体外循环问题，首先追究总会计师的责任。目前，各单位要按照集团公司的统一部署，加紧对本单位资金管理进行检查和清理，彻底解决账外账问题，从根本上铲除腐败的土壤和源头。今后，各单位一把手不要直接负责物资采购、基建工程项目和财务工作，腾出主要精力抓好企业战略管理、重大决策和监察、审计工作。要讲求财务工作的严肃性，坚决杜绝财会人员的弄虚作假行为，严格财务制度。要注重运用先进信息技术加强资金和物流的监控。通过信息管理网络化，实行财务集中管理，加强资金监管，推行电子商务，完善物资采购体制，建立、完善和规范流程，对经营管理情况进行全程监控。

第四，严格风险防范管理，创新科学管理机制。建立防范和化解企业重大风险的管理机制，是企业领导人员忠诚企业，对企业发展负责的具体体现。近年来，面对日益激烈的市场竞争和复杂多变的外部环境，企业经营风险越来越大。从近两年集团公司一些重大的经营决策来看，我们在风险防范和管理的制度化建设方面还存在一定差距。集团公司总部和各厂所、公司都要重视重大风险的预警和防范，抓紧建立健全风险的识别、监测、控制和化解机制。今年要在完善财务风险控制办法、加强投资风险控制、加强三级企业监管方面取得实质性进展。美国安然事件、世通事件发生后，美国国会通过了索克斯法案，其中一项重要内容就是建立了加强对企业高风险业务和内控制度的监督机制，这一法案对在美国的企业包括上市公司产生了很大震动,我们要结合实际学习、借鉴。要加强对改制分流企业和驻外中资企业监管制度的建设。随着集团公司改制分流总体方案的实施和对外投资建厂,如何加强主辅分离后主业仍然参股企业的监督管理,如何加强对驻外机构和境外企业的管理,是摆在我们面前的一个新课题。要建立健全一套有效的管理制度,既使这类企业能够有效开展经营管理活动,又能对其进行有效的调控和监管,确保国有资产不流失。要认真研究加强改制分流中控股和参股企业经营者的廉政建设问题,探索新的管理办法,从保护企业和保护干部的角度,做到经营上扶上马、送一程,廉政上把好关、促一把,努力打造和谐的企业和社区环境。

四、坚持依法经营的从业观念,对用户要诚信

当今企业之间的竞争,可以说是品牌的竞争;品牌的竞争,实质上是诚信的竞争。人们常说,"诚招天下客,誉从信中来",诚信是企业宝贵的无形资产和精神财富,很难想象一个连基本诚信规范都不遵循的企业能在市场上保持多大的竞争力。企业要生存,要发展,就必须依法经营、诚实经营,努力提高企业在用户中的信誉度,用诚信赢得用户的信任。只有这样,才能最大限度地赢得市场,提高市场占有率。机车车辆是需要投入大额资金采购重大装备的行业,从事这个行业更需要有一个稳定、可靠、长期的用户群作保障,需要有信誉的合作伙伴。我们提出对用户要诚信,必须重点抓好两件事。

第一,坚持为用户创造价值的经营理念,努力提高产品质量。我们为社会提供产品的根本目的,是为用户创造价值。不重视产品质量,不重视售后服务,办事不为用户着想,一味打自己经济算盘,搞"一锤子"买卖,就不可能赢得用户的信任。今年,是集团公司提出机车车辆主产品三年与国际接轨的最后一年,也是我们适应铁路跨越式发展需要,大规模引进国外先进技术的第一年,各厂所、公司要坚定不移的按既定目标,加快技术引进、质量攻关步伐,保质保量地实现与国际接轨目标,打造集团公司产品在用户中的信誉,通过我们的诚信制造、诚信服务,为用户创造超值享受。与此同时,我们要坚决抵制和反对不顾行业长远发展的价格竞争,坚决抵制和反对不顾科学发展现实的质量承诺,坚决抵制和反对不顾企业长远利益的信誉要求,不贪一时之利,不承虚假之诺,不应不义之求,诚信经营,诚信办事,让用户对我们的产品放心,对我们的企业放心,通过我们对用户的诚信,不断巩固和壮大我们的忠诚客户队伍,最大限度地提高市场占有率,寻求企业和产品的更大发展。

第二,坚持依法经营的观念,合法合理地处理好客户关系。商场如战场,客户是上帝,这是我们每个企业在市场竞争中的深刻体验。但商场有规则,用户也是人,这是我们在营销过程中回避不了的问题。如何在法律法规范围内,合理合法地处理好客户关系,维护企业与用户、营销人员与采购者的良好关系,是市场经济给我们每位领导同志提出的新课题。要根据党风廉政建设的新要求,认真严肃地加强营销公关和咨询费用的管理,规范审批手续,严格企业内部人员管理,严禁徇私舞弊,用我们对用户的诚信,赢得用户和经办人员对我们的诚信,维护双方的共同利益。

同志们,这次会议向大家传递了这样一种经营理念,那就是对经营者而言,诚信胜于能力。做到对员工诚信,对出资人诚信,对企业诚信,对用户诚信这4个诚信,企业主要负责人的作用至关重要。各厂所、公司主要领导要处理好员工、出资人、企业和用户的利益关系,在复杂的矛盾中求得企业的发展,做一个优秀的国家财富的创造者。

CSR
“丝绸之路”号是中亚各国人民的友好使者

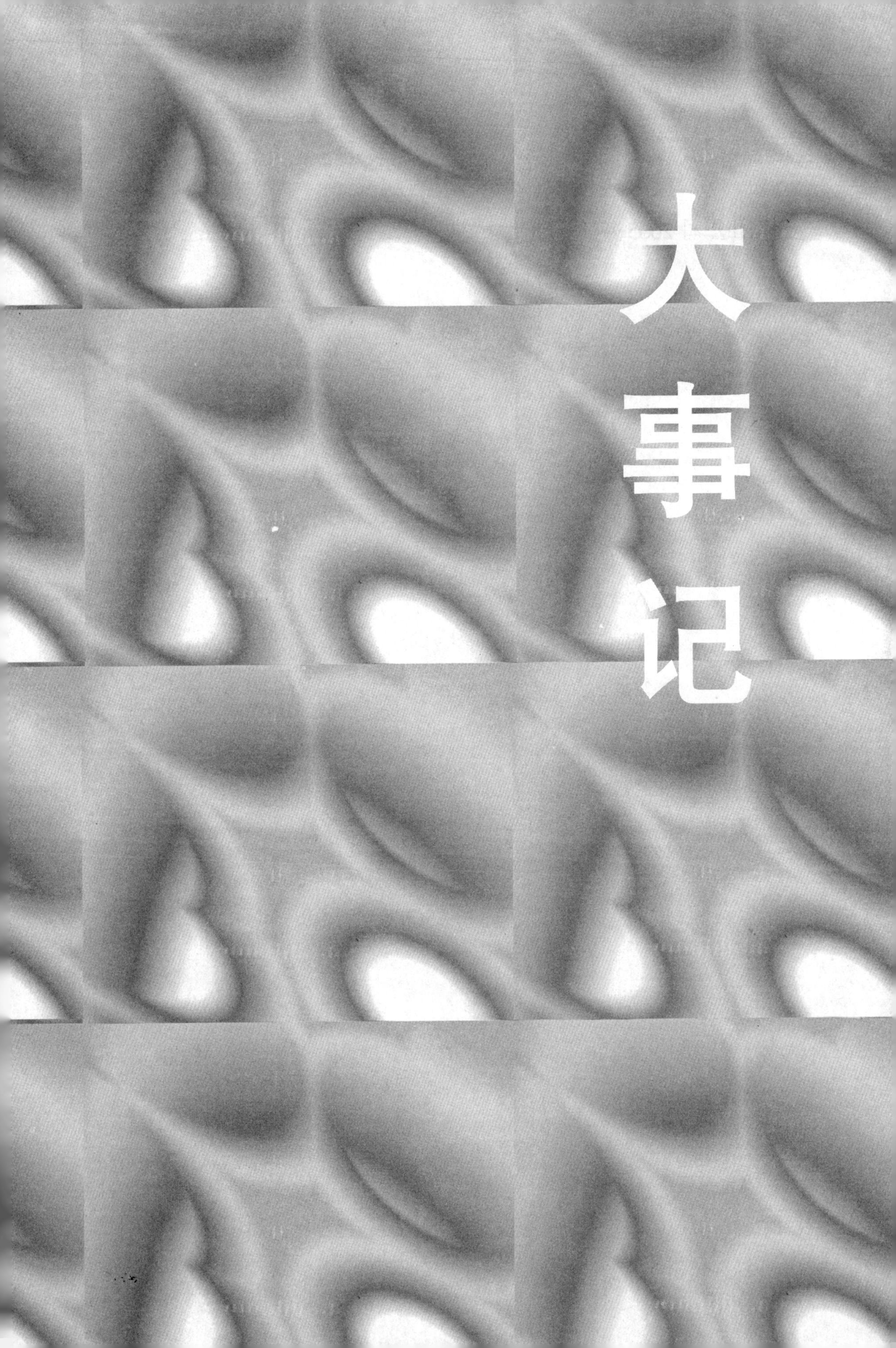

大事记

集团公司2005年大事记

集团公司 2005年大事记

1　月

6日　在新春佳节即将来临之际，赵小刚、郑昌泓、唐克林、张军、傅建国、刘化龙等集团公司领导，分别到所属部分厂所、公司，深入到困难员工家中，送去慰问金和慰问品。

同日　由眉山厂出口委内瑞拉的载重为90吨的150辆矿石敞车，在委内瑞拉奥达斯港口顺利交付。

7~8日　集团公司工作会议在北京召开。集团公司领导班子全体成员，各厂所、公司的厂所长、董事长、总经理、党委书记、工会主席，集团公司总部各部室的主要负责人90余人出席会议。国资委国有企业监事会主席赵喜子，铁道部运输局副局长兼装备部主任孙景斌，以及有关单位领导出席了会议。集团公司总经理赵小刚在会上作题为《落实科学发展观，抢抓机遇谋发展，全面实现南车集团“十五”战略目标》的工作报告。集团公司党委书记郑昌泓作题为《增强紧迫感，提高执行力，为实现南车集团改革发展目标提供坚强的政治保证》的重要讲话。会上，株机厂、戚墅堰厂、四方股份公司、资阳厂、株辆厂、株洲所、江岸厂、二七车辆厂、戚墅堰所等9家企业分别介绍了经验和体会。会议还对荣获2004年度“十好”领导班子称号的10个企业进行表彰。

8日　集团公司工会召开一届七次全委会。集团公司所属各厂所、公司和总部机关工会主席，集团公司工会经费审查委员会委员等出席会议。集团公司党委副书记、纪委书记、工会主席张军在会上作了题为《围绕发展要务，突出维护职能，在促进集团公司的改革发展中发挥工会组织的作用》的工作报告。

19日　国资委国有企业监事会主席赵喜子到二七车辆厂检查指导工作。

同日　集团公司在北京举办主题为“创新与超越”的科技论坛。这是中国南车集团公司组建以来举办的首届科技论坛活动。集团公司总经理赵小刚在发表重要讲话。

20日　中国首列窄轨液力传动内燃动车组在四方股份公司竣工下线。此列新型动车组出口纳米比亚，是中国动车组首次进入非洲市场。以纳米比亚工程、交通与通讯部部长阿姆威洛为首的纳米比亚代表团，集团公司总经理赵小刚等出席动车组剪彩仪式。

21日　纳米比亚铁路代表团访问集团公司总部。

30日　在中铁建设开发中心组织的G_{70K}型罐车项目议标中，集团公司获得90辆订单。这批罐车的买方是中国石油天然气股份公司西北销售公司，集团公司所属眉山厂、株辆厂、江岸厂各获得30辆订单。此前，集团公司还获得中石油200辆G_{70K}型罐车、神华集团1900辆C_{64K}型敞车订单。

本月　集团公司《以岗位工资制为基础的集团薪酬体系的构建与实施》和株机厂《装备制造企业核心竞争力的培育与管理》两项成果，荣获第十一届国家级企业管理现代化创新成果一等奖。

2　月

3日　襄樊厂试修的首台东风$_5$型1381号内燃机车竣工，并通过了由铁道部运输局装备部、铁路局和部驻厂验收室组成的专家组的验收。

18日　集团公司在北京召开动员大会，部署总部机关保持共产党员先进性教育活动。集团公司党委书记郑昌泓作题为《加强领导，精心组织，确保保持共产党员先进性教育活动取得实效》的动员讲话，集团公司总经理赵小刚代表集团公司领导班子作重点发言,国资委派驻集团公司督导组组长陈福尧对教育活动提出指导意见。

22日　以集团公司党委书记郑昌泓为团长的中国南车集团公司代表团一行10人,赴日本参加南车四方股份公司与川崎重工兵库工厂缔结友好工厂20周年庆典活动。并出席由中国南车集团公司、四方股份公司和川崎重工株式会社、伊藤忠商事株式会社合资设立的青岛四方川崎车辆技术有限公司合同签字仪式。

23日　集团公司总经理赵小刚在集团公司总部接见石家庄厂员工单雪玲。单雪玲在当日人民大会堂召开的“全总女职工委员会四届二次会议暨全国五一巾帼奖表彰大会”上,被授予“全国十佳女职工标兵”称号,同时还荣获“全国五一劳动奖章”。

24日　四方股份公司在青藏铁路客车装备招标中,中标135辆铁路客车。

3　月

2日　集团公司总经理赵小刚与来访的澳大利亚EDJ铁路代表团会谈。

12日　纳米比亚政府在欧施威劳车站为四方股份公司出口的动车组举行运营剪彩仪式。纳米比亚总统努乔马亲自执剪,并为动车组命名揭牌。该动车组于3月18日在纳米比亚温得和克与欧施威劳两城市间投入商业运营。

15日　四方股份公司向伊朗国铁RAJA客运公司出口175辆铁路客车项目的首批客车交接仪式在伊朗德黑兰中央火车站举行。伊朗道路和交通部部长及高层官员、国家铁路总局官员以及中国驻伊朗大使等中外嘉宾到场祝贺。集团公司副总经理傅建国、四方股份公司董事长江靖出席交接仪式。此次交付的铁路客车,不仅是伊朗自1978年伊斯兰革命后首批在伊朗国家铁路干线投入运行的国外新造铁路客车,也是中国铁路车辆产品首次进入伊朗国铁这一传统上一直由欧洲公司占据的市场。

18日　国资委分配局局长熊志军在四川省经委、成都市经委和集团公司有关领导陪同下,到成都厂调研主辅分离、辅业改制分流工作。

22日　由株洲所与日本三菱电机株式会社以及三菱电机(中国)有限公司合资组建的株洲时菱交通设备有限公司,在北京举行成立仪式。国家发改委工业司副司长陈斌,铁道部运输局装备部副主任张曙光,集团公司总经理赵小刚、党委书记郑昌泓,三菱电机株式会社社长谷口一郎等近100人出席签字仪式。该公司主要从事轨道交通车辆用电气部件的设计、开发、制造、销售及售后服务。合资企业成立后,以广州地铁项目及时速200公里动车组为启动项目。

23日　株辆厂与澳大利亚戈尼南公司(United Goninan)在株洲签订了95辆5联牵引杆式凹底集装箱平车的制造与供货合同。这是株辆厂首次打入澳大利亚市场。出口澳大利亚集装箱平车采用5辆车为一单元车组,最高运营时速为115公里。每单辆车可装载不同规格集装箱间的不同组合(包括双层),具有自重轻、载重量大等特点。最大载重量达到80吨。

同日　集团公司总经理赵小刚、兖矿集团总经理王信在山东兖矿集团签署《中国南车集团和中国兖矿集团战略合作协议》,确定了双方建立战略合作伙伴关系。合作协议签订后,戚墅堰厂、四方股份公司、眉山厂分别与兖矿集团博洋对外经济贸易有限公司签订向委内瑞拉出口12台内燃机车、5列动车组和360辆货车的供货合同。这标志着委内瑞拉铁路设备项目正式启动,中国机车车辆和动车组首次进入南美市场。

24~25日　集团公司在二七车辆厂召开分离办社会职能推进改制分流工作会议。

国资委企业分配局副局长刘建平，集团公司副总经理刘化龙，各厂所、公司有关领导和集团公司总部有关部门负责人共50多人出席会议。

4　月

1～9日　集团公司完成总部机关的机构改革。根据国内外轨道运输装备市场发展和加快集团公司现代企业制度建设的需要，集团公司将总部定位为M型(市场型)公司，即主要履行产权交易、产权事务管理、重大投资决策与资本运作、战略制定与管理、财务预算控制、重大人事决定及人力资源配置、统筹经营运行监控等职能。总部机关机构改革遵循市场经济的运行规律和集团公司实际，调整了部室职能，设立了事业部，明确了机构定员，实行了员工双向选择，有利于理顺母子公司职能，提高总部机关工作质量和办事效率。

4～8日　铁道部运输局装备部在二七车辆厂组织召开新型重载铁路货车观摩展示会。70吨级通用敞车、载重75吨矿料、钢材运输专用敞车、载重100吨矿料、钢材运输专用敞车、载重100吨三支点矿料、钢材运输专用敞车、载重108吨三支通用敞车、70吨级新型共用平车等6种新型重载货车参展。株辆厂、二七车辆厂、眉山厂等6家企业参与了设计制作。铁道部副部长胡亚东、总调度长常国治、运输局局长吴强、运输局装备部副主任陈伯施及有关部门负责人，集团公司总经理赵小刚、副总经理唐克林、傅建国等出席了观摩展。

8日　株机厂为上海轨道交通明珠线二期项目制造的首列车辆(该项目的第5列车辆)交付使用。该首列地铁车辆是株机厂严格按照欧洲一流标准精心制造的。

同日　中共中央政治局委员、国务院副总理曾培炎在国务院副秘书长汪洋、发改委副主任刘江、财政部副部长楼继伟及贵州省委书记钱运录、省长石秀诗等领导陪同下，到南方汇通公司视察。

13～14日　集团公司2005年度安全生产工作会议在眉山厂召开。国家安监总局司长黄智全出席会议并讲话。集团公司副总经理刘化龙作题为《明确责任，共同努力，全面实现集团“十五”安全生产目标》的报告。

14日　日本国伊藤忠商事株式会社代表团访问集团公司总部。双方签署了合作协议书和轨道交通装备租赁业务备忘录，以加强在贸易、制造、租赁等方面的业务合作，共同开发国际市场。

19日　株洲所与美国密歇根州立大学联合成立“ZELRI-MSU电力电子系统研发中心”签字仪式在美国密歇根州立大学隆重举行。株洲所所长廖斌、美国密歇根州立大学工学院院长Rosenberg代表双方在协议书上签字。这是中国机车车辆工业企业第一次在海外建立联合研发中心。

24日　原铁道部部长、原最高人民检察院检察长、中国法学会会长韩杼滨在山东省副省长谢玉堂及青岛市有关领导陪同下，专程到四方股份公司考察。

24～25日　集团公司纪检监察工作会议在二七车辆厂召开。集团公司党委常委、领导班子成员、总部机关处室负责人，集团公司所属企业的党政正职、纪委书记、总会计师、监察部(处)长等共180多人出席了会议。党委书记郑昌泓、集团公司总经理赵小刚在会上作重要讲话，党委副书记、纪委书记、工会主席张军作纪检监察工作报告。会上，部分厂所、公司作了大会发言和提供了书面交流材料。

29日　集团公司领导张军、傅建国、刘化龙等在集团公司总部接见获得全国劳动模范殊荣的四方有限公司尹世义、株机厂李樟兴、资阳厂陈昌华、眉山厂杨润涛等。

同日　根据国务院国资委国资任〔2005〕

4号文件,詹艳景任集团公司总会计师。

5 月

13日　集团公司党委组织中心组成员和先进性教育活动领导小组成员学习会。集团公司党委书记郑昌泓传达了国资委先进性教育活动座谈会精神。

16日　财政部有关负责人在湖北省、武汉市有关部门负责人陪同下,到武昌厂进行企业分离办社会职能工作调研。并对集团公司所属湖北地区的江岸厂、襄樊厂、襄牵公司等单位的中、小学校和公安机构移交地方工作进展情况进行了解和沟通。

17~18日　国资委国有企业监事会主席赵喜子到南方汇通公司检查指导工作。

18日　由铁道部运输局主办的2005年下半年机车大修计划协调会在戚墅堰厂召开。

25日　集团公司各厂所、公司先进性教育动员大会在西柏坡召开。集团公司党委书记郑昌泓作动员报告。各厂所、公司先进性教育活动全面铺开。

26~27日　集团公司在河北省平山县西柏坡举办2005年中国南车高峰论坛。这是集团公司首次以论坛形式召集高层管理团队研讨集团公司改革发展中的重大问题。集团公司领导赵小刚、郑昌泓、唐克林、傅建国、刘化龙,以及集团公司副总经济师、副总工程师、副总会计师,各企业党政正职,集团公司兼职监事,总部机关有关行政部室负责人、各事业部总经理等60多人出席高峰论坛。党委书记郑昌泓致辞。副总经理唐克林、傅建国、刘化龙分别主持了3个议题版块,并作主旨发言。部分企业主要领导分别作专题发言。总经理赵小刚作了总结讲话。

28日　国家发改委主任马凯率中部崛起调研组在湖南省委副书记、省长周伯华、副省长徐宪华陪同下,到株机厂考察调研。

30日　巴基斯坦铁道部主席杜拉尼到眉山厂进行友好访问。

6 月

1~2日　湖南省委书记杨正午分别到株洲所、株机厂视察。

2日　铁道部副部长孙永福到四方股份公司视察,对青藏客车设计制造作重要指示。随同视察的有青藏铁路建设办公室副主任铁春林、青藏铁路建设专家咨询组高级顾问王德芳和集团公司副总经理唐克林等。

7日　经过严格考核和集中公示,四方股份公司转向架分厂侧梁班、株洲所安全装备事业部被国资委和共青团中央联合新命名为全国青年文明号。集团公司的13个全国青年文明号青年集体也全部通过年度考核,被继续认定为2004年度全国青年文明号。

14~16日　第九届中国国际软件博览会在北京举行。内容涉及16个专业领域和重点行业,参展企业达300多家。株洲所组织了监控LKJ2000、机务信息化车地传输装置、机务信息化地面系统、故障诊断记录装置、列车车载旅客数字信息系统(DPIDS)等产品参展。LKJ2000最终摘取桂冠。

据国家信息产业部通报,2005年软件产业100强企业排名中,株洲所排名62位。

15~25日　集团公司总经理赵小刚率团访问德国西门子公司和加拿大庞巴迪公司,并进行了项目洽谈。

17日　集团公司总部机关保持共产党员先进性教育活动,经过三个阶段和长达四个月的全力推进,圆满结束。集团公司党委郑昌泓作题为《认真总结活动经验,巩固扩大整改成果,为企业改革发展稳定提供坚强有力的政治保证》的讲话。国资委驻集团公司督导组组长陈福尧充分肯定了集团公司开展教育活动的做法和取得的成效。群众满意率、基本满意率达到98.32%。

19日　集团公司副总经理唐克林与来访的俄罗斯莫尔多瓦共和国代表团会谈。

23日　国资委企业分配局局长熊志军、副局长李燕斌在集团公司有关领导、湖南省国资委副主任向曙光陪同下，到株辆厂进行主辅分离改制分流工作情况调研。

6月30日~7月1日　国资委国有企业监事会主席赵喜子到石家庄厂检查指导工作。

7　月

1日　中国铁路图定K94次列车缓缓驶出江苏泰州，标志着中国铁路红色旅游线的正式开行拉开帷幕。铁道部部长刘志军，江苏省委书记李源潮、省长梁保华等出席宁启铁路全线开通运营暨泰州站通车仪式。戚墅堰厂生产的东风$_{11G}$型机车牵引着浦镇厂制造的新型车辆从泰州站始发。

2~3日　国资委国有企业监事会主席赵喜子到洛阳厂检查指导工作。

5日　根据国资委《中央企业总会计师职责管理办法》，集团公司对所属单位的总会计师或财务负责人实行委派制。

6~7日　集团公司落实摇枕、侧架生产任务会议在江岸厂召开。集团公司副总经理傅建国及有关部门、企业的负责人出席会议。

7日　马达加斯加铁路代表团访问集团公司总部。

11日　资阳厂与哈萨克斯坦国家铁路公司在资阳正式签订6000组气缸套采购合同。哈萨克斯坦国家铁路公司采购经理麦尔詹及有关领导出席了签字仪式。

12~13日　集团公司工会财务会议在青岛召开。集团公司工会领导及各厂所、公司的工会财务人员参加会议。

13日　三菱电机株式会社社长野间口有率团访问株洲所。

18日　集团公司第四次城轨工作会议在株机厂召开。集团公司副总经理唐克林及有关厂所、公司的有关负责人参加会议。

20~21日　集团公司召开先进性教育座谈会。集团公司党委书记郑昌泓作重要讲话。集团公司党委副书记张军主持会议并作会议总结。

23日　山东省委书记、省人大常委会主任张高丽，山东省委副书记、青岛市委书记杜世成，青岛市市长夏耕及山东省17个地级市的主要领导到四方股份公司视察。

25日　集团公司党委书记郑昌泓、总会计师詹艳景及有关部门负责人专程登门看望牟焕奎、夏琳等抗战老战士。

8　月

1~18日　集团公司党委书记郑昌泓、总经理赵小刚等7名领导分别深入各厂所、公司，参加企业领导班子专题民主生活会，并开展党风廉政检查谈话。

3~10日　集团公司总经理赵小刚率团赴马来西亚进行商务洽谈。

8日　由中国南车集团公司、四方股份公司、日本川崎重工、伊藤忠商事株式会社共同投资成立的青岛四方川崎车辆技术有限公司在青岛揭牌开业。

9日　资阳厂生产的2台内燃机车在土库曼斯坦举行交接仪式。这是中国内燃机车首次出口土库曼斯坦。

10~13日　集团公司第三届职业技能竞赛在湖南铁道职业技术学院举行。来自集团公司所属企业的75名选手，分别参加了维修电工和电焊工两个项目的比赛。经过实际操作、理论和第二技能考试综合评分，株机厂罗斌夺得维修电工第一名，洛阳厂张景夺得电焊工第一名。

12日　中共中央政治局常委、国务院总理温家宝到株机厂和株洲所视察。陪同温家宝视察的有：国家发改委主任马凯、财政部部长金人庆、劳动和社会保障部部长田成平、农业部部长杜青林、国务院国资委主任李荣融、国务院研究室主任魏礼群、国务院副秘书长尤权、中国人民银行副行长吴晓灵、总理办公室主任邱小雄,以及湖南省委书记杨正午、省长周伯华等。

13日　四方股份公司、川崎重工业株式会社、三菱电机株式会社、株洲所、株洲南车电机股份公司、石家庄国祥运输设备有限公司六方在青岛签订时速200公里铁路动车组项目的机电产品采购合同。此次采购合同国产化总列数为51列,合同总金额为4.6亿元。

14日　由国家发改委、中央文明办和中央电视台联合举办的“全民节约,共同行动”大型主题宣传活动在北京人民大会堂拉开序幕。集团公司总经理赵小刚代表集团公司在《中央企业资源节约承诺书》上郑重签字。

9　月

5～9日　“南车杯”乒乓球比赛在江苏常州举行。集团公司总部及各企业的16支代表队的120多名运动员参加了比赛。

7日　集团公司副总经理傅建国与来访的澳大利亚FMG铁路代表团会谈。

7～9日　2005中国国际城市轨道交通展览会在上海举行。集团公司组织浦镇厂、株机公司、四方股份公司、株洲所、四方有限公司参展。中共中央政治局委员、上海市委书记陈良宇等领导参观了南车展台。

8日　中国南车集团株洲电力机车有限公司在长沙举行揭牌成立仪式。集团公司总理赵小刚、株洲市市长颜石生为公司成立揭牌。株机公司由集团公司以原株机厂的主业资产出资,联合株洲所、新力搏交通装备投资发展有限公司、株洲联诚集团有限责任公司等3家以现金出资的股东发起设立。公司注册资本7.93亿元,主营业务为电力机车、电动车组和城市轨道交通装备及其零部件的研发、制造、维修、销售与售后服务。

9～11日　集团公司副总经理刘化龙到集团定点扶贫的广西靖西、那坡两县考察。

12～15日　集团公司管理流程培训班在常州铁道高等职业技术学校举行。

16日　资阳厂承制的首批2根国内最大全纤维曲轴—6G32曲轴正式下线。

21～22日　集团公司在二七车辆厂召开2005年内部审计工作会议。

22～23日　集团公司第二批先进性教育活动总结大会在青岛召开。集团公司党委书记郑昌泓作题为《认真总结活动经验,巩固发展教育成果,将政治优势转化为促进企业改革发展的核心竞争力》的重要讲话。集团公司党委副书记张军主持会议并对贯彻落实会议精神作了具体部署。

23日　贵州省委副书记黄瑶到南方汇通公司高科技工业园视察。

29日　石家庄厂召开庆祝大会,庆祝建厂100周年。集团公司副总经理傅建国,铁道部运输局装备部及河北省、石家庄的有关领导出席了庆典活动。

10　月

10～21日　集团公司党委书记郑昌泓率团赴俄罗斯进行商务谈判。

14日　中共中央总书记、国家主席、中央军委主席胡锦涛到戚墅堰厂视察。陪同胡锦涛视察的有:中共中央政治局候补委员、中央办公厅主任王刚,江苏省委书记李源潮、省长梁保华等。

同日　全国政协委员、中国工程院院士、株机公司轨道电力牵引技术牵引中心高速研究所所长刘友梅荣获2005年度何梁何利基金奖—科学与技术进步奖。

18日　戚墅堰厂举行建厂100周年庆典活动。集团公司总经理赵小刚,铁道部运输局副局长兼装备部主任孙景斌及江苏省、常州市的有关领导出席了庆典活动。

同日　四方股份公司首次向叙利亚出口的4辆铁路客车和1辆发电车在青岛港装船启运。这批新型客车在叙利亚首都大马士革至约旦边境间的铁路线上投入运营。

17～20日　株机公司接受并通过了由中国机械工业安全卫生协会委派的上海纪杰注册安全师事务所有限公司国家一级安全质量标准化考评组的复评考核。

20日　铁道部科技司会同运输局基础部、装备部、工管中心在株洲召开“高速铁路无缝线路长轨铺轨机组的研制”现场观摩会。由株辆厂改制企业新通公司研制的CPG500型长轨条铺轨机试铺成功。

24日　襄樊厂试修的首台东风$_{7C}$型5114号内燃调车机车竣工，通过了由铁道部运输局装备部、铁路局和部驻厂验收室组成的专家组的验收。

24～25日　集团公司党委中心组在10月14日第一次集中学习的基础上，又集中2天时间对十六届五中全会精神进行了封闭式深入学习。集团公司领导赵小刚、张军、刘化龙、詹艳景等分别结合工作实际作了发言。党委书记郑昌泓对深入学习十六届五中全会精神提出要求。

26日　国家发展和改革委员会党组成员、副主任张晓强到株机公司考察。

26～28日　集团公司第二次团代会在北京召开。共青团中央青工部向大会发来贺电。中央企业团工委、国资委群工局、全国铁道团委、集团公司领导到会致贺。来自集团公司不同岗位的81名团员代表和14名列席代表出席会议。经过选举，牛卫东当选为集团公司第二届团委书记，郑胜当选为副书记。

28日　株洲南车时代电气股份有限公司创立。集团公司总经理赵小刚，株洲市市长颜石生，国家城市轨道交通专业委员会副主任周翊民，铁道部装备部技术验收处处长周伟，北车集团公司副总经理奚国华，中铁科学院党委书记陈春阳，中铁信息工程集团董事长李中浩等200名嘉宾出席了庆典活动。

31日　戚墅堰厂与美国GE公司有关大功率交流传动内燃机车采购和技术引进项目合同在北京签约。项目总采购量为300台机车。成都厂与美国GE公司正式签订大功率交流传动内燃机车采购和技术引进项目技术许可合同。合同总采购量为200台(2400个)电机。

11　月

3日　四川省省长张中伟、省委副书记甘道明视察眉山厂设在眉山市科工园的制动科技股份公司和同升专用汽车公司。

同日　集团公司“工序再造工程研究及实施暨工艺信息化管理研究”科技项目审定会暨技术推广现场会在洛阳厂召开。集团公司评审组对洛阳厂“工序再造工程研究及实施暨工艺信息化管理研究”科技项目进行审定，并对部分技术进行了现场推广。

8～9日　集团公司工会第二次代表大会在北京召开。中华全国铁路总工会、国资委群工局、集团公司领导到会致贺。来自集团公司各单位的125名代表出席会议。大会在充分酝酿的基础上，民主选举产生了集团公司工会第二届委员会和和经审委员会。张军当选为集团公司第二届工会委员会主席，钱毅、孔岳军当选为副主席。

13日　株洲所研制的“TEG61120CK-EV型纯电动公交客车”通过由湖南省科技厅主持的省级科技成果鉴定。

14日　俄罗斯TMH公代表访问集团公司总部。

16～17日　铁道部机车大修协调会在洛阳厂召开。

18日　株机公司举行庆典，祝贺广州市

城市轨道交通三号线地铁车辆下线。集团公司党委书记郑昌泓,广州市地铁总公司总经理卢光霖、党委书记吴慕佳,株洲市委书记肖雅瑜,西门子交通技术集团副总裁 Sens 等出席下线典礼并为地铁车辆剪彩。

25日 由眉山厂生产的100辆矿石漏斗车和20辆矿石侧翻车,在上海港装船运往委内瑞拉。

26日 匈牙利国家铁路公司代表团到戚墅堰厂进行访问。

27日 四方股份公司为广州地铁研制的中国首列直线电机地铁列车举行竣工下线剪彩仪式。这列在国内率先采用直线电机技术的地铁车辆于2005年年底在广州地铁四号线(大学城专线段)上投入运营。

同日 成都厂厂修的第8000台机车—东风$_4$型9436号机车出厂交付使用。

29日 资阳厂举行中国首次出口苏丹铁路机车下线剪彩仪式。苏丹铁路公司董事会主席、执行总裁以及资阳市、集团公司有关部门领导参加了剪彩仪式。

12 月

10日 四方股份公司签约青藏铁路旅游项目国际合作仪式在北京举行。铁道部副部长胡亚东出席签字仪式并致辞。铁道部有关部门、青藏铁路公司、国际联合列车公司和集团公司有关领导出席签约仪式。

11日 时速300公里电动车组项目合同签字仪式在北京举行。四方股份公司获得60列480辆时速300公里动车组订单。

12日 中共中央政治局常委李长春在贵州省委副书记、省长石秀诗陪同下,视察南方汇通公司投资建设的南方汇通高科技工业园。

同日 集团公司副总经理刘化龙代表集团公司与安徽省人民政府签订中小学移交协议。这是集团公司与地方政府签订的第一份移交协议。

17~24日 集团公司以“卓越的铁路装备技术,创造优异的节能环保产品”为主题参加由国家发改委、中宣部等13家单位主办的2005建设节约型社会展览,受到社会各界的关注。集团公司总经理赵小刚、副总经理刘化龙向到南车展台参观的中共中央政治局委员、国务委员兼公安部长周永康,中央军委委员、总后勤部部长廖锡龙等作了详尽介绍。

21日 集团公司在海口召开先进性教育活动巩固扩大整改成果和“回头看”检查工作座谈会。集团公司党委书记郑昌泓作重要讲话。各厂所、公司的先进性教育活动全部结束。

21~22日 变流技术国家工程研究中心(依托株洲所)在株洲举办“变流技术与节约型社会论坛”。浙江大学、清华大学、国家电网公司、南方电网公司、美国密歇根大学、加拿大不伦瑞克大学等国内外知名专家、学者应邀参加了论坛。

26日 株机公司为广州市轨道交通三号线制造的车辆正式投入运营。

30日 集团公司在四方股份公司举行时速200公里动车组项目推进动员会,检查推动时速200公里动车组项目。集团公司总经理赵小刚、副总经理唐克林在会上作重要讲话。集团公司与四方股份公司和项目分包商签订了项目责任书。

同日 石家庄厂完成货车检修10008辆,胜利实现第二个万辆年,全面完成转K2型提速改造7500辆目标任务。

本月 集团公司重奖参加第二届中央企业职工技能大赛的获奖选手。

概况

行政工作概述

党群工作概述

集团公司行政部门组织机构图

集团公司党群部门组织机构图

中国南车集团公司领导干部名单

中国南车集团公司工会副主席、纪委副书记、副总经济师、副总工程师、副总会计师名单

中国南车集团公司总部机关各部门负责人名单

行政工作概述

【概述】 “十五”的五年，是中国南方机车车辆工业集团公司重组成立、快速发展、不断壮大的五年。五年来，在国有资产管理体制变革、铁路市场改革加快、改革发展任务艰巨的形势下，积极适应市场变化，落实集团公司发展战略，加快技术引进和技术创新，深化改革改制，落实经营责任，各项工作取得突出成绩，呈现出蓬勃发展的良好势头。

【“十五”经营目标】 “十五”期间，集团公司深化和完善资产经营责任制，各厂所、公司抢抓市场机遇，生产经营呈快速发展势头，五年累计实现销售收入782亿元，株机公司、四方股份公司、戚墅堰厂、资阳厂和浦镇厂居前五位。五年累计实现利税43亿元，其中实现利润总额5.8亿元。累计实现利润超过1亿元的企业有株洲所、株机公司、四方股份公司、戚墅堰厂和戚墅堰所；上交利润最多的企业为株机公司、戚墅堰厂、眉山厂、资阳厂、株辆厂和四方股份公司。一些长期困难的企业努力扭亏脱困，为集团公司提升整体效益作出了贡献，扭亏成绩显著的企业有成都厂、铜陵厂和江岸厂。2005年，集团公司各项经营指标再次刷新历史纪录，实现销售收入215.3亿元，比上年增长23.04%，比2000年翻一番，“十五”期间，销售收入年均增长14.9%。2005年人均销售收入22.05万元，比2000年翻了一番；实现利润总额1.64亿元，净资产收益率2.24%，成本费用利润率0.77%，较好地完成了国资委的经营业绩考核指标，实现了国有资产保值增值。

【机车车辆】 集团公司及各厂所、公司积极适应铁路跨越式发展，加强营销策划，参与市场竞争，保持了比较稳定的市场份额。“十五”期间新造内燃机车2014台、修理内燃机车3805台，比“九五”分别增长16.3%和19.3%；新造电力机车1041台，同比增长52.4%；修理电力机车258台，同比增加256台；新造客车4720辆、修理客车8863辆，同比增长4.5%和57.8%；新造货车63754辆、修理货车141453辆，同比增长18.8%和3.8%。其中2005年集团公司新造内燃机车384台、修理内燃机车760台，比上年分别减少20.8%、增长6.7%；新造电力机车180台、修理电力机车104台，同比增长2.3%和36.8%；新造客车772辆、修理客车1946辆，同比增长26.4%、减少19.8%；新造货车16508辆、修理货车30120辆，同比增长59.0%和0.3%，完成货车转K2改造22523辆。积极开拓路外和国外机车车辆市场，“十五”期间向路外市场提供机车780台、客车699辆、货车7204辆；共为国外用户提供机车155台、客车229辆、货车5669辆，动车组6列。

【城轨地铁】 “十五”期间，集团公司大力开发城轨地铁市场，取得突出成绩。四方股份公司、株机公司、浦镇厂、株洲所分别在北京、上海、广州、南京、香港等地铁项目中获得整车及部件订单。5年间，集团公司共签订国内城轨地铁合同金额为101.1亿元，其中2005年新签合同9.5亿元；截至年底，已交付用户城轨地铁88列467辆，产品得到用户好评。相关多元化经营取得成效，初步形成一批具有一定规模优势的产品，“十五”期间集团公司非铁路机车车辆产品收入88.6亿元。

【对外贸易】 适应经济全球化的发展形势，努力开拓国际市场，巩固东南亚市场，拓展中东、中亚、南亚市场，进入南美和非洲市场，促进了出口贸易的快速增长，连续3年签约金额保持在2亿美元以上。2005年，集团公司出口成交额2.5亿美元，收汇额2.1亿美元，其中机车车辆产品收入占94%。据统计，

"十五"期间,集团公司出口成交额 9.7 亿美元,收汇额 5.7 亿美元。国际化经营开始启动,多个海外项目正在筹备和洽谈中,"中国南车"品牌影响力在海外有所扩大。

【体制改革】 经国务院批准,集团公司作为自主经营、自负盈亏的市场化运作的国有独资企业,并成为中央计划单列的企业集团。根据国务院批复精神,结合集团公司实际,集团公司定位为市场型(M 型)公司,总部主要功能和职责为产权交易、产权事务管理、重大投资与资本运筹、战略制定与管理、财务预算控制、重大人事决定及人力资源配置、统筹经营运行监控,初步建立了集团公司总部调控有序、各企业自主经营的运行机制。积极推进所属企业的现代企业制度建设,"十五"期间,有 4 家企业进行公司制和股份制改造,湖铁院、常铁校上收集团公司管理,进一步理顺院校管理关系。

【主辅分离改制分流】 根据国家八部委 859 号文件精神,集团公司制定了具体实施的指导意见,积极稳妥地推进改制分流工作。先后组织向国资委、财政部、劳动和社会保障部上报的总体方案,并分三批报批了实施方案,涉及改制分流单位 233 家,员工 34440 人,资产总额 40.2 亿元。集团公司启动和批复改制分流方案 144 家(包括重组注销单位)、挂牌经营企业 88 家,分流安置人员达 11225 人;株辆厂、成都厂、株机公司、二七车辆厂基本完成改制分流任务。积极推进分离企业办社会职能工作,全面完成了集团公司、企业与地方政府移交中小学校、公安机构的对账工作和上报工作;财政部已正式批复集团公司所在 7 个省的 13 家企业移交方案,集团公司已与 5 个省政府签订移交协议。稳步推进医院的改革工作,截至年底,已有 9 家企业医院通过整体出售、移交地方、改制分流、地方医院承包等方式基本实现分离。

【结构调整】 "十五"期间,集团公司按照"主机产品集约化、重要零部件专业化、一般零部件市场化、后勤辅助社会化"的思路,扎实稳妥地推进结构调整。完成株洲电机业务整合,促进了关键部件的专业化生产;按专业化要求,对集团公司的铸造生产布局进行了全面调整。以株洲所为主与株洲电机厂和北京机械厂、以成都厂为主与襄奎公司的重组整合,进一步优化了产业结构;武昌厂退城进郊工作也进入实质性操作阶段。各单位结合主辅分离改制分流,采取关闭、分离等措施,整合内部小而全项目,突出主营业务,优化生产结构,增强了市场竞争力。

【三项制度改革】 集团公司积极平推三项制度改革,使企业的配套改革不断深化和完善。各厂所、公司加强劳动合同管理,大力推行减员增效,集团公司总数减至 97644 人,比 2000 年减少 18645 人。人事制度改革取得重大突破,积极引入竞争机制,逐步扩大公开竞选范围。在二级企业全面推行高层管理人员竞争上岗和总会计师委派制,5 年共公开选拔党政正职人选 4 人、副职 87 人。分配制度改革深入推进,全面实施了岗位工资制,初步建立起具有集团公司特色的工资分配制度;对所有二级单位实施了经营管理者年薪制。重视员工培训,加大骨干人员激励力度,"十五"期间集团公司共组织培训管理和技术骨干 2487 人次、高技能工人 1000 余人;落实高技能人才培养计划,积极开展职业技能鉴定和技能竞赛,取得优异成绩。两个确保扎实有效,下岗员工基本生活费和离退休人员养老金按时足额发放,确保了企业和社会稳定。

【新产品开发】 按照"十五"科技发展战略,集团公司积极实施"2211"工程,构建开放式技术创新体系,先后成立了 3 个国家级企业技术中心,以及客车电气和材料工艺 2 个技术研发中心;组织集团公司及以上科技开发立项452项，获得国家级科技成果5项、省部级科技进步奖45项，获得授权专利174项；试制新品种机客货车和动车组整车共232项，研发重要零部件和关键技术127项；涌现出一批集成创新和引进消化吸收再创新的新成果。建立了集团公司标准化工作体系，开发了技术标准查询系统，组织完成7项国家标准、53项铁道行业标准修订，组织制定20项集团公司企业标准。适应铁路跨越式发展，制定了集团公司引进技术国产化计划，做好技术引进的相关工作。在铁道部的统一组织下，集团公司组织四方股份公司、株机公司、戚墅堰厂以及株洲所、戚墅堰所、浦镇厂、成都厂、BSP公司等单位就引进时速200公里及以上等级动车组、电力机车和内燃机车，分别与日本联合、德国西门子公司、美国GE公司等进行谈判，签订了技术转让协议，并建立了合作关系。共鉴订时速200公里动车组100列，时速300公里动车组60列，电力机车180台，内燃机车300台，合同金额420亿元，其中南车集团所占比例超过50%。该项工作得到铁道部的肯定。特别是四方股份公司第一家以完全国内采购方式，签订了时速300公里动车组的合同，这是引进技术、消化吸收，实现技术升级和再创新方面的一个重要标志，具有十分重要的意义。

【主产品与国际接轨】 积极开展主产品与国际水平接轨工作，组织进行了国际对标，研究、分析并采用国际先进标准，集团公司机、客、货车设计和制造工艺国际采标率大幅度提高。各厂所、公司认真落实“十五”质量攀登计划，采取强有力的措施，努力提升工艺制造水平，以先油漆后组装工艺为切入点，在机客车新造、修理厂普遍实施“精细制造”；积极实施“提升货车修造质量计划”，促进货车质量的提高。目前，电力、内燃机车，时速160公里等级动车组，21吨、23吨轴重货车等主型产品质量和技术能力接近国际水平。机、客、货车主要产品水平不断提高，为中国铁路客运5次提速和货运快捷重载作出了贡献。城轨地铁产品通过集成创新或引进技术、消化吸收，达到国际先进水平。所属生产企业均通过ISO 9000—2000质量体系认证，集团公司获得中国质量协会颁发的“质量效益型企业”称号。

【技术改造】 “十五”期间，集团公司加大资金筹措力度，积极拓宽资金渠道，利用国家拨款(含铁道部“九五”期间重点投入项目尾款和国债补助)、银行贷款、外国政府贷款、企业自筹资金等多种形式进行技术改造，共完成固定资产投资48亿元。其中国家拨款(含铁道部)和国债补助10.5亿元，企业自筹资金和银行贷款37.1亿元。实施国债项目15个，3000万元以上的重大项目37个，重点企业主要产品的关键工艺制造装备达到国际水平。

【战略管理】 加强企业发展战略的研究、制定和实施，落实科学发展观，编制集团公司发展战略和子战略，基本建立了具有集团公司特色的发展战略体系。“国内一流、国际知名、具有国际竞争力的轨道交通装备企业”的战略目标深入人心，集团公司及各单位的战略意识、大局意识和可持续发展意识明显增强。实施“三步走”战略，第一步战略目标全面实现。积极争取产业在国家的战略定位，基本确立了轨道交通装备业在国家重大装备制造业的产业地位，引起了社会的高度关注。品牌建设取得良好效果，引入CIS标识系统，整合集团公司品牌，“中国南车”和“南车”品牌正在国内国际得到认同。

【企业管理】 “十五”期间，集团公司推进管理创新，强化基础管理，努力提高管理效益，共获得4项国家级管理创新成果奖。各厂所、公司大力加强成本管理、财务管理、资金管理、物流管理，全面实施企业预算管理，加大成本否决和效益考核力度，严格控制人工成本，努力提高资金运营效率，实行大宗物资和重要配件集中采购，千方百计缓解原材料、动力价格不断上涨给企业带来的压力。年内，集团公司及各企业努力消化减利因素，靠增产挖潜实现了总体盈利。重新调整管理业务流程，加强贷款担保计划等管理，强化经营风险控制。开展清产核资，累计核销不良资产14亿元，加大账销案存资产的管理力度。强化审计监督，深入开展“三重一大”效能监察，夯实内控机制，取得实效。认真落实安全生产责任制，全面加强安全生产工作，共有17家企业通过了职业安全健康体系认证 ，1家企业通过了质量安全标准一级达标。积极开展节约型企业建设工作，签订了中央企业节约资源承诺书；积极推进环境保护工作，二级生产企业全部通过ISO 14000环境管理体系认证。

【信息化建设】 “十五”期间，集团公司按照统筹规划、分步推进的原则，加快信息化进程，建立了覆盖全集团公司的VPN网络系统，建立了总部与下属企业间的信息通道。合作开发了国内领先的OA办公自动化系统；80%的企业实施完成了财务、物流信息整合，基本实现了财务、物流数据的集成共享。CAX得到普遍应用，初步实现了设计数字化，缩短了产品研发周期。部分企业还在推行ERP方面取得一批成果。

【精神文明建设】 “十五”期间，集团公司实践“三个代表”重要思想，不断加强和改进党的建设和思想政治工作，加强教育、制度、监督并重的惩治和预防腐败体系建设，认真抓好群众工作。开展“三讲”教育和保持共产党员先进性教育活动，加大思想政治工作力度，稳定员工队伍，确保了企业改革发展的稳步推进。加强企业文化建设，形成了集团公司的核心价值观、企业精神和企业作风，增强了集团公司的凝聚力和向心力。坚持“依靠”方针，深化厂务公开工作，坚持开展“送温暖”活动，关心困难企业、困难员工和离退休人员。根据党中央和国务院的安排，开展了对广西那坡、靖西两县的定点扶贫活动。共青团工作和其他各项工作都取得了可喜成绩。

（办公室周秀梅　供稿）

党群工作概述

【概述】 2005年，集团公司党委坚持以邓小平理论和“三个代表”重要思想为指导，落实科学发展观，深入贯彻党的十六届三中、四中全会精神，紧紧围绕企业生产经营这个中心工作，与时俱进、开拓创新、凝聚力量、振奋精神，注重发挥党组织的政治核心作用，为企业的改革发展稳定提供了强有力的政治保证。

【企业党建工作】 在西柏坡组织召开了党建工作会议，对加强和改进新时期企业的党建工作提出了具体要求。结合集团公司实际，制定了《中国南车集团公司党委关于贯彻落实〈中央组织部、国务院国资委党委关于加强和改进中央企业党建工作的意见〉的实施意见》，有力加强和促进了集团公司及所属各单位的党建工作。在各单位“两优一先”评选表彰的基础上，评选表彰了在先进性教育活动中涌现出来的48个先进基层党组织、121名优秀共产党员和46名党务工作者。坚持把党员发展的重点放在生产经营第一线和技术骨干、优秀青年员工中，使生产经营第一线党员的比例保持在20%以上，工人党员的比例保持在15%左右，班组长中党员的比例达到60%以上，无党员班组有一定程度的下降。全年发展新党员1648名。在集团公司第一次党代会之后，制定了党委全委会和党委常委会会议制度，为企业党委参与重大问题决策奠定了基础。集团公司党委全年召开常委会20次，传达贯彻党的路线方针政策和上级的决议指示，研究讨论了融投资、改革改制、引进技术、对外合作、市场开拓，以及企业党的建设、领导班子和干部队伍建设、思想政治工作、党风廉政建设、精神文明建设等重大问题。召开全委会1次，通报了集团公司常委会会议、集团公司先进性教育活动和有关案件情况。

【保持共产党员先进性教育活动】 总部机关先进性教育活动。根据中央的统一要求和国资委的安排部署，在国资委指导组和督导组的指导和帮助下，组织集团公司总部机关开展保持共产党员先进性教育活动。从2月18日～6月17日，历时4个月，经过动员、分析评议、整改提高三个阶段，以及一段时间的巩固和扩大整改成果之后，圆满完成了各项任务。这次教育活动共涉及党(总)支部13个，党员163名。按照中央和国资委的要求，总部机关全体党员集中学习达到42个学时，都认真作了笔记，写了2000字以上学习体会。学习笔记人均1.8万字。集团公司领导班子把征求到的意见建议汇总梳理成了7个方面23条，召开党委常委会进行研究，逐条分解到每个成员。集团公司领导班子从6个方面制定了51条整改措施，明确了整改时限，落实责任部门和责任人。班子成员也都制定了整改措施。通过群众满意度测评，党员和员工群众对这次教育活动的满意率和基本满意率达到98.32%。

所属各厂所、公司的先进性教育活动。从5月25日开始，组织开展了所属各企业的先进性教育活动。对各单位先进性教育活动作出了总体部署，并对各单位开展先进性教育活动的每个阶段进行指导，同时派出5个督导组进驻各单位，对各单位的先进性教育活动进行具体指导和帮助。历时4个月，分三个阶段，共涉及党委19个，分党委、党(总)支部1204个，党员40574名，覆盖面达到99.4%。据统计，教育活动期间，各企业党员领导干部上党课总计466次，累计举办培训班108个，专题报告82次。各企业按照统一部署圆满完成了规定动作，群众满意度测评满意率和基本满意率都在99%以上。

【领导班子建设】 深入开展“四好”领导班子创建活动。以“政治素质好、经营业绩好、团结协作好、作风形象好”为主要内容，每季度对厂所、公司领导班子进行全面考核，坚持企业效绩评价结果与考察班子相结合，“四好”领导班子创建活动效果显著。把深化干部人事制度改革和完善干部选拔任用制度作为班子建设的重要措施，从深化干部制度改革入手，推进干部工作民主化进程，促进领导班子结构的优化，提高了领导班子的凝聚力、战斗力，强化了整体功能。继续推进公开选拔工作。在成都厂、资阳厂等10家单位进行了12次公开选拔工作，其中在成都厂、铜陵厂公开选拔了党委书记人选。10家单位有102人报名参加公开选拔，45人竞争上岗，其中29人是新上岗的。实施总会计师委派制度。为加强对企业经营风险的控制，改革了企业高级财务人员的管理方式，对各企业的总会计师采用集团公司委派制。制定了有关制度，下发了对19家企业的总会计师或财务负责人的委派令。先后对江岸厂、株洲所、戚墅堰所、眉山厂等4家单位从其他企业交流委派了总会计师。举行了总会计师后备人才选拔考试，49人报名参加，35人通过资格审查，经过两轮考试，9人在通过组织考察后进入后备人才库。现已经启用2人。及时调整各企业领导班子。年内组织对16家单位的领导班子进行了考察，占年初全部下属单位的69.5%。全年任免调整117人次，任免调整的人数占集团公司管理的下属单位领导人员的72.22%。其中提拔为正职的6人,平均年龄48岁,全部具有大学学历;新提拔进班子27人,平均年龄40.8岁,全部具有大学文化程度。年内,集团公司管理的下属单位领导人员序列中共有164人,平均年龄为46岁,比上年降低0.69岁。其中49岁及以下的有119人,占72.60%;年龄最小的33岁。全体成员中,大学本科及以上学历147人,达到90.74%;全部具有中级以上职称,其中高级职称149人,达到91.97%,教授级高工8人;研究生或硕士学位的9人。班子的平均年龄比较适当,专业和知识结构得到优化。加快总部改革步伐。组织完成了对总部机关的机构改革。改革后总部一级部门为14个、二级机构为22个,另外新成立了5个事业部。加快了总部人事制度改革的步伐,对总部机关空缺的10个管理岗位逐步实行了公开招聘。

【党风廉政建设工作】 认真贯彻执行中央纪委五次会议提出的领导干部廉洁从政六条规定和国有企业领导廉洁自律“五不准”的规定,加强对各级领导干部廉洁勤政教育,深化廉洁自律工作。先后认真组织各级领导干部和管理人员深入系统地学习了《关于实行党风廉政建设责任制的规定》和《国有企业领导人员廉洁从业若干规定(试行)》等文件。组织编印《企业管理人员廉洁从业手册》,发行30000册,做到各级领导与管理人员人手一册。全年,集团公司共受理信访197件(次),其中检举控告类188件(次),与上年相比分别减少16%和1%。共立案29件,同比减少31%,结案25件(含上年遗留案6件),同比减少24%。通过查办案件,共挽回经济损失41万多元。对触犯国家法律的案件和嫌疑人,积极协助检察机关进行查处,不护短、不包庇,支持检察机关依法办案。对违反党风廉政建设责任制和企业领导人员廉洁自律规定人员,在查清事实、分清是非的基础上,严肃追究责任,对违纪人给予党纪、政纪和组织处理。对1名违纪违规的党委书记责令辞职,对2名违纪违规的副厂长和总会计师免职,从而强化了对权力的制约和监督,促进了党风廉政建设和领导人员廉洁从业工作的加强。

【理论学习和宣传思想工作】 组织广大干部员工深入学习了邓小平理论和“三个代表”重要思想、党的十六届四中全会精神、《中共中央关于加强党的执政能力建设的决定》、《中央组织部、国务院国资委党委关于加强和改进中央企业党建工作的意见》,以及集团公司第一次党代会精神。党的十六届五中全会召开后,利用党委中心组学习的形式,组织集中学习4次,深入学习、理解和把握会议精神。举办贯彻党的十六届五中全会精神学习班。利用两天时间,组织集团公司中心组成员进行集中封闭式学习,根据五中全会精神,结合实际,提出了充实完善集团公司“十一五”发展规划的思路和举措,同时对集团公司各单位学习贯彻提出要求。围绕贯彻党的十六届五中全会精神,分主题、有计划地开展有针对性的学习研讨。先后学习了“牢固树立和落实科学发展观”、“实施自主创新战略”、“构建社会主义和谐社会”、“振兴装备制造业”、“创造节约型社会”等和企业深化改革、加速发展、保持稳定等实际工作紧密相关的内容。全年共组织党委中心组集中学习21次。围绕企业改革发展中心,创新宣传思想政治工作。紧密围绕企业改革改制、主辅分离、生产经营等重点难点工作,积极推进思想政治工作内容、形式、方法、手段和机制的创新。坚持“两个纳入”机制,把思想政治工作的目标任务与其他业务工作一起,纳入各级领导班子和各类干部的岗位职责,实行一体化考核,并把考核结果作为衡量各级干部政绩的重要依据。着力搞好企业新闻宣传工作，扩大企业知名度。根据集团公司"国内一流、国际知名"战略发展需要，以反映集团公司改革发展成就为主题，先后在《经济日报》、《科技日报》、《光明日报》、《工人日报》、《人民铁道》报和《世界轨道交通》杂志等发表大篇幅、有深度的稿件。此次集中对外报道活动，共发表稿件20多篇，累计5万字，照片15幅，取得良好效果。组织完成了对株机公司挂牌、先进性教育活动、纪念抗日战争胜利60周年、"中华之星"载客运营、大秦线重载运输、重大项目签约、重要外事活动、扶贫工作、节能工作等重大事件的采访和宣传报道。其中，中共中央总书记、国家主席、中央军委主席胡锦涛视察戚墅堰厂、国务院总理温家宝视察株机公司、广州地铁车辆在株机公司下线等新闻在中央电视台一套的"新闻联播"栏目播出；直线电机地铁车辆在四方股份公司下线等新闻在中央电视台"整点新闻"栏目播出；在《人民铁道》报发表稿件100多篇。

【企业文化工作】　进一步实践和弘扬集团公司的企业精神、企业作风，努力把企业核心价值观、企业精神、经营理念等化为广大员工的思想动力和自觉行动，渗透到企业管理的各个环节。积极开展企业文化的理论和实践研究，大力探索和建设企业先进的价值文化、优秀的制度文化、精细的制造文化、高尚的廉政文化、和谐的人文文化、丰富的文体文化，不断赋予企业文化新的内涵。按照集团公司发展要求和结构调整进程推进品牌整合，加强品牌宣传，突出集团公司的整体形象。组织了企业文化建设征文活动，共征集论文97篇，评出一等奖论文8篇，二等奖22篇，优秀奖43篇。

【工会、共青团工作】　制定下发《关于规范职代会民主评议企业人员工作的意见》，规定各单位民主评干的程序、内容，并要求评议时要有集团公司工会和组干部门的人员参加。积极推进厂务公开民主管理制度，建立以公开栏、厂情发布会、网络公开等相配套，公开、议事、考核紧密联系的运作机制。联系实际，创新活动载体，丰富活动内容，开展了各具特色的"专项劳动竞赛"、"金点子"活动，大力推进了群众性经济技术创新工程。在集团公司组织"先进操作法"征集、评审和推广工作，探索试行了"首席员工(技工)"、"岗位明星"评选活动。开展"创建学习型组织，争做知识型员工"活动。组织22名劳模到澳大利亚、新西兰进行了为期14天的考察活动，安排劳模疗养和健康检查，开展向劳模"送温暖"慰问活动。年内，表彰集团公司"青年岗位能手标兵"5名、"青年岗位能手"19名、"青年文明岗标杆"5个、"青年文明岗"17个。2个青年集体被新命名为"全国青年文明号"。2名青年获"全国青年技术能手"称号，3名青年获"全国青年岗位能手"称号，在中央企业职工技能大赛中，取得2金1银的好成绩。按照建设和谐社会的要求，督促二级企业关注和关心困难企业和困难员工的生产和生活，关心离退休员工，积极开展各类慰问活动。集团公司全年拨款300万元，补贴帮助襄樊厂等困难企业。在"两节送温暖"活动中，集团公司和各企业共计拨出专款613.4万元，10491户员工家庭受到慰问和帮助。

（办公室　供稿）

集团公司行政部门组织机构图

（2005年）

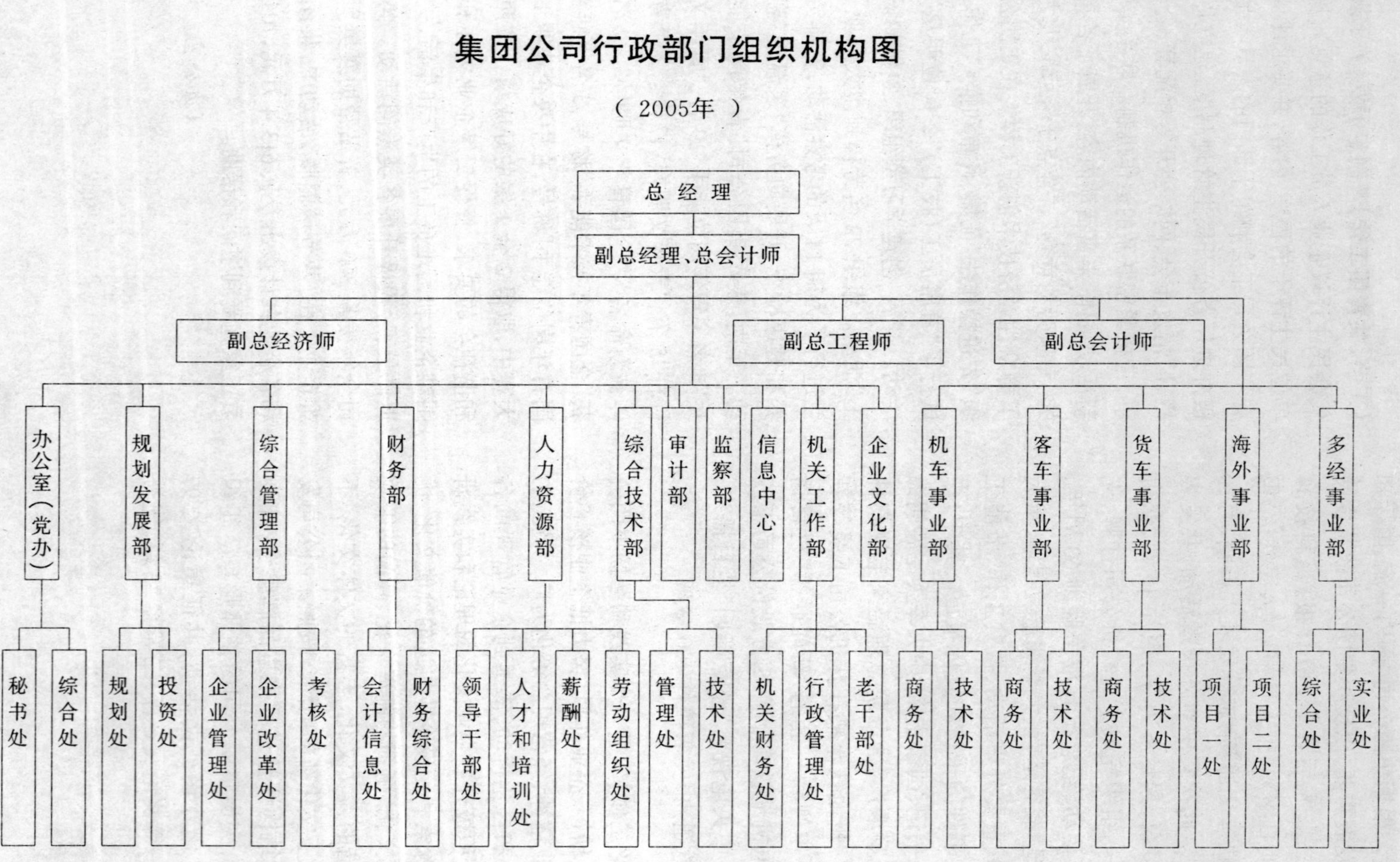

集团公司党群部门组织机构图

（2005年）

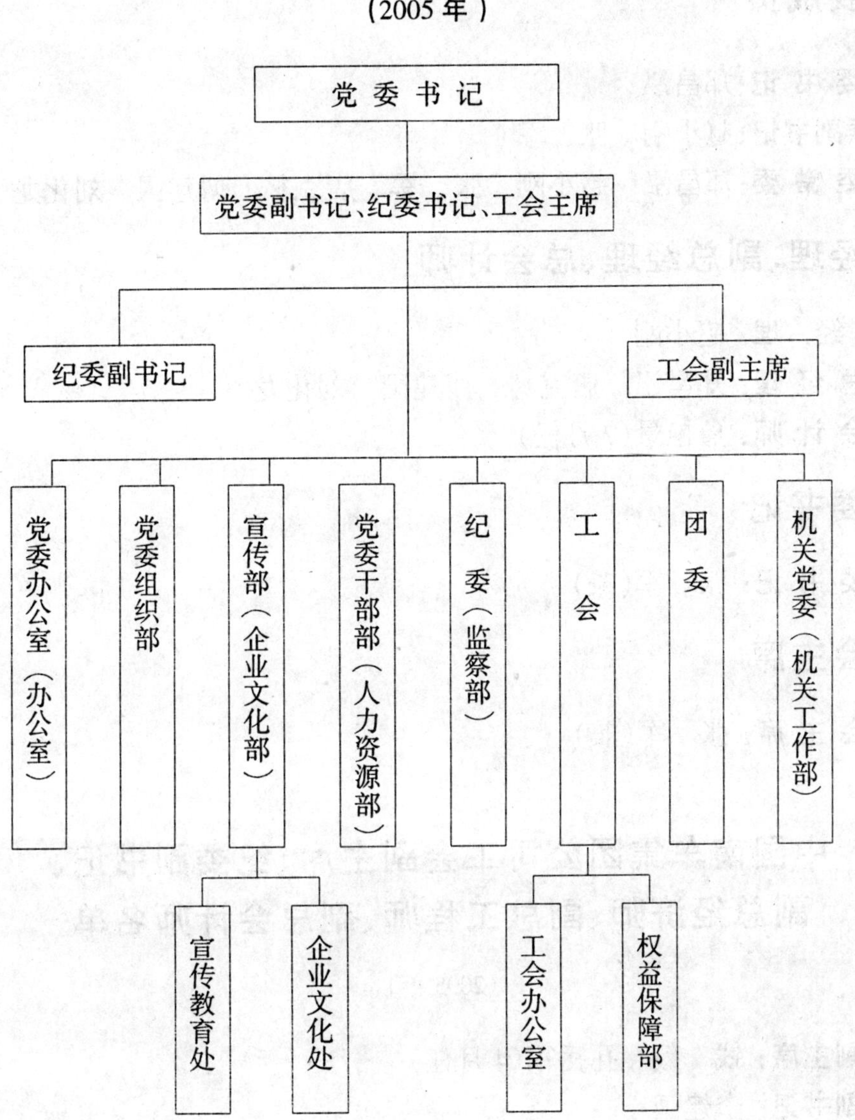

中国南车集团公司领导干部名单

（2005年）

一、党委成员

党委书记：郑昌泓
党委副书记：赵小刚　张　军
党委常委：郑昌泓　赵小刚　张　军　唐克林　傅建国　刘化龙

二、总经理、副总经理、总会计师

总经理：赵小刚
副总经理：郑昌泓　唐克林　傅建国　刘化龙
总会计师：詹艳景(7月任)

三、纪委书记

纪委书记：张　军(兼)

四、工会主席

工会主席：张　军(兼)

中国南车集团公司工会副主席、纪委副书记、副总经济师、副总工程师、副总会计师名单

（2005年）

工会副主席：钱　毅　孔岳军(4月任)
纪委副书记：李建国
副总经济师：林世甲　白继文　谷大存(4月任)
副总工程师：张新宁　王松文　孙学军(4月任)
副总会计师：王　研

中国南车集团公司总部机关各部门负责人名单

（2005年）

行　政　系　统

办公室(党委办公室)

主　　　任:曹子章
副　主　任:邱　伟
综合处处长:邱　伟(兼)
秘书处处长:何树高

规划发展部

部　　　长:孙学军(兼)
规划处副处长:赵明德
投资处副处长:李　昕　贾　薇

综合管理部

部　　　长:杨洪兴
副　部　长:阴明月光
企业改革处处长:阴明月光(兼)
企业管理处处长:张慈宏
考核处副处长:郑　胜

财务部

部　　　长:王　研(兼)
会计信息处处长:蔡　蕾
财务综合处处长:刘　江

人力资源部(党委干部部)

部　　　长:谷大存(兼)
副　部　长:牛宝安
领导干部处处长:薛　松
人才和培训处处长:牛宝安(兼)
劳动组织处处长:刘惠云
薪酬处副处长:黄晓宇

综合技术部

部　　　长:林　田
管理处处长:王全乐
技术处处长:张　涛

审计部

部　　　长:陈　雄

监察部

部　　　长:海宝庆

信息中心

主　　　任:符　刚
副　主　任:李万程

机关工作部

部　　　长:冯秋生
副　部　长:冯大明
机关财务处处长:冯秋生(兼)
行政管理处处长:冯大明(兼)
行政管理处副处长:王富启
老干部处处长:沙金红

机车事业部

总　经　理:张新宁(兼)
总经理助理:杨志华
商务处处长:杨燕安
技术处处长:李国强

客车事业部

总　经　理:王松文(兼)

商务处副处长:盛健龙

技术处副处长:徐循元

项目一处处长:沈家骏

项目二处处长:王国军

货车事业部

总　　经　　理:肖孝州

商务处处长:宋凤城

商务处副处长:郭　杰

技术处处长:兰　叶

多经事业部

总　　经　　理:白继文(兼)

副总经理:王国靖

实业处处长:王国靖(兼)

综合处副处长:赵俊杰

海外事业部

总　　经　　理:王　宪

党　群　系　统

党委组织部

部　　　　长:陈吉贤

党委宣传部(企业文化部)

部　　　　长:葛铁夫

副　部　长:王义明

宣传教育处处长:葛铁夫(兼)

企业文化处处长:王义明(兼)

纪委办公室

副　主　任:赵跃洲

纪委检查室

主　　　　任:海宝庆(兼)

工会办公室

主　　　　任:周　戎

工会权益保障部

部　　　　长:许争平

团　委

书　　　　记:牛卫东

副　书　记:郑　胜(兼)

机关党委

书　　　　记:李建国(兼)

副　书　记:张　力

注:总部机构及人员系 2005 年 4 月总部机构改革后的基本情况

经营与销售

企业管理

销售工作

规划与投资

财务管理

审计工作

信息化建设

多元经营

企业管理

【概述】 2005年，围绕集团公司总体经营发展战略，在改革改制和加强企业管理方面，重点抓好五项工作：一是积极推进企业整体改制和加快企业改制分流工作，建立健全企业现代管理体制和运行机制；二是不断加大企业资产经营责任制考核力度，促进企业经济效益全面提高；三是全面加强安全生产管理，为企业发展提供良好安全条件；四是努力推进企业管理创新，提高企业管理效率和水平；五是改进综合统计和分析，为领导决策提供有效的参考资料。

【企业改制】 按照集团公司加快推进企业改制、建立现代企业制度总体规划，启动株机厂整体改制试点工作，9月8日中国南车集团株洲电力机车有限责任公司正式挂牌经营。集团公司二级企业整体改制试点成功，加快了二级企业整体改制工作步伐。

为募集资金加快发展，株洲所作为主发起人使用株洲所的优质资产联合其他发起人，成立株洲时代电气股份有限公司，9月26日完成工商注册登记工作，计划2006年在香港联交所发行H股募集资金。

集团公司在株洲所对株洲电机厂重组基础上，启动了株洲所对北京机车车辆机械厂重组工作，从1月1日起北京机械厂整体划转株洲所。4月，启动成都厂对襄牵公司重组工作，7月1日起襄牵公司成为成都厂控股子公司。

为加快集团公司结构调整，7月1日起分别将湖南铁道职业技术学院从株机厂、常州铁道高等职业技术学校从戚墅堰厂成建制分离，由集团公司按照二级企业进行管理。分别将北京铁工经贸公司、新力搏交通装备投资发展有限公司作为集团公司二级子公司，按照新的管理体制进行运作。

【主辅分离改制分流】 按照国家八部委859号文件精神，集团公司加快推进主辅分离改制分流工作进度。7月，以南车综［2005］251号文件，上报了集团公司第三批主辅分离企业改制分流实施方案。国资委批复了集团公司方案。第三批涉及主辅分离56家企业。截至年底，集团公司正式启动和批复企业改制分流实施方案144家（包括重组注销的单位），已有88家企业挂牌经营（包括重组注销的单位）。集团公司已向国资委报送24家改制分流企业备案资料和核减国有净资产的请示。

【企业资产经营责任制】 7月，国资委下发对集团公司负责人2004年度经营业绩考核结果：全年，集团公司利润总额目标值4200万元，经审核实际完成15961.62万元，考核得36分；净资产收益率目标值－0.50%，经审核实际完成0.99%，考核得42.48分；成本费用占主营业务收入比重目标值100.34%，经审核实际完成99.60%，考核得15.73分；人均销售收入目标值12.39万元，经审核实际完成16.50万元，考核得18分。年度难度系数为1.0779，考核总得分为120.95分。根据《中央企业负责人经营业绩考核暂行办法》（国资委2号令），经国务院国资委经营业绩考核领导小组研究和经委主任办公会审定，集团公司负责人年度经营业绩考核结果为C级。

按照《中国南方机车车辆工业集团公司“十五”后三年企业资产经营责任制实施办法》（南车综［2002］346号）、《关于修订“十五”后两年资产经营责任制有关指标及考评办法的通知》（南车综［2004］162号）文件精神，集团公司对所属各单位2005年度企业资产经营责任制完成情况进行了指标考核和综合考评。考核为优秀的14家，分别为资阳厂、戚墅堰厂、浦镇厂、铜陵厂、成都厂、洛阳厂、石家庄厂、株机公司（株机厂）、四方股份公司、四方有限公司、新力搏公司、戚墅堰所、湖铁院、常铁校；考核为良好的6家，分别为株辆厂、眉山厂、二七车辆厂、江岸厂、株洲所、铁工经贸公司；完成调整指标，考核为合格的2家，分别为武昌厂、襄樊厂；考核为不合格的1家，即贵阳厂。根据企业资产经营责任制考核结果和经营管理者个人关键行为考核情况，按照企业管理者年薪制办法，兑现年度企业经营管理者年度薪酬。

【企业管理创新】 根据《中国南车集团公司企业管理现代化创新成果审定和发布办法》（南车综［2003］189号）有关精神，集团公司开展了中国南方机车车辆工业集团公司第三届（2004年度）企业管理现代化创新成果申报、评审工作。经集团公司企业管理现代化创新成果审定委员会审定，有17项成果获第三届企业管理现代化创新成果奖。其中，集团公司《构建开放型的企业负责人选任体系》等2项成果获一等奖，四方股份公司《北京地铁八通线车辆项目管理》等6项成果获二等奖，石家庄厂《建立企业独立核算单位完全成本核算机制的实践》等9项成果获三等奖。集团公司《构建开放型的企业负责人选任体系》还获得第十二届全国企业管理现代化创新成果二等奖。

【安全生产管理】 年内，集团公司在眉山召开了安全生产工作会议，副总经理刘化龙作题为《明确责任，共同努力，全面实现集团“十五”安全生产目标》的工作报告，提出了2005年安全生产工作的指导思想和总目标。

安全生产工作的指导思想是:以“三个代表”重要思想为指导,用科学发展观统领全局,树立安全发展的思想理念,按照国务院《决定》和国办《通知》要求,着眼于国内先进水平,着力于基层和基础“双基”工作,进一步加强领导,创新管理;落实责任,强化主体;依靠科技进步,实现本质安全,建立预防为主、持续改进的企业安全生产长效机制,全面推进职业安全健康和安全质量标准化进程,为实现“十五”安全生产目标而努力奋斗。总目标是:杜绝重大伤亡事故、重大火灾和爆炸事故、重大交通事故,严防死亡和重伤事故,持续实现零死亡事故;突出抓好对重大危险源的控制,力争80%的生产型企业通过职业安全健康体系认证,力争安全质量标准化活动有个良好开端。

全年,集团公司发生死亡事故4起,杜绝了重大伤亡事故(1次死亡3人以上)、重大火灾事故、重大交通事故的发生。到年底,有17家生产型企业通过职业安全健康体系认证,2家企业通过国家安全质量标准化一级审核。重大危险源管理工作取得实效,5个国家级、400多项厂(公司)级重大危险源受到严密监控。通过强化培训教育,员工安全素质有了明显提高,全年安全培训19223人次,对特种作业人员进行培训和复审共计15267人次,确保特种人员持证上岗率100%。有62人获得注册安全工程师资格,30人获得外审员资格。

【企业办社会职能移交】 3月18日，集团公司按照《国务院办公厅关于第二批中央企业分离办社会职能工作有关问题的通知》（国办发［2005］4号）文件要求，召开了推动分离企业办社会职能工作会议，全面启动集团公司分离企业办社会职能工作。为了做好这项工作，集团公司成立了专门的领导小组、工作小组，结合集团公司具体情况制定、下发了一系列文件和整体推进工作计划，各企业按照集团公司的部署也成立了领导小组和工作小组。这次分离企业办社会职能工作涉及到集团公司所属的18家企业办的30所中、小学和7个公检法机构。移交工作完成后，集团公司有2500名在职教师、1400名离退休人员和1.4亿资产移交当地政府管理。

经过集团公司和各有关方面的努力，已全部完成企业与地方政府核对移交数据、财政部对移交数据的批复、集团公司与省市政府签定移交中小学协议和财政部、国资委正式批复移交协议的全部手续，各企业正积极进行向地方政府移交中小学的具体工作。

【商标注册】 集团公司分别以“南车”和“CSR”注册的22类商标，已有21类获得商标注册证书，最后1类商标转让事宜已和对方签订了无偿转让协议，具体事宜正在办理之中。

【流程管理】 集团公司在戚墅堰厂召开流程建设知识培训班，正式启动二级企业流程建设工作。各企业根据集团公司要求，基本完成以“三重一大”为重点的管理流程编制工作。

【法律事务工作】 集团公司正式启动法律事务工作，已完成集团公司法律事务调研工作，聘请了北京亿嘉律师事务所律师魏炳庆为集团公司常年法律顾问。

【统计和统计分析】 集团公司以拓展统计工作深度，提高统计工作质量为主题，在努力为企业发展服务，为领导决策服务方面取得新进展。为提高统计报表信息量，集团公司对综合统计报表制度进行了新的调整，产量月报除了报告生产数量外，同时增加了对机、客、货车等主要产品销售数量、销售收入以及生产库存等情况的反映。主要经济指标统计报表，由过去的定期月报改为定期快报，进一步提高报表的实效性。除统计报表外，集团公司对各单位的统计分析工作提出了进一步的要求。自第三季度开始，综合管理部加强了统计分析工作，定期向集团公司领导提报统计分析报告。

（综合管理部　供稿）

销售工作

【概述】 年内，遵循“抓市场、抓研发、抓质量、抓效益”的宗旨，紧紧围绕集团公司的经营目标，广泛与用户沟通，在铁道部市场和其他市场开拓上均取得了很好的成绩。全年实现销售收入215亿元，比上年同期增加23%；实现利润总额16376万元。

【机车车辆销售】 全年完成新造各型内燃机车384台，比上年减少20.8%；修理内燃机车760台，比上年增长6.7%；新造电力机车180台，比上年增长2.3%；修理电力机车104台，比上年增长36.8%。四方股份公司与日本川崎公司合作同铁道部签订时速200公里电动车组60列480辆购车合同，合同金额40.51亿元。四方股份公司独自参加投标，取得时速300公里动车组60列订单。BSP和庞巴迪运输瑞典公司合作同铁道部签订了20列160辆时速200公里动车组合同。取得国铁市场新造客车645辆订单，合同金额19.9亿元。签订青藏客车327辆（其中BSP公司173辆）购车合同，合同金额约21亿元。BSP公司与美国国际联合列车公司签订青藏铁路旅游项目51辆旅游观光客车采购合同。同时，各工厂加大地方铁路、特种车辆市场开拓力度，销售市场车辆77辆，金额约1.95亿元（其中浦镇厂10辆）。全年完成客车新造772辆，客车修理1946辆（其中22型翻新1169辆）。成都厂获得25G型空调客车厂修资质，为西南地区客修基地建设迈出坚实一步。

参加两次铁道部新造货车招标和一次定向采购，共获得货车新造11735辆，销售收入31.52亿元，分别比上年增加70.20%、85.77%。全年完成新造货车16508辆，销售收入41.59亿元，比上年同期分别增长59.0%、82.62%。其中部购货车完成11332辆，销售收入29.19亿元，比上年同期分别增长44.3%、56.54%。完成市场销售货车5176辆，销售收入12.4亿元，比上年同期分别增长101.0%、200.47%。

完成货车修理30120辆，转K2型改造22523辆，分别比上年增长0.34%、60.37%。货车修理和改造销售收入24.1亿元，比上年同期增长17.05%。

【配件销售】 全年，铁道部安排7万辆既有货车转K2型改造任务，货车配件需求急增，造成生产和供应压力加大。为保证货车新造和货车转K2型改造任务完成，重点抓了货车大部件生产扩能和供应协调工作，积极做好配件销售。货车配件收入11.7亿元，比上年同期增加7.19亿元，增长159.27%。

【物资管理】 2005年，集团公司物资采购供应认真贯彻《中国南车集团公司物资管理暂行办法》，坚持专业归口、分类管理、分级负责的原则，全年集中统一采购冷弯型钢11965吨、车轴坯7220吨、齿轮坯1448吨、乙字钢16151吨、槽钢8692吨、H型钢4817吨、机货车轮10174吨、轮箍4949吨、角钢240吨、耐候钢板55333吨，做到质量优良、价格合理、供应及时，保证了机车车辆新造和修理的生产需要。

【出口贸易】 全年出口签约额为25464.47万美元（其中机车车辆产品占94%），同比增长10%；出口收汇额20228.46万美元。主要出口产品包括33台机车、5列动车组、942辆货车和货车车体以及各种配件。主要出口国家有伊朗、土库曼斯坦、委内瑞拉、苏丹、南非、澳大利亚、安哥拉、印度、越南、俄罗斯、哈萨克斯坦、美国、瑞典、意大利等国。先后与十多个国家进行了业务联系及商务洽谈，接待了来自澳大利亚EDI及FMG公司、俄罗斯TMH公司、德国庞巴迪公司、美国GREENBRIER公司、匈牙利MAV公司等高级铁路代表团。加深与国外铁路行业及用户的交流与了解，更好地参与国际铁路装备领域分工合作。

（机车、客车、货车、海外事业部　供稿）

规划与投资

【概述】 2005年，集团公司规划发展工作围绕“把南车集团建成国内一流、国际知名、具有国际竞争力的轨道交通装备企业”的战略愿景，继续修订和完善发展战略，研究和部署集团公司“十一五”规划编制工作，着力推进结构调整，切实加强与金融企业的战略合作，继续抓好投资管理，重点做好重大投资项目的管理和后评价工作，积极实施“走出去、请进来”国际化经营战略，集团公司国际竞争力和知名度不断提升。对集团公司总部进行组织机构调整，节能管理职能由原市场部调整到规划发展部。根据国家建设节约型社会、环境友好型社会的要求，加强环保和节能管理力度，开展了推进清洁生产、继续实施ISO14001环境管理体系、摸清节能基础情况、组织参加国家建设节约型社会节能展览等活动。

【战略与规划】 根据国资委《关于〈中国南方机车车辆工业集团公司发展战略与规划〉的审核意见》（国资厅发规划［2005］161号），对集团公司发展战略再次进行修订，年底以南车划［2005］445号文件报国资委。

积极研究和部署集团公司“十一五”规划编制工作，组织有关厂所战略规划部门负责人进行研讨，制定规划编制工作指导思想、工作计划和结构框架，下发了《关于组织编制“十一五”发展规划工作安排的通知》（南车划［2005］27号），对编制“十一五”发展规划提出具体要求，各厂所、公司及总部有关部门编制了“十一五”规划草案，集团公司“十一五”规划框架基本完成。加强制度建设，健全战略与规划管理体系，制定并下发了集团公司《发展战略与规划管理办法》（南车划［2005］454号）。积极与国家开发银行进行金融合作，与有关部门一起完成开发银行长期贷款项目等有关资信评估材料，为签订合作协议作好充分准备，与金融企业的战略合作取得积极成果。

【年度专业计划】 根据集团公司年度经营发展目标和重点工作安排，组织编制了销售收入目标、科技、劳动工资、教育事业、培训、审计工作、环境保护等专项计划。

【产品结构调整】 为适应市场变化，优化资源配置，提升集团公司整体竞争力，完成对成都厂电机分厂、襄樊电机公司业务整合。对浦镇厂城轨、转向架改制建设方案进行专项研究，批复了城轨改制建设方案立项。对株辆厂、武昌厂、铜陵厂、江岸厂、戚墅堰厂货车产品结构调整和建设出口基地项目开展调研，提出了初步规划建议。对集团公司货车铸钢件市场、生产情况进行调研，并对如何扩能改造满足市场需求提出建议。

【产业政策研究】 积极参与国资委组织的中央重大装备企业（轨道交通装备）布局与结构调整研究，提高和确立行业在国民经济发展中的作用和地位，为行业发展创造有利的经营环境，为争取政策支持创造了条件。国资委在《关于公布中央企业主业（第二批）的通知》（国资发规划［2005］80号）中明确集团公司主业内容为铁路运输设备制造（包括城市轨道交通）及相关技术研究、服务，确立集团公司主业为涉及国家安全和国民经济命脉的重要行业和关键领域。

国家发改委为推动装备制造业健康发展，把《中国轨道交通装备制造业发展战略研究》列为年度科研课题。在11个专业课题中，集团公司牵头组织了电力机车、内燃机车、动车、部件等4个课题研究，专业课题研究报告按计划要求报送轨道交通协会。

【投资项目】 组织审查并批复了四方股份公司高速高档客车及青藏铁路客车技术改造、株洲南车电机股份公司整体迁建、戚墅堰厂提高大功率内燃机车关键件制造水平技术改造、株辆厂铁路货车关键件制造技术改造等项目的初步设计。组织审查并批复了资阳厂柴油机曲轴制造技术改造、株辆厂三项工艺调整、株洲所半导体器件生产Ⅱ线建设、戚墅堰厂出口美国GE公司构架技术改造、眉山厂拉铆钉等项目的可行性研究报告，以及成都厂客车修理规划方案、戚墅堰所轨道交通关键零部件生产基地、武昌厂客车检修大件探伤等装备技术改造、常州高职校实验综合楼建设、洛阳技校新建实验综合楼、四方有限公司转向架组装厂房等建设项目。审查并批复戚墅堰厂、铜陵厂、石家庄厂、二七车辆厂、江岸厂、南方汇通购置铁路专用车轴磨床和贵阳厂集资建设员工经济适用住房、襄樊厂供水系统改造等项目。向国家发改委申请办理四方股份公司西班牙贷款和国债项目免税及资阳厂、眉山厂等单位免税确认书延期事宜。结合引进高速动车组及大功率机车技术项目，组织四方股份公司、株机公司和株洲所编制时速200公里动车组和大功率电力机车及交流传动、网络控制等核心关键配件国产化技术改造方案，上报国家发改委审核。

国家发改委对石家庄厂轨道交通车辆空调制冷设备专业化制造基地建设、株机厂轨道交通车辆二期建设、株洲所750 V地铁电动客车牵引传动及网络控制系统产业化、铜陵厂LZ50钢系列车轴制造技术改造、集团公司信息化建设等5个项目进行了备案，商务部对四方有限公司和戚墅堰厂出口项目技术改造项目进行了审核，均给予项目国债资金补助。

【设备招标采购】 集团公司加强设备和工程项目招投标管理，组织铁路专用车轴磨床集中招标，在项目实施过程中严格执行国家有关招标的法律法规和集团公司的规定，为企业节约了资金。

【项目竣工验收】 对四方股份公司交流传动内燃机车出厂试验台、提高客车转向架工艺水平、动车组环形试验线、计算机辅助设计等5个项目进行竣工验收，验收委员会根据集团公司有关规定，通过现场检查、查阅资料、询问等方式详细检查，全面了解项目实施情况，促进企业实现“上质量、上水平、上档次”目标。

【合资合作】 针对浦镇厂与日本NTN轴承合资项目多次举行双方高层会谈，就合资合同、可行性研究等进行交流，制定了工作计划。批复了株洲所和三菱公司成立合资企业、四方股份和川崎公司成立合资企业项目。完成浦镇厂客车制动机与日方合作立项、组建有限责任公司方案审核和批复。集团公司组织高级代表团对西门子、庞巴迪等公司进行考察，进一步了解国外同行业研发、制造能力和管理水平，与德国GBM工程机械公司、SBF灯具公司交流了合作意向，与两个公司签订战略合作协议书，并就开展具体合作项目进行多次交流，有关项目正在积极进行之中。根据株洲西门子公司发展需要，合资公司对出资方株机公司、株洲所、西门子公司三方的股权进行了变更。

（规划发展部　供稿）

财 务 管 理

【概述】 2005年，财务工作围绕集团公司整体工作部署，夯实财务基础管理，加强资金管理，健全内部控制制度，完善经营考核办法。强化产权管理，配合主辅分离工作，推动以财务管理为突破口的企业信息化工作不断深入。全面完成年度生产经营计划，经营指标全面刷新。

【主要财务指标完成情况】 本年度，集团公司继续保持稳健发展的良好势头，主要经济指标完成情况较好，经济运行质量进一步提高。集团公司全年实现销售收入215亿元，比上年增加40亿元，增长23%。实现利润总额16376万元，比上年增加414万元。亏损企业5家，总共亏损29892万元，比上年增加亏损10899万元。管理费用206918万元，比上年增加28458万元；财务费用18198万元，比上年减少1738万元；产品销售费用39478万元，比上年增加12046万元。

【清产核资】 年内，集团公司以2002年12月31日为基准日，清产核资补充申报得到国务院国有资产监督管理委员会批复。共有12家二级企业进行本次补充申报，按原制度损失核减情况为：应收款项1708万元、存货2338万元、长期投资80万元、固定资产20564万元、在建工程1952万元、无形资产300万元、委托贷款74万元。原制度损失的二级企业处理渠道为：核减实收资本19155万元、资本公积4949万元、未分配利润1196万元、少数股东权益1716万元；按新制度预计减值准备金 7701 万元，相应核减期初未分配利润。在资产划转方面，根据集团公司资产优化配置需求，对成都厂与襄牵公司进行重组，将襄牵公司划转成都厂。

【主辅分离】 根据国家有关部委的正式批复，集团公司所属企业中已实施主辅分离辅业改制的企业“三类”资产有效资产的累计账面价值为 940250298.24 元、经确认的评估值为 351711472.52 元。通过实施主辅分离分流安置的富余人员人数为 10383 人。因与国有企业解除劳动关系按规定领取经济补偿金的人数为 7491 人，支付经济补偿金为 260886510.24 元。按照国家有关规定为实行内部退养和已经退休人员预留的相关费用总额为 82538095.62 元。

【财务制度和项目调研】 下发《大额资金审批办法》、《治理账外账的规定》和《委派总会计师业务考核办法》，对多项制度进行了完善。进行 6 个项目调研，具体项目为 2004 年资产评估分析研究报告、高风险投资业务情况调查、修理业生存状况调研、资金结算中心存在形式的调研、股权分置改革的调研、资金集中管理的调研，为下一步财务工作的开展做好了准备。

【国有资产管理】 加强资产评估工作，为企业改制改组、产权转让等工作提供保障。根据国家八部委 859 号文件精神，集团公司积极推进主辅分离工作。为确保改制过程中国有资产不流失，集团公司按照国资委 12 号令的规定建立了评估机构，实行出资人委托制及评估结果专家会审制。全年有 79 个评估项目，涉及资产总额账面价值 30.64 亿元，净资产账面价值 9.19 亿元，评估后资产总额账面价值 31.61 亿元，净资产账面价值 10.14 亿元。通过强化资产评估，对防止国有资产流失起到了积极作用。完成集团公司 2005 年度产权登记工作，上报的产权登记全部通过了国资委的集中会审。按照国资委要求，报送了中国南车集团公司资产评估分析报告、产权登记分析报告、上市公司国有股情况报告。本年度，还完成了株机厂改制和株洲所香港 H 股上市股权设置方案的制定和上报。

【上市公司股权分置改革】 启动了时代新材（600458）股权分置改革，并对南方汇通（00920）股权分置改革方案进行研究。

【资金管理】 年内，集团公司为子公司临时筹措调剂资金 62000 万元，筹资方式也由单一的银行贷款、保理业务向多元化发展。全年取得综合授信 36 亿元，为企业筹集短期贷款 5.8 亿元、长期贷款 10 亿元，外源融资能力明显增强。年底，从国家开发银行取得 10 亿元长期低息贷款，资金结构得到进一步优化。集团公司已取得各金融机构的总体综合授信额度 186 亿元，均为优惠利率，为集团公司“十一五”快速发展提供了有力的金融支撑。

【资产经营责任制】 完成集团公司所属各厂所、公司 2005 年度资产经营责任制考核，“十一五”前三年资产经营责任制财务指标体系的设计、数据测算、征求意见和下达工作，为“十一五”期间发展定下目标。

【成本价格管理】 对集团公司所属从事机车车辆修理的企业财务状况及经营情况进行综合调研，掌握资源情况，解决发展问题。完善价格指数统计办法，定期上报铁道部。通过对产品成本费用构成情况的调查和研究，制定相应措施，控制单位产品制造成本增长。全年成本费用总额占销售收入比率为 98.67%，比上年同期下降 0.94 个百分点。

【会计信息化及会计基础工作】 全面推广使

用金蝶财务软件，除2家二级企业以外，其余二级企业已全面使用 。大多数三级及以下控股企业，在数据集中的原则下也逐步使用金蝶软件，为集团公司数据整合奠定了基础。集团公司及各单位自行组织参加了各地区的继续教育培训工作，本年度继续教育工作顺利完成。

【重要会议】 3月，集团公司在郑州召开年度财务决算会审工作会议。12月，在西安召开年度财务决算会议，布置年度财务决算工作。（财务部　供稿）

审计工作

【概述】 2005年，各级审计部门围绕集团公司主要经营目标，以强化审计监督服务为主线，以集团公司利润最大化为中心，以效益真实性审计和管理规范性审计为重点，以风险审计为目标，积极探索，勇于创新，实现了审计工作价值的最大化。集团公司及所属企业审计部门共完成审计项目349项，查出问题金额16373万元，审计确定调账5011万元。审查工程预决算4073份，工程送审金额53790.3万元，核减工程投资额3532万元。审核采购合同24419份，合同送审标的137.98亿元，合同审减额2158万元。在审计中提出审计意见或建议共计354条。

【任期经济责任审计】 根据年度审计工作计划，集团公司审计部组织了昌平厂、襄牵公司、武昌厂企业负责人离任审计和资阳厂厂长任期审计。在开展经济责任审计中，突出了“四个重点两个延伸”，即：重点关注各单位的经济效益及潜在的经营风险，重点检查经营业绩和资产的真实性，重点评价经营活动的有效性，重点调查内部控制的关键环节；从核对报表、账册财务数据摘录，延伸到管理、控制的审计调查，从会计核算流程了解，延伸到经营业务流程调查。按照集团公司有关审计制度和审计程序，对被审计者在任期期间主要经营责任指标完成情况、国有资产保值增值情况和内控制度等进行审核，对任期的经营业绩做出评价，明确经济责任，有效提升审计效果。

各厂所、公司审计部门加大经济责任审计力度，通过抓住资金运作、投资方向及回报率、产品回收款与债权清理等重点，清理出未及时入账的大额应收账款。有的还建立了“活页式”经济责任档案，对经济责任履行情况进行持续监督和跟踪审计，将前期审计的建议作为本期审计内容之一，促进经营者廉洁经营，有效地维护企业利益。

各厂所、公司审计部门还结合本企业在结构调整和改制单位增多等情况下，对实行年薪制考核的单位实施了年薪审计，保证了激励政策的贯彻落实。有的在审计鉴证的基础上，根据资产经营责任制管理与全面预算管理之间的内在联系，对预算管理和责任制指标中存在的一些指标脱节问题、结算价格不一致、财务核算与资产经营指标口径不一致等问题提出审计建议，保证了全面预算和资产经营责任的严肃性。四方有限公司审计部依据《资产经营责任制及经营者评价实施办法》，对下属公司年度报表社会审计中，及时建议会计事务所关注内部审计了解的重要相关事项。有的还引入了经济增加值概念，客观反映经营单位资产运营效果。

【风险管理审计】 建立以风险为导向的内部审计工作模式，积极参与江岸厂经济案件处理工作，配合工作组处理案件所涉及的相关财务、审计问题，剖析案件中的违法行为，并在集团公司纪检工作会上提交了《关于内部审计在企业中作用的思考和建议》报告，对于防范风险起到了警示作用。根据审计工作计划，在组织洛阳厂2004年、2005年1~5月修理机车成本审计调查中，对工厂经营与管理的内控制度进行了评价，对成本核算中存在的问题提出审计意见及建议。调查报告得到集团公司领导高度重视，要求修理机车的企业组织力量对本单位的修理成本进行全面分析，集团公司相关部门牵头组织制定措施，进一步落实责任制。组织审计组对贵阳厂（南方汇通）2004年、2005年盈亏审计调查，对投资情况进行梳理，并对外借款、担保、内部资金拆借存在风险以及资金链断裂和财务危机提出重要警示，集团公司多次召开专门会议研究解决。在审计中关注被审计单位存在的各种风险，努力将审计关口前移，为不断提高风险监管力度进行了有益的探索。

株机公司审计处积极探索风险为导向的内部控制审计，从实施财务收支审计、经济责任审计及日常审计活动所发现的点滴问题中寻找线索，查清存在的舞弊、差错、违章、低效率、浪费等内部控制缺陷，认真分析各个控制要素，结合企业的管理方针、目标，确定将隐含重大控制风险的业务流程和环节作为审计对象，并将审计成果转变为管理成果，《防范企业风险为导向的内部控制审计》获集团公司第三届企业管理现代化创新成果二等奖。江岸厂“1·11”案件的发生，促使该厂对有效规避企业风险及管理的薄弱环节更加重视，审计部门根据风险控制点调整了年初制定的工作计划，抽调主要力量，对工厂实业公司及下属主要6家经营单位进行重点审计，为工厂挽回直接经济损失近600万元，收缴下属单位账外资金288万元。

【效益管理审计】 按照审计工作计划和集团公司领导指示，审计部分别对常州铁道高等职业技术学校、湖南铁道职业技术学院和湖南铁道职业技术学院天一实业有限公司进行资产真实性审计，基本摸清学校资产、经费运转情况、以及校办企业的经营情况。在襄樊厂2004年、2005年1~4月经营损益情况审计中，对工厂主要经营指标完成情况、机车修理成本进行了审核和分析，对工厂内控制度进行了评价，为该厂突出主营业务，增强市场竞争力出谋划策。加强清产核资账销案存管理工作，组织审计组对四方有限公司清产核资账销案存资产审计调查，维护了账销案存后资产的安全。在对株辆厂主辅分离改制分流资产管理审计中发现工厂改制分流成本很高，有的问题处置起来还存在一定困难，改制单位与工厂的业务关系，以及工厂在资金扶持政策上还需在工厂成本费用中承担等，引起了相关部门关注。各级审计部门结合当前集团公司推进的主辅分离、辅业改制工作进程，认真做好中介机构审计评估前的资产摸底工作。铜陵厂、武昌厂和四方有限公司等单位审计部门安排了主辅分离单位的资产审计，着力强化资产状况核实，查证其盈亏虚实，深入参与到外聘中介机构资产评估工作中，把好国有资产关口，确保国有资产安全退出和不流失。

【内部控制评审】 各级审计部门进一步扩展内部控制评审范围，从制度和流程着手，对主要业务操作程序和关键内控环节进行追踪和测试，对企业经营热点、管理难点和涉及员工切身利益的事项进行专项审计。石家庄厂审计处按照工厂制定的内控制度关键控制点审计检查办法在组织进行自查的基础上，进行重点检查和跟踪审计9项24个单位，将审计检查情况在全厂发布，引起全厂强烈反响。资阳厂审计部修改和完善了《内部控制关键控制点管理制度》，并根据制度实施内部控制关键控制点管理情况抽查审计，通过审计工厂采购部、能源分公司加大内部控制管理与监督力度，对车间材料计划提报过程有越权审批的情况和超范围采购“三类物资”的问题，进行了披露并向相关单位转达了审计意见，主管单位诚恳接受审计意见，进行认真整改。贵阳厂审计处针对经营过程中有关资产安全性等内部控制制度开展了专项审计监督，使审计监督的“关口”不断前移，其中对“C_{64K}制动缸吊组成”问题的专项审计调查包括了对生产用货车配件的领用流程和控制过程进行调查和评价，通过对发现问题的解决从制度上完善了物流控制系统，达到了事前预防目的。成都厂审计部门开展机车修理成本审计调查，通过选择几种重点车型成本数据进行分析比较，从采购、工艺、技术、质量、生产组织等方面深入分析其盈利水平，找出影响其成本变化的主要因素，充分挖掘降低成本的潜力，提出增强机车自修自制能力是提高企业经济效益的根本途径。

【工程项目审计】 以节约投资支出、推动投资工程管理为目标，深入开展工程投资项目审计。各级审计部门在审计中，着重把好“五关”，即：工程质量关、定额套用关、材料价格关、取费关、审查变更资料和各种签证关。二七车辆厂审计室总结了三个方面加强工程审计的做法：一是严格结算审计，认真审查施工鉴定及施工方案，深入现场，审查所有定额子目是否实事求是，对主要材料提前审计报价，确定合理的计算方法保证结算的真实性，使成本降至最低。二是审计人员注重材料价格信息的收集，学习新的钢筋规范、设计方法，不断提高审计水平。三是深入实际查找薄弱环节，注意施工过程的审计。株辆厂审计处注重对基建工程全过程的审计和重点加强对施工合同履约行为的考核，以及加强对工厂《工程项目审计规定》和基建项目管理程序的执行力检查。针对国债技改项目中存在的部分由于时间紧，边设计边施工，未能及时办理预算及合同审计等情况进行处理，主动配合完成国债技改项目审计任务。

【经济合同审计】 年内，各级审计部门在开展经济合同审计过程中，以降低工厂物资采购费用，提高效益为前提，节约了大量资金。浦镇厂审计部对修理车分解下来的报废件残值审计，加强委外修价格成本控制，还建立了应急合同审计的“绿色通道”，按照“急事急办”的原则，由审计部在合同会审表上加盖急办标志转入审核程序，并于当日内完成，提高了办事效率。襄樊厂、戚墅堰厂、石家庄厂等审计部门进一步规范物资采购招议标工作，通过完善招议标执行程序，严肃招议标纪律，规范招议标工作流程。为使物资采购招议标标底的制定更加科学、合理，负责合同审计的审计人员通过市场调查、网上询价、兄弟工厂比价等形式测定标底，为主管部门开展物资、设备采购招标工作提供参考意见。四方股份公司审计部以合同价格信息管理系统建设为载体，坚持“突出重点，全面覆盖”的原则，实施全面经济合同审计。审计人员全程参与了广州地铁、时速 200 公里电动车组等物资配件招标，发现了招投标及比价采购谈判工作中存在的问题，就可选择的供货商过少，招标前的价格预算（标底价的制定）影响招标和竞争性谈判的效果等问题，提出建立供应商评价机制，提高招议标工作效果和管理水平等改进意见和建议。戚墅堰厂审计处调整了常规的材料采购审计操作程序，将先定价后审计逐步向定价前先询价，询价后再定价转移，主动将审计信息和价格底线建议提供给采购部门，使审计人员与采购人员在价格形成的初始阶段充分协商，互通信息，使确定的价格更趋合理、公平。

【内部审计质量体系建设】 集团公司审计部根据国资委 7、8、10 号令，组织审计专家，修订并印发了《集团公司内部审计工作规定》和《集团公司经济责任审计规定》，以及制定了《集团公司技术改造投资项目审计监督管理办法》。为适应新需要，资阳厂、成都厂、洛阳厂、江岸厂等审计部门结合实际，修订和完善内部审计工作规定和各项专业审计实施办法，促进内部审计工作制度化、规范化，使审计监督和企业其他监督手段协调一致，共同为工厂改革和发展服务。株洲所审计部对内部审计制度重新进行了梳理，根据审计职能的定位，建立了一套标准化的制度体系，有利于内部审计工作组织协调和分工协作，为加大审计力度提供了制度保证。资阳厂审计部针对厂内各单位在《内部控制制度关键控制点管理制度》试行过程中存在的问题，经审计人员调查、征求基层单位意见后，在此基础上对部分内容进行了修改和完善，正式纳入工厂管理制度，对采购程序、价格、付款及实物验收等控制环节进行严格把关。

四方股份公司审计部建立合同价格信息管理系统，合同与价格信息管理、合同与价格分析、合同与价格查询、与物流程序的关联控制等实现了计算机网络化管理和控制，为公司建立与完善价格管理体系搭建了一个初级网络平台。株辆厂、戚墅堰厂、贵阳厂等审计部门配合 ERP 信息系统平台和物资采购管理办法，实行计算机联网审计提高工作效率，对物资采购过程、物资采购指导价格和协作配件价格制定过程实施审计监督，对合同审计的重点随着工厂 ERP 信息系统和供应商管理系统的运行以及标准格式合同的推行，逐步转到对合同履行情况的审计监督，维护工厂整体效益。眉山厂、株机公司等审计部门还尝试采用计算机辅助软件审计，通过计算机数据采集、分析、汇总等，缩短审计时间，降低审计工作量，提高了审计效率和审计质量。成都厂审计部还通过实施审计双向承诺制、全面推行审计日记、开展审计项目阶段工作讨论、邀请被审计单位进行参与式审计等方式方法，强化审计项目管理，减少审计工作的随意性。

（审计部　供稿）

信息化建设

【概述】 2005 年，集团公司信息化工作围绕国家发改委对集团公司信息化建设的要求，积极稳妥地推进信息化建设进程，在办公自动化系统二期工程、集团公司财务报表系统、集团公司价格指数系统、企业生产信息化建设、企业 ERP 系统的实施等方面取得稳步发展。国债信息化建设项目通过发改委组织的专家组答辩，批复报告于 10 月正式下达，得到国家 1450 万元资金支持。针对集团公司办公自动化系统存在的问题多次召开现场总结会议，在四方股份公司和株洲所进行试点应用取得良好效果。同时在戚墅堰厂进行电子档案系统试点，为系统升级和推广应用做了大量准备工作。

【株辆厂 ERP 系统全线运行】 该系统于 2003 年启动，2004 年 2 月进入实施阶段。现已完成库存、采购、销售、应收、应付、总账、固定资产、生产计划、质量、设备、成本、供应商、条形码管理等子系统的实施工作，应用范围覆盖到与生产、物流、财务相关的所有部室和车间。在一期工程基础上，完成定编定岗、制度体系重建、绩效管理方案制定等管理咨询方面的工作。在系统实施方面，完成了采购计划与过程控制、供应商评估、质量管理、成本管理、能力需求计划等新系统的实施工作。针对一期工程运行中存在的问题，整理并确定了大部分 A、

B类问题的解决方案，优化和完善了ERP系统使用功能，新增了条形码交接管理和不良品处置管理功能，进一步加强系统使用过程中的跟踪、监督与技术支持服务，巩固和完善了包括生产、物流系统在内的已上线子系统的运行成果，有效、稳妥地推进了ERP系统的实施。该系统采用B/S体系架构，后台数据库采用ORACLE数据库平台，应用服务器采用IBM WebSphere，应用软件采用利玛软件RS10。系统具有库存管理、财务总账管理、固定资产管理、销售管理、采购业务和采购计划管理、应收应付管理、生产管理（MPR）、准时化生产（JIT）管理、质量管理、供应商管理、设备工装管理、能力需求管理、标准成本和实际成本核算管理等主要功能。随着系统实施与应用，取得了良好的经济效益和社会效益。一是各级管理人员的管理观念和工作方式发生了很大的改变，二是初步实现了物流、资金流和信息流的有机集成，三是各项管理工作趋于规范化与合理化。

【集团公司财务报表系统】 根据集团公司需要，组织二七车辆厂编制了集团公司财务报表系统。企业定期上报各种财务指标，经过该系统处理后，集团公司可对下属各企业的主要财务报表进行快速浏览、分析。财务人员将历史积存的EXCEL格式财务报表导入数据库，并且通过前台展示模块的便捷显示及图形化分析方式，使用人员更加直观、快捷的分析多个下属企业多年的财务报表数据。系统主要提供两种查询方式：可以按照报表进行查询，将某季度（月度）集团公司和所有下属单位上报的同一格式的报表显示在一个窗体中，方便使用者对不同单位的同一报表数据项目进行比较、排序；也可以按单位查询，将某年某月集团公司或某下属单位任意四个相邻季度（月度）的财务状况，显示在一个窗体中，比较方便对同一单位不同时间的数据项目进行比较。两种查询方式都提供图形分析工具对任何报表任一数据项目的历史同期数比较及某时间段该数据项目的趋势分析。

【编制集团价格指数系统】 集团公司组织石家庄厂等完成了集团公司价格指数管理系统的开发和推广应用，实现了与各厂财务、物流系统的数据集成。系统主要包括集团公司版和各工厂版两部分，能够计算总体和个体价格指数的变化情况，全面反映集团公司和各厂所采购物资整体价格水平，记录物资采购价格变化趋势，为集团公司加强采购价格管理、掌握产品制造成本提供有效信息。

系统通过提取物资采购数据，补充录入水、电、天然气采购价格等数据，经运算后提供各种价格指数报表的定义、预览、打印、导出等管理功能。价格指数作为研究物资采购价格变化动态的一种重要工具和分析物资采购价格变动程度和变化规律的最主要的统计方法，对掌握物资采购价格变化规律，为集团公司和各厂所作出科学决策提供可靠的参考依据，具有十分重要的意义。价格指数系统主要特点：全面性，反映的是集团公司各厂所物资采购价格及其变化，避免了以点代面的片面性，有利于从宏观上把握物资采购价格的总体变化；系统性，指数记录物资采购价格的变化能够月复一月、年复一年地进行，连续系统地记录物资采购价格的变化；可比性，由于指数计算的基期相同，通过对不同时期的物资采购价格进行比较，能够从中看出不同时期物资采购价格的相对水平和变化规律；史料价值，用价格指数记载物资采购价格的变化，与不同历史时期重大的政策变化对比研究，有利于发现政策等因素对物资采购价格变化影响的时间长度和影响程度，为今后制定相关政策提供重要的参考。

【计算机技术在货车状态分析中的应用】 为掌握各种货车车型运用的技术状态，为铁路货车车型改进设计和确定改造方案提供技术依据，石家庄厂提出建立货车技术状态数据库，用计算机技术对货车检修数据进行统计、分析，掌握主型棚车特定部位运用后的技术状态，为设计制造铁路货车提供技术依据，于2004年与集团公司签订了《中国南车集团科技计划项目合同》。工厂成立了专项开发小组，工艺技术人员、软件开发人员经过多次研讨，在对该项目进行系统分析基础上，结合修理工厂特点，以铆工分解细录为数据源，通过开发软件、建立基础数据和数据采集点、集成HMIS和AEI的车辆基本信息数据，实现了按车型、制造厂、制造年月、重点部位进行数据统计功能，达到了货车设计、制造缺陷等技术状态分析目的。该系统于2004年9月开始试运行，2005年3月31日通过集团公司审定，开始正式使用。

【洛阳厂生产管理系统通过集团公司验收】 洛阳厂生产管理系统（机车检修管理信息系统）于11月通过了集团公司验收。该系统开发分两步进行，第一阶段（一期工程）“突出两个重点，控制一条主线”，即首先实现机车检修总组装过程和柴油机检修质量控制，逐步达到机车检修工艺流程全过程控制。第二阶段（二期工程）在一期工程基础上，在整个内燃系统所有车间推进以进度、质量管理为核心的机车检修系统。同时，进一步强化管理职能，在市场营销、采购供应、生产计划管理、质量控制、客户管理、网络系统管理等一系列生产经营活动中，实现信息化管理。

一期工程建设2002年4月开始启动，同年8月完成系统程序设计及柴油机实验台监控系统的开发工作，并首先在内燃总装车间和柴油机车间试点使用。2002年12月启动二期工程，全面覆盖了机车检修全过程进度控制、质量控制、市场营销、生产计划管理与客户服务技术支持管理等方面。项目于2003年10月开始全面应用，2004年12月，工厂自主进行系统的二次开发，内容主要包括机车检修档案、部件管理、数字量具在机车检修过程中的应用及改版客户服务网站等，2005年5月完成并正式投入使用。

该生产管理系统由10个子系统组成，市场管理子系统、分解管理子系统、主检修计划管理子系统、质量管理子系统、基础数据管理子系统、用户管理子系统、智能决策支持中心子系统、车间作业管理子系统、机车档案管理系统、客户技术服务支持系统网站。系统主要特点包括可实现从半年计划、月生产大纲到工厂月、日生产计划的自动生成，在生产现场大规模采用了触摸屏系统，建立了生产进度网络图，实现了对机车合同条款、业务通知书、厂外质量反馈统计、客户资料的有效管理，在部分柴油机试验站实验台位实现了对在台柴油机实验信息的实时跟踪及试验历史资料的查阅。对在生产现场采用数字量具实现现场检测数据信息的采集、上传进行了有效探索，为提高检测数据的有效性，使检修质量定责从定性向定量转化奠定了基础。生产管理系统的开发应用提高了企业形象和市场竞争能力，促进了管理水平和产品质量的提高，增强了机车检修的市场竞争能力，提高了企业信息技术的应用水平、工艺技术管理水平和管理人员的工作效率，增强了员工的执行力与责任心。

（信息中心　供稿）

多元经营

【概述】 2005年，集团公司多经工作在整顿、规范既有多经项目的基础上，调整发展思路，规范多经企业的经营行为，加强了对多经企业的联合审计，加大监控力度，防范经营风险。在确保集团公司多经企业平稳发展的基础上，产品研发取得初步成效，形成了新的利润增长点。实现多经总收入56.87亿元，完成年度计划124.15%，同比增长17.78%。其中非机车车辆产品收入为20.69亿元，完成年度计划的78.67%，同比减少12.39%；多经企业利润总额-1.38亿元，同比减少3.11亿元；多经从业人数16991人，比上年同期减少3739人。

【多经企业经营发展情况】 截至年底，集团公司各厂所共有多经企业108家，其中有限责任公司66家，股份有限公司5家，其他37家。注册资本总计18.90亿元，总资产56.37亿元。

总资产在1000万元以下的有42家，占45.4%；1000万元~5000万元的有49家，占52.9%；5000万元~1亿元的有7家，占7.6%；1亿元以上的有10家，占10.8%。

营业收入在100万元以下的有7家，占6.5%；100万元~500万元的有35家，占37.8%；500万元~1000万元的有14家，占15.1%；1000万元~5000万元的有36家，占38.9%；5000万元以上的有16家，占17.3%。其中青岛四方物流、株洲斯威公司、贵州航天电源、南方汇通世华微硬盘、株洲所时代电子、时代新材达到了1.15亿元、2.42亿元、1.70亿元、1.77亿元、2.53亿元、1.83亿元，分别突破了亿元大关。

在108家企业中，实现盈利的有73家，占78.8%；亏损的有25家，占27.0%；盈亏在万元左右的企业有10家，占10.8%；利润在50万元以内的有42家，占45.4%；利润在50万元~500万元的有23家，占24.8%；利润在500万元以上的有8家，占8.6%。其中利润超过千万元的企业有石家庄国祥制冷有限公司、北京隆长泰、株洲斯威公司、株洲宁波分所、时代电子、时代新材。亏损额在50万元以内的有10家，占10.8%；亏损额在50万元~500万元的有12家，占12.9%；亏损额500万元以上的有3家，占3.2%。亏损较严重的企业是南方汇通世华微硬盘亏损额35258万元、微电子分公司亏损额646万元、棕纤维事业部亏损额540万元。

【多经企业产品研发情况】 大部分多经企业能够保持市场盈利，维持良好的发展状态，销售收入稳步增长。机车车辆相关产业发展迅速，燃气发电机组、电动汽车、汽车配件等都有一定的市场空间，形成了多经企业新的利润增长点。依托主业进一步向多元化经营迈进，洛阳厂控股的启明超硬材料有限公司是专业研究和生产人造金刚石、超硬材料制品及合成设备的高新技术企业，公司近三年快速、稳定地发展，全年营业收入6008万元。公司争取实现年产人造金刚石1亿克拉的目标，产品市场前景看好。专用汽车各相关企业开发品种增加，全年营业收入创历史最好水平。北京隆长泰全年营业收入3092万元。株洲所加快电动汽车和混合动力汽车研制开发工作，确立了公司以电动汽车动力及电驱动系统技术工程化为切入点，打造一个电动汽车动力及驱动系统的公共平台，以产品标准化、模块化、系列化技术为主要研究方向，推动国家电动汽车事业发展的战略定位。南方汇通源泉科技公司生产的反渗透膜是国家发改委重点支持的高新技术项目，该公司已经掌握反渗透膜生产的核心技术并居于国内领先地位。

【多经实体管理】 由新力搏公司出资组建的多经实体企业原有17家，经产权置换现剩10家，总计出资3847.9万元。其中控股企业7家，参股企业3家。杭州三立电器电缆有限公司、武汉康利公司和深圳国铁贸易公司等3家公司已经完成股权置换，集团公司不再参股经营。武汉神骏专用汽车股份公司实现销售收入4183万元，创公司成立以来最好水平。海南中舟电子光碟有限公司由于市场运作原因造成经营困难，现正在改制中。襄樊南车专用汽车制造股份有限公司、广州铁工电器绝缘材料有限公司、广州保捷电动工具有限公司等多家控股、参股企业也在进一步加强资产管理，改革改制，积极进行市场运作，完善管理体制，维护企业的正常生产经营，确保国有资产保值增值。

【多经工作会议】 6月16～18日，集团公司在眉山厂举办多种经营和集体经济企业工作会议暨高管人员培训班，集团公司副总经济师兼多经事业部总经理白继文到会作重要讲话，指出在确保全面完成集团公司“十五”多经工作计划的基础上，根据集团公司“十一五”发展战略，认真贯彻执行多经发展子战略；调整思路，正确认识和发挥产业优势，在充分利用现有相关资源的基础上，拓展经营领域，探索相关多元化产业发展的新模式；调整结构，淘汰无关多元产品和企业，逐步从无关多元经济领域退出；调整政策，不熟悉的领域不涉足，不盈利的企业不再办，风险控制措施不落实的不投资；整顿、规范既有的多经项目，加大监控力度，防范经营风险，扎实工作，不断进取，使集团公司多元经营向健康稳定的方向发展。培训期间，集团公司副总工程师兼规划发展部部长孙学军、审计部部长陈雄、综合管理部副部长阴明月光、多经事业部副总经理王国靖、多经事业部综合管理处副处长赵俊杰等有关部门领导，针对集团公司经营发展战略和中长期发展规范、多经集经企业改革改制、基层企业财务审计内部控制以及集团公司多经发展子战略等进行了专题授课。各厂所、公司对多经、集经企业在经营管理、改革改制、产品开发等方面进行了经验交流。

为了准确全面地反映集团公司各厂所多种经营的指标动态和工作成果，集团公司对多种经营统计报表文件、软件进行了修订完善，并于12月1日在浦镇厂举办了多经统计工作会议暨统计软件培训班。

12月20日，集团公司在北京召开多经发展基金理事会及多经先进集体、先进个人表彰会。会上总结了集团公司多经发展基金理事会的工作，通报多经发展基金使用和收益情况，研究一个时期多经发展基金的工作重点。表彰了资阳厂等9个多经先进单位，戚墅堰厂肖传清等8名多经先进工作者。

（多经事业部　供稿）

技术管理

科技发展与管理

质量管理与通用技术

机车生产与技术开发

车辆生产与技术开发

能源管理与环境保护

科技发展与管理

【概述】 2005年，集团公司及所属企业加大科技投入、加强科技管理，完成了技术引进合同签订和货车提速重载新产品研发、生产技术准备。组织株机公司、戚墅堰厂赴匈牙利参加国家商务部组织的《2005年匈牙利中国工程与技术展览会》；组织株机公司、戚墅堰厂、资阳厂、四方股份公司、浦镇厂、株辆厂、眉山厂、二七车辆厂、株洲所、戚墅堰所等企业参加第七届中国国际现代化铁路装备展览会，以集团公司自主开发的提速机车、城轨等轨道交通装备和关键零部件为重点，宣传集团公司的自主创新能力。

组织浦镇厂、株机公司、四方股份公司、株洲所、四方有限公司等企业参加上海2005中国国际城市轨道交通展览会，集团公司展台突出体现了整体和下属企业的自身特色，以现代、开放、大方的形象得到展会主办、承办单位和有关专家及参观者的好评。组织参加12月在北京展览馆举办的建设节约型社会展览会，集团公司获得组委会颁发的“最佳组织奖”和“最佳设计奖”。

【科技计划管理】 年内，集团公司科技计划分铁道部项目和集团公司项目两部分编制和组织实施。其中列入铁道部科技研究开发计划的项目有8项，大秦线机车重载牵引适应性改造研究、大秦线重载组合列车机车制动系统与同步控制系统适应研究、径向转向架韶山$_{3B}$型电力机车研制、时速160公里快速货车转向架研制、70吨载重共用车研制、大功率模块化变流器及其控制系统研制、机车信息化车载平台建设研究、E级钢金相组织检验图谱的研究；列入集团公司科技计划的项目有100项，关节式集装箱专用平车研究、新型集装箱专用车研制、大功率交流传动内燃机车主发电机研制、D型平车研制、70吨级通用货车研究、城际快速交通动车组转向架研究、时速200公里动车组制动系统国产化、5000马力重载调车机车研究、东风$_8$型内燃机车重造研制、供委内瑞拉东风$_{8B}$型内燃机车研制、内燃机车取消正线试运采用动态检测的可行性研究、轴重25吨时速120千米重载快捷交流传动货运内燃机车研究、高档公务车组研制、直线电机地铁车辆开发、大功率交流传动货运内燃机车研究等。对2001～2004年按计划应该完成的科研项目进行清理，经过清理应结题186项，报结题142项，报中止5项，报延期24项并说明了延期原因，未报15项，仅占8.1%。

做好2006年科研计划项目准备工作，下发《关于申报2006年集团公司科技研究开发计划项目的通知》，明确了2006年科技计划立项的指导思想、科技项目重点范围，要求申报的项目要突出重点、注重实际应用效果和经济效益。根据集团公司“十一五”发展规划（稿），组织起草了集团公司“十一五”科技发展规划（稿）。并布置各厂所、公司做好“十五”科技工作总结和编制“十一五”科技发展规划。

组织编写《实施主产品与国际接轨总结评价大纲》，组织开展实施总结评价工作，成立了机车、客车、货车3个专业工作组具体对各企业和机车、城轨车辆、客车、动车组、货车产品的进行评价。在各企业自评和3个专业组调研的基础上，提出各企业实施主产品与国际接轨的意见，提出集团公司机车、客车、货车3个产品的总结评价报告，以及集团公司主产品与国际接轨的总结评价报告。

【科技成果】 集团公司有9项科技成果获得铁道科学技术奖，其中东风$_{11G}$型准高速客运内燃机车研制、CD08-475型道岔捣固车国产化及关键技术的研究2个项目获得一等奖，获得二等奖4项、三等奖3项。集团公司评出集团公司科学技术奖16项，其中株辆厂的出口巴西GDE、GDT型敞车项目获得一等奖，获得二等奖6项、三等奖9项。

【专利技术】 年内，集团公司申请专利84项。其中：发明专利25项，实用新型41项，外观设计18项。到湖南、四川对集团公司所属6家企业的知识产权保护工作情况进行调研，了解到企业间知识产权保护工作的开展情况反差很大，普遍认为申请专利意义不大。为此，提出了强化专利意识、以提高专利申请数量为突破口的工作思路，为推动集团公司专利工作打下良好基础。

【标准化工作】 年内，发布集团公司标准1项：《机车车辆减振橡胶件试验方法》。组织制定并通过审查的集团公司标准13项，《机车牵引齿轮感应淬火》、《机车齿轮渗碳淬回火》、《电力机车主电路接地继电器技术条件》、《机车高温瓷件订货技术条件》、《机车用隔离开关技术条件》、《客车零部件涂装技术条件》、《客车清洗技术条件》、《焊接结构未注公差的规定》、《机车车辆二氧化碳气体保护焊技术条件》、《铁道车辆用铸钢件通用技术条件》、《球墨铸铁件通用技术条件》、《机车车辆用蠕墨铸铁件通用技术条件》、《机车车辆用铸钢件补焊技术条件》。

召开集团公司标准化建设研讨会2次，到株洲、四川调研集团公司所属6家企业标准化工作情况，起草《完善的技术标准体系，企业核心竞争力的体现》调研报告，进一步明确集团公司标准化工作方向。

（综合技术部　供稿）

质量管理与通用技术

【概述】 集团公司及所属企业通过强化质量管理基础，提升制造工艺水平，促进产品质量升级，加强工序质量检查和考核，对工艺文件实施动态管理，充分发挥工艺技术文件的质量保证作用。

【质量体系认证】 集团公司与铁道质协联合组织了一期质量管理培训班，为各厂所培训了19名具备ISO 9000（2000版）资格的外审员。已经通过ISO 9000认证的企业组织了自查和内审，将内部审核重点由符合性审核转变为符合性、有效性审核相结合，重点对质量体系运行的有效性和适宜性进行了检查和评价，突出了对设计过程、特殊工序和关键工序、铸造和热处理的质量控制和原材料、外购件的质量控制。进行质量保证体系复查的各厂都通过了质量认证机构的复查，质量保证体系有效运行。

【质量管理小组】 集团公司组织评选出优秀质量管理小组26个，并推荐参加全国和铁道部优秀质量管理小组评选，获得“全国优秀质量管理小组”2个、“铁道部优秀质量管理小组”16个。广泛开展群众性质量活动，集团公司被中国质量协会等单位授予“全国QC小组活动优秀企业”称号。

2005年度集团公司优秀质量管理小组名单

序号	单　位	课 题 名 称	小 组 名 称	级别
1	株洲所	提高香港地铁柜体焊接一次合格率	创新QC小组	国优
2	株洲所	提高母板防插错齿组装合格率	千里马QC小组	国优
3	株机公司	提高电力机车紧固件及管接头紧固合格率	组装分厂紧固件及管接头紧固QC小组	部优
4	株机公司	开展风缸质量攻关提高其机加工合格率	备料分厂刨边班QC小组	部优
5	戚墅堰所	提高油压减振器的成品合格率	油压减振器QC小组	部优
6	石家庄厂	降低8A转向架侧架摇枕检修裂纹率	货车事业部台车车部侧架班QC小组	部优
7	株洲所	SPC在波峰焊工序有效应用	智多星QC小组	部优
8	戚墅堰所	280钢顶氮化变形尺寸控制	280钢顶氮化变形尺寸控制QC小组	部优
9	石家庄厂	提高喷丸系统吸砂量	货车事业部准备车间	部优
10	石家庄厂	减少交车工段返修缺陷	货车事业部技术部QC小组	部优
11	株机公司	提高机车轴承一次交验合格率	转向架分厂车轴加工QC小组	部优
12	戚墅堰厂	东风$_{11G}$司机室前窗组装胎型的研制	钢二车间司机室综合班QC小组	部优
13	襄樊厂	提高气门外观质量	机械制造部工具车间QC小组	部优
14	襄樊厂	气门弹簧直径超限修复攻关	利材车间QC小组	部优
15	南方汇通公司	解决牵引销夹砂缺陷,降低牵引销废次品	铸工摇枕、侧架QC小组	部优
16	资阳厂	提高轮对一次压装合格率	机车分厂转向架车间轮对QC小组	部优
17	戚墅堰所	提高280活塞环镀铬层厚度合格率	活塞环镀铬层厚度控制QC小组	部优
18	襄樊厂	提高电机法兰加工质量	机加车间车磨钳QC小组	部优

【产品质量监督检查】 年内，集团公司组织机车车辆自制及外购、外协零部件抽查，共抽查了7类、25个厂项的产品，抽查结果为合格19个厂项，不合格6个厂项。

【计量与理化检测】 年内，集团公司下发了《中国南车集团公司计量工作管理办法》。根据集团公司铁路专业量具管理比较薄弱的情况，结合上年铁路计量工作大检查中一些共性问题，4月4～11日在广西北海召开了《铁路专用计量量具管理和技术培训班》，有81名计量主任和技术主管参加了培训。初步建立了以四方股份公司、资阳厂、戚墅堰厂、株机厂、戚墅堰所为骨干的试验检测实验室，发挥骨干实验室的示范作用。与中国北车集团公司合作重新修订并下发了《机车车辆工业计量检定测试人员考核培训管理办法》，调整了考核委员会人员，组织编写了《热、力、电计量专业》、《长度计量专业》、《计量检测体系培训教材》、《计量基础知识》等5套考核复习资料和考核复习题。按照《机车车辆工业理化检验人员技术考核和资格鉴定办法》，10月16～17日在南京举行了理化检验三级（高级）人员答辩、考核工作。

【通用技术】 1月14～17日，在北京召开铁道机车车辆工业系统无损检测培训工艺教材编审会。5月25~27日，在南京召开集团公司“企业焊接规范性研究”项目工作会议。对“企业焊接规范性研究”项目进行了阶段性总结，并确定下一阶段工作目标和任务分工；对集团公司《铁道车辆及零部件的焊接标准》（初稿）提出修改意见；对《转向架构架焊接生产流程图》（初稿）的合理性进行了分析讨论，从规范转向架焊接生产和可操作性方面，进一步充实其内容；对“转向架构架焊接规范数据库”的方案进行讨论，在对各厂提供的转向架构架焊接工艺评定报告比较分析的基础上，确定了更为合理的焊接工艺参数，作为补充内容。

针对武昌厂检修的钩尾框断裂问题，集团公司组织探伤技术专家组到武昌厂进行探伤专项质量检查，并对整改工作进行阶段性审查，各项措施得到较好落实。

根据铁道部进一步加强铁路机、客车产品探伤质量的要求，集团公司于9月12~30日对集团公司机、客车修造系统10家企业的探伤质量开展专项检查，检查重点是各企业在探伤管理、探伤工艺、设备及人员配置、使用及安全防护等方面存在的问题和不安全因素。检查工作按照《中国南方机车车辆工业集团公司探伤管理办法》（试行）要求，对应铁道部相关文件、标准的规定，全面审查有关探伤作业的相关文件和管理规定，着重检查探伤工艺合理性、探伤工艺文件可操作性、探伤过程控制有效性、探伤记录真实性及可追溯性等内容。针对机、客车系统探伤质量专项检查工作发现的问题，为进一步完善和提高机车系统探伤工作质量，于年底提出了集团公司机、客系统探伤工艺规程编制大纲并组织有关企业专业技术人员开展了机、客系统探伤工艺规程编制工作。

为进一步加强集团公司所属企业铸钢生产管理，有效配置能力资源，提升质量管理水平，对株辆厂、眉山厂、二七车辆厂、铜陵厂、戚墅堰厂、南方汇通、石家庄厂、江岸厂、武昌厂、洛阳厂、四方有限公司等企业铸钢及大件生产能力和货车市场情况进行了调研分析，提出了缓解集团公司货车铸钢产品生产紧张初步措施。

【通用技术培训】 9月21~23日，在大连交通大学举办焊接结构疲劳设计、工艺和寿命预测技术培训班。着重介绍了产品焊接结构的疲劳设计、寿命预测、影响疲劳与寿命的工艺因素和解决案例（方案），介绍了解决设计、分析与工艺问题的工具、标准与疲劳寿命数据库等，并对《机车车辆焊接结构抗疲劳设计与工艺一体化》工作进行了研讨，还对学员提出的具体问题与案例进行了现场解答。

分别于2月28日~3月23日和8月28日~9月21日在太原，5月12日~6月4日和6月7日~7月2日在无锡，2005年12月21日~2006年1月13日在戚墅堰举办了3期磁粉二级探伤班、1期超声二级波探伤班和1期射线班，培训技术操作工729人。

【通用技术项目审定】 11月17日，集团公司组织了5个项目审定。《低合金铸钢冶炼规范的研究》项目是根据集团公司各企业电弧炉冶炼低合金铸钢生产实际情况和各企业的冶炼差别，对现行的冶炼工艺进行统一规范，对低合金铸钢电弧炉冶炼过程提出了纲领性的操作规范，以指导各相关企业制定适合自己要求的低合金铸钢冶炼操作规程，缩小集团公司各企业间的质量差距，增加电弧炉冶炼低合金铸钢的工艺稳定性。《工序再造工程研究及实施》项目是洛阳厂适应铁路机车检修发展需求，实施了以建线达标为主要内容的“工序再造”工程，对现有生产流程各要素重新进行设计、优化，以达到“优化工艺，完善设备，提升管理，改变环境，规范行为，提高质量，树立形象，抢占市场”的目的。《高速车空心车轴超声波探伤工艺及装备的研究》项目是戚墅堰所在车轴检测已有探伤工艺和装备基础上，对空心车轴探伤工艺进行系统研究。在进行大量工艺试验的基础上，研制出适用于空心车轴在役检测的自动超声检测设备，以满足时速200公里二动一拖车辆研制和运行的需要。《工艺信息化管理研究》项目是洛阳厂承担的集团公司科技项目。该项目以计算机技术为基础，可实现内燃系统各车间、各职能部室机车检修信息的采集和管理、检修合同的维护、检修过程的记名检修和基于网络图的过程控制、关键节点的进度控制，并通过LED显示屏和其它终端设备显示各种检修信息以及检修计划和动态完成情况。《企业焊接规范性研究》项目是集团公司为进一步提高铁路机车车辆焊接制造工艺质量，统一标准、优化参数，组织戚墅堰所及主机企业成立了项目组，开展焊接规范化研究。该项研究取得了铁道车辆及其零部件的焊接、转向架构架焊接生产流程图、转向架构架焊接的基本数据3项成果。（综合技术部　供稿）

机车生产与技术开发

【概述】 年内，铁道部机车产业结构调整，国内机车订单急剧减少，集团公司所属各厂所、公司把深入推进科技强企战略放在首位，坚持走自主开发与引进技术消化吸收再创新相结合的道路，加快新产品开发和科技成果转化步伐，提升工艺制造水平和产品质量，大力开拓路内、路外铁路和海外市场，并积极拓展国内城轨市场。

机车开发方面：戚墅堰厂完成了具有双机重联功能的东风$_{8CJ}$型交流传动内燃机车优化工作，研制的“雪域神舟”号内燃机车牵引试验列车成功驶过海拔5072米的唐古拉山到达青藏铁路唐古拉山站，经受了高原运行的考验，东风$_{11G}$型、东风$_{8CJ}$型内燃机车分别通过江苏省、中国南车集团公司科技成果鉴定。

株机公司完成了时速120公里六轴货运机车总体方案设计和方案评审以及时速200公里六轴和八轴客运电力机车的方案设计。

资阳厂将燃气发电机组列为开发重点项目，组织了Q16V240ZLD燃气机及燃气发电机组的开发。4月底，实现240单缸燃气机点火。5月，完成单缸机第一阶段试验。6月，完成Q16V240ZLD燃气机及燃气发电机组的全部设计工作。Q16V240ZLD燃气机是在16V240ZJ系列柴油机基础上研制，对影响燃气机性能、可靠性的零部件进行了重新设计选型，同时增加燃气供给系统、点火系统及电气控制系统，可使用天然气、沼气、瓦斯气等可燃气体。在此基础上同期开发了Q16V240ZLD燃气发电机组，可作为天然气发电电站，采煤、采油、炼焦、环保等行业发电及环保设备。9月，在6240ZJ柴油机基础上完成船用重油柴油机设计、样机试制和试验，并进行了燃用轻柴油和4号燃料油的性能对比试验。6240船用重油柴油机是在综合船用柴油机和机车柴油机的特点，在主要部件尽量满足通用互换的前提下，按模块化、标准化的设计理念尽可能与原机保持一致。研制的1000GF—K型柴油发电机组由1台1100千瓦柴油机、1250/1000发电机组成，为固定式三相交流发电机组，该机组可单台机组运行，也可多台机组并联运行组成柴油发电站。采用半自动型控制屏，控制系统运用PLC技术和WOODWARD公司生产的高科技综合控制系统，可实现多台机组之间等速分配负荷的并联运行。自主开发装有径向转向架的东风$_{8BJ}$型大功率交流传动内燃机车完成30万公里运用考核。

成都厂研制的ZD106E牵引电动机用于东风$_{11G}$型内燃机车，为进一步提高电机可靠性，采用斜刷握结构。6月12日，通过铁道部产品质量监督检验中心牵引电气设备检验站型式试验。

四方股份公司研制的昆明米轨机车在完成功率补充试验后投入运行，10月21日铁道部科技司会同计划司、运输局召开了技术评审会。

株洲所完成首台DC600V列车供电四象限整流器地面试验，完成具有自主知识产权的“内电客”一体化控制平台——分布式列车电子控制系统样机试制，并顺利通过各项型式试验和功能试验。完成时速200公里动车组国产化样机试制和相关型式试验，完成高压IGBT的应用技术研究和水冷、单轴驱动的工程化机组研制，6500 V高压晶闸管、3000 A/4500 V GTO器件、5英寸大功率全压接器件、4英寸快速晶闸管通过湖南省科技成果鉴定。

戚墅堰所成功开发东风$_{8CJ}$型内燃机车、韶山$_{3B}$型和韶山$_{4G}$型电力机车传动齿轮并装车运行考核，机车车辆减振器、密接式车钩、VVVF车传动装置国产化研制等项目通过科技成果鉴定。完成钢轨打磨列车走行齿轮箱轮对和高速四轴配碴车走行齿轮箱轮对研制。完成50万公里280活塞环样品研制，并装车试验。

拥有完全自主知识产权的3台“奥星”时速200公里客运交流传动电力机车在4月份就已经分别完成了30万公里以上的运用考核，累计运用公里数达100多万公里。“中原之星”动车组是首列投入商业运行的动力分散性动车组，自2001年投入运营以来，已经安全运行100多万公里。按照铁道部安排，“中华之星”动车组8月1日正式投入载客运营，已经安全运行11万多公里，累计运行64万公里，总体运行情况良好。

机车出口方面：4月28日，株机公司出口乌兹别克斯坦、哈萨克斯坦机车通过湖南省科技成果鉴定，机车达到国际先进水平。

3月12日，四方股份公司为纳米比亚设计制造的首列米轨动车组在纳米比亚举行交付仪式。

资阳厂完成出口土库曼斯坦CKD$_{8A}$型客运内燃机车、CKD$_{8C}$型货运内燃机车和CKD$_{6E}$型调车内燃机车的设计和16台客运机车生产。还完成出口苏丹SDD$_1$型窄轨内燃机车、南非SDD$_2$型外走廊窄轨内燃机车和越南SDD$_3$型准轨内燃机车设计和试制。

城轨车辆方面：株机公司成功中标上海地铁一号线扩编（6改8）72辆地铁车辆采购项目，合同金额9.5亿元。以上海地铁和广州地铁两项目为平台，加速地铁车辆技术引进和国产化进程，完成铝合金A型车辆和铝合金B型车辆（除转向架以外）技术引进，开展A型地铁转向架自主研发工作。6月3日，严格按照德国西门子公司技术要求制造的12个地铁车辆转向架竣工验收并交付使用。11月18日，中国首列最快的地铁列车——广州地铁三号线车辆竣工下线。

浦镇厂全年交付南京地铁14列84辆车，交付时间比合同工期提前60天，获得了南京地铁公司高度评价。南京地铁列车采用微机故障自诊断系统，具有故障、安全特性的控制、监控功能。6月24日，南京地铁一号线车辆通过ISO 9001质量体系认证。9月3日，正式运营后，经受了国庆节和全国十运会大流量运营考验。

四方股份公司交付北京八通线最后56地铁车辆，完成广州地铁直线电机转向架技术引进。11月27日，首列直线电机地铁车辆在四方股份公司竣工下线，并于12月26日在广州地铁四号线上投入运营。

株洲所中标香港地铁车辆辅助变流器项目，合同金额3700万元，并与广州地铁公司签订一列地铁车辆改造（牵引变流器、网络控制等）合同金额500万元。完成广州地铁国产化项目产品研制，IGBT城轨车辆变流器在北京13号线完成线路运行考核试验。

戚墅堰所研制成功具有自主知识产权的地铁车辆齿轮传动系统，实现了齿轮传动国产化。8月，密接式车钩和缓冲装置在大连快轨列车上装车试验，经过一个多月的空载运行和负载运行试验，满足城轨车辆使用要求，12月通过江苏省科学技术鉴定。

【东风$_{8CJ}$型内燃机车】 东风$_{8CJ}$型内燃机车是根据铁道部科技计划和项目要求，以满足在繁忙干线开行重载5000吨、运行最高时速90千米/时及时速120千米/时快捷货运列车为目标而研制的新型交流传动内燃机车。该机车研制以自主创新为主，装用自行研发的R16V280ZJ大功率柴油机，采用大功率交流传动先进技术、燃油电子喷射技术、承载式燃油箱技术和干式冷却系统。5月10日，通过集团公司科技成果鉴定。

【大功率交流传动内燃机车】 10月31日，铁道部6000马力大功率交流传动内燃机车采购和技术引进合同在北京签订。合同由技术转让、进口机车采购、散件进口国内组装机车采购和国内制造机车采购4个部分组成。按照合同第1台样车由美国GE公司制造；第2～50台机车大部分部件由美国GE公司生产并提供，少量部件由戚墅堰厂生产并由戚墅堰厂完成机车总组装。其余250台机车分5个阶段，按照国产化率30%逐步提高至85%全部由戚墅堰厂生产，美国GE公司将向戚墅堰厂转让柴油机、交流传动系统等11项关键部件的生产技术。自合同生效后第25个月开始向铁道部陆续交付机车，至第49个月全部交付完毕。

【GK$_{2C}$型内燃机车】 GK$_{2C}$型内燃机车是四方股份公司为满足工矿企业铁路重载运输需求而专门设计的一种具有较大起动牵引力的液力传动内燃机车。机车最大速度为时速40公里，最大起动牵引力为455千牛，持续牵引力为300千牛，起动牵引力在理论上（粘着系数0.33时）不受粘着力的限制，可在5‰的上坡道上牵引4000吨实现坡停坡起，该车液力变速箱为液力换向型，可实现不停车换向，能满足频繁换向要求，特别适用于对机车速度要求不高的重载调车作业。

【DJ4大功率交流传动电力机车】 株机公司依据DJ4大功率交流传动电力机车项目技术引进合同，编制了《DJ4大功率交流传动电力机车设计控制质量计划》、《DJ4大功率交流传动电力机车型式试验计划》，与西门子公司就司机控制器等41项部件进行了技术澄清，对西门子公司提供的冷却塔、牵引通风机等12项技术文件进行了分析，按新的订货技术文件模式编制了12份订货技术文件，对西门子公司提供的车体和司机室图纸进行了PDM系统转换。

【电动车组高温超导变压器】 12月4日，由株机公司牵头，株洲南车电机股份有限公司、华中科技大学等单位共同承担的“十五”国家863计划“电动车组高温超导变压器研发”项目顺利通过国家科技部验收。该项目即 300 千伏安高温超导变压器与同容量常温油浸变压器相比，具有体积小（减少 39.4%）、重量轻（减少 34.3%）、效率高（提高 3.17%）等特点，尤其是该变压器的冷却介质为液氮，无毒、无味，无燃烧、爆炸的危险，也不会污染环境。

【交流传动系统及控制技术】 交流传动系统及其高性能控制技术是铁路机车高速和重载的核心技术，是国家“八五”、“九五”科技攻关和“十五”高新技术产业化项目。主要研究成果：系统设计与集成技术，变流器设计技术，高性能控制技术，牵引电机设计技术，电力电子器件设计技术，规范与标准体系等。该项目技术指标达到世界先进水平，突破了国外的技术垄断，拥有完全自主知识产权，先后获得铁道部、湖南省和中国铁道学会的科学技术进步一等奖，2005 年国家科技进步二等奖。项目成果已经应用在自主开发的“中原之星”和“中华之星”电动车组。“奥星”和“天梭”电力机车、“西部之光”内燃机车、国产化地铁和北京地铁、北京控股低速磁悬浮列车、863 电动汽车等 19 个项目，此项技术还正在向风力发电、船舶推进等领域延伸。

【16 头钢轨打磨走行齿轮箱轮对】 由戚墅堰所设计和制造的 16 头钢轨打磨车的转向架、齿轮箱、轮对达到了大型养路机械自行时速 103 公里和联挂运行时速 130 公里的运用要求，顺利通过装车考核。在走行齿轮箱设计中，完成了箱体、三重保险功能的换挡机构、以及齿轮强度、啮合套强度、主动和从动车轴强度、悬挂强度、热平衡等设计。其中十对花键轴和套，均可做到互换，装配在齿轮箱上用手推拉就可实现轻松挂挡，脱挡。

【CKD_{4C}型内燃机车】 戚墅堰厂研制的出口委内瑞拉 CKD_{4C}型内燃机车主要用于铁路货运。根据合同要求和当地的气候条件，积极借鉴和吸收成熟的先进技术和制造工艺，对关键部件的选型进行了详细技术分析，充分满足用户需求。6 月 9 日，由铁道科学研究院、北京交通大学、上海铁路局、中国南车集团公司及有关工厂、研究所专家组成的技术评审组对机车总体设计、柴油机及辅助系统、机车走行及制动、电气系统等方面进行了评审，一致认为机车总体设计方案可行，满足了合同技术要求。

【SDD_1 型窄轨内燃机车】 资阳厂研制的出口苏丹 SDD_1 型内燃机车是窄轨型内燃机车。其结构为内走廊双司机室结构，采用 CAT3516B 型电喷柴油机，最大运用功率 1620 千瓦（2200 马力），轴式 Co－Co，轨距 1065 毫米，轴重 16.5 吨，整备重量 99 吨，最大速度 100 千米/时。机车采用微机控制，具有重联功能。柴油机发电机采用公共安装架安装在一起，组成柴油机发电机组，通过隔振装置安装在主车架上。冷却系统采用 V 形湿式冷却，风扇转速随冷却水温度自动调节。辅助传动系统按柴油机发电机组的功率输出端和自由端分为前后两部分，前传动装置通过万向轴连接前变速箱带动起动发电机和通风机，后传动装置通过万向轴驱动静液压变速箱带动液压泵和通风机，机车具有良好的防风沙性能。

【出口土库曼斯坦内燃机车】 CKD_{8A}型客运内燃机车、CKD_{8C}型双机固定重联货运内燃机车和 CKD_{8C}型货运内燃调车机车是资阳厂为出口土库曼斯坦而研制的。CKD_{8A} 型和 CKD_{8C}型内燃机车都是在东风$_{8B}$型机车基础上进行改进设计，是一种交直流电力传动干线内燃机车。采用微机控制系统，具有全功率自负荷试验功能的电阻制动装置等新技术。CKD_{8A}型机车为内走廊双司机室结构，装用16V280ZJA型柴油机，JF204D型同步主发电机和ZD109C型牵引电动机，装车功率3680千瓦（5000马力）。Co－Co轴式，轨距1520毫米，轴重23吨，整备重量138吨，机车最大速度为时速120公里。CKD_{8C}型内燃机车由两节完全相同的A车和B车双机固定重联组成，A车和B车通过风挡联接中间设有通道，两车之间设有电气重联控制电缆和空气制动系统重联控制风管，可在任何一节司机室内对全车进行统一控制。每节装用16V240ZJB型柴油机，TQFR—3000型同步主发电机和ZQDR—410型牵引电动机，柴油机最大功率2650千瓦（3600马力），装车功率2430千瓦（3300马力），Co－Co轴式，轨距1520毫米，轴重23吨，整备重量138吨，机车最大速度为时速100公里。CKD_{6E}型调车内燃机车在GKD_{3B}机车的基础上进行改进设计，具有防寒、防风沙功能，装用6240ZJ型柴油机，TQFR—3000型同步主发电机和ZQDR—410型牵引电动机，装车功率990千瓦（1350马力），并采用微机控制系统。

【出口南非SDD_2型外走廊窄轨内燃机车】 资阳厂出口南非SDD_2型外走廊窄轨内燃机车，8月底完成设计，11月完成机车试制并出厂。机车为外走廊、单司机室结构，采用CAT3516B型电喷柴油机，最大运用功率1620千瓦（2200马力），轴式Co－Co，轨距1067毫米，最大轴重不超过18.5吨，最大速度为时速120公里，机车采用微机控制，具有重联功能和良好的防风沙性能；机车柴油机—发电机组采用共用安装架，安装架与车架采用四点弹性隔振结构，冷却系统采用V形湿式冷却。

【出口越南SDD_3型准轨内燃机车】 8月，资阳厂与越南铁路部门签订5台准轨内燃机车供货合同。该机车为内走廊、双司机室结构，采用CAT3512B型电喷柴油机，最大运用功率1430千瓦（1820马力），轴式Co－Co，轨距1435毫米，最大轴重不超过18吨，最大速度为时速120公里。机车采用微机控制，具有重联功能，装有GPS、轴温报警系统。

【自主知识产权国产化地铁车辆】 自主知识产权地铁研制是由国家计委立项铁道部组织，中国南车集团公司、中国北车集团公司、铁道部科学研究院、通号公司共同承担的国家重大科技攻关项目。根据分工，列车的设计与制造由浦镇厂牵头组织，列车型式试验由铁道部科学研究院承担。先后完成了列车动力学、牵引性能、制动性能、受电弓特性、噪声、电磁兼容性能、旅客信息系统、网络系统等型式试验，在试验过程中列车运行正常，状态良好。自主知识产权地铁列车研制，加快了地铁车辆国产化步伐，为下一步地铁车辆设计、制造、试验积累了丰富经验。

【直线电机地铁车辆】 11月27日，首列直线电机地铁车辆在青岛竣工下线，列车为4辆编组，全动车配置。12月26日，国内首批两列直线电机地铁车辆在广州四号线投入运营。广州地铁直线电机车辆是国内首次开发的中大运量直线电机地铁车辆，也是当今世界上最先进的城市轨道交通工具之一。直线电机牵引系统介于传统轮轨系统与磁悬浮系统之间，既具有传统轮轨系统的安全可靠，又具有磁悬浮系统非粘着的特点，爬坡能力强，车辆运行噪声低。直线电机车辆使用扁平直线电机，地铁隧道断面减小，节约了工程造价。列车采用日本三菱重工直交传动牵引系统，一台 VVVF 逆变器向二台直线感应电动机供电，VVVF 逆变器采用 IGBT 元件和脉宽调制技术，间接矢量控制方式，采用微机控制技术，并有诊断和故障信息储存功能。车体采用铝合金实现轻量化，车辆间采用大贯通道，乘客在车内流动方便。转向架采用两轴带摇枕径向转向架，两系悬挂，承载方式为空气弹簧。基础制动为盘形制动单元，制动系统是一种再生制动和空气制动的混合制动形式，空气制动采用微机控制的电控制动系统。

【广州地铁三号线车辆】 11 月 18 日，株机公司为广州地铁三号线生产的首列地铁车辆在湖南株洲下线。该地铁车辆是联合德国西门子公司按照欧洲及相关国际标准，为广州地铁三号线“量身定做”，采用了大量的先进技术。该地铁列车总长约 60 米，载客 675 人（超员可达 941 人），结构时速为 135 公里，最大运行时速为 120 公里，是中国目前设计时速最快的地铁列车。

【地铁车辆转向架国产化】 5 月底，株机公司按照西门子公司所提供的技术，为上海明珠线二期地铁车辆生产的 SF2100 型地铁转向架经全面测试，各项技术指标均达到西门子公司标准。制造过程中所采用的技术指标均符合 ISO、UIU、DIN、EN 等国际先进标准，其关键部件如构架、轮对、牵引装置等已完全实现国产化。6 月 3 日，株机公司生产的 12 个地铁车辆转向架通过竣工验收，并交付使用。（机车事业部　供稿）

车辆生产与技术开发

【概述】 年内，集团公司在立足自主开发，自主创新的同时，积极开展对外交流，主动吸收国外先进的轨道交通车辆技术，不断进行技术创新和提升设计理念。在客车设计中大量采用模块化、标准化、系列化和集成化概念，产品的自主开发、自主创新能力有了显著提高，同时也大大增强了企业的可持续发展能力。组织四方股份公司、株洲所、南车电机、戚墅堰所、浦镇厂等单位开展时速 200 公里动车组技术引进和国产化工作。协调主机厂和配套企业之间的配合，保证项目的顺利实施。开展新型城际双层客车预研究，完成了新型双层旅客列车概念设计、方案设计及内部造型和美工设计。

加强车辆制造质量攻关，进一步提高车辆制造水平和产品档次。针对客车电器近年来新品多、技术复杂程度提高等情况，为方便各厂做好客车电器设计、制造及质量控制，提高相关人员的技术水平，集团公司编制了《客车电气使用指南》，并通过专家汇审、定稿。根据“2005 年铁道部客车厂修质量工作会议”要求，选定四方有限公司为集团公司客车厂修试点单位，确定试点内容、措施、目标。针对武昌厂修车质量问题，组织相关企业举一反三开展以围绕客车案例和电气为中心，以客车布线工艺和探伤工序为工作重点，全面推动客车质量基础技术工作。集团公司在石家庄厂召开 ST 型缓冲器厂修标准研讨会，会议由铁道部运输局装备部主持，中国南、北车集团公司所属 10 个厂所 20 余名专家参加了会议。二七车辆厂、石家庄厂、戚墅堰厂和北车集团有关单位作了关于 ST 型缓冲器厂修标准、检修情况及相关试验情况的报告。会议提出应加强对 ST 型缓冲器运用情况和检修数据的积累分析，对质保期外的ST型缓冲器集中进行专业化检修，并对ST型缓冲器的检测要求、检修方法等提出建议。

集团公司有8家货车生产企业（除石家庄厂外）通过铁道部组织的不同车型70吨级货车生产质量认证。二七车辆厂、眉山厂、江岸厂、株辆厂、铜陵厂、贵阳厂试制的70吨级通用敞车先后通过铁道部生产质量认证，武昌厂、眉山厂试制的P_{70}型棚车通过铁道部生产质量认证，株辆厂、铜陵厂、戚墅堰厂试制的NX_{70}（H）型共用车通过铁道部生产质量认证，获得70吨级货车生产资质还有KM_{70}型煤炭漏斗车、KZ_{70}型石碴漏斗车。

【青藏客车项目开发与生产】 青藏客车是由南车集团公司（四方股份、BSP）承担的高原客车，有硬卧车（带残疾人厕所的硬卧）、硬座车、餐车、软卧车、发电车、旅游车和特种车等车种组成。针对高原缺氧、强紫外线和多年冻土等特定环境，采用了多项新技术。其主要技术特点：

构造速度：时速160公里

环境温度：－45℃～＋40℃

最高海拔：5072米

供水系统：1000L车上水箱带增压水泵

供电系统：DC600V/AC380V集中供电，客车15千伏安/三相隔离变压器，餐车25千伏安三相隔离变压器。

防雷系统：车辆间设防雷接地保护连接器，接地装置四套25 kA EC-3（QZ）型接地装置。

防雷及浪涌保护器：DC600V、DC110V、网络及信号线，在进入车内控制柜时通过防雷及浪涌保护器接地。

真空集便系统：硬座车710L集便箱，550L集污箱。

制氧系统：22千瓦空气压缩机/硬卧车2台。

车窗带紫外线防护膜，压力自平衡系统，整体密封双层玻璃，车门双唇式塞拉门制动机为分体式104电控制动机。转向架为AM96转向架，车辆最大编组为16辆。AM96转向架焊接构架由浦镇厂提供。

11月23～25日，首辆软卧车到达青藏线并对空调、制氧、真空集便、塞拉门、电开水炉、温水箱等系统及设备进地试验，试验最高点为海拔5072米的唐古拉车站。12月30日，首列青藏线客车交付使用。

【动车组项目研发与生产】 浦镇厂按照高品质、新面貌、人性化设计原则，完成新型“先锋号”电动车组（铝合金车体）酒吧车及二等座车设计。整车概念设计、平面布置及内装美工等采取与国外专业设计公司联合设计的模式，采用鼓型断面铝合金车体，自重轻。采用分装式空调机组，由车下机组和车上机组两部分组成。内部设备造型为流线形，内部功能设置采用人性化设计理念。辅助电源车下设备，制动装置和给水装置等采用模块化、集成化设计技术。

【时速160公里快速货车转向架及制动系统】 1月13日，眉山厂承担的铁道部科研项目时速160公里快速货车制动系统项目在北京通过部级技术条件和技术方案论证。该项目主要包括模块化的电空控制系统、系列化的多功能控制阀、自动随重调整装置、盘形制动装置及机械式防滑装置等。经过研发人员共同努力，圆满完成该项目的调研、方案论证等前期工作。在论证会上，专家组一致认为此方案基本上能满足时速160公里快速货车制动系统的技术要求。9月初，眉山厂提出的时速160公里快速货车转向架和配套制动系统设计任务建议书及设计方案通过铁道部技术审查。

【三支点敞车通过铁道部技术审查】 9月25日，株辆厂生产的100吨级三支点敞车通过铁道部技术审查。专家组在认真研究相关资料，并对样车进行检测后认为，该厂研制的载重100吨三支点敞车突破了传统两支点车辆的承载模式，降低了车辆自重，较大幅度地提高了车辆载重和集载能力，能适应既有线路的运用条件。100吨级三支点敞车包括了载重100吨三支点矿料钢材运输专用敞车和23吨轴重三支点通用敞车两种车型。

【E14-1型制动缸通过铁道部技术审查】 6月15日，眉山厂研制的E14-1型制动缸通过铁道部技术审查。E14-1型制动缸是为满足中铁特货运输有限责任公司的进口机械冷藏保温车（B22型）大修需要而开发的新产品。其主要性能指标达到同类产品国际先进水平，部分性能指标超过了国际先进水平。该产品研制成功为客户节约了大量配件采购资金，还为铁路货车制动配件增添了新品种。

【D_{11}型凹底平车通过部级生产质量认证】 11月1日，石家庄厂生产的D_{11}型凹底平车通过部级生产质量认证。由铁道部专家和部队用户代表组成的评审组听取了石家庄厂试制工作报告、工艺报告、检测报告、质量管理报告，以及铁道部驻厂验收室验收报告，并审查了相关技术资料，现场观摩了样车。评审组认为试制的样车工艺合理、工艺装备齐全、符合设计要求，静强度、刚度和动力学试验结果满足有关规定要求，同意通过部级生产质量认证，建议小批量生产。特种平车研制成功，为该厂争取更多新造车市场份额创造有利条件。

【大吨位预制梁专用车设计通过铁道部审查】 11月2日，二七车辆厂大吨位预制梁专用车施工设计通过铁道部技术审查。专家组认为该厂按照《设计任务建议书及设计方案审查意见》要求，优化了设计方案，校核了转向架、支撑装置、缓冲停止器等关键零部件的强度、刚度、安全系数，专用车及装载加固装置满足相关规定的要求，运输大吨位预制梁专用车的施工设计满足设计任务书要求，一致同意通过运输大吨位预制梁专用车施工设计评审，可进行样车试制。

【280吨、150吨凹底平车通过铁道部技术审查】 280吨、150吨凹底平车由株辆厂研制，专家组在先后听取株辆厂280吨、150吨凹底平车研制、试制工艺和质量检查报告，四方车辆研究所关于280吨、150吨凹底平车凹底架静强度试验报告和铁科院机辆所关于280吨、150吨凹底平车动力学性能试验报告以及技术资料进行了认真审查和讨论后，一致同意通过技术审查，可以交付用户投入运用试验。

【70吨级氧化铝粉罐车通过铁道部技术审查】 12月6日，江岸厂与包头北创公司联合研制的70吨级氧化铝粉罐车顺利通过铁道部技术审查。专家组听取了70吨级氧化铝粉罐车研制工作报告、试制工艺报告、质量检测报告以及质量监督验证报告，并对70吨级氧化铝粉罐车样车进行了实物质量检测。经过认真讨论，专家组一致同意通过技术审查，可以投入试运行。

（客车事业部　货车事业部　供稿）

能源管理与环境保护

【概述】 集团公司根据国家提出的建设节约型社会、环境友好型社会要求，加强节能和环境保护工作力度，坚持和实施节约优先的方针，提出了关于建设节约型企业的初步构想，要求各生产企业把节约资源放在突出位置，努力降低消耗，减少损失浪费，提高资源利用效率。按照减量化、再利用、资源化的原则，大力节能、节水、节地、节材，加强资源综合利用，逐步形成低投入、低消耗、低排放、高效率的节约型增长方式和健康文明、节约资源的消费模式。详细了解各生产企业的管理状况，开展节能监测，推进节能技术改造，健全资源节约的法律法规和标准。在能源计划管理、计量管理、统计管理的基础上，强化能源合同管理、能源需求预测管理，逐步实现“能制度管理的、不人为管理；能经济管理的、不行政管理；能量化管理的、不定性管理”的管理理念。参加由政府和新闻媒体共同举办的“全民行动，共同节约”活动，集团公司总经理赵小刚代表集团公司在《中央企业资源节约承诺书》上郑重签字。转发《中国企联百家会员企业节能倡议书》，明确集团公司年均能源消耗降速要达到4.4%以上。

组织集团公司所属企业参加由国家发改委等12部委联合主办的“2005建设节约型社会展览”，集团公司“以卓越的铁路装备技术，创造优异的节能环保产品”为主题参展，先后接待了近万名观念（含外籍观众）。中央政治局委员、国务委员、公安部长周永康参观了南车展台，军委领导廖锡龙参观南车展台后，特别安排部队有关部门40多人专程参观南车展台。中央电视台还对南车展台进行了拍摄，并于12月27日晚的“焦点访谈”节目中播出。组委会向集团公司颁发了“最佳组织奖”和“最佳设计奖”。

广泛开展资源节约宣传教育活动，提高员工节约意识，从要我节能转变为我要节能，并最终实现我会节能，使节约资源、发展循环经济、建设节约型企业成为集团公司各企业的自觉行动。

【节能管理】 集团公司通过科技创新、工艺改进、加强管理、产品开发等手段，将建设节约型企业，推行清洁生产、发展循环经济作为重要发展目标。2005年万元产值综合能耗由上年的0.24吨标准煤下降为0.23吨标准煤，可比万元增加值综合能耗由上年的1.02吨标准煤，下降到0.99吨标准煤，同比下降3%。工业取水量为2542.88万立方米，同比减少49.78万立方米；可比万元工业增加值取水量为49.83立方米，同比下降15.4%。

【环境保护】 集团公司继续推进清洁生产工作，落实《中国南方机车车辆工业集团公司清洁生产实施办法（试行）》，安排有关企业开展清洁生产审核，其中四方股份公司通过了清洁生产审核。继续做好ISO 14001环境管理体系的运行管理，开展换版工作，防止发生体系文件和实际运行情况“两张皮”现象。逐步实现以污染治理为主向污染治理全过程控制和建立综合防治主动适应型环保管理体系转变。年底，主要生产企业人部通过ISO 14001认证。

全年工业用水总量4032万吨，其中工业用新鲜水量1727万吨，重复用水量2220万吨，重复利用率55%。工业废水排放总量1410万吨，其中排放污水处理厂49万吨，工业废水达标排放1405万吨。工业废水中石油类排放量20吨，化学耗氧量排放量506吨。全年工业废气排放总量412599万标立方米，工业废气中二氧化硫排放量1526吨，工业烟尘排放量689吨，工业粉尘排放量205吨。一蒸吨以上锅炉总数73台692蒸吨，烟尘排放达标73台692蒸吨。工业炉窑总数186座，烟尘排放达标176座。全年工业固体废物产生量152995吨，经综合利用和处置150911吨。当年应完成限期治理项目10项，实际完成10项。环保系统工作人员77人。全年交纳排污费288万元，无污染事故发生。

【培训会议】 12月13～16日，召开“十一五”规划研讨及培训班和建设节约型企业研讨会。国资委规划局有关领导介绍了中央企业产业布局及结构调整情况，铁道部经济规划研究院的专家介绍了铁路中长期发展战略、铁路“十一五”规划编制及有关行业发展状况。集团公司对推进“十一五”规划编制工作做了进一步要求和部署，要求各单位在编制“十一五”规划时做到“环境分析透、企业定位准、发展目标明、推进措施实”。研讨会还围绕建设资源节约型社会和科学发展精神，分析了对企业未来发展的影响，就如何建设资源节约型企业提出了目标和措施。（规划发展部 供稿）

人力资源管理

人事管理

劳动工资管理

教育管理

人 事 管 理

【概述】 2005年，人力资源工作以邓小平理论和“三个代表”重要思想为指导，认真贯彻集团公司工作会议精神，坚持党管干部、党管人才原则，积极实施“人才强企”战略，继续深入推进三项制度改革，努力建立与现代企业制度要求相适应的人力资源管理机制。4月份，集团公司总部机构改革后，原人事部与劳动工资部整合为人力资源部（党委干部部），为推进人才资源整体开发奠定了基础。新的人力资源管理职能部门成立后，适应企业发展进程中对人才总量、结构和素质的需求，坚持以人为本，紧紧抓住培养、吸引、用好人才三个环节，抓紧培养各类紧缺人才，大力加强以高级经营管理人才、科技专家、高技能工人为主体的核心人才队伍建设。不断提升人才素质，调整和优化人才结构，有效盘活人才存量，稳步提高人才增量，促进人才的合理分布。紧密配合集团公司发展战略的实施，开发和配置人才资源，为集团公司加快与国际接轨步伐提供必要的人才保证和智力支持。

【领导班子建设】 年初，根据领导班子的年龄、文化和专业结构以及工作状态，对21家单位的现职领导人员162人进行分析。在分析基础上，按照领导班子建设要求，结合企业发展需要，及时进行领导班子动态调整。年内，对资阳厂、成都厂、四方股份公司、四方有限公司、江岸厂、戚墅堰厂、石家庄厂、株机公司、株辆厂、武昌厂、株洲所、襄樊厂、襄牵公司、铜陵厂、湖铁院、常铁校共16家单位的领导班子进行了考察，占年初全部下属单位的69.5%。任免调整117人次，任免调整的人数占集团公司管理的下属单位领导人员的72.22%。其中，提拔为正职的6人，平均年龄48岁，全部具有大学学历；新提拔进班子27人（包括5位委派总会计师），平均年龄40.8岁，全部具有大学文化程度。改任调研员15人。因其他原因，2人辞职、5人被免职。湖铁院、常铁校等两家学校由于改变管理体制，其领导班子成员有10人首次纳入集团公司管理的干部序列。襄牵公司、北京机械厂因企业整合，原领导班子成员有8人不再纳入集团公司管理的干部序列。

集团公司上收湖铁院、常铁校管理权后，对两家学校领导班子在考察的基础上，进行了公开选拔重组。经重组后领导班子的整体功能基本达到了集团公司的要求。

【领导班子结构】 年内，集团公司管理的下属单位领导人员序列中共有164人，平均年龄为46岁，比上年下降0.69岁。50岁及以上的有45人，49岁及以下的有119人，年龄最小的只有33岁。全体成员中，大学本科及以上学历147人，达到90.74%；全部具有中级以上职称，其中高级职称人数149人，达到91.97%，教授级高工8人；具有研究生学历或硕士学位的9人。班子的平均年龄比较适当，专业和知识结构继续得到改善。

整个“十五”期间，集团公司管理的下属单位领导人员序列，管理的人员数量从2000年底的200人精简到164人，精简幅度达18%。人员平均年龄下降了3.82岁（2000年底为49.82岁，2005年底为46岁）；具有大学本科及以上学历人员的比例上升了29%（2000年底为61%，2005年底为90.74%）；具有高级职称人员的比例上升了36.97%（2000年底为55%，2005年底为91.97%）。结构优化比较明显。

【创建“四好”领导班子活动】 在集团公司开展多年的“十好”领导班子的基础上，按照国资委的要求，开展了创建“四好”领导班子活动。创建“四好”领导班子活动，以“政治素质好、经营业绩好、团结协作好、作风形象好”为主要内容，重新修订了考核标准和考核体系，并坚持每季度对厂所领导班子进行全面考核，坚持企业效绩评价结果与考察班子相结合。年内，成都厂等8家单位被评为“四好”领导班子，铜陵厂、四方有限公司受到表扬。

【公开选拔工作】 继续贯彻《关于完善企业领导人员选拔任用制度的若干意见》中的有关规定，按照制定的领导班子重组进度表，在成都厂、资阳厂、铜陵厂、四方有限公司、株机公司、株辆厂、江岸厂、株洲所、湖铁院、常铁校等10家单位进行了公开选拔工作。成都厂、铜陵厂还根据企业实际情况进行了公开选拔党委书记人选的工作。整个公开选拔工作安排周密、程序严谨、公开透明，得到了广大员工的广泛参与和支持。10家单位有102人报名参加公开选拔。45人竞争上岗，其中16人是原领导班子成员，29人是首次进入领导班子（包括湖铁院、常铁校8人）。

【总会计师委派制】 为加强对企业经营风险的控制，改革了企业高级财务人员的管理方式，对各企业的总会计师采用集团公司委派制。制定了《中国南车集团公司总会计师委派制试行办法》、《中国南车集团公司总会计师后备人才管理试行办法》、《总会计师提拔任用暂行规定》等相关文件，根据文件要求，下发了对19家企业的总会计师或财务负责人的委派令。5月，从其他企业选派对江岸厂、株洲所、戚墅堰所、眉山厂4家单位交流委派了总会计师。为充分运用、合理配置集团公司内部高级财务人员资源，提高委派总会计师的质量，9月份在株洲举行了总会计师后备人才选拔考试。49人报名参加，35人通过资格审查，经过两轮考试，9人在通过组织考察批准后进入后备人才库。现在9人中有2人因企业需要已经启用。

【科技人才管理】 利用集团公司引进消化先进技术的良好契机，继续实施“工程师晋升通道”计划，鼓励科技人员立足岗位成才。构筑金字塔式的人才结构模型，有针对性地打造专业技术核心人才。加大教授级高级工程师的培养力度，指导优势企业从科研项目、外语水平等方面，对培养人选给予重点培养，对培养不力的单位提出了要求整改的措施。全年有19人获得教授级高工任职资格。经过几年的培养，集团公司已基本接近百名教授级高工的目标。进行了中国青年科技奖、政府特殊津贴、詹天佑铁道科学技术奖、茅以升铁道工程师奖等奖项人选的选拔推荐工作。彭奇彪等7人获得政府特殊津贴，丁荣军获得第七届詹天佑铁道科学技术成就奖，冯江华等4人获得第七届詹天佑铁道科学技术青年奖。推荐冯江华为中国青年科技奖候选人。专家人才数量不断增长。

【职称评审】 按照公开、公正、规范的工作思路，年初及时部署安排专业技术职务评聘工作。认真组织各厂所、公司按标准要求提供相关材料。组建了工程、政工等7个高级评审委员会，并按照国家相关政策组织召开了各系列评委会议。通过评审，有218人获得高级专业技术资格（其中教授级高工19人），15人获得中级专业技术资格，评审通过率为82.9%。政工系列通过评审，有19人获得高级政工师任职资格，23人获得政工师任职资格，评审通过率为78%。为了提升参评人员计算机应用能力，起草下发职称计算机考试通知，组织开展计算机考试，共设立考场20个，参加考试人数791人，其中报名参加高级考试321人，考试合格309人；报名参加中级考试470人，考试合格457人，总体合格率为96%，比上年提高

8个百分点。

【出国审批及政审】 按照集团公司因公出国（境）和邀请外国人员来华事项相关规定，加强出国管理，为各单位国外市场开拓、技术设备引进、技术交流及相关培训任务做好服务。年内，出国人员涉及美国、英国、法国、瑞典、瑞士、日本、香港等30多个国家和地区，主要以项目洽谈、产品出口、联合设计、技术交流及赴外学习培训任务为主。全年共办理审批因公出国（境）团组293个，出国（境）政治审查1806人次。

【制度建设】 坚持依法办事的原则，加强制度建设。全年出台了《中国南车集团公司总会计师委派制试行办法》、《中国南车集团公司派出兼职董事监事管理试行办法》、《中国南车集团企业经营者年薪制办法》、《中国南车集团公司总会计师后备人才管理试行办法》、《中国南车集团公司领导干部交流工作试行办法》、《中国南车集团公司领导干部交流工作试行办法》、《交流干部在过渡期间有关待遇的暂行规定》、《总会计师提拔任用暂行规定》、《中国南车集团企业工资总额与经济效益挂钩办法》、《中国南车集团公司职业技能鉴定管理补充规定》等一系列重要规章制度，保证了有关工作的顺利进行。

【校园招聘】 为更好地树立“南车”品牌，宣传企业文化，促进大学生引进工作，年内集团公司统一与有关院校联系，并分成南、北片区在一些重点院校组织专场招聘会，同时开展专场招聘工作，引进优秀毕业生。据统计，专场招聘会上签约研究生23人，本科生353人。同时，向中国企业人才网为所属各单位申请开通了VIP会员资格，拓宽招聘渠道，招聘效果得到各单位的认可。

【变更企业名称】 中国南车集团株洲电力机车厂整体改制为中国南车集团株洲电力机车有限公司，南车营销租赁有限公司更名为新力搏交通装备投资发展有限公司。

原隶属于株机厂管理的湖南铁道职业技术学院和戚墅堰厂管理的常州铁道高等职业技术学校上收集团公司，作为二级企业管理。

【总部机关机构改革】 按照M公司的职能和对总部员工的素质要求，进行总部机关组织机构的设计工作，并有序开展总部机构改革。改革后，一级部门为19个，二级机构为32个；若将5个事业部纳入集团公司特设机构，不列入综合管理部门，总部改革后的一级部门为14个、二级机构为22个。一级机构比改革前减少4个，二级机构增加2个。实现了总部机关的三个转变，即由单一性管理向综合性管理转变，由党政分设向党政交叉、双向进入转变，由机关行政管理向企业职能管理转变。机构明确后，按照双向选择的原则，在定岗定编的基础上，在较短时间内各部门员工配置安排到位。

【总部机关人事管理】 根据形势的变化和总部工作的需要，年内分2批对总部机关所有空缺的10个管理岗位实行了公开招聘，从集团公司下属单位招聘10名员工。继续加强总部员工管理，完善了总部员工月度考核办法并及时进行考核。按照北京市社保等部门的要求，完成了养老、工伤、失业保险缴费基数采集以及上报工作。进行了总部统计和劳动年检工作。办理了退休、调入员工的相关手续。积极争取进京户口指标，为8人办理了进京户口，解除了后顾之忧。

（人力资源部 供稿）

【老干部管理】 2005年，集团公司各厂所、公司、院校认真贯彻党的老干部政策，落实集团公司第一次党代会精神，努力为离休人员“老有所学、老有所为、老有所养、老有所乐、老有所医”、安度晚年创造良好环境，确保了老干部的稳定，促进了企业的有序发展。

开展先进性教育。按照集团公司统一部署，各单位采取切合老干部特点和实际的方式，组织离退休党员认真开展保持先进性教育活动。广大离退休党员克服年高体弱等不便，认真学文件、写体会和党性分析材料，开展批评和自我批评，制定整改措施，为振兴企业建言献策，表现了很高的觉悟和严于律已、关心企业发展的精神。各单位坚持边学边改、边整边改，加强长效机制建设，在离退休人员的教育管理、服务保障、条件改善等方面，都取得了实实在在的效果。

组织开展有益活动。一是结合抗日战争暨世界反法西斯战争胜利60周年和其他节日，因地制宜组织不同形式、内容丰富的纪念、联欢和慰问活动；二是在帮助青工提高技能、关心下一代健康成长、参与和谐企业和社区建设等方面开展活动；三是组织参观学习、游春览秋、强身健体等方面的活动。较好地满足了离退休人员的需求。

开展培训。适应总部机构调整，学典型、赶先进，加强老干部工作者队伍建设，开办了老干部信息统计新软件使用维护培训班，强化“自我教育、自我服务”等组织功能，使服务管理能力和工作效率迈上了新台阶。

（老干部处　供稿）

劳动工资管理

【概述】 2005年，劳动工资部与人事部整合为人力资源部，劳动工资工作围绕集团公司年度工作目标和劳资工作要点的要求，指导企业做好主辅分离改制分流工作中的劳动关系调整；继续完善以岗位工资制为基础的薪酬分配体系及工效挂钩办法，全面实施企业经营者年薪制；根据总部机关改革需要编制业务工作流程，规范管理责任；继续加强技能鉴定工作，加快技能人才队伍建设，不断提高企业员工素质。

【薪酬制度改革】 继续完善以岗位工资制为基础的薪酬分配体系及工效挂钩办法，深化和巩固以岗位工资制为基础的分配制度改革成果，全面实施企业经营管理者年薪制。制定下发了《关于加强工资管理、规范工资支付的意见》（南车劳［2005］74号文件），对企业工资内外收入的管理进行了规范；深入各单位调研和组织召开薪酬研讨会，指导企业建立健全计件工资管理办法；增加薪酬调查表，修订完善了集团公司劳资统计报表制度。

全面实施经营管理者年薪制。办理了8家下属单位试行年薪制的批复。制定下发了年度各企业经营管理者年薪基薪核定文件。在总结企业经营者年薪制实施经验的基础上，对经营者年薪制基薪确定等内容进行了修订和完善，印发《中国南车集团企业经营者年薪制办法》（南车人［2005］458号文件）。按照绩效考核结果，及时清算了株机公司（株机厂）等16家单位上年度经营管理者年薪。

【工效挂钩与工资总额管理】 集团公司及所属企业继续实行工资总额与企业销售收入和实现利润双挂钩、总挂总提的分配办法。在总结工效挂钩办法实施经验的基础上，结合集团公司“十一五”战略，印发《中国南车集团企业工资总额与经济效益挂钩办法》（南车人［2005］459号文件）和《湖铁院常铁校工资总额调控办法》（南车人［2005］461号文件）。

按照国资委要求和集团公司年度经营目标，提报集团公司申报的年度工效挂钩方案和指标基数，提出对各企业工效挂钩基数核定方案，完成上年度工效挂钩工资的清算工作，并根据各企业资产经营责任制净资产收益率指标和上年工效挂钩结算工资情况，核定各企业年度工效挂钩工资基数，审核、编制下达了各企业年度劳动工资计划。

【主要劳动工资指标】 员工工资总额和平均工资均有所增长。年内，集团公司实发工资总额为226333万元，比上年增加13728万元，增长6.5%。员工平均工资为20930元/人，比上年增长11%。实际发放工资总额和员工人均工资的增幅均低于工业增加值劳动生产率的增幅。

劳动生产率稳步快速增长。全年集团公司工业总产值（现价）劳动生产率达到了256591元/人，比上年提高28.68%；工业增加值劳动生产率达到了52046元/人·年，比上年提高19.3%。

集团公司加强人工成本管理，销售收入工资含量稳步降低。全年销售收入工资含量为10.43%，比上年下降了1.72个百分点。

【员工构成】 年末，集团公司共有员工总数为97644人。其中女员工人数为27536人，占员工总数的28.2%。

按员工所在单位行业性质分，集团公司主体全部员工为82547人，占全部员工的84.54%。其中制造业76467人，占全部员工的78.31%；下属子公司全部员工为（指独立核算自主经营的多经单位等）15097人，占全部员工的15.46%。

按员工文化程度分。年末，集团公司员工中共有博士生12人，比上年末增加4人；硕士生330人，比上年末增加86人；本科学历10804人，本科及以上学历员工占全部员工总数11.41%；大专学历16466人，占16.86%；中专学历9361人，占9.59%；高中技校学历33478人，占34.29%；初中及以下学历27193人，占27.85%。

认真组织所属各单位进行年度人才资源统计工作。按照中组部、人事部、国资委人才资源统计工作的有关口径，截至年底，经营管理人才、专业技术人才总数为24809人。其中专业技术人才19485人（含在管理岗位工作的11026人），专业技术人才中工程技术人才12314人，会计人才1205人，经济人才1365人，政工人才1400人，其他专业技术人才3201人。专业技术人才中，国家级科技人才32人，省部级（含集团公司级）科技人才134人，高级以上专业技术职务2683人，中级职务7057人，初级职务8411人。

与上年末比，员工人数大幅减少。年末，集团公司共有员工总数为97644人，净减少5954人。其中在岗员工86522人，比上年减少6046人；非在岗员工11122人，比上年增加92人。全年离休、退休、退职2494人；死亡人数146人；除名、开除、辞退151人；解除劳动合同6281人；终止劳动合同283人。全年，录用复员、转业军人208人，录用大学毕业生964人，录用中专毕业生94人，录用技校毕业生94人。年末，共有其他从业人数9415人，比上年末减少1701人。

【“两个确保”与企业稳定工作】 按照国家和地方政府的政策法规，指导企业做好涉及离退休人员养老金、劳动关系、下岗员工基本生活费等问题的相关工作，确保离退休人员基本养老金和下岗员工基本生活费的按时足额发放。关注企业特别是困难企业的稳定工作，及时给予政策指导和资金支持。年内，对困难企业给予工资性补贴300万元，困难企业解除员工劳动合同经济补偿金补贴618万元。下属企业没有出现一例由于“两个确保”没做好而引发的群体上访等事件，维护了企业的稳定。

筹备建立企业年金。开展了集团公司企

业年金方案调研工作。按劳动保障部基金监督司的要求，调查各企业建立企业年金的基本情况并上报。

【劳动用工制度改革】 为指导企业加强劳动用工和劳动合同管理，全年分别在浦镇厂、洛阳厂、株洲所、武昌厂、贵阳厂召开了5个劳动用工情况座谈会，对集团公司所属20家企业劳动用工形式和管理情况及主辅分离改制分流中存在的难点问题进行了调研。

规范开展主辅分离改制分流工作中劳动关系的调整工作，全年审核了株辆厂等15家企业的53家主辅分离改制单位的改制方案中涉及劳动关系、经济补偿金标准、量化资产方案等方面的内容。自推进主辅分离工作以来，截至年底，已涉及改制分流员工11225人。其中，变更劳动合同到控股企业工作2326人，解除劳动合同到非控股企业工作5659人，解除劳动合同自主择业1248人，内部退养1740人，主业安置252人。

【职业技能鉴定】 为加快技能人才的培养，突破年龄、资历等限制，制定《中国南车集团公司职业技能鉴定管理补充规定》（南车劳［2005］19号），对在企业技术创新、解决生产技术难题中发挥作用和技能竞赛获奖的优秀技能人才破格晋升高等级职业资格作出了具体规定，营造了积极的政策氛围。

根据年度技能鉴定计划，集团公司技能鉴定中心6月和9月举行了两次统一的理论知识考试，应企业申请，另安排了6次理论知识考试。全年19家企业共6387人报名参加73类职业（工种）5个等级鉴定，4909人通过了鉴定的考试、考核和评审，取得了相应等级的职业资格。其中，通过企业和集团公司两级技能考评委员会评审取得技师职业资格419人（含破格5人），高级技师职业资格89人。另有12家企业4123人参加了企业通用工种鉴定所组织的技能鉴定，有3039人取得了相应等级的职业资格。

转发劳动保障部《关于进一步加强技能鉴定质量管理有关工作的通知》，提出了加强鉴定质量管理的具体措施。按劳动保障部的要求，完成了对19家职业技能考核站鉴定质量检查的自查。组织举办集团公司第一期技能鉴定质量督导员培训班，有41人参加培训并通过考试，取得劳动保障部颁发的鉴定质量督导员资格证书。

年末，集团公司生产和服务岗位在岗员工中，已取得职业资格证书人员为38182人，占技术工人比重约为72.73%。其中，高级技师304人，占0.58%；技师1802人，占3.43%；高级工17941人，占34.17%；中级工15766人，占30.03%；初级工2369人，占4.51%。高级技术工人达技术工人总数的38.18%。

【职业技能竞赛】 8月18～22日，在湖铁院举办了集团公司第三届职业技能竞赛，20家企业推荐的75名选手参加了电焊工和维修电工的竞赛。两个工种的前2名优胜选手被授予“中国南车集团公司技术标兵”荣誉称号，同时参照国家二类竞赛表彰办法，向劳动保障部申报授予“全国技术能手”荣誉称号，第3～8名选手被授予“中国南车集团公司技术能手”荣誉称号，株机公司、戚墅堰厂、洛阳厂获团体优胜单位。

组织集团公司竞赛两个工种的前5名选手在湖铁院进行强化培训，通过考核选拔，两个工种各推荐了3名选手参加国资委和劳动保障部举办的年度中央企业职工技能大赛的决赛。决赛中，集团公司维修电工选手获得了2个金奖、1个银奖，电焊工选手取得了1个铜奖，成为获奖牌最多的中央企业之一，集团公司获得了优秀组织奖。集团公司对获奖的4名选手给予了通报表彰，并分别给予了20000元、10000元和5000元的奖励。

在集团公司技能竞赛和中央企业技能大赛活动中，有4名优胜选手晋升高一等级职业资格，其中晋升高级技师职业资格3人，晋升技师职业资格1人。

【劳动定额】 组织集团公司所属企业劳动定额管理人员30人参加全国劳动定额研讨班培训，学习和了解全国其他行业和企业劳动定额标准化管理经验和发展趋势，全面提高劳动定额从业人员素质。

组织开展劳动定额学术交流活动，推进企业劳动定额标准化工作研究。在第七届全国劳动标准学术研讨会上，集团公司及所属企业有6篇学术论文获奖。其中一等奖2篇、二等奖2篇、三等奖2篇；集团公司所属企业有32名长期从事劳动定额标准化工作的人员受到表彰。

【编制业务工作流程】 为推进总部机关工作流程的进一步合理化和工作责任完全到位，做到制度、流程和责任相统一，实现管理的制度化、科学化和规范化。根据总部机关各部门工作职责，组织编写了工作流程。共编制一级流程154个、二级流程40个、三级流程136个。其中一级工作流程已汇编成册，并印发至各厂所、公司及总部各部门。

（人力资源部　供稿）

教育管理

【概述】 2005年，根据集团公司工作会议精神和教育培训重点工作安排，围绕集团公司“十五”发展战略，进一步完善企业员工教育培训计划，推动集团公司“三高”人才培训工作，特别是高技能人才的培训工作。发挥湖铁院和常铁校的优势，积极组织各类培训班，为集团公司全面实现“十五”各项目标作出了贡献。

【员工培训】 继续贯彻“走出国门、开阔眼界、追赶国际先进水平”的海外培训指导思想，组织实施海外培训项目。一是组织科技骨干参加以德国为主的欧洲技术考察培训班2期共46人；二是组织在德国举办为期3个月的工业设计培训班24人参加；三是组织各方面的业务骨干赴香港参加了与香港生产力促进局合办的高级管理人员培训，共组织7期310人参加；四是积极选拔学员参加国际人才协会的国家资助国外培训项目，8人参加；五是组织企业优秀高技能人才赴德国等国家和地区进行学习考察，18人参加；六是各厂所、公司也都和海外有业务往来的企业、机构加强联系和合作，有目的地选送了一批优秀管理和技术骨干出国（境）参加培训、研修。以培训急需短缺人才为主要任务，以“短、平、快”为特点，组织实施国内培训项目。年内，在国内组织举办6个管理和科技骨干人员培训班270人参加。其中，国家行政学院中青年干部培训班50人，湖南铁道职业技术学院工程师培训班75人，北京语言大学英语培训班34人，西南交通大学高级工程师培训班36人，首都经贸大学财经管理骨干班36人，劳动和社会保障岗位资格证书培训班39人。

在重视专业技术和管理人才培训的同时，技能人才的培训工作也扎实开展。运用多媒体等现代教学培训手段和案例教学、互动教学、现场观摩等现代教学培训方法，共组织了8大类工种（基本涵盖集团公司主要职业工种）的培训，共14个班397人参加。其中包括欧洲标准焊接取证培训班96人，解决了企业生产一线对操作、维修和特殊焊接等高技能人才的迫切需求。

各单位广泛开展全员培训，全年共计培训101486人次。其中岗位培训94748人次，继续教育5718人，学历教育毕业1020人。

【职业教育】 4月在湖铁院组织召开“集团

公司新增专业工种培训计划大纲研讨评审会"，对新增的《数控编程》、《数控加工中心操作工》、《高级维修电工》、《企业培训师》等5个专业工种的培训计划大纲进行了研讨和评审。11月7~8日，集团公司作为全国14家受邀企业之一，参加全国职业教育工作会议，这是国务院首次邀请企业参加这个会议。湖铁院被授予"职业教育先进单位"称号。8月份，国资委在厦门召开的中央企业高技能人才队伍建设试点工作会议上，集团公司题为《抓技能人才培养，促企业改革发展》的总结材料，被收入《中央企业高技能人才队伍建设试点工作会议交流材料汇编》。

【教育研究会和基础教育】 10月29~30日，集团公司参加了中国职工教育和职业培训协会（简称中国职协）组织召开的"中国职协第四届理事会暨年会"，集团公司党委书记郑昌泓当选为中国职协第四届常务理事；集团公司和湖铁院、资阳厂、戚墅堰厂、株辆厂被评为中国职协优秀会员单位。

组织集团公司培训中心和企业有关人员，积极参加横向的全国性学术交流活动。参加了中国职协举办的《关于有效的职业培训研修班》、《企业培训未来走向论坛》、《首届中国培训发展论坛》。

选送17篇论文，连同征集的10个培训案例，上报中国职协。17篇论文全部获奖，10个培训案例有5个被选编收入企业管理出版社出版的《企业培训66例》一书中。

编辑出版会刊《铁路工业教育》共4期，重新组织编辑出版"高技能人才与南车制造"高层论坛论文专集。

继续全力推动集团公司所属的全日制普通中小学移交工作。3月24日，集团公司在二七车辆厂召开的分离办社会职能工作会议，拉开了集团公司所属的全日制普通中小学全面移交的序幕。12月31日，集团公司所属的全日制普通中小学移交协议全部获得财政部和国资委批复。

（人力资源部　供稿）

党群工作

组织工作

宣传工作

纪检监察工作

工会工作

共青团工作

机关党务工作

学会·协会

组 织 工 作

【概述】 2005年，中国共产党中国南方机车车辆工业集团公司委员会，有党委委员21人，其中党委常委6人，设党委书记1人，党委副书记2人。集团公司下属22个党委，其中工厂党委13个、公司党委4个、研究所党委2个、院校党委2个，总部机关党委1个。集团公司现有党员41164人，其中正式党员39539人，预备党员1625人；在岗员工党员27809人，离退休党员10594人；在岗党员占员工总数的26.4%；女党员8278人。基层党组织1144个，其中分党委42个、党总支部60个、党支部1020个。

年内，集团公司各级党组织深入学习落实“三个代表”重要思想，认真学习贯彻党的十六大和十六届三中、四中、五中全会精神，按照集团公司第一次党代会要求，紧紧围绕改革发展稳定的大局，解放思想，实事求是；扎实工作，开拓创新；求真务实，与时俱进。以加强领导班子建设，党组织和党员队伍建设，开展保持共产党员先进性教育、“创先争优”活动为重点，探索现代企业制度下党组织政治核心和保证监督作用的有效发挥途径和方法，健全党组织的工作机制，充分发挥党支部的战斗堡垒作用和党员的先锋模范作用，增强党组织的创造力、凝聚力和战斗力，努力为集团公司改革发展稳定提供坚实的组织保证。

【保持共产党员先进性教育活动】 根据中央和国资委的部署，集团公司总部和所属各企业，分别于2月18日、5月25日开始，分两批开展了为期四个月的保持共产党员先进性教育活动。集团公司总部机关党委和19个厂所、公司党委（7月1日从原主管厂分离出来并按二级企业管理的湖南铁道职业技术学院和常州铁道高等职业技术学校的保持共产党员先进性教育活动，还按原隶属关系，原实施方案和推进计划进行），1037个分党委、党（总）支部，40989名党员参加，覆盖面达到99.4%。经过学习动员、分析评议、整改提高三个阶段的集中教育和两个多月的巩固扩大整改成果及“回头看”工作，于12月圆满完成了先进性教育活动的各项任务。达到了中央提出的“提高党员素质、加强基层组织、服务人民群众、促进各项工作”的目标要求，作到了先进性教育活动与生产经营工作“两不误、两促进、双丰收”。总部机关群众满意率和基本满意率达到98.32%，各企业达到99%以上。

集团公司总部机关保持共产党员先进性教育活动。按照国资委党委的部署和要求，集团公司总部机关作为第一批开展活动的单位从2月中旬开始，6月中旬结束。活动开始前，集团公司党委成立了以党委书记、副总经理郑昌泓为组长，党委副书记、总经理赵小刚，党委副书记、纪委书记、工会主席张军，纪委副书记、机关党委书记李建国为副组长的集团公司党委保持共产党员先进性教育活动领导小组及工作机构。2月7日，国资委先进性教育活动领导小组批复《中国南车集团公司总部机关保持共产党员先进性教育活动实施方案》和《推进计划》。2月18日，集团公司总部机关保持共产党员先进性教育活动动员大会在北京召开。集团公司136名在岗党员和离退休人员中的党员参加了动员大会。国资委先进性教育活动督导小组组长陈福尧、副组长李维民，督导组成员谢玉锁、李保军、范昶到会指导。郑昌泓作了题为《加强领导 精心组织 确保保持共产党员先进性教育活动取得实效》的动员报告，赵小刚、陈福尧分别讲话，对集团公司总部先进性教育活动作出了具体安排并提出了明确要求。

先进性教育活动分三个阶段进行，第一

阶段，学习动员（2月18日~3月21日）。主要是搞好思想发动，抓好学习培训，明确总部机关保持共产党员先进性的具体要求。第二阶段，分析评议（3月21日~4月22日）。主要是发扬民主，广泛征求意见；明确标准，认真进行党性分析；严格要求，抓好民主评议；搞好“回头看”，召开专题民主生活会。第三阶段，整改提高（4月22日~6月17日）。主要是认真梳理意见和建议，从6个方面制定了51条整改方案，明确了整改时限，落实责任部门和责任人；通报教育活动整改情况。6月17日，召开了先进性教育活动总结大会，随后经过一个多月的巩固扩大成果和“回头看”工作，圆满完成了各项任务，取得四个方面的明显成效。一是全体党员的素质有了明显的提高，提炼了总部机关党员先进性的标准和具体要求；二是总部机关党的建设得到有力加强；三是切实解决了员工和基层关心的问题；四是促进了企业的改革与发展，完成了总部机关的机构改革。

厂所、公司保持共产党员先进性教育活动。集团公司所属厂所、公司作为第二批开展活动的单位从5月开始，12月底结束。5月8日，集团公司党委印发《关于在中国南车集团公司各厂所、公司开展保持共产党员先进性教育活动的实施意见》。5月25日，各厂所、公司保持共产党员先进性教育活动动员大会在西柏坡召开，集团公司党委书记、副总经理郑昌泓作了题为《认真抓好先进性教育 加强和改进党的建设 为南车集团改革发展稳定工作提供强有力的政治保证》的动员报告。19个厂所、公司的党委书记、组织部部长和集团公司派出的5个督导组成员共60人参加了动员大会，各厂所、公司先进性教育活动全面铺开。

为加强对厂所、公司先进性教育活动的指导，集团公司党委组成了由退离岗位的原厂所、公司党委书记薛澄凌、黄才汉、孟传庆、吴长山、凤维柱为组长的5个督导组，并从厂所、公司和集团公司总部党群部门抽调15人作为督导组副组长或成员，对厂所、公司先进性教育活动全过程指导。在先进性教育活动前，集团公司党委先后举办了3期培训班，分别对各单位党委书记、副书记，组织部、宣传部、办公室等单位的负责人和先进性教育活动督导员进行培训，为搞好先进性教育活动打下了基础。

7月21日，集团公司在井冈山召开了保持共产党员先进性教育活动座谈会，会议总结了各企业先进性教育活动第一阶段工作，交流了经验。19个厂所、公司的党委书记、先进性教育活动领导小组组长、办公室主任，集团公司党委派出的督导组组长、副组长，集团公司先进性教育活动领导小组成员共58人参加了座谈会。9月22日，集团公司在青岛召开保持共产党员先进性教育活动总结大会，19个厂所、公司的党委书记、先进性教育活动领导小组组长，集团公司党委派出的督导组全体成员，集团公司先进性教育活动领导小组成员共48人参加会议。12月21日，集团公司在海南召开保持共产党员先进性教育活动巩固扩大整改成果和“回头看”检查工作座谈会，各厂所、公司先进性教育活动全部结束。

各厂所、公司党委始终把先进性教育活动作为加快企业改革发展的极好机遇，摆在党建工作重中之重的位置来抓，集团公司领导和各企业领导共建立党员领导干部联系点497个，其中一把手建立联系点75个，讲党课466次，作形势报告82次，进行调研活动225次；各企业共举办培训班108个，召开了2073次支部组织生活会和领导班子专题民主生活会；建立党员先锋岗11233个；17322人次党员、2129人次党员领导干部参加了扶贫帮困送温暖活动，落实帮扶资金782万元，走访困难群众4838户，结成帮扶对子814个，慰问钱物价值146万元。整个先进性教育活动，经过学习动员、分析评议、整改提高三个阶段的集中教育和两个多月的巩固扩大整改成果及“回头看”工作，完成了各项任务，取得了较好的效果，主要体现在五个方面：一是党员队伍素质进一步提高，先锋模范作用得到明显体现；二是基层党组织的战斗堡垒作用得到进一步发挥，党建工作的力度明显加大；三是服务员工群众的要求进一步得到落实，党群干群关系明显改善；四是坚持两不误两促进双丰收，各项工作取得明显成效；五是在建立健全党员“长期受教育、永葆先进性”的长效机制上进行积极探索。

【配合国资委党委工作】 根据国资委保持共产党员先进性教育活动办公室的要求，集团公司党委选派了原集团公司党委书记王泰文，作为国资委党委派驻中央企业的督导组组长，对第一批开展活动的4家中央企业进行督导，圆满完成了任务，受到国资委党委的表扬。

【党委换届改选】 各级党组织认真贯彻执行《中国共产党基层组织选举工作暂行条例》和集团公司党委下发的《党代表大会换届选举工作程序规定》，加强了对代表选举、候选人提名、报告起草、会议召开等各环节的工作，提高了党代会质量。年内，资阳厂、株洲所分别召开了党代会，完成了党委换届改选工作；任期届满的武昌厂党委，经同意推迟召开党代会。通过换届选举，进一步明确了企业改革发展的总体目标和党委工作的主要任务，优化了两委班子的年龄、知识、专业结构，提高了整体素质。

【两级班子民主生活会】 集团公司领导班子先进性教育活动专题民主生活会于4月20日召开。集团公司党委6名常委及班子成员全部出席了会议。民主生活会准备充分，主题突出，领导班子成员联系思想实际和工作实际，结合先进性教育活动中征求到的意见和建议，认真地开展批评与自我批评，针对班子和班子成员在思想、工作、作风上存在的问题，制定了整改措施，明确了整改时限。国资委驻集团公司督导组组长陈福尧，督导组成员李保军，国资委企业管理二局副处长、督导组成员谢玉锁和国资委纪委政策研究室处长叶兴旺等到会指导。

各单位领导班子民主生活会，是和保持共产党员先进性教育活动专题民主生活会合在一起召开的。这次民主生活会针对先进性教育活动中检查出来的突出问题进行了认真的批评与自我批评，制定了切实可行的整改措施，增强了党性观念和解决班子自身问题的能力，达到团结的目的。集团公司党委常委或党委部门负责人分别参加了各单位的民主生活会，进行具体指导。

【党支部建设】 各级党组织认真贯彻《中国南方机车车辆工业集团公司企业党支部建设纲要》，修订和完善了党支部工作的各项制度，以生产经营为中心，不断改进和完善党支部考评办法，坚持用保证生产经营和推进企业改革发展所取得的成果作为检验党支部工作成效的标准，党支部建设工作得到规范。

【发展新党员】 各级党组织认真贯彻发展党员工作方针，落实《中共中央组织部关于进一步做好新形势下发展党员工作的意见》，加强对入党积极分子的教育培养。全年，集团公司共发展新党员1648名。发展的新党员中，生产和经营一线党员699名，占发展总数的42.42%；工人党员444名，占发展总数的26.94%；35岁以下青年党员1339名，占发展总数的81.25%；高中以上文化程度的党员1579名，占发展总数的95.81%。发展的新党员中各类先进模范人物562名，占发展总数的34.1%。发展优秀团员入党932名，经团组织“推优”的930名，“推优”率为99.79%。

【创先争优】 各级党组织、广大共产党员和党务工作者认真贯彻党的十六大和十六届三中、四中、五中全会精神，深入开展保持共产党员先进性教育活动，在企业改革、发展、稳定中作出突出贡献。为巩固和扩大保持共产党员先进性教育活动成果，形成鼓励先进、弘扬正气、振奋精神的良好氛围，建立健全保持共产党员先进性的长效机制，进一步增强基层党组织的凝聚力和战斗力，激励广大党员在深化改革和加快发展中充分发挥先锋模范作用，先进性教育活动结束后，集团公司党委评选表彰了48个“先进基层党组织”，121名“优秀共产党员”和46名“优秀党务工作者”。

【组织工作座谈会】 11月13~15日，集团公司组织工作座谈会在厦门召开。集团公司党委副书记张军到会并讲话。各单位组织部长和总部机关党委共22人参加了座谈会。座谈会汇报了各单位贯彻落实《集团公司党委关于贯彻落实〈中央组织部、国务院国资委党委关于加强和改进中央企业党建工作的意见〉的实施意见》的情况，交流工作经验，并就做好2006年组织工作进行了研讨。

【党内统计工作】 组织集团公司所属各单位22名负责党内统计工作人员，于11月16~18日参加了国资委举办的2005年度党内统计工作暨培训会议，学习了《系统2005》新版党内统计软件的操作使用和党内统计报表要求，并按要求完成了2005年党内统计工作。集团公司还荣获2004年度中央企业党内统计工作全优报表单位。

（组织部　供稿）

宣传工作

【概述】 2005年，党委宣传部（企业文化部）在集团公司党委的领导下，深入贯彻党的十六大、十六届三中、四中、五中全会以及集团公司第一次党代会精神，认真落实国资委和集团公司工作会议的部署要求，以加强理论学习和形势任务教育、抓好对外宣传报道工作和推进企业文化建设为重点，把握工作主线、贴近企业实际、注重开拓创新，各项工作取得了明显成绩，集团公司宣传思想工作的针对性、实效性和企业文化建设水平进一步提高，为企业改革发展稳定提供了有力的精神支持和思想保证。

【理论学习】 把认真学习、深入贯彻党的十六届五中全会精神和“三个代表”重要思想作为干部理论学习的重点，一是组织起草印发《关于深入学习认真贯彻党的十六届五中全会精神的通知》，对全集团公司学习贯彻五中全会精神的工作作出安排部署；二是利用党委中心组学习的形式，协助党委组织4次封闭式理论学习，深入学习领会党中央、国务院方针政策，明确推进改革、加速发展的目标任务；三是把总结“十五”工作和制定好“十一五”规划与贯彻五中全会精神紧密结合起来，开展有针对性的学习研讨，进一步开拓工作思路，明确方向。

紧密配合先进性教育活动，把加强和改进党委中心组学习作为体现先进性及落实整改措施的一项重要内容，及时做好先进性教育各阶段学习计划的制定和学习材料的准备，并切实做好协调服务工作。全年共组织集中学习24次，安排自学12次；编写中心组学习简报17期，被国资委采用15期。党委中心组在先进性教育活动中的学习情况和深入学习党的十六届四中、五中全会精神的信息，被国资委工作简报、工作动态以及网站多次采用，受到国资委表扬。对党委中心组学习制度的修订工作进行了调研和前期准备。

【形势任务教育】 认真组织对集团公司首次党代会、集团公司工作会议精神、集团公司管理工作高峰论坛活动等重要事件、重要活动的宣传，紧密围绕企业改革发展的重点、热点、难点话题，开展及时深入的宣传引导，对集团公司主辅分离辅业改制、技术改进和技术创新、全面走向市场、应对高成本时代、加强安全生产和提高产品质量等组织专题的深入宣传；配合党政工团各时期的重点工作，及时组织有针对性的宣传报道和典型宣传，进一步激发广大员工积极性、创造性，有力地促进了员工队伍的思想建设。

坚持把先进性教育活动作为形势任务教育的重点内容。一是把先进性教育列入专项宣传，组织了广泛深入的宣传报道。充分利用 OA 网、《中国南车》报、《南车文化研究》杂志等媒体，开辟专栏、专页，及时对教育活动情况进行跟踪宣传报道，并向国资委等推荐先进性教育活动好的经验和作法。二是努力做好协调服务工作。在完成好先进性教育活动各阶段采访报道的同时，及时向企业提供学习资料，有力地推进企业先进性教育的健康开展。三是组织好简报的编发工作。共编发教育活动简报 57 期，被国资委先进性教育活动办公室和国资委网站采用 52 期，各期简报及时转发全系统，对企业先进性教育活动顺利开展起到了引导示范作用，并得到国资委督导组的充分肯定。

【宣传阵地建设】 进一步加强报纸工作。按照集团公司领导要求，从 1 月份起，积极实施了对《中国南车》报的改版工作，报纸由原来四开小报改为对开大报，两版彩色印刷。在内容上突出了对专题的深入策划以及重点课题的专项报道，报纸的引导性、可读性进一步增强，编发质量进一步提高。全年共编发报纸 12 期，改版效果得到各方面肯定。

抓好形象宣传，进一步扩大集团公司在社会上的影响力。6 月底创办《看南车》画刊，画刊以集团公司各企业、各方用户和国资委、铁道部、国家发改委等上级机关为主要受众，在内容上以反映近一段时期集团公司改革发展成果为主。创刊以来，成为宣传集团公司成就、树立集团公司形象的又一有力载体。全年共编发 2 期（含 1 期中英文双语版），得到了集团公司各单位、各铁路用户单位的重视，并成为参加各种国际国内展览的宣传册、广告册，得到广泛好评。

加强网站建设。认真贯彻集团公司《网站管理办法（试行）》，定期召开网站工作协调会，进一步理顺总部机关机构调整后的网站工作流程；及时研究解决网络建设中出现的问题，组织实施并完成集团公司 OA 网和互联网新闻发布。全年在集团公司 OA 网和互联网网页发布新闻、动态等达 1500 多条，转发网站会议纪要 4 期，使部室之间的信息沟通得到加强，较好地发挥了网络作用。

【企业文化建设】 年内，着力推进企业文化建设，取得实质性进展。在充分调研论证、广泛征求各方面意见和建议的基础上，完成了集团公司“十一五”企业文化子战略的制定，并提出了 2005～2006 年企业文化重点工作任务目标。党的十六届五中全会召开后，根据新的形势要求，组织对企业文化战略的修改完善。一是组织开展广泛深入的调研。6～9 月，对集团所属 19 家企业进行了长达 4 个月的企业文化建设情况的检查调研。检查调研采用专题汇报、座谈交流、看资料、现场考察、访谈等形式，主要内容包括企业文化战略规划的制定、组织机构的建立和运转、企业文化建设工作的推进情况、存在问题与建议等四个方面。通过检查调研，较全面地了解集团公司各企业的文化建设现状及存在的问题，系统地疏理了集团公司及各企业的文化体系，达到了沟通情况、交流方法、相互引导、推进企业文化建设工作深入发展的效果，并完成了调研报告。二是认真贯彻落实国资委《关于加强中央企业文化建设的指导意见》，按照国资委提出的三年任务目标，积极推进各企业组织机构建立和运作的落实，截至年末，有17个单位制定了企业文化发展规划，15个单位成立了企业文化部。三是组织企业文化建设征文活动，共征集论文97篇，评出一等奖论文8篇，二等奖22篇，优秀奖43篇，一等奖和二等奖论文在《南车文化研究》上发表。此外，还组织召开宣传思想及企业文化建设研讨会，组织各企业参加国资委企业文化建设知识大赛，与人力资源部共同完成总部机关《员工手册》的编辑工作。

【对外宣传报道】 根据集团公司党委部署，组织策划和实施产品、形象宣传报道。先后在《经济日报》、《科技日报》、《光明日报》、《工人日报》、《人民铁道》报和《世界轨道交通》等报刊上发展20多篇有影响、有深度的稿件。其中组织协调了《人民日报》记者对总经理赵小刚的专访和报道；策划和落实了在《经济日报》的专题报道；组织了对钢材涨价问题的研究，并及时在《经济日报》上作了正面宣传报道，在行业内外引起广泛反响；组织实施在《科技日报》连续5期的专题宣传，向广大读者介绍了集团公司开展自主创新、改革改制、产品研发等取得的成果；组织在《世界轨道交通》、《路讯》等杂志的新闻宣传。全年共组织专题新闻宣传8次，组织稿件200多篇，被中央新闻媒体采用150多篇。

围绕党政重点工作及时组织跟踪宣传报道。与集团公司有关部门和各企业配合，对株机公司挂牌、先进性教育活动、纪念抗日战争胜利60周年、“中华之星”载客运营、大秦线重载运输、重大项目签约、重要外事活动、扶贫工作、节能工作等重大事件进行采访和宣传报道。其中，中共中央总书记、国家主席、中央军委主席胡锦涛视察戚墅堰厂、国务院总理温家宝视察株机公司、广州地铁车辆在株机公司下线等重要新闻在中央电视台一套新闻联播节目中播出，直线电机地铁车辆在四方股份公司下线等重要新闻在中央电视台整点新闻栏目播出，总经理赵小刚参加“全民节约、共同行动”并接受中央电视台采访在中央电视台2套播出。一些重大经济活动新闻在《经济日报》、《科技日报》、《工人日报》、《人民铁道》报等媒体上刊发，其中在《人民铁道》报发表稿件100多篇。

积极组织好对集团公司企业的第二次易地采访活动。5月中旬，配合全国铁路记协，对资阳厂进行了以“构建和谐车城，服务铁道运输”为主题的易地采访活动。这是铁道部实施撤销铁路分局重大改革后，18个铁路局报社和《人民铁道》报社共同参加的大型采访活动。各铁路局报纸在6、7月份集中发表了对资阳厂的采访报道，协助铁路记协对采访报道进行了评比，并汇编专辑。组织参加了第八届全国铁路好新闻评选。在报纸类和广播电视类等各项评选中，有10多篇作品获优秀创作和作品奖。

【统战和“法轮功”痴迷者教育转化工作】 按照国资委党委统战部要求，完成对集团公司统战工作机构、基层民主党派和民主党派人士的统计调查工作并上报，进一步摸清了工作底数，了解了各企业统战工作的情况。向国资委报送了集团公司贯彻落实《关于进一步加强和改进国有企业统战工作的意见》的报告。及时传达国资委“610”办公室关于防范和处理“法轮功”和“统一教”会议精神，做好定期统计、信息通报等防范工作，及时参加国资委有关培训。集团公司继续保持了“法轮功”练习者为零的记录。

【自身建设】 组织部门员工认真开展保持共产党员先进性教育活动，提高了部门员工的思想政治素质，改进了工作作风，收到明显效果。部门整改“回头看”工作受到总部机关党委的肯定。

向中国政研会推荐了株辆厂企业文化建设的经验，入选《首届中国企业文化论坛成果荟萃》一书。集团公司“发挥宣传思想工作优势，为创建学习型企业提供有力支撑”的经验入选国资委宣传思想工作会议经验交流材料。

按照集团公司部署，完成了部门工作流程、部门职责和岗位说明书的制定。共制定宣传思想和企业文化建设的一级流程6个，三级流程10个，并在各项日常工作中得到有力执行。

组织参加了《经济日报》组织的经济新闻暨网络媒体研修班、中国市场经济研究会主办的企业文化培训班等业务培训，与科协共同对科协通讯员队伍进行了新闻写作业务培训。（宣传部 供稿）

纪检监察工作

【概述】 2005年，坚持以邓小平理论和“三个代表”重要思想为指导，认真学习贯彻党的十六届四中全会、中纪委五次全会和中央企业纪检监察工作会议精神，以贯彻落实中央《建立健全教育、制度、监督并重的惩治和预防腐败体系实施纲要》和国资委关于落实中央实施纲要的《具体意见》为主题，以构建和完善惩治与预防腐败体系为主线，进一步加大源头预防和治本力度，使党风廉政建设和纪检监察工作取得了新成效，为集团公司改革发展提供了良好环境和有力的政治保证。

【纪检监察工作会议】 4月25～26日，集团公司纪检监察工作会议在二七车辆厂召开。总结上年党风廉政建设和纪检监察工作，分析面临的形势，安排部署年度主要任务。集团公司党委书记郑昌泓作了题为《坚持标本兼治方针，构建惩防腐败体系，为南车集团改革发展稳定提供政治和纪律保证》的重要讲话，集团公司总经理赵小刚作了题为《诚信经营，廉洁从业，作国家财富的优秀创造者》的重要讲话，集团公司党委副书记、纪委书记张军作了题为《认真履行职能，加大惩防力度，不断推进企业党风建设和纪检监察工作深入发展》的工作报告。会议期间，由集团公司财务部、人力资源部、审计部、监察部、工会等6个部门就重大违法案件进行了典型案例剖析和经验教训的反思。集团公司党委常委、党委委员、纪委委员，集团公司所属企业党委书记、厂长（总经理）、纪委书记、总会计师、监察处（部）长及集团公司总部机关副处级以上领导人员出席了会议。

【反腐倡廉教育】 紧密结合先进性教育活动，加大党风廉政教育力度。以开展先进性教育活动为契机，突出抓了党性党风主题教育。各级领导干部上党风廉政教育课122场次，举办党风廉政教育学习培训班50期，党员和党员干部受教育面达99.4%；突出抓了廉洁自律专题教育，13800多名党员领导干部和管理人员参加了《实施纲要》和《国有企业领导人员廉洁从业若干规定（试行)》的学习及知识竞答，编发《企业管理人员廉洁从业手册》30000册，做到各级领导干部和管理人员人手一册；突出抓了重大案例警示教育。各企业结合本单位实际举办专题案例教育205场次，对35900多名党员领导干部和管理人员进行了典型案例教育等等。这些教育活动，对进一步增强企业领导人员和党员干部的廉洁自律意识、拒腐防变能力起到了积极作用。

【领导干部廉洁自律】 深入落实《国有企业领导人员廉洁从业若干规定（试行)》，组织党员领导干部在先进性教育活动中对廉洁从业情况进行党性分析，在专题民主生活会上进行对照检查，把先进性教育与解决廉洁自律问题紧密结合，进一步增强了各级领导人员的自律意识和行为；认真落实《关于清理纠正国家机关工作人员和国有企业负责人投资入股煤矿问题的通知》要求，对集团公司及所属企业领导人员和管理人员投资行为初步进行了清理纠正；深入实施《集团公司领导与企业党政主要领导谈话制度》，突出重点地对群众有反映的厂所、公司党政领导进行警示和诫勉谈话。各企业对1786名中层以上管理人员和267名新任中层以上管理人员进行廉政谈话，对205名中层以上管理人员进行警示谈话，进一步强化了领导人员动态监督；深入落实企业领导人员《述责述廉制度》和《廉洁自律报告制度》，有155名厂级领导人员进行了述责述廉和填报了廉洁自律自查报告书，有7名厂级领导人员对个人受政府奖励、购房、购车、子女出国就学或为子女举办婚宴等重大事项进行了报告等等，进一步促进了领导人员廉洁自律。全年，集团公司及所属企业中层以上领导人员拒收和上缴礼金87人次，合计人民币262685元。

【党风廉政建设责任制】 集团公司及所属企业党政高度重视党风廉政建设。一是坚持任务分解。把党风廉政建设主要任务分解和责任落实纳入重要议事日程，走上规范化、制度化的轨道，各职能部门在反腐倡廉工作中的作用不断增强。二是加强检查监督。坚持由集团公司党政领导带队，采取“四结合”，即检查与解决问题相结合、检查与民主测评相结合、检查与效能监察相结合、检查与责任追究相结合，先后对戚墅堰厂、四方有限公司、浦镇厂、成都厂、洛阳厂、南方汇通公司等6家企业党风廉政建设和反腐倡廉工作进行检查，并对部分重点企业党风廉政建设和反腐倡廉工作进行了巡视，较好地解决了部分企业党风廉政建设和员工群众反映强烈的突出问题。三是强化责任追究。对违反党风廉政建设责任制规定、不履行或不认真履行职责的人员加大了追究力度。集团公司党委常委会在就江岸厂发生重大违法案件问题作自我检查的同时，对12名二级企业党政主要负责人实施了责任追究，其中诫勉谈话12人，通报批评5人，责令检查9人，党政纪处分2人；各企业对80名责任人实施了责任追究，其中诫勉谈话41人，通报批评42人，经济处罚27人，党政纪处分10人，有力地促进了党风廉政建设责任制的贯彻落实。

【源头防范治理】 集团公司各级党委和行政坚持把源头治理和预防机制建设作为根本性措施。一是认真贯彻落实《实施纲要》，夯实惩防体系建设基础。根据中央和国资委的部署，集团公司成立了贯彻落实《建立健全教育、制度、监督并重的惩治和预防腐败体系实施纲要》领导小组和办公室，在广泛深入调研的基础上，制定了集团公司贯彻落实《实施纲要》的《实施细则》及任务分解表，做到目标清晰，任务具体，措施有力，责任到位，为构建惩防体系奠定了坚实基础。二是着力推进企业改革创新，不断深化源头治本工作。继续深化企业管理制度创新，在制定和完善企业管理制度的同时，积极推进工作流程再造，编制和实施一级流程 154 个、二级流程 40 个、三级流程 136 个。继续深化人事干部制度改革，积极引入竞争机制，逐步扩大公开竞选范围，在二级企业全面推行高层管理人员竞争上岗和总会计师委派制度，公开选拔和竞聘各级领导干部 1876 人。继续规范采购销售和工程项目招投标管理，进一步明确了监督管理的各项规定，先后出台了《物资采购管理监察工作规定》、《投资工程建设项目监察工作规定》等制度。全年物资设备采购招标 3325 项计 76296.5 万元，降低采购成本 7032.26 万元；废旧物资设备处理招标 143 项计 7657.78 万元，节约资金 845.3 万元；基建工程招标 83 项计 4513.57 万元，降低工程造价 1564.44 万元。各级纪检监察组织加强了对物资、设备购销招议标和基建工程招投标的全过程监督，进一步促进了企业经营管理的加强，对防止违纪违法问题的发生起到了有效的防范作用。

【案件检查与审理】 集团公司各级党委和行政组织加强了对查办案件的组织领导。集团公司各级纪检监察组织共受理来信来访 197 件次，初查核实案件线索 27 件，立案查处违纪案件 29 件，查结案件 25 件；党纪处分 11 人，政纪处分 5 人，党政纪双重处分 13 人；对 1 名违纪违规的党委书记责令辞职，对 2 名违纪违规的副厂长和总会计师免职；移交司法机关处理 10 人；积极协调和配合地方司法机关查处大案要案 3 起，为企业避免和挽回经济损失 1000 多万元。通过查办案件，各级纪检监察组织加强监督检查，把依纪依法查办案件的要求贯彻于立案、调查、审查、处分、执行等各个环节，加强对重大案件的剖析，提出完善规章制度、强化经营管理的措施，较好地发挥了查办案件在治本方面的作用。

【效能监察】 根据集团公司的决定和部署，紧紧围绕提升经营管理水平、提高企业经济效益这个重点，针对企业管理制度不健全、工作流程不规范、操作执行不到位等问题，开展了制度建设效能监察。一些企业针对生产经营管理中存在的效益、效率、质量、安全等问题，以基建项目、招投标管理、合同管理、营销采购、质量安全等项目为重点开展效能监察；一些企业针对资金运作管理中存在的突出问题以对外投资、借贷担保、催收欠款、备用资金等项目为重点深化效能监察；一些企业针对国有资产管理中出现的流失问题，加强对改制重组过程中资产评估、资产处置、产权流转、资本运营等方面的效能监察等等。通过效能监察，认真分析研究企业经营管理的薄弱环节以及效益流失原因，剖析其隐藏的、潜在的消极腐败因素，揭露并查处了一批违纪违法案件，在促进企业完善制度、强化管理、堵塞漏洞等方面发挥了重要作用。全年，集团公司及所属企业实施效能监察 87 项，发现案件线索 6 件，其中立案 5 件；处理人员 11 人，其中党政纪律处分 9 人，经济处罚 4 人；查出违纪金额 205.98 万元，挽回经济损失 238.9 万元，节约资金 1205.92 万元；落实整改措施、建章立制 382 项。

【纪检基础建设】 集团公司组建了总部机关和所属院校纪委，责成部分企业调整了兼职过多的纪委书记的职责，使其有更多的精力抓好纪检监察工作；组织纪检监察干部认真开展以“构建国企惩治和预防腐败体系”为主题的理论研讨和实践调研活动，积极参与《实施纲要》和《廉洁从业规定》知识竞答活动，撰写理论文章 238 篇、调研报告 59 篇；组织纪检监察中层领导人员到香港进行培训，开阔了视野，拓宽了思路；举办或参加地方纪检监察干部财务审计知识、纪检监察业务知识培训班45期，有220人次参加了业务培训，促进了纪检监察干部工作能力和业务水平的提高。

（赵跃洲　供稿）

工　会　工　作

【概述】　2005年，集团公司各级工会组织坚持以邓小平理论和“三个代表”重要思想为指导，认真贯彻落实党的十六届四中全会精神，围绕集团公司第一次党代会和集团公司工作会议提出的战略任务和重点工作，坚持以人为本，牢固树立科学发展观，切实履行维护员工合法权益的基本职责，深入开展“创造学习型组织、争做知识型员工”活动，加强工会组织和干部队伍建设，不断增强工会工作的主动性、针对性和创造性，团结动员广大员工为实现集团公司发展战略目标作出新的贡献。集团公司工会下属20家工会，其中13家工厂工会、4家公司工会、2家研究所工会和1家总部机关工会。

【集团公司工会第二次代表大会】　集团公司工会第二次代表大会于11月8～9日在北京召开。来自集团公司各单位的125名代表出席大会。中华全国铁路总工会主席黄四川、铁总组织部长张子发，国资委群工局局长李学东，北车集团工会主席李文科，集团公司总经理赵小刚、党委书记郑昌泓、副总经理傅建国、刘化龙、总会计师詹艳景，集团公司老领导杨荣林以及总部有关部门领导应邀参加了大会。黄四川、李学东、赵小刚先后在会上作重要讲话，北车集团工会主席李文科、集团公司团委书记牛卫东向大会致贺词。与会代表认真听取并审议了张军所作的题为《主动融入中心工作，着力构建和谐南车，为实现集团公司改革发展的战略目标作出新贡献》的工作报告和钱毅所作的经费审查报告，讨论和审议了工会财务工作报告，修订了集团公司工会组织办法。在充分酝酿的基础上，民主选举产生了集团公司工会第二届委员会和经审委员会。大会一致通过了关于工会工作报告的决议、财务工作和经审报告的决议，通过了集团公司工会第二届委员会任期的决定。

中国南车集团公司工会第二届委员会委员：(按姓氏笔画为序)

马　旭　邓建荣　孔岳军　刘公璞
许争平　李希祖　李香林　余小林
张　力　张　军　周　戎　周玉喜
胡朝晖　胡耀华　姚正凡　钱　毅
徐　俊　高明义　郭鹏飞　梅　进
崔景泉　韩和平　戢运珍　曾得江
谢宅相

中国南车集团公司工会第二届经费审查委员会委员：(以姓氏笔划为序)

邓　蓉　孔岳军　张迎春　夏广金
裴　美

11月9日下午，分别召开了集团公司工会第二届委员会第一次全体会议和二届一次经审会，会议分别选举产生了集团公司工会常委、主席、副主席，经审会主任、副主任：

中国南车集团公司工会第二届委员会常委：(以姓氏笔画为序)

孔岳军　许争平　张　军　周　戎
钱　毅

工会主席：张　军

副主席：钱　毅　孔岳军

经审会主任：孔岳军

经审会副主任：张迎春

【集团公司工会一届七次全委会】　1月8日，集团公司工会一届七次会议在北京召开。集团公司党委副书记、纪委书记、工会主席张军，工会副主席钱毅，集团所属21家厂所、公司工会主席及其他委员、经审会委员共30余人出席了会议。会上，工会主席张军作了题为《围绕发展要务，突出维护职能，在促进集团公司改革发展中发挥工会组织的作用》的工作报告；钱毅向大会报告了集团公司工会上年度经费审查工作情况和本年度经费审查工作意见；会议增、替补集团公司工会一届委员会委员2人；表彰了集团公司员工优秀技术创新示范岗和创新能手。会议对张军的工作报告和钱毅的经审工作报告进行了讨论。

【厂务公开民主管理】 集团公司各级工会组织全心全意贯彻落实党的“依靠”方针，坚持和完善以职代会为基本形式的民主管理制度，员工民主参与、民主监督、民主决策作用得到充分发挥。年内，根据国家八部委859号文件精神，各级工会组织积极配合企业行政推进主辅分离、辅业改制工作，建立和完善员工董事、员工监事制度；不断规范辅业改制民主程序，充分发挥职代会在推进改革、维护员工合法权益中的作用，在发动广大员工群众理解改革、支持改革、参与改革的同时，切实维护好员工群众的切身利益。坚持和规范平等协商集体合同制度，维护好员工的经济利益。不断加强职代会民主评议企业领导人员制度，集团公司党政工联合下发《关于进一步规范职代会民主评议企业领导人员的通知》。指导部分单位工会借鉴ISO9000标准建立厂务公开民主管理质量体系；会同集团公司纪委对集团公司所属单位厂务公开工作进行了一次抽查，找出了厂务公开工作中存在的问题和不足，为集团公司进一步规范运作厂务公开民主管理程序提供了坚实基础。

【群众性经济技术创新工程】 集团公司各级工会组织围绕企业生产经营的重点和难点，积极探索新形势下开展群众性经济技术创新活动的新途径、新办法，广泛开展劳动竞赛、合理化建议、技术革新、发明创造，群众性经济技术创新活动的规范不断扩大、范围不断拓展、层次不断提升、作用不断增强、效果更加明显。深入开展“创建学习型组织、争做知识型员工”活动，采取多种形式和途径，引导员工树立市场意识，增强创新能力，形成终身学习、全程学习的机制。年内，组织评审了集团公司各单位“先进操作法”，并结集印刷。与集团公司人力资源部组织选拔6名员工参加了国资委举办的维修电工、电焊工技能大赛，取得两金一银一铜的好成绩；举办了集团公司技能大赛，有效推进了员工素质工程的深入开展。

【生活保障工作】 集团公司各级工会组织按照员工不同需求，不断总结经验，探索为员工办好事、实事新的途径和形式，提高送温暖活动的针对性、实效性。集团公司工会制定下发《关于在集团公司工会开展“三个关心、三项保证”活动的通知》，切实履行困难员工第一责任人职责，在做好“两节”走访慰问的同时，加强员工平时突发的、临时的救助和慰问工作。全年，集团公司总部和各厂所、公司3000名党政工各级领导干部走访慰问困难员工家庭10491户，送去慰问品、慰问金共计金额614.3万元。集团公司工会为所属的405名特、重困员工建立了档案，并实行动态管理；各厂所、公司、院校工会为本单位困难员工建档建卡，领导干部和困难员工结对帮扶，收到明显效果。“五一”前夕，集团公司工会组织22名劳模赴国外学习考察；集团公司工会制定下发《关于在“五一”期间开展“走访劳模、关心劳模、学习劳模、弘扬劳模”活动的通知》（南车工［2005］13号）文件，组织开展了为劳模“送温暖”活动，在全集团公司营造了学习劳模、崇尚劳模、争当劳模的良好氛围。

【女员工工作】 集团公司各级工会女工组织认真贯彻《妇女权益保障法》、《中国妇女发展纲要》，组织开展“巾帼立功竞赛”和“女员工素质达标”活动，引导广大女员工积极投身企业改革和发展的主战场。组织力量对集团公司女员工维权工作进行了一次系统调查，积极探索新形势下做好女员工工作的新思路、新方法和新途径。集团公司工会召开了女工委员会一届四次全体委员（扩大）会议，总结交流了各单位女员工工作，增补了集团公司工会女工委员会委员。“三八”国际劳动妇女节前夕，中华全国总工会在人民大会堂召开表彰会，隆重表彰为实现全面建设小康社会伟大目标作出突出贡献的女员工，石家庄厂单雪玲荣获全总首次颁发的“全国五一巾帼奖”，同时获得“全国五一劳动奖章”光荣称号。

【财务与经审工作】 集团公司工会和各厂所、公司、院校工会财务工作以“三个代表”重要思想为指导，坚持“为员工群众服务、为基层工会服务、为工运事业服务”的宗旨，认真执行《会计法》，严格遵守国家的有关法律法规和全总、铁总有关财务规定，在收好、管好、用好工会经费，及时、足额上缴经费，严格执行年度经费收支预算和工会财务基础管理等方面，都取得了较好的成绩。集团公司工会对资阳厂工会等 10 个先进集体、夏广金等 16 名财务先进工作者进行了表彰；对依法支持工会财务工作，及时帮助协调和解决实际问题，成绩突出的赵恒山等 11 名厂所、公司党政领导，授予了工会财务工作荣誉积极分子称号。通过 8 月份在洛阳厂试行工会经费外部审计制度后，在集团公司全面推行了工会经费外部审计制度。年内，对 5 个厂所、公司工会进行了财务收支审计，对集团公司工会上半年经费预算执行情况进行了审计，对 5 个单位工会主席进行了离任审计。集团公司工会获全路工会财务工作先进集体称号。

【信息工作】 集团公司各单位工会高度重视并切实加强对工会信息工作的领导，围绕企业改革改制、生产经营、企业管理和员工生活，以促进企业改革发展为原则，以维护员工合法权益为重点，结合新形势对工会工作提出的新要求，广泛开展工会工作调研和理论研讨，大力加强信息工作。全年，各厂所、公司工会共报送信息、经验材料和调研报告 535 篇，信息质量和数量较往年有较大提高，集团公司工会采纳 240 余篇（条），编发了 48 期《南车集团工会信息》，其中有多篇信息被上级工会组织和集团公司党委采纳、转登，为领导了解动态、分析形势、发现问题、科学决策、指导工作起到了重要作用。同时，为各企业相互了解、相互学习、共同提高，推动企业改革发展发挥了积极作用。对洛阳厂等 6 家单位“工会信息先进单位”和韩红军等 16 名“优秀工会信息员”进行了表彰。工会办公自动化工作迈出新步伐，集团公司工会网页建设取得实质性成果，网页初步开通并试运行。

【工会业务知识培训】 集团公司工会加强领导，加大投入，把提高工会干部业务素质和理论水平作为大事来抓，制定下发《关于印发集团公司工会 2005～2007 年工会干部教育培训规划的通知》（南车工［2005］2 号）文件。年内，组织集团公司各厂所、公司工会主席赴英国进行为期 15 天的学习考察。委托香港生产力促进局举办了由 38 人参加、为期 10 天的工会经审、财务干部香港培训班；委托上海工运学院先后举办了集团公司工会女工干部、民管干部、生产宣教干部等 3 期业务培训班，并获得了由全总颁发的结业证书。

【工会自身建设】 集团公司工会坚持用“三个代表”重要思想统揽工会工作，围绕企业大局，坚持服务中心，突出依法维权，抓住工作重点，发挥自身优势，创造性地开展工作，以改革和创新精神加强自身建设，不断增强了工会组织的凝聚力、创造力和战斗力。4月8日召开了集团工会一届八次全委会，一致选举孔岳军为工会第一届委员会委员、常委、副主席。指导资阳厂、株辆厂、洛阳厂、浦镇厂等4个工会和总部机关工会进行了换届改造工作。不断加强工会理论研究，完成了铁总、国资委关于工会组织建设、干部队伍建设等方面的调研材料上报工作，并推报了多篇调研报告。全年分片、分专题召开了5次工会工作研讨会，有效地探讨了新形势下工会组织建设、作风建设和民主管理等方面工作，为工会更好履行维护职能、发挥自身优势提供了坚实基础。配合集团公司党委强化厂所、公司工会工作考核，积极开展“好班子”建设。充分利用创建“工会好班子”活动载体，全面加强工会各项工作，株机公司工会等10个单位工会获“工会好班子”称号。

（周　戎　许争平　王伯友　供稿）

共青团工作

【概述】 2005年，集团公司团委按照集团公司改革发展的总体要求，在集团公司党委的领导下，认真落实中央企业团工委的工作部署，深入贯彻党的十六届四中、五中全会、集团公司第一次党代会及集团公司工作会议精神，突出建功育人这条主线，强化服务企业改革发展、服务青年成长成才两大职能，推进青年学习成才行动、青年文明先锋行动、青年创新创效行动，在青年思想教育、青年人才培养、生力军作用发挥和团的自身建设上取得了突破，广大团员青年在把集团公司建设成为国内一流、国际知名、具有国际竞争力轨道交通装备企业的实践中发挥了生力军和突击队作用。

【青年理论学习】 集团公司团委指导各单位团委通过学理论小组、团课、研讨会等多种形式，组织团员青年深入学习邓小平理论、党的十六大、十六届五中全会和团的十五届三中全会精神，把学习理论同企业改革发展、青年思想和团的工作实际相结合，帮助广大青年树立远大理想。组织各单位团委开展了党的十六届五中全会精神和集团公司第二次团代会精神的学习和贯彻，鼓舞和激励广大团员青年爱岗敬业、拼搏奉献。

【青年思想教育实践活动】 围绕企业改革、发展、稳定大局和生产经营中心，深化“爱国、爱企、爱岗”教育，组织各单位团委在青年中广泛开展爱国主义、集体主义、社会主义和艰苦创业精神教育，帮助青年树立正确的世界观、人生观、价值观。结合中国人民抗日战争暨世界反法西斯战争胜利60周年纪念，下发活动通知，组织各单位团委在青年中开展知识竞赛、精彩影片回放等形式多样的爱国主义精神和革命英雄主义精神教育活动。

【青年形势任务教育】 围绕集团公司体制改革、结构调整，以及青年思想实际，有针对性地开展宣传教育和思想疏导工作。指导各单位团委围绕生产经营的重点和难点，加强青年的形势任务和政策教育，开展多种形式的宣传鼓动工作。各单位团委举办的“迎难攻坚、我们共同努力”青年与厂领导面对面活动、“青年与改革”对话、“与时俱进、创新发展”等主题座谈，都很好地贴近了企业改革发展实际。针对铁路实施跨越式发展战略和集团公司加快与国际接轨的新形势，集团公司团委指导各单位团委及时组织广大团员青年认真学习集团公司领导的讲话，引导青年认清集团公司面临的市场挑战、新产品开发和改革改制的严峻形势，增强青年的竞争意识和危机意识。

【创建学习型团组织，争做知识型青年活动】 集团公司团委与人力资源部、工会密切配合，全程参与并完成了集团公司第三届职业技能大赛中相关工作。组织各单位团委围绕集团公司第三届职业技能大赛的开展举办青工技能培训、青工技能大赛、组织青工参加职业技能鉴定，开展青年兴质量、技术比武、岗位练兵、技能培训、名师带徒等多种活动，广泛开展“创建学习型团组织，争做知识型青年”活动。通过活动的开展，帮助青工学习技术，提高素质，提升技能，为青年技能人才的健康成长搭建舞台。2名青年获全国青年技术能手称号，3名青年获全国青年岗位能手称号，株机公司罗斌、聂毅获得中央企业职工技能大赛金奖。

【青年岗位论坛活动】 指导各单位团委在广大青年中积极开展青年岗位论坛活动，通过网络平台、座谈会、专题论坛、课题攻关等，引导青年把个人的职业发展目标与企业的发展目标紧密结合，爱岗敬业，无私奉献。活动紧密结合青年员工的本职工作开展，对青年进行了有效的思想教育、行为指导，促进青年岗位成才。为促进活动的深入开展，4月份在戚墅堰召开了部分团委书记参加的青年岗位论坛活动研讨会。

【青年文明创建活动】 下发《关于继续深化青年志愿者行动和开展走访慰问生活困难团员青年及团干部活动的通知》，组织各单位团委春节期间开展走访慰问生活困难的团员青年和团干部工作，组织各级团组织深化青年志愿者行动，开展了“一助一”包保、送温暖献爱心、青年志愿者服务日和手拉手捐资助学等活动。组织围绕创建文明厂区、文明社区，开展宣传和治理活动。集团公司1319名青年志愿者定期为168户孤寡病残和特困员工家庭服务。组织清除社区小广告、绿地认养、无偿献血、集体婚礼、“1+1”希望工程助学等活动。

【青年文化活动】 集团公司团委坚持把青年文化活动，作为团组织吸引青年、凝聚青年、服务青年、赢得青年和促进青年健康成长的重要途径，组织各单位团委根据时代的变化和青年的特点组织开展青年文化活动，加强青年兴趣（爱好）小组的建设，开展丰富多彩的青年文化活动，促进企业文化的发展。组织各单位团委开展了形式多样的青年文明号文化展示活动，宣传青年文明号集体先进事迹，深化基层青年文明号争创活动。对各单位上报的活动作品进行汇总整理，选出5幅优秀作品上报团中央，株辆厂团委选送的Flash作品获得团中央二等奖。

【青年典型选树】 认真抓好青年典型的培养，重点抓好基层树立青年典型的工作，使每位青年身边有榜样，赶超有目标。指导各单位团委坚持开展“青年技术能手”、“青年岗位能手”评选等人才选树活动，通过广泛宣传各类杰出青年的典型事迹和高尚品德，激励广大团员青年在集团公司的改革发展、经营管理、科技进步和精神文明建设中发挥生力军和突击队作用。集团公司团委下发《关于开展向张素丽、张忠、彭红俊和张彦同志学习活动的通知》，在集团公司全体团员青年中开展向4名青年学习的活动。各单位团委按照集团公司团委的部署，组织广大团员青年学习张素丽、张忠、彭红俊、张彦的先进事迹，并结合工作实际开展大讨论活动，引导广大青年把个人的职业发展目标与企业的发展目标紧密结合，激励广大团员青年爱岗敬业，无私奉献，干一行、爱一行、钻一行、精一行。

【"双岗"活动】 在坚持以往活动的基础上，开展了争创"青年文明岗号（标杆）"和"青年岗位能手（标兵）"活动，把"双岗"活动与科技创新、安全生产、学技练功紧密结合起来，通过优质生产、岗位竞赛，倡导诚实守信、文明从业、优质高效的良好风尚。年内，表彰集团公司"青年岗位能手标兵"5名、"青年岗位能手"19名、"青年文明岗标杆"5个、"青年文明岗"17个。组织11家单位的团委对13个"全国青年文明号"进行了考核认定，整理并上报中央企业团工委和共青团中央"全国青年文明号"考核认定材料13份，新推荐申报"全国青年文明号"候选青年集体3个，经"全国青年文明号"活动组委会评审考核，四方股份公司转向架分厂侧梁班、株洲所安全装备事业部2个青年集体被新命名为"全国青年文明号"。

【青年创新创效活动】 集团公司团委引导青年从本职工作出发，广泛开展"四个一"和青年"双五小"攻关活动，对一些具有推广价值的"双五小"优秀成果整理汇编成电子图书，将"双五小"优秀成果电子图书下发至基层团组织，组织各单位团委以成果发布、技术观摩、讲座培训、导师带徒等多种形式在团员青年中推广应用。下发《关于举办集团公司青年Flash设计大赛的通知》，围绕新品开发、提高质量、改进工艺以及安全生产、企业文化等内容举办了青年Flash设计大赛，组织各单位团委及集团公司信息中心、综合技术部、宣传部有关人员对上报的66个青年Flash设计作品进行了评审，并在团代会期间展示了30幅优秀青年Flash作品，得到代表的一致好评。指导各单位团委组织开展好优秀青年科技攻关成果展、青年科技管理论文征集评选、青年科技论坛、专题讲座等活动。重点抓了戚墅堰所和株洲所的青年科技基金的建立和运作，形成了比较完善的办法。

【青年岗位建功实践活动】 指导各单位团委深入推进"南车青年兴质量"主题活动，广泛开展争当"青年先锋"、"质量安全百日竞赛"、"抢生产保任务，争当青年生产突击手、青年生产突击队"、"选精品、当先锋、树形象、作贡献"、"创建青年安全生产示范岗"、"青年质量监督岗"、"青年安全生产竞赛"等丰富多彩、形式多样的活动，引导青年立足岗位、建功成才，积极投身企业改革发展和生产经营。

【团的基层组织建设】 重点抓了党建带团建、"五四红旗团委"创建和团的制度建设三项工作。按照"有班子、有队伍、有制度、有活动、有阵地"的五有标准，规范了基层团组织建设，进行了集团公司"五四红旗团委"、"先进基层团组织"、"优秀团干部"和"优秀共青团员"的评选。年内，共表彰集团公司"五四红旗团委"10个、"先进基层团组织"26个，眉山厂团委荣获中央企业"五四红旗团委"称号，南方汇通微电子分公司团支部荣获中央企业"五四红旗团支部"称号。以团组织为核心，利用团组织广泛联络青年的优势，组建共青团外围组织，在指导帮助戚墅堰厂团委针对不同群体的青年建立青年管理者协会、青年科技者协会、青年技术工人协会的基础上，先后指导5个基层团委开展了不同类型的青年社团建设，并组织了华东片区青年社团建设和青年岗位论坛活动研讨，探索如何建立起青年社团组织有效的活动机制及如何使社团组织与项目对接。指导各单位团委围绕青年多样化的需求，在文化生活、人际交往、恋爱婚姻、社会服务等方面，为青年提供了实实在在的服务，发挥了共青团组织联系青年的桥梁和纽带作用。与党委组织部共同开展了集团公司党建带团建工作情况调查，并针对存在的问题及时与成都厂、资阳厂、襄樊厂、戚墅堰厂、戚墅堰所5个单位党委分管领导交换意见，在进一步加强基层团组织建设的同时促进了集团公司党建带团建工作。3月份，召开了集团公司共青团一届六次全委扩大会，增补了7名委员，2名常委。

【增强团员意识主题教育活动第一阶段工作】 集团公司团委按团中央和中央企业团工委要求认真做好集团公司团员意识教育主题活动的准备工作，做到了“一个摸清”和“三个到位”。集团公司团委通过基层走访、召开专题调研会和开辟网上论坛等形式，进行了广泛调研，摸清了团的组织建设、团的工作以及团员、团干部的基本情况，找准了思想、工作和作风等方面存在的突出问题，听取了团员、团干部对开展增强团员意识教育活动的意见和建议。“三个到位”，一是准备工作到位。在摸清现状、找准突出问题的基础上，集团公司团委及时向党委进行了专题汇报，对教育活动的总体安排和实施方案作了书面请示。集团公司党委以南车党［2005］115号文件转发了《中国南车集团增强共青团员意识主题教育活动实施方案》，明确了教育活动的指导思想、原则和目标任务，确定了总体安排和方法步骤。集团公司团委以南车团［2005］12号文件下发《关于对增强共青团员意识主题教育活动各阶段工作进行考核的通知》，规定了考核体系和考核指标，保证活动的开展有章可循、有序推进。二是宣传发动到位。集团公司增强共青团员意识主题教育活动启动大会召开前后，集团公司团委充分利用集团内部各种媒体，对开展教育活动的重大意义、目的要求、方法步骤等进行深入宣传，营造了浓厚的学习氛围。在“南车共青团”网站和《中国南车》报上开辟了“增强团员意识主题教育活动”专栏，及时将上级精神、重要文件、领导讲话、活动安排、团课讲义、辅导报告、各单位涌现出的先进典型事迹等上网上报发布。截至年底，共编发集团公司《增强共青团员意识主题教育活动简报》24期，充分发挥了《简报》的上情下达、下情上达、舆论引导和政策指导的作用。三是组织实施到位。针对团组织辐射面广、管理链条长的特点，为确保教育活动取得成效，集团公司团委提出了“三抓”工作方法，即各单位党委分管领导亲自抓、团委书记直接抓、党委组织部门协助抓。教育活动的开展由各单位分管共青团工作的党委领导亲自挂帅，指导督促教育活动实施方案的推进。团委书记作为本单位教育活动的直接责任人，具体抓活动的组织实施，对教育活动各环节做到有布置、有要求、有检查。党委组织部作为教育活动指导组成员，指导协助各级团组织严格按照总体实施方案和计划安排，抓好学习内容、时间和人员的落实。

【团干部队伍建设】 为进一步提高广大团干部的综合素质，提升团干部以科学发展观为指导做好新形势下企业共青团工作的能力，集团公司团委于8月23～29日在华东交通大学经济管理学院举办了一期“企业管理与资本运作知识”团干部培训班。加强团干部协管工作力度，积极为团干部成长成才和转岗创造条件，指导4家团委召开团代会，经协调4名团委书记转岗。年内，共表彰“优秀团委书记”7名、“优秀共青团干部”25名、“优秀共青团员”25名，2名团干部和2名团员分别荣获中央企业“优秀共青团干部”和“优秀共青团员”称号。

【集团公司第二次团代会】 10月26～28日

召开了集团公司第二次团员代表大会，中央企业团工委书记、国资委群工局副局长赵钊，集团公司党委书记郑昌泓，总经理赵小刚，党委副书记、纪委书记、工会主席张军，副总经理刘化龙，总会计师詹艳景等领导出席大会，集团公司总部各部、委、室的负责人也应邀出席大会。来自集团公司不同工作岗位的81名团员代表和14名列席代表参加了大会。中央企业团工委书记赵钊代表中央企业团工委，集团公司党委书记郑昌泓代表集团公司党委、行政分别作了重要讲话。共青团中央青工部向大会发来了贺电。集团公司团委书记牛卫东代表第一届委员会作了《适应新形势 提升新能力 展示新作为 团结带领广大团员青年在实现集团公司“十一五”发展战略中建功立业》的工作报告。大会选举牛卫东、邓秀军、史景锋、白玉、冯明莹、朱亚巍、孙环志、何德军、言虎、汪言权、沈洪丽、张礼、陈果、陈国仁、罗琼、罗谦勇、郑胜、倪明、徐玫、高健、雷辉、潘杰、薛全亮等23人为集团公司第二届委员会委员。在集团公司第二届委员会第一次会议上，选举牛卫东、白玉、何德军、陈果、陈国仁、罗琼、郑胜、高健、潘杰等9人为集团公司团委第二届委员会常务委员；选举牛卫东为集团公司团委第二届委员会书记，郑胜为副书记。

团代会期间，集团公司团委编辑出版了《青春盛会》团代会专刊，举行了“南车共青团工作掠影”的展板展览，在展示集团公司团委和各单位团委四年来共青团工作的同时，为集团公司第二次团代会的召开营造了较好的氛围。

【共青团工作新探索】 集团公司团委坚持引导各级团干部联系团的工作和青年实际，深入团员青年，抓好调查研究，及时做好信息沟通和反馈。指导各单位团委通过建立青年接待日制度、设立青年热线电话、开辟青年电子信箱等方式，拓宽了解青年的渠道，结合团员意识主题教育活动的开展，各单位团委撰写上报了调研论文。指导各单位团委紧密结合企业和青年实际，坚持有所为有所不为，使团的活动力求突出重点，收到实效。结合企业改革改制、劳动用工制度的改变和网络信息化的发展，探索团员管理新型方式。全新改版了“南车共青团”网站，及时发布集团公司团委和各单位团委的主要工作、重要信息，编辑《南车团讯》26期，实现了团的信息与资源快速交流和共享。12篇信息被中央企业团工委采用，扩大了集团公司共青团工作在上级团组织和中央企业中的影响。 （团　委　供稿）

机关党务工作

【概述】 2005年，总部机关党委在集团公司党委的领导下，以邓小平理论和“三个代表”重要思想为指导，深入贯彻落实党的十六大和十六届三中、四中全会精神及集团公司第一次党代会精神，全面树立和落实科学发展观，充分发挥党支部战斗堡垒作用和党员的先锋模范作用，动员全体员工，确保实现集团公司经营责任目标，为集团公司的改革发展和稳定提供坚强的思想、政治和组织保证。年底，总部机关党委共有党总支1个，党支部13个，正式党员173名。

【保持共产党员先进性教育活动】 总部机关党委按照集团公司党委指示，2～6月组织开展了机关党员先进性教育活动。在集团公司党委领导下，成立了先进性教育机关工作组。按要求完成了三个阶段和“回头看”的任务。在先进性教育活动前，召开下属厂所和总部党内外群众座谈会，广泛征求意见，使教育活动针对性强；在学习阶段，分三期举办党员读书班，做到党员参学率达100%，集团公司党委领导讲党课3次，使党员普遍受到深刻教育；在对照检查阶段，组织各党支部找准问题，开好小组民主生活会；在整改阶段，组织制定整改措施，检查和督办落实情况。制定了总部保持党员先进性长效机制。为保证教育活动效果，检查党员学习笔记4次。成立了临时党支部，保证新调入党员的先进性教育活动不落空。每个阶段都按时转段，并受到督导组的好评。

【组织建设】 完成了机关党委、机关工会、党支部和工会小组的换届选举。召开党员代表大会，选举产生了总部第二届机关党委和纪律检查委员会；召开工会代表大会，选举产生了总部第二届机关工会委员会和经费审查委员会。机关党委委员共9名，李建国任书记，张力任副书记。机关纪委委员共5名，张力任书记，薛松任副书记。机关工会委员9名，张力任主席，何小民、张涛任副主席。机关工会经费审查委员会委员3名，魏海臣任主任。

【思想作风建设】 举办处级以上干部学习集团公司发展战略学习班，学习班请国资委国有企业监事会主席赵喜子、总经理赵小刚讲课，部室之间交流了按照科学发展观，落实集团公司发展战略的经验。

组织党员上党课，与人力资源部、办公室、纪委和宣传部等职能部门举办了公文写作、法律知识、摄影知识等有利于提高工作效率、廉洁守纪和提高文化素养等方面的讲座和知识实施纲要答卷活动。

进行了总部投资情况调查，对总部遵守劳动纪律等方面存在的问题，召开支部书记会议，要求严格管理。

会同办公室、机关工作部举办新员工座谈会，介绍了总部党组织和工会组织情况、制度和规定，进行了保密教育。听取了新员工的意见和建议，使新员工感受到总部大家庭的温暖。

在总部改革措施实施过程中，发挥机关党委和工会作用，广泛听取群众意见和建议，及时做好思想工作，反馈群众意见，发挥了党组织的战斗堡垒作用和工会组织民主监督、民主决策的作用。较好地配合了总部机构改革和公务用车改革措施的出台。

【党支部建设】 在总部机构调整后，重新划分了党支部。在职党员划分在11个党支部，离退休党员划分在2个党支部。举办了支部书记、委员参加的培训班，讲解党支部工作知识，研究党支部工作重点，交流党支部工作经验。落实了年度发展计划，发展4名新党员，4名预备党员按期转正。

评选了先进党支部、优秀共产党员和优秀党务工作者，起到了表彰先进，促进工作的作用。

【宣传企业文化】 营造总部和谐氛围，及时慰问和探望生病住院员工，协助人力资源部办理了相关补助手续，把温暖及时送到员工身边。

在纪念抗日战争胜利60周年时，慰问和探望了老战士，“八一”建军节前夕组织了复转军人座谈会。完成了总部上年度献血工作和为地震灾区捐献工作；有135人为那坡、靖西贫困地区捐款22139元。

积极支持篮球、羽毛球和乒乓球等运动队的建设，将单纯的体育活动引深为体育搭台、为经营开路的作用。按照“欢乐、祥和、振奋”的主题，举办了总部春节联欢会和郊游活动，使员工和家属一同感受到集团公司的企业精神和企业作风，使员工更加热爱“南车”，家属积极支持员工为集团公司努力工作。（机关党委　供稿）

学会·协会

【中国南车集团公司思想政治工作研究会】 2005年,集团公司政研会坚持"课题研究以当前为主、研究活动以应用为主"的方针,围绕集团公司体制改革、结构调整、改制分流、三项制度改革等工作的推进,充分发挥政研会的参谋智囊作用,深入开展课题研究,及时组织对重点课题的经验总结、交流推广和实践运用。积极参加中央企业党建政研会2005~2006年度课题研究立项,选报了"建立与现代企业制度要求相适应的选人用人机制"和"如何构建国有企业惩治和预防腐败体系"两个研究课题,并再次担任了课题组(第11课题组)的牵头单位。与人力资源部、纪委共同做好课题的推进落实工作,确保课题研究工作顺利开展。参加了中央企业党建政研会立项课题协调会,并在11月24日召开了第11课题组座谈会,全面推动了课题组活动的深入开展。年内,对全系统政研会活动进行了书面调研,各单位对"十五"以来的政研会工作进行全面的总结,并向集团公司党委和国资委作出了书面报告,得到国资委肯定。根据形势要求,组织了对会刊的改版,从第3期开始,研究会的会刊《南车政工研究》更名为《南车文化研究》,对杂志内容、版面设计进行了重新调整,并连续编发2期《南车文化研究》,全年编发会刊4期,会刊的编辑和印刷质量有了新的提高。 (宣传部 供稿)

【中国南车集团公司企业管理协会】 2005年，集团公司企协围绕党的十六届四中全会提出的"构建社会主义和谐社会"重要任务，年内在开展调查研究、广泛了解情况的基础上，10月召开了以"努力构建和谐企业，促进企业改革发展"为主题的研讨会。会上，企协秘书长林世甲作了题为《努力构建和谐企业，促进企业改革发展稳定》的中心发言，从理论和实践两个方面，全面阐述了构建和谐企业的重要意义，并就如何构建和谐企业的问题提出了意见。参加会议的8家厂所的主要领导在会上发言，从不同角度就如何构建和谐企业发表了看法。企协名誉会长王泰文作了总结讲话，并就如何建设和谐企业提出了希望和要求。通过讨论，充分认识了构建和谐企业的重要意义。构建和谐企业是国有企业促进改革、持续发展的重要任务，是企业自身协调发展的必然要求，是深化改革、加速发展、保持稳定的重要措施。与会代表统一了认识，一是加强经营管理，提高企业经济效益，增强企业发展后劲，是构建和谐企业的坚实基础；二是积极稳妥地推进企业改革，为构建和谐企业带来生机和活力；三是建立企业有效的管理体制和运行机制，是构建和谐企业的基础工作；四是妥善处理改革发展中的矛盾和问题，是构建和谐企业的重要工作；五是加强宣传，建设统一和谐的企业文化，是构建和谐企业的有利保证。

改进《改革与管理》杂志的质量。年内，《改革与管理》杂志坚持贯彻集团公司经营发展战略，宣传集团公司各项方针政策，关注集团公司所属各厂所、公司、院校管理动态，注重在企业改制、结构调整、改制分流和制度创新等方面正面报道，策划了一系列政策解读、思路启发、经验推介、改革改制模式引导、管理案例等专题内容，对推进集团公司改革和发展，逐步建立规范有效的现代企业制度起到了有力的推动作用。一是敏锐关注集团公司高层意图，精心策划、快速反应。把握和理解集团公司经营发展战略意图和工作重心，做好承上启下工作，是企业关注的焦点问题。编辑部快速反应、精心策划、周密安排，在第1期首要位置，全面将集团公司行政和党务的总体工作思路、主要目标、具体要求、保证措施等，进行了详尽报道。6月，集团公司创造性地召开了首届高层论坛会，编辑部经过周密缜重的策划编辑，以《平山论剑》刊首语作导序，配发了“新征程·新发展”论坛综述，向读者全面推介了集团公司战略转折期的基本经营思路和工作策略，将集团公司最高层领导的战略谋划介绍给广大读者，使杂志的读者对刊物表现出了极大的兴趣和异常的关注。此外，编辑部还积极向集团公司高层及有关专业职能部门约稿，结合每期的策划重点进行编发，使每期杂志都收到了较好的效果。二是积极推行杂志的电子版，努力扩大读者面。《改革与管理》是一本内部综合性管理刊物，杂志主要面向集团公司从事经营管理的领导干部、管理人员和普通员工，起到应用的媒体作用。为此，编辑部在做好杂志的刊印发行工作外，始终重视杂志电子版的开发工作。企协副会长王志泉对开发电子版工作提出了总体要求，编辑部从技术上进行了周密部署，使杂志电子版的推行工作进展十分顺利，已在集团公司局域网上登载。据统计，上网浏览人数已达数万人次。由于使用电子版，使杂志发行效果得到显著提升，广大读者能够更加方便、简单、快捷地阅读，增强了宣传集团公司改革、经营、管理、发展、创新等方面的实际效果。三是搭建编者与读者互动桥梁，不断提高办刊质量。随着《改革与管理》发行量的扩大，其读者已在职业上呈现出不同层次的差异。据此编辑部注意收集和编发不同层次的文章，满足不同层次读者的需要。编辑部突出改革改制和生产经营两大重点，精心推出《市场动态》、《聚焦改革》、《人物专访》、《企业家随笔》、《独家策划》等几个核心栏目，全面推介集团公司阶段性工作要求、政治解读指导、典型经验介绍、结构调整尝试以及企业家治厂理念等，丰富了刊物的内容，进一步增强了刊物的看点。9月初，编辑部设计了《编者与读者互动问询表》，采用电子邮件或专门表格投寄方式，向集团公司总部及所属20余家企业发送，广泛征集改进意见和建议。截至10月底，发出调查表517份，收回442份，回收率达85.4%，调查表对《改革与管理》杂志提出了许多中肯、具体的意见和建议。在整理的基础上，已经提出关于进一步办好《改革与管理》杂志的意见，向集团公司领导作了汇报。

开展管理创新活动。在总结上两届企业管理创新成果审定工作的基础上，组织开展了第三届企业管理创新成果审定工作。1月，以南车综［2005］11号文件下发了《关于开展第三届（2004年度）企业管理现代化创新成果评审的通知》。7月底，共收到16家企业共40项申报成果，数量比上两届都有所上升。集团公司综合管理部对上报的成果资料进行了整理、汇总。9月，专门组织基层企业的管理专家，召开了初步评审会。11月中旬，受总经理赵小刚的委托，副总经理刘化龙主持召开了集团公司管理创新审定委员会议，按照创新性、实用性和效益性这三个原则来把握评奖标准，最终审定第三届（2004年度）企业管理创新成果一等奖2项、二等奖6项、三等奖9项。并推荐集团公司《构建开放型的企业负责人选任体系》，参加全国第十二届企业管理现代化创新成果的评审工作，四方股份公司有1项成果通过地方上报参加评审。在评审会上，集团公司评委一致认为：开展好企业管理创新成果的评审是鼓励创新，提高管理水平的有效手段。集团公司所属各厂所、公司企业管理创新的热情逐步提高，成果数量逐渐增加，涌现一大批在管理理念、管理方式上有所突破、实施效果也比较明显的管理创新案例，基本反映了集团公司管理水平的现状和发展趋势，值得集团公司很好总结和推广。

12月15日，在海口召开了企协年会。

企协名誉会长王泰文，副会长杜景新、王志泉、朱守礼、林士甲、白继文，集团公司副总经理刘化龙，副总工程师孙学军及办公室、综合技术部的负责人参加了会议。会议由王志泉主持。会上，杜景新作年度工作报告，孙学军作集团公司“十一五”规划设想的发言，刘化龙宣布集团公司第三届管理现代化创新成果奖项，并向荣获奖项的厂所、公司代表颁奖。会议期间，集团公司和企协领导分别召开了“十一五”规划和企协2006年工作座谈会。

（王志泉　供稿）

【中国南车集团公司科学技术协会】 2005年，集团公司科协围绕“三个服务、一个加强”，即竭诚为科技工作者服务，积极为经济社会全面协调可持续发展服务，努力为提高全民科学文化素质服务，努力做好新时期科协工作。11月，集团公司科协召开秘书长工作研讨会，围绕企业科协的现状及发展开展深入研讨，为进一步学习理解科协工作“三个服务、一个加强”工作部署的内涵，特聘请中国科协厂矿协作中心主任王志舜到会并作报告。王志舜通报了目前全国企业科协工作面临的新情况和新问题，介绍了典型企业科协工作经验和创新作法。并指出，只有认真落实“三个服务、一个加强”的理念，才能使科协工作目标更明确、职能更科学、定位更准确、任务更具体、特点更鲜明、工作的针对性和实效性更突出。集团公司科协常务副主席贾玉申介绍了集团公司科协的现状并对今后工作提出了建议和要求，一要取得企业领导的认同和重视；二要把科协工作的出发点和落脚点放在企业发展需要上。要转变观念，树立服务意识，要学习各方面的知识才能，跟上形势，要和各部门协商共事，团结广大科技人员为企业发展贡献聪明才智，突出抓好具有单位特色工作，使科协重振起来。

科学技术奖申报。按《中国南方机车车辆工业集团公司科学技术奖奖励实施细则》要求，组织各厂所、公司申报年度科学技术奖。共有14家单位申报了31个项目，其中申报一等奖15项、二等奖12项、三等奖4项。

4月12日，在北京召开各厂所、公司科协通讯员会议，表彰奖励优秀通讯员。特邀集团公司宣传部何明新参加会议，通报了《中国南车》报改版情况，并对通讯员进行了业务培训，另外结合原南车科协报的投稿情况作了解析，指出存在的问题并提出要求，以利更好地宣传科技人员事迹及各厂科协工作动态。

为了更好的贯彻落实《科普法》，促进企业科技进步，促进企业精神文明和文化建设，弘扬科学精神，普及科学知识，传播科学思想和科学方法，集团公司科协组织所属企业与中国科协继续签定协议书，坚持《科普大蓬车》周播版科普电视栏目，每周1期，每期15分钟的播出，把与人们生活息息相关的身边的科学知识送进厂、送到社区、送到员工家庭，深受欢迎。

（科协　供稿）

【中国南车集团公司体协】 2005年，集团公司各级体协认真学习贯彻党的十六届五中全会精神和集团公司第一次党代会精神，以中共中央、国务院《进一步加强和改进新时期体育工作的意见》为指导，以庆祝《体育法》、《全民健身计划纲要》颁布10周年为契机，全面进行职工体育传统模式改革创新工作，以改革创新促发展，全面构建和完善面向员工具有集团公司特色的全民健身服务体系，为集团公司经受各种考验，克服重重困难，取得发展新成就，实现历史新跨越，全面完成“十五”发展战略目标发挥了积极作用。

年内，各厂所、公司按照《规划》中构

建全民健身服务体系的要求和既定目标、实施办法，结合企业实际，从为企业生产经营服务、为员工群众服务的新定位出发，围绕健全群众体育活动组织；建设和充分利用体育场地；举办经常性群众体育活动这三个基本构建环节，脚踏实地的开展工作。集团公司在构建过程中，突出了以组织全国亿万职工“迎奥运”健身活动月系列活动为展示平台，以组织系列活动带动全年构建工作。由于精心打造“我为奥运添光彩，科学健身热南车”健身活动月品牌，集团公司被全国总工会评为全国亿万职工“迎奥运”健身活动月系列活动优秀组织奖。眉山厂、资阳厂、戚墅堰厂、石家庄厂、浦镇厂、洛阳厂、二七车辆厂、贵阳厂、江岸厂、铜陵厂、株机公司、武昌厂被评为先进单位。各单位高度重视构建和完善全民健身服务体系，有力地推动了体育工作的持续发展，取得了显著成绩。在第十届全国运动会表彰会上，眉山厂、资阳厂、戚墅堰厂被评为全国群众体育先进单位。

各厂所、公司充分认清形势，结合企业实际情况，积极探索市场条件下职工体育发展规律，按照“自我调整、自我创新、自我完善、自我发展”的指导思想，采用“以我为主、重点突破、模式各异、逐步完善”的方法，进行了传统模式的改革创新，实现了新突破。体协管理模式主动适应企业改制的需要，基本完成了由原来单一行政机构管理转变为党委领导、行政主管、工会负责、体协承办，齐抓共管的组织管理模式；体协组织领导由原来单纯行政型模式向主动满足生产经营和员工需求的服务型新模式转变，集团公司体协竞赛管理正由单纯竞赛方式向竞赛、休闲、娱乐的综合性转变；员工体育管理正在构建面向基层、面向员工、面向社会的开放式管理模式，初步形成员工群众和老年人自我参与、自我服务、自我受益为主要特征的管理思路。年内，各单位体协已经走出了对市场经济不适应的阴影，初步找到了适合自己企业的新时期体育工作思路，为今后工作的持续发展奠定了基础。撰写的《关于企业职工体育传统模式改革创新工作的探讨》论文，入选2005年全国体育改革发展战略研讨会暨中国群众体育高层论坛。

为庆祝《体育法》和《全民健身计划纲要》颁布10周年，迎接第十届全国运动会，集团公司在常州竺山湖度假村举办“南车杯”乒乓球比赛，由戚墅堰所和戚墅堰厂协办，取得了圆满成功。15支代表队的134名运动员、教练员和裁判员参加了比赛，株机公司、戚墅堰厂、石家庄厂、株辆厂、眉山厂、洛阳厂分别获得团体赛前六名，一批优秀选手分别赢得3个单项前六名。戚墅堰所、武昌厂、浦镇厂荣获体育道德风尚奖。各单位充分利用“迎奥运”健身活动月和季节特点，组织了小型、多样、分散、适量的竞赛活动143项。眉山厂、浦镇厂、戚墅堰厂、四方有限公司、铜陵厂、株洲所等单位，都成功地举办了员工运动会。

为巩固“活动月”成果，5月底，集团公司体协在洛阳厂召开了部分体协秘书长座谈会，听取了8个单位工作汇报，交流了经验，向集团公司各厂所、公司体协下发《座谈会纪要》，并强调今后三年连续组织“活动月”的要求。在“南车杯”乒乓球比赛期间召开了秘书长会议，汇报了上半年集团公司体育工作情况，布置了下半年工作，讨论了解决体育经费的意见。10月中旬，集团公司体协专门组织各单位体协主席和秘书长观摩了第十届全国运动会，经过浦镇厂承办，与会人员开阔了视野，启迪了思路。

（体协　供稿）

下篇自立

中国南车集团株洲电力机车有限公司
中国南车集团资阳机车厂
中国南车集团戚墅堰机车车辆厂
南车四方机车车辆股份有限公司
四方机车车辆有限责任公司
中国南车集团南京浦镇车辆厂
中国南车集团株洲车辆厂
中国南车集团眉山车辆厂
中国南车集团武昌车辆厂
中国南车集团铜陵车辆厂
中国南车集团成都机车车辆厂
中国南车集团洛阳机车厂
中国南车集团襄樊内燃机车厂
中国南车集团北京二七车辆厂
中国南车集团石家庄车辆厂
中国南车集团武汉江岸车辆厂
南方汇通股份有限公司(中国南车集团贵阳车辆厂)
中国南车集团株洲电力机车研究所
中国南车集团戚墅堰机车车辆工艺研究所
中国南车集团襄樊牵引电机有限公司
湖南铁道职业技术学院
常州铁道高等职业技术学校
北京铁工经贸公司
新力搏交通装备投资发展有限公司

下属单位

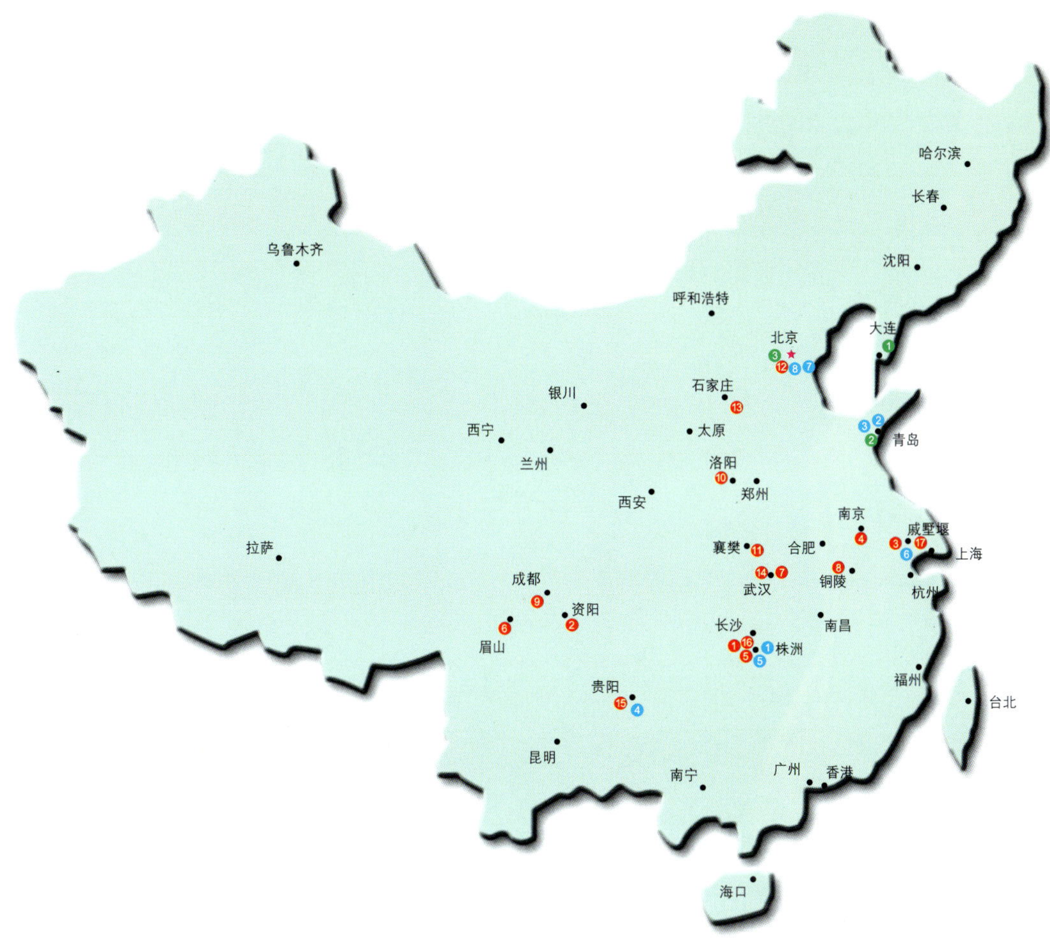

- 全资企业
- 控股企业
- 参股企业

❶ 中国南车集团株洲电力机车厂
❷ 中国南车集团资阳机车厂
❸ 中国南车集团戚墅堰机车车辆厂
❹ 中国南车集团南京浦镇车辆厂
❺ 中国南车集团株洲车辆厂
❻ 中国南车集团眉山车辆厂
❼ 中国南车集团武昌车辆厂
❽ 中国南车集团铜陵车辆厂
❾ 中国南车集团成都机车车辆厂
❿ 中国南车集团洛阳机车厂
⓫ 中国南车集团襄樊内燃机车厂
⓬ 中国南车集团北京二七车辆厂
⓭ 中国南车集团石家庄车辆厂
⓮ 中国南车集团武汉江岸车辆厂
⓯ 中国南车集团贵阳车辆厂
⓰ 湖南铁道职业技术学院
⓱ 常州铁道高等职业技术学校

❶ 中国南车集团株洲电力机车有限公司
❷ 南车四方机车车辆股份有限公司
❸ 四方机车车辆有限责任公司
❹ 南方汇通股份有限公司
❺ 中国南车集团株洲电力机车研究所
❻ 中国南车集团戚墅堰机车车辆工艺研究所
❼ 新力博交通装备投资发展有限公司
❽ 北京铁工经贸有限公司

❶ 中国北车集团大连机车研究所
❷ 中国北车集团四方车辆研究所
❸ 中车进出口有限公司

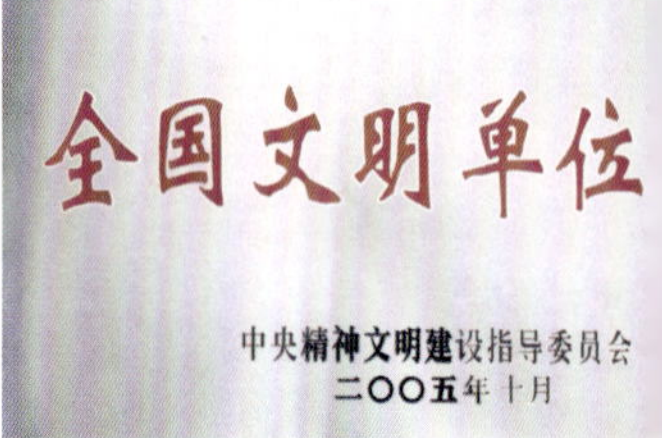

株机公司为广州轨道交通三号线生产的地铁列车。

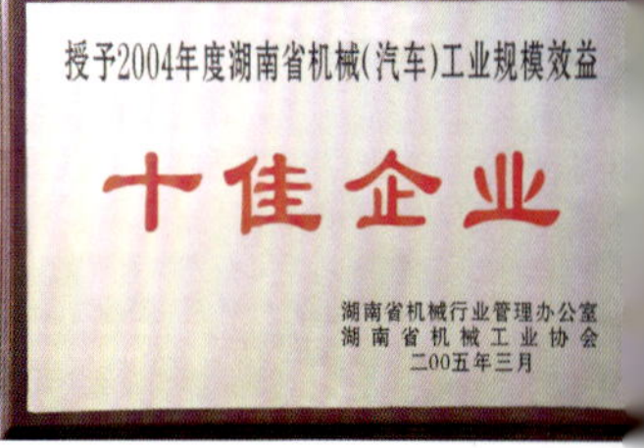

株机公司为上海明珠二期工程生产的地铁列车——紫罗兰。

株洲电力机车有限公司

11月18日，株机公司为广州市轨道交通三号线生产的地铁列车竣工剪彩。

4月28日，公司研制生产的乌兹别克斯坦车（O'ZBEKISTON型BO—BO—BO）和哈萨克斯坦车（四轴宽轨KZ4A型）通过省级科技成果鉴定。

12月4日，公司开发的电动车组高温超导变压器项目通过国家科技部专家评审验收。

韶山3B电力机车

出口土库曼斯坦内燃机车

各型机车整装待发

资阳机车厂

出口南非机车

工厂第八次党代会

工厂第八次工代会

工厂外国语实验学校移交仪式

东风8CJ型交流传动内燃机车落车。

运行中的东风11G型内燃机车。

东风11G型内燃机车投入红色旅游线运营。

为西宁至格尔木铁路线用生产的东风8B型内燃

KZ70型矿石漏斗车。

戚墅堰机车车辆厂

集团公司总经理赵小刚与参加戚墅堰厂建厂100周年庆典的工厂领导及外宾合影。

大功率交流传动内燃机车采购和技术引进项目合同在北京签约。

首台大功率内燃调车机车交接仪式。

中央电视台《与你相约》栏目组来厂录制"圆梦大行动"节目。

工厂召开大功率交流传动内燃机车引进项目信息发布会。

广州地铁车辆

出口纳米比亚动车组

出口伊朗客车装船

山东省委书记张高丽到公司视察。

国家发展与改革委员会领导到公司调研。

青藏客车签约仪式。

公开选拔副职领导干部演讲答辩。

庞巴迪公司董事会主席兼首席执行官劳伦-博德万访问BSP公司。

保持共产党员先进行教育活动动员大会。

公司员工尹世义获全国劳动模范称号载誉归来。

公司举办首届员工运动会。

四方机车车辆有限责任公司

青藏铁路客车餐车

公司举办第二届员工技能大赛

货车缓冲器

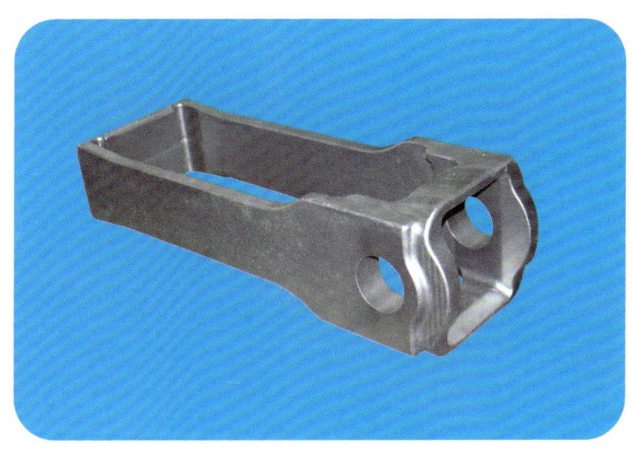

重载铁路货车钩尾框

青藏铁路客车

改造生产的高档旅游客车

工厂劳模标兵参观地铁车辆。

工厂制造的屯兵车。

发改委交通运输司副司长宋朝义（右二）、铁道部发展计划司副司长张建平（左一）参观地铁列车

南京浦镇车辆厂

拥有自主知识产权的国产化地铁车辆。

10月8日，工厂举行第十三届职工体育运动会。

摄影/庄国良

4月28日，工厂与庞巴迪公司举行青藏线AM96转向架构架采购合同签字仪式。

1月26日，铁总副主席吴建中等领导慰问工厂贫困员工。

VTI
Beijing · China
www.vti-china.org
华信技术检验有限公司
VOUCHING TECHNICAL INSPECTION LTD
职业健康安全管理体系认证证书
CERTIFICATE OF REGISTRATION
中国南车集团株洲车辆厂
China South Locomotive & Rolling Stock Industry (Group) Corporation Zhuzhou Rolling Stock Works
Songjiaqiao, Hetang district, Zhuzhou, Hunan, P.R. China
GB/T28001-2001 (covers OHSAS18001:1999)
敞车、平车、罐车、漏斗车和长大货车、铁路铺架养护设备及其零配件有关的生产过程和管理所涉及的职业健康安全管理活动和场所
Occupational health and safety management activities and sites involved in production processes and management of tank cars, flat cars, gondola cars, hopper cars, heavy-duty cars, bridge-erecting and track-laying machines, railroad maintenance equipments and components and parts thereof
CNAB
CNAB004-S

4月11日，集团公司党委书记郑昌泓到厂视察指导国债技改项目。

G17BK型罐车

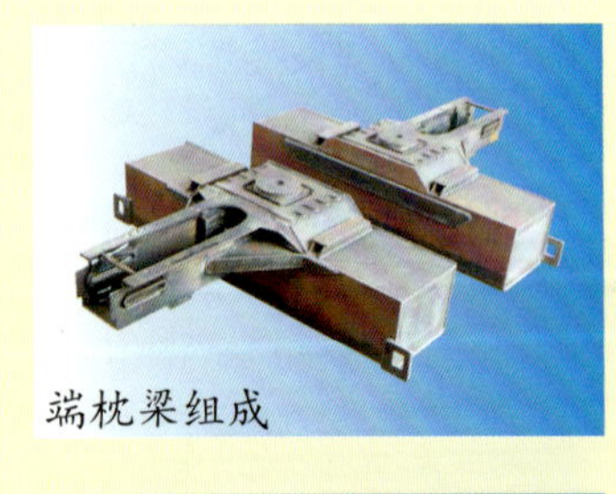

端枕梁组成

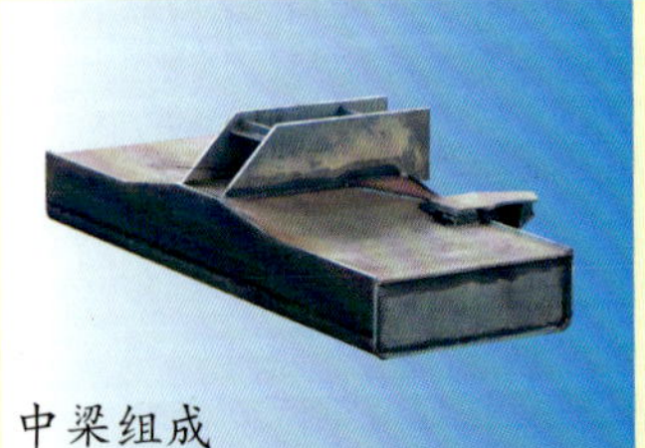

中梁组成

3月14日，中美联合开发的GDS项目正式投入批量试生产。

100吨专用敞车

株洲车辆厂

出口澳大利亚五联平车

100吨通用敞车

C70H型敞车

C70型敞车

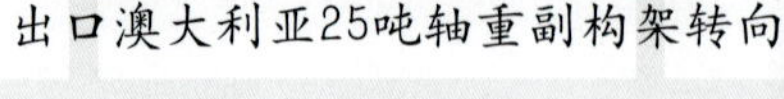

出口澳大利亚25吨轴重副构架转向

拉铆钉产品

P70型通用棚车

出口委内瑞拉矿石漏斗车

130A型空气分配阀

眉山车辆厂

5月17日，四川省委书记张学忠视察工厂。

5月30日，巴基斯坦铁道部主席杜拉尼到工厂友好访问。

敞车生产线

底架平面自动焊工装

集团公司总经理赵小刚到厂检查指导工作。

集团公司党委书记郑昌泓到厂检查指导工作。

武汉市委书记苗圩到厂检查指导工作。

P_{70}型棚车

整装待发的助飞火箭包装箱。

武昌车辆厂

X—X助飞火箭包装箱通过出厂验收评审。

J6型家畜车改造。

X—X助飞火箭包装箱。

庆祝建厂35周年文艺晚会。

NX$_{30}$型共用平车通过部级认证。

组织人员赴郑州参观典型故障展览，强化员工质量意识。

工厂举办推进改革培训班。

原工厂医院改制分离，成立铜陵市人民医院701分院。

龙狮共舞迎新春。

铜陵车辆厂

转K6摇枕

转K6侧架

转K6转向架

C70型敞车

KZ70型石碴漏斗车

工厂获得19项产品生产许可证和三大类车种大修许可证。

KM70型煤炭漏斗车

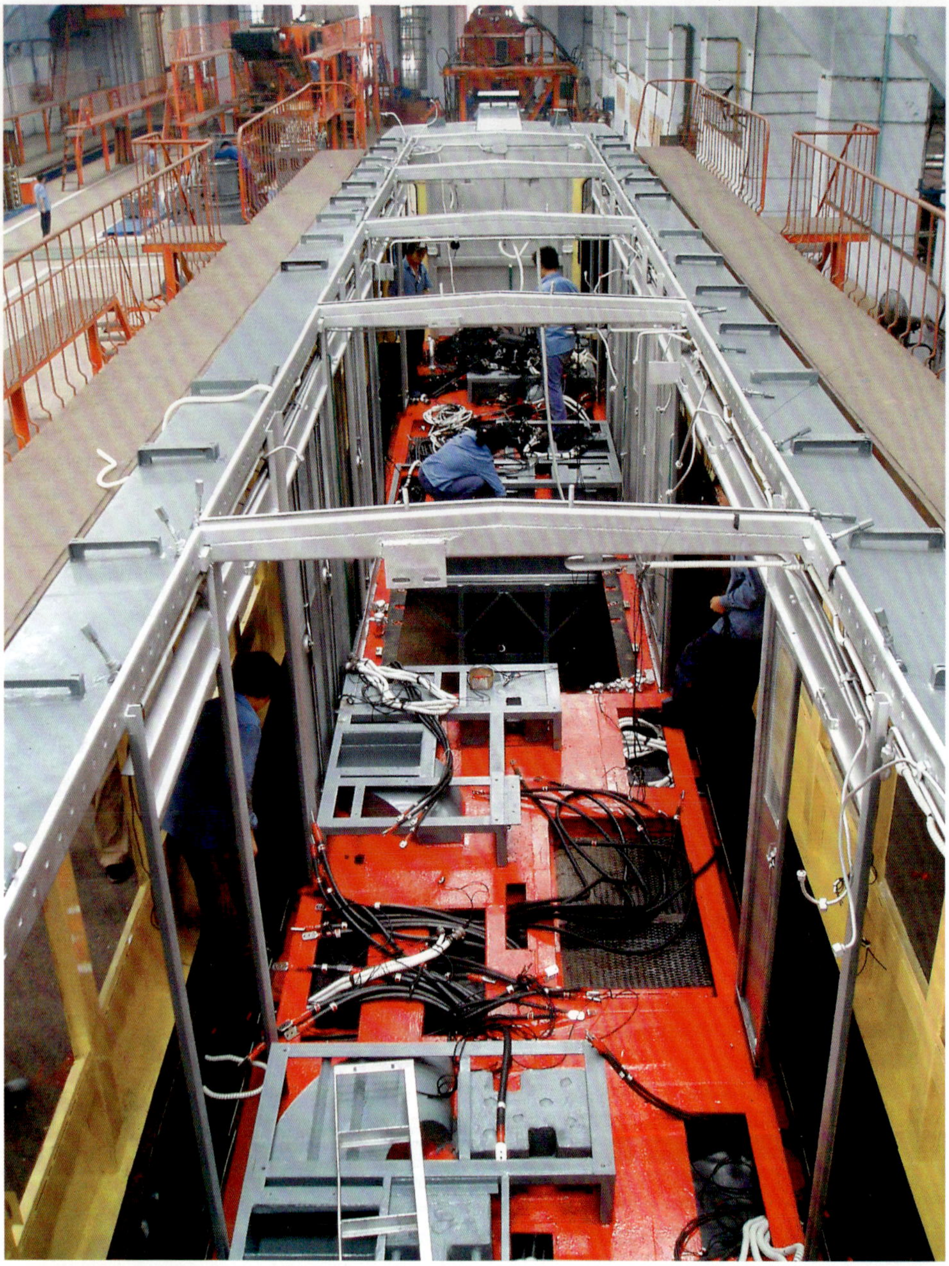

采用先油漆后组装工艺检修的韶山3型电力机车。

CDJF205同步主发电机

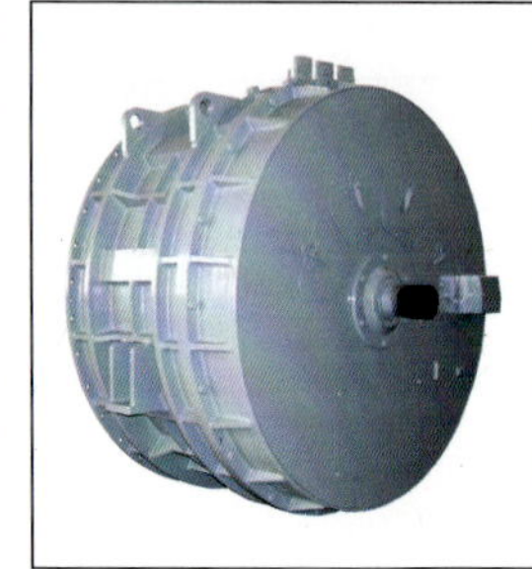

JF204DZ主发电机

ZD106E直流牵引电动机

成都机车车辆厂

检修的东风$_{4D}$型内燃机车

25G型空调客车检修技术评审会

交流传动技术引进合同签约仪式

检修的YZ$_{25G}$型硬座客车

检修的YW$_{25G}$型硬卧客车

保持共产党员先进性教育活动动员大会。

电力机车检修现场

团队建设大赛

洛阳机车厂

韶山9型电力机车开工

加工中心

柴油机组装间

新开发的TB5030TQZ型道路清障车

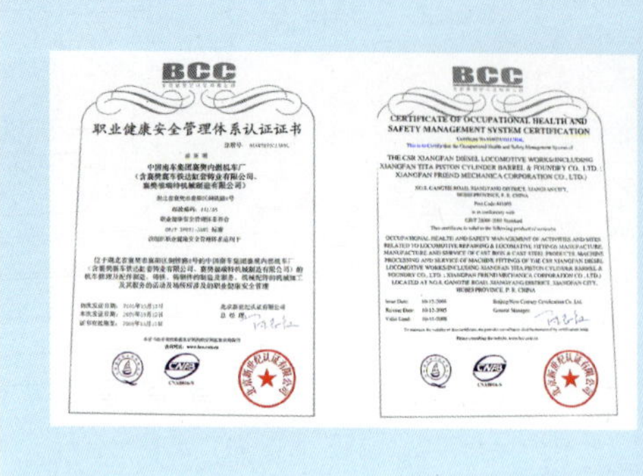

职业健康安全管理体系认证证书

CERTIFICATE OF OCCUPATIONAL HEALTH AND SAFETY MANAGEMENT SYSTEM CERTIFICATION

TB5070TQZP型道路清障车

质量管理体系认证证书

CERTIFICATE OF QUALITY MANAGEMENT SYSTEM CERTIFICATION

工厂召开保持共产党员先进性教育活动动员大会。

开展文化广场活动。

襄樊内燃机车厂

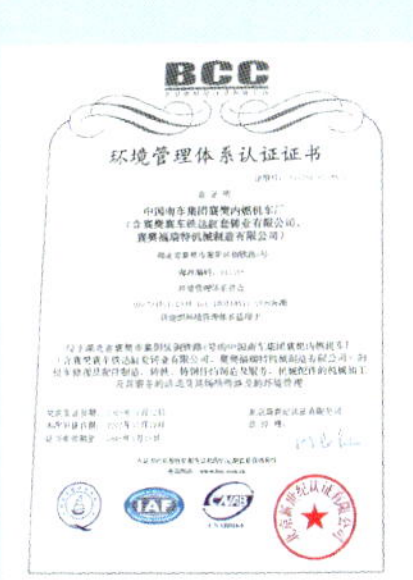
BCC

环境管理体系认证证书

BCC

CERTIFICATE OF ENVIRONMENT MANAGEMENT SYSTEM CERTIFICATION

中国南车集团襄樊内燃机车厂工会委员会：

工会“十四大”以来，你单位在工会工作中做出了优异成绩，特授予全国模范职工之家称号。

中华全国总工会

二〇〇五年五月

12月1日，集团公司党委书记郑昌泓到厂检查指导工作。

7月2日，襄樊福瑞特机械制造有限公司正式挂牌。

10月24日，工厂首台东风7C型机车厂修竣工。

2月3日，工厂首台东风5型机车厂修竣工。

NX_{70}型平车

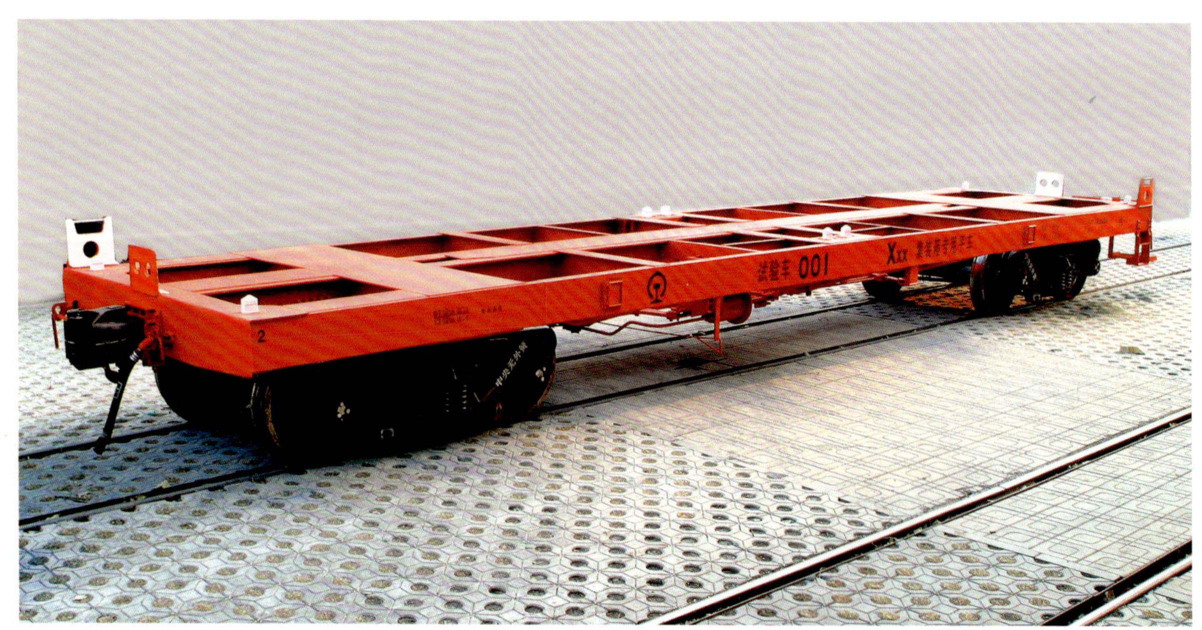

61吨集装箱专用平车

北京二七车辆厂

朝鲜铁路代表团到工厂访问。

C_{70XY}型敞车

KM_{70}型煤炭漏斗车

C_{80}型铝合金敞车

工厂为平煤集团生产的自备敞车

专用平车荣获“十五”全军后勤重大科技成果奖。

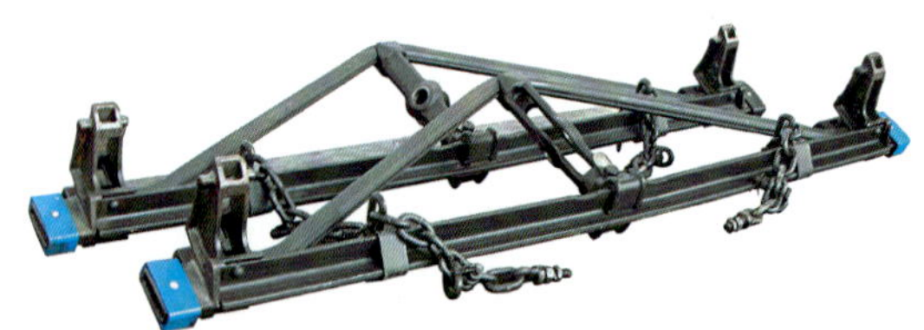

L—B型组合式制动梁

工厂设计制造的铁路特种专用平车

K18D型煤炭漏斗车

工厂检修的G50K型油罐车

石家庄车辆厂

3月28日，工厂开展“建厂百年”植树纪念活动。

庆祝建厂100年大会。

8月30日，工厂举行河北石铜铸造有限公司送电生产仪式。

出口配件现场观摩

企业员工论坛

市委副书记李云飞看望市劳模陈建国。

副市长袁善腊与厂长桂祖康交谈。

C70型敞车

G17BK型粘油罐车

二七教育基地

武汉江岸车辆厂

GN$_{70}$型粘油罐车

中层管理岗位竞聘演讲答辩会。

GF$_{70(H)}$型氧化铝粉罐车

专业带头人命名大会。

GQ$_{70}$型轻油罐车

俄罗斯客商考察生产现场。

C70型通用敞车

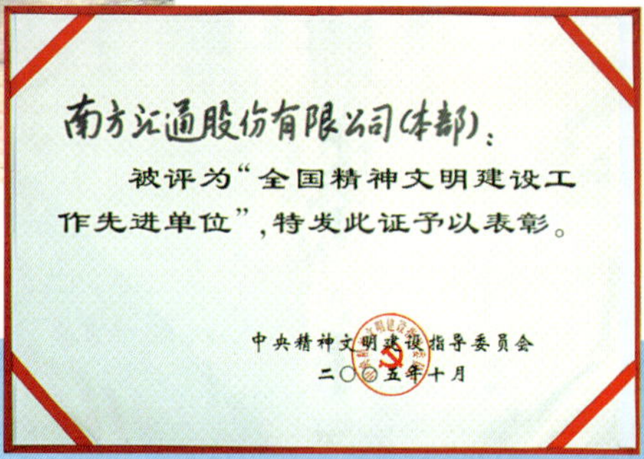

南方汇通股份有限公司(本部)：

被评为“全国精神文明建设工作先进单位”，特发此证予以表彰。

中央精神文明建设指导委员会
二〇〇五年十月

KM70型煤炭漏斗车

南方汇通股份有限公司

国资委国有企业监事会主席赵喜子到公司检查工作。

工商管理岗位研究生课程结业典礼。

等离子切割机。

保持共产党先进性教育活动动员大会。

贵州福新机械工业有限公司挂牌成立。

C70型敞车及转K6型转向架通过部级生产质量认证。

电动公交车

LKJ2000型列车运行监控记录装

真空集便器车间

20000千瓦及以下水轮机组

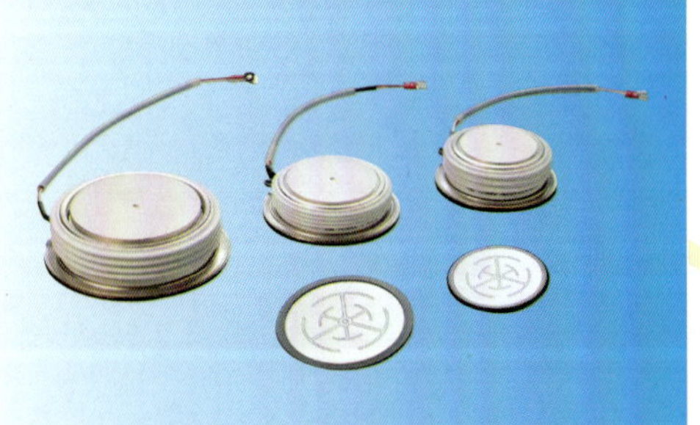

系列器件

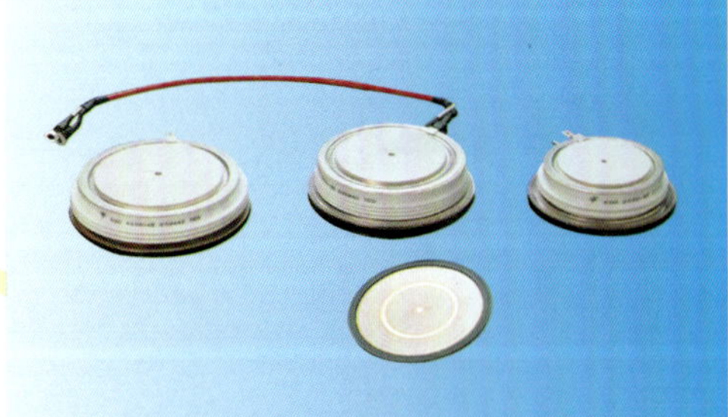

系列器件

5英寸全压

株洲电力机车研究所

ATP装置

大功率GTO水冷牵引变流器

JC弹性旁承体

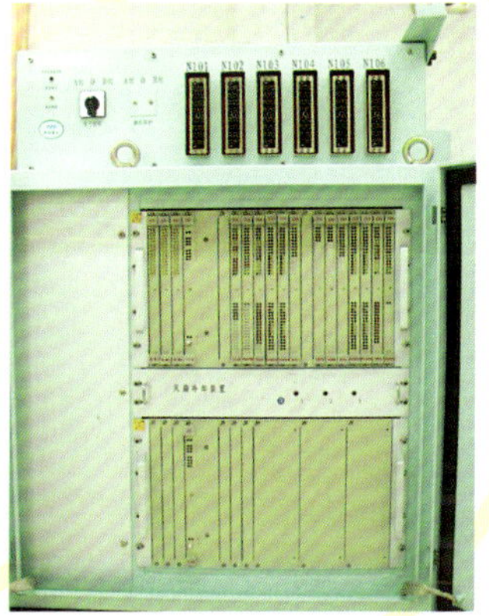

韶山4G型机车电子柜

DTECS车辆控制模块

功率器件

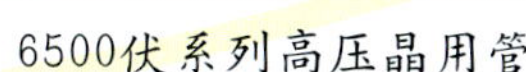

6500伏系列高压晶闸管

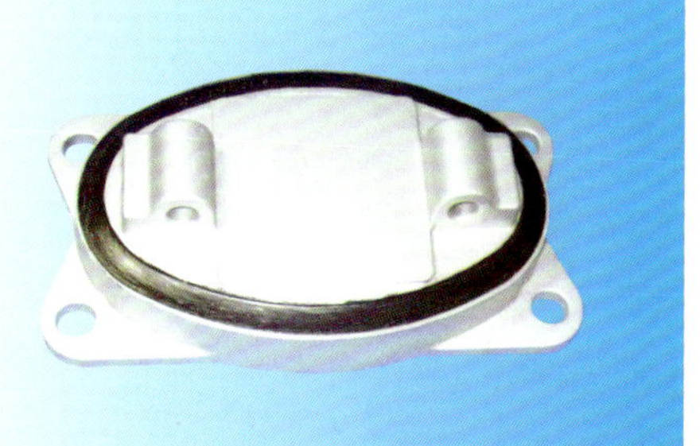

轨道减震器

东风11型齿轮

踏面清扫器

电力、内燃机车牵引齿轮

中华之星齿轮

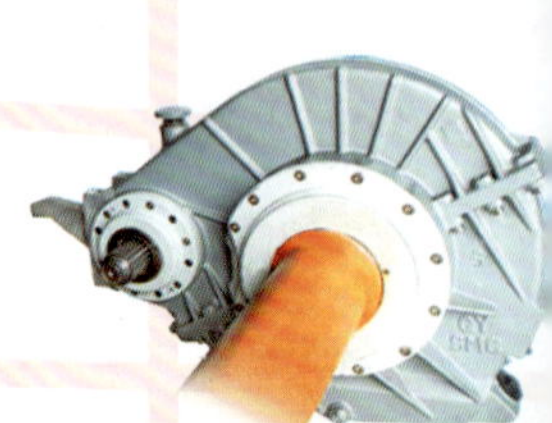
上海地铁一号线传动齿轮

伊朗地铁齿轮

“春城”电动车组传动齿轮箱

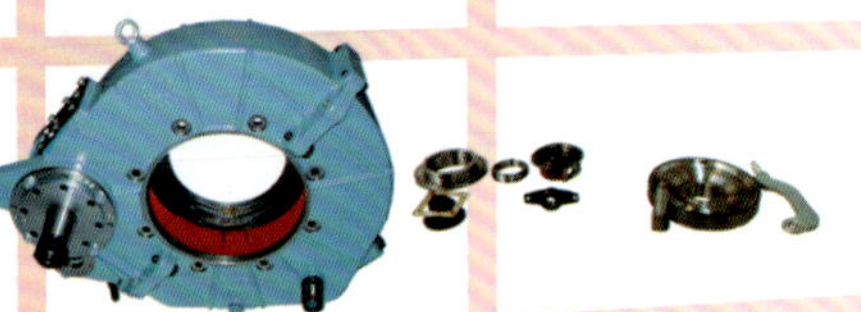
北京地铁复8线传动齿轮箱

国产地铁传动齿轮箱

“先锋”电动车组传动齿轮箱

支撑座

时速300公里电动车传动齿轮箱

戚墅堰机车车辆工艺研究所

“先锋”齿轮

国产地铁齿轮

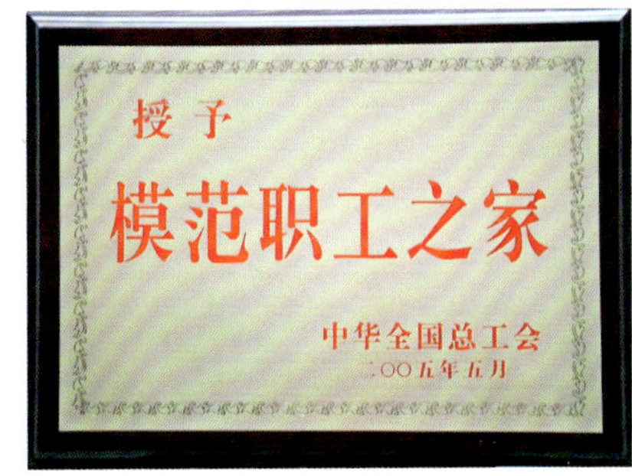

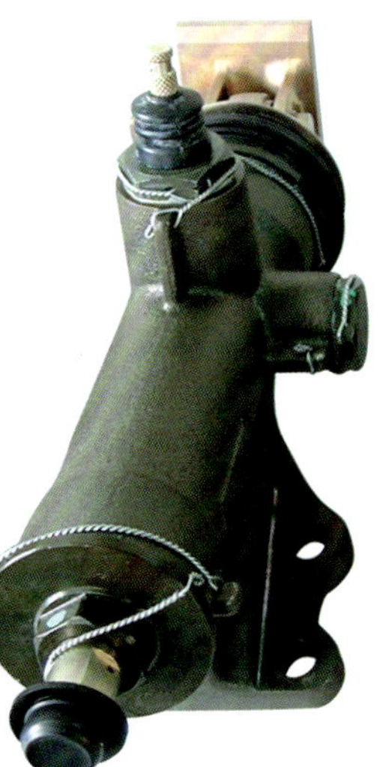

200公里动车组密接式车钩

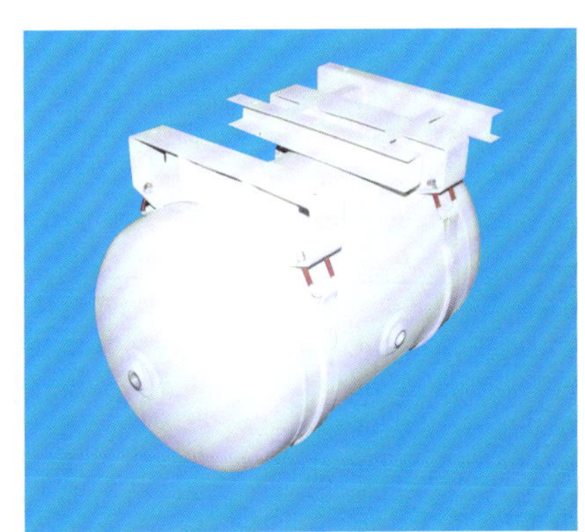

风缸

广州地铁齿轮箱

焊轨车

机加车间

各类冲床

数控设备

XIANGFANQIANYINDIANJIYOUXIANGONGSI

襄樊牵引电机有限公司

JQF409交流同步辅助发电机

ZQF412直流起动发电机

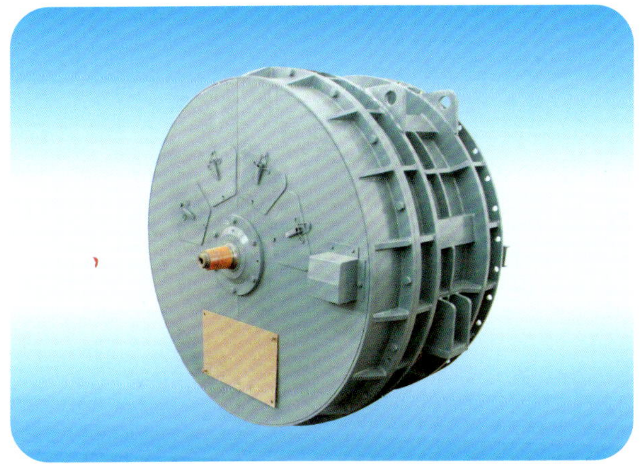

JF204D、JF204C同步牵引发电机

GQL—45感应子励磁机

电机配件

锚板

就业导向
学生中心
能力本位

学院接受教育部人才培训工作水平评估抽查。

HUNANTIEDAOZHIYEJISHUXUEYUAN

湖南铁道职业技术学院

中共中央委员、湖南省委书记杨正午到学院视察。

集团公司技能型人才供需洽谈会。

学院与空军95106部队举行“军民共建”精神文明签字仪式。

学院举行2005级新生歌咏比赛。

集团公司铁道机车车辆新技术研究班合影。

花园式的常州铁道高等职业技术学校。

培训学员上课。

学生现场操作数控机床。

常州铁道高等职业技术学院

集团公司党委书记郑昌泓为学校升格揭牌。

集团公司高级铸工班开班典礼。

校园一角。

企业精神

诚信　敬业　创新　超越

企业作风

求新　求快　求实　求优

中国南车集团株洲电力机车有限公司

（工商登记营业执照编号：4302001004949）

董事长：李志轩

党委书记：刘　宁

总经理：徐宗祥

【概述】 2005年，占地面积220.8万平方米，生产房屋面积38.7万平方米；各类设备2612台。9月8日，株机厂改制成为中国南车集团株洲电力机车有限公司（简称株机公司）。全年，株机厂及其改制的株机公司共新造电力机车159台，其中韶山$_4$改机车116台、韶山$_{4B}$机车31台、韶山$_9$机车5台、韶山$_{3B}$机车3台和TM_2出口机车4台，完成6台"蓝箭"动力车D级修，交付上海地铁车辆11列、广州地铁车辆4列；实现销售收入23.6亿元，创历史最好成绩；实现利润5600万元，其中株机公司实现销售收入7.71亿元，利润680万元。

年内，在铁道部两次机车招议标中中标金额12.4亿元。获得内蒙古伊泰集团7台机车、神华集团26台机车；出口4台伊朗车、2台哈萨克斯坦车的订单，与阿塞拜疆国铁公司签订机车合作意向书；城轨车辆赢得上海地铁1号线增能扩编项目72辆、总金额9.51亿元订单；签定了总额达1亿元的上海和广州地铁备件及改造合同；联合西门子公司参加了上海地铁2号线西延伸项目投标，独立参与了北京地铁10号线的投标；就沈阳、哈尔滨地铁1号线一期项目提交了车辆需求建议书。

强化技术创新体系建设，编制完成技术标准体系明细录，组建了转向架开发部，公司技术中心在国家级企业技术中心综合排名中继续位居全省及国内行业第一，企业信息化建设入选全国500强，检测试验站通过中国实验室国家认可委员会的认可。全年累计完成设备、基建更新投资6516万元；共组织实施设备、基建大修计划117项，完成投资1816万元；实施维修117项，完成投资281万元。设备完好率达到96%，比上年提高0.2个百分点。基本建设和技术改造力度加大，公司制造能力得到明显提升。

有效控制成本费用，适时调整财务预算，对关键物资改以为"直供为主，代理为辅"的模式。通过建立各车型标准成本，加强制造成本过程控制。做好内部审计和效能监察，节约费用支出，提高资金管理水平。利用人民币升值，开展外汇资金业务，赢得汇兑收益，并争取到城轨车辆建设二期项目1000万元国债资金支持和短期贷款利息下调10%等优惠条件。

公司设有28个售后服务网点,质量保证期内电力机车达到733台,服务车型15种。截至11月,机车质量“三包”费发生900万元,“三包”期内机车责任机破率0.07件/10万公里,“三包”期内机车责任临修率0.46件/10万公里;用户重点投诉2件,用户一般投诉7件。组织完成韶山$_9$、韶山$_{4G}$等车型的轴箱拉杆、走行部分等质量技术改进(改造)项目30项。

各投资企业加强技术创新、市场创新和管理创新,形成良好的发展格局。其中,株洲南车电机公司在动车组牵引电机、变压器技术引进方面取得成效,民用市场开拓成绩喜人;九方电器公司加强技术引进,与西门子公司就机车和地铁受电弓全面合作;九方铸造公司发挥机制优势,积极开拓国际市场,通过美国铁道协会AAR资质认证,签约国际订单近300万美元;九方装备模具公司创新经营,呈现良好的发展势头。

【改革改制】 按照集团公司批复精神，完成了整体改制，9月8日挂牌成立了有限公司。同时，主辅分离改制取得重要进展，完成九方装模公司、九方物业公司等13家单位规范化改制；湖南铁道职业学院移交集团公司直接管理；九方中学、九方小学、公安事务向地方政府移交工作进入财政部最后审批程序；根据社区幼儿教育市场变化和企业整体发展需要，剥离服务主业公司员工以外的幼儿教育业务，成立了公司幼儿教育室。改制后，公司年末员工人数为5888人。推行业务流程再造，完成30个核心流程编制和机构的重新设置，定岗定编工作已初步完成。启动了核心人力资源库建设，成立了资深专家工程技术咨询委员会；首次启动公开选择程序，公开选拔了公司副职领导。

【新产品开发】 依据DJ4机车项目技术引进合同，编制了《DJ4大功率交流传动电力机车设备控制质量计划》、《DJ4大功率交流传动电力机车型式试验计划》等计划书；与西门子公司就卫生间、司机控制器等41项部件进行了技术澄清；对西门子公司提供的冷却塔、牵引通风机等12项技术文件进行了分析，按新的订货技术文件模式编制了12份订货技术文件及评审工作；对西门子公司提供的车体和司机室图纸进行PDM系统的转换。编制了《大秦线批量加装LOCOTROL系统第一阶段韶山$_4$改LCU机车改造设计策划书》和《大秦线批量加装LOCOTROL系统第一阶段韶山$_4$改非逻控机车改造设计策划书》，完成了第一阶段的接口设计、方案设计、全套设计图纸和改造的技术支持，第二阶段的设计工作全面铺开。完成了时速120公里六轴货运机车方案调研和机车总体方案设计和方案评审。根据铁道部的需求完成时速200公里六轴客运机车和时速200公里八轴客运机车的方案设计，并提交了评审方案。以上海地铁和广州地铁两项目为平台，加速了地铁车辆技术的引进和国产化，从西门子公司接收各类技术文件5500余份，完成铝合金A型车辆和除转向架以外的铝合金B型车辆技术引进，开展了A型地铁转向架自主研发工作，6月3日，按照德国西门子公司技术要求制造的12个地铁车辆转向架竣工验收，并交付使用；11月18日，为广州地铁三号线生产的首列地铁车辆竣工下线；年底，两个地铁车辆项目实现了并行批量制造、上线运营，表明公司已具备向国内各城市提供时速80公里等高性能的铝合金A型以及时速80~120公里高性能铝合金B型车辆的能力。全年申报铁道部、集团公司和公司级技术创新项目9项，其中交直传动电力机车功率补偿系统可靠性研究项目完成了试验，韶山$_4$改车体结构设计及强度计算项目已完成公司的计算和西南交通大学计算，并对其结果进行了评估；新型机车制动机研制项目完成了试验报告，并提交集团公司待审批；完成了“车体主要承载安装座结构优化及模块化”等4项“两高一低”项目。

【质量管理】 继续推行手工装配工序精细作业，以重点项目为依托，量化标准化作业指标，规范和整理现场工艺文件，添置系列工装和工具，员工手工装配精细化水平明显提高。以DJ4机车项目合同履行为契机，充分借鉴和吸收西门子公司质量管理经验，倡导精益制造、精心服务，新造机车平均交验回修指标创历史最低，“三包”期内机车责任机破率较上年下降16%。强化质量体系建设，ISO 9001体系高水平通过中质协质量保证中心认证复评；机车车体以及转向架（含地铁转向架）焊接质量体系顺利通过国际权威认证机构（德国杜伊斯堡焊接技术研究与培训院），DIN6700标准增项认证和年度监督审核，获得有效期最长（3年）、安全级别最高（C1级）认证证书。为提高机车修理质量，将两级检验管理体系延伸到至DJJ1动力车D2级修质量控制中，确保了DJJ1动力车修理质量，有效控制和降低了检修费用，得到用户嘉奖。加强供应商及其产品质量管理借鉴国际先进企业经验，加强供应商选择评价和质量业绩评价，严格供应商选择评价向相关供应商发出《质量问题整改通知单》15份，向有关供应商实施质量索赔，挽回经济损失220万余元。

【党群工作】 公司党委坚持将党的工作与生产经营、改革改制、发展稳定相结合，突出抓好了领导班子思想作风建设、基层党建工作示范创建、保持共产党员先进性教育活动、员工队伍建设和企业文化建设等工作，为公司圆满实现全年生产经营目标发挥了强有力的推动作用。根据集团公司“四好”领导班子创建活动的总体部署及开展保持共产党员先进性教育活动的统一要求，党委进一步加强了领导班子建设。组织开展了对高层领导班子意见征集活动，对征集上来的各方面意见进行了归纳整理，并制定了相关的整改措施。制定了《关于加强两级领导班子民主生活会的有关规定》、《党委中心组学习制度》等管理制度，初步形成了“以制度管人”的良好局面。修改完善了《中层管理者绩效管理办法》，使考核办法更加完善、科学、合理。修订了《基层党组织“双优工程”竞赛活动管理办法》，使“双优工程”竞赛活动更加贴近公司发展实际。积极开展以夯实党建基础工作为目的的“基层党建工作示范点创建”活动，并创造性地开展了以提升工艺为主题的“共产党员标准化作业示范点”、“标准化作业示范岗”竞赛活动，加强基层党员和一线生产骨干的质量意识、服务意识和标准化作业意识。在保持共产党员先进性教育活动中，党委高标准、高质量地完成了先进性教育活动的各项工作，并取得了显著效果。全年举办入党积极分子学习班和预备党员培训班各2期，培训预备党员128名、入党积极分子117名，发展新党员140名，办理预备党员转正手续180名。党员班组长比例达到71%，无党员班组比例为6.9%。坚持党的报告员报告制度，并充分利用厂报、电视台等宣传渠道，深入开展形势任务教育，营造了“聚精会神搞建设，一心一意谋发展”的良好氛围。开展《细节决策成败》主题读书活动和演讲比赛，掀起了从细节着手、改进工作方法、提高工作效率的热潮，推动了“两高一低”产品战略的贯彻实施和手工装配精细作业的深入开展。精心策划了公司成立挂牌、上海地铁一号线增购项目中标、首列广州三号线地铁车辆竣工下线典礼等公司重大事件的对外宣传报道，较好地宣传了公司形象，提升了公司知名度和影响力。扎实开展廉洁从业制度建设，组织完成新建工程、设备、原材料、配件采购，废旧设备处理以及账外资金、住房公积金、安全生产、设备采购后续监察等24项立项监察项目，节约和降低成本274.55万元。完成管理人员招聘、职业技术鉴定等人力资源效能监察13项1699人次。开展了清理中小企业账外资金和员工住房公积金管理等专项效能监察工作。全年共接待和处理群众来信来访20件，重点线索排查5件，立案6件，结案6件，对6名违纪人员分别给予开除党籍和留厂察看的处分。

公司工会不断强化自身建设，通过职代会、厂务公开、民主管理等形式参与企业决策，指导和规范辅业改制过程中的民主程序，维护了员工的合法权益。

公司团委以增强团员意识教育为契机，进一步加强团组织的自身建设，从青工技能提升、岗位创优、安全教育等方面引导青年在生产经营中发挥生力军和突击队作用，从选树青年典型、组织学习联谊、关注青年生活等方面做好服务青年、提升青年素质的工作，起到了凝聚青年员工的作用。

【国务院总理温家宝到厂视察】 8月12日，中共中央政治局常委、国务院总理温家宝等一行在中共湖南省委书记杨正午，省委副书记、省长周伯华，中共株洲市委书记肖雅瑜，市委副书记、市长颜石生和铁道部运输局副局长兼装备部主任孙景斌等陪同下，到株机厂视察。温家宝一行参观了组装分厂和地铁事业部，登上了新造的韶山$_4$改进型货运电力机车，在地铁车辆装备工作台上与员工进行了密切的交谈。在参观生产现场的同时，温家宝还认真听取了李志轩和刘宁关于工厂发展情况的汇报，肯定了工厂为国家建设作出的贡献，及工厂引进消化吸收、追赶世界先进技术的精神，希望工厂进一步加快用先进技术改造传统产业的步伐，提高企业的技术水平和竞争力。

【株机公司成立】 6月11日，工厂按照集团公司批复，正式启动整体改制工作。8月16日，中国南车集团株洲电力机车有限公司（即株机公司）第一次股东会和第一届董事会第一次会议相继在九方大酒店召开。全体股东代表一致选举李志轩、刘宁、徐宗祥、贺文成、朱龙驹、廖斌、张亲宁等7人为公司第一届董事会成员，选举郭鹏飞、李敏良、罗崇甫、蔡蕾、龙湘田等5人为公司第一届监事会成员；审议通过了《中国南车集团株洲电力机车有限公司章程》。董事会推选李志轩任第一届董事会董事长、刘宁任副董事长，聘任徐宗祥为公司总经理；经总经理提名，董事会聘任朱龙驹、马克湘、周清和、周军军、王宫成5人为公司副总经理，贺文成任公司总会计师。9月8日，株机公司在长沙华天大酒店举行揭牌庆典仪式。集团公司总经理赵小刚和株洲市市长颜石生为公司成立揭牌，并分别致辞。国资委、发改委、省经贸委、商务厅、省科技厅、郑州铁路局、西门子（中国）公司、长沙海关等单位负责人应邀出席了庆典，《人民铁道》报及湖南新闻媒体进行了报道。

【公司副职领导干部公开选拔】 7月25日，根据集团公司的规定和要求，首次启动公开选拔程序，在全厂范围内公开选拔6名拟任即将挂牌成立的株机公司副职领导。此次公开选拔成立了公开选拔工作领导小组和选拔工作办公室，集团公司副总经济师、人力资源处处长谷大存出任该领导小组组长，厂长李志轩、党委书记刘宁、副厂长徐宗祥副组长，集团公司人力资源处干部处处长薛松任办公室主任。此次选拔经过了宣传发动、组织报名、资格审查、组织考察、准备答辩、演讲答辩、决定聘任等7个程序。

【广州地铁车辆】 11月18日，公司为广州地铁三号线生产的首列地铁车辆竣工下线。该款地铁车辆是公司联合德国西门子公司按照欧洲及国际标准，采用了大量的国际先进技术研制而成，运行时速最高达120公里。

【重要纪事】 1月12日，工厂与北方国际股份有限公司签订4台伊朗机车和5台车配件的供货合同，合同总金额1350万美元。1月15日，工厂首次入选“中国企业信息化500强”，排名第310位。4月28日，工厂出口乌兹别克斯坦和哈萨克斯坦的两款交流传动电力机车通过省级科技成果鉴定。5月28日，国家发展与改革委员会主任马凯率“中部崛起”调研组到厂考察调研。6月2日，湖南省委书记、省人大主任杨正午到厂调研。6月3日，工厂转向架分厂按照德国西门子公司技术要求制造的12个地铁车辆转向架竣工验收，交付使用。6月10日，株洲南车电机公司新基地奠基仪式在田心高科技工业园举行。6月20日，“全国安全生产万里行”新闻采访团一行60余人来厂采访。8月13日，河南省省长李成玉到厂考察。8月17日，集团公司总经理赵小刚到工厂检查指导工作。9月19日，公司获得上海地铁一号线72辆、总价值9.5亿元的地铁车辆订单。10月26日，国家发改委副主任张晓强到公司考察电力机车和城轨车辆的发展情况。10月，公司《城轨交通车辆建设二期项目可行性报告》获得国家发改委批准，并得到发改委给予的1000万元国债资助。11月23日，公司质量管理体系通过了中国质量管理协会ISO 9001国际标准的现场审核。11月25日，公司环境与安全两大管理体系通过中联认证中心和摩迪英联认证公司联合审核组的现场审核。12月8日，西门子DJ4机车项目现场办公室成立。

【领导干部名单】

董事长	李志轩
副董事长	刘宁（兼）
总经理	徐宗祥
副总经理	马克湘　王宫成　朱龙驹　周军军　周清和　贺文成
副总工程师	余卫斌　索建国　彭奇彪
副总经济师	陈又专　张洪权　肖高华　周武成　罗崇甫　傅成骏
党委书记	刘宁
党委副书记	李志轩（兼）　郭鹏飞
纪委书记	郭鹏飞（兼）
纪委副书记	凌建国　彭质文
工会主席	郭鹏飞（兼）
工会副主席	张迎春　郭亚能
团委书记	何德军

（俞鸣霞　供稿）

地　　址　湖南省株洲市石峰区时代路
邮　　编　412001
电　　话　0733－8432946
网　　址　http://www.zelri.com.cn
电子信箱　suoban@zelri.com.cn

中国南车集团资阳机车厂

(工商登记营业执照编号:5139001800108)

厂长:郭炳强

党委书记:罗燕鸣

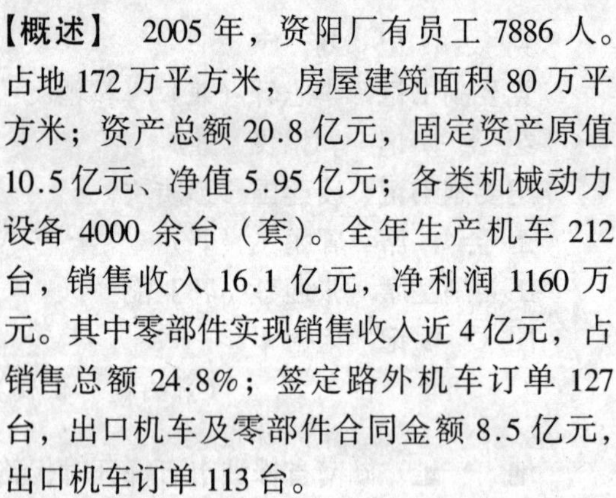

【概述】 2005年，资阳厂有员工7886人。占地172万平方米，房屋建筑面积80万平方米；资产总额20.8亿元，固定资产原值10.5亿元、净值5.95亿元；各类机械动力设备4000余台（套）。全年生产机车212台，销售收入16.1亿元，净利润1160万元。其中零部件实现销售收入近4亿元，占销售总额24.8%；签定路外机车订单127台，出口机车及零部件合同金额8.5亿元，出口机车订单113台。

年内，开展了9个车型、10种发动机及重点零部件的研制工作。实施“工艺革新、质量提升”两大工程，16V240ZJB型柴油机等实现“先油漆后组装”，4种关键零部件实现台架试验“只整备不整修”。推行GE供方评价模式，实施“红黄牌”管理，为提升整车产品质量提供了有效保证。通过中质协三体系换证审核，认证范围覆盖工厂非机车产品。消化因原材料、能源价格上涨新增成本4000余万元。整治厂区周边农用水取得突破性进展，每年可降低用水成本200余万元。实现生产计划管理系统首期物流项目信息化，物资采购仓储系统结束了近40年“手工记账”的历史。顺利实现安全生产23周年目标，成为全行业保持安全生产天数最高记录的企业。

【改革改制】 原电器设备分厂实现公司制改组，成立资阳晨风电气有限公司。子弟学校顺利移交雁江区人民政府管理。原西铁公司完成改制，成立资阳晨风西铁机械有限公司。厂级副职领导干部岗位实施公开竞聘，8名业绩突出、年富力强的干部走上工厂领导班子岗位。完成工厂与资阳市雁江区人民政府正式签署《中小学移交协议书》，标志着工厂中、小学校全部移交地方政府管理。

（厂办　供稿）

【新产品开发】 完成出口苏丹SDD_1型窄轨内燃机车研制。完成出口越南SDD3型准轨内燃机车研制。完成出口南非SDD2型外走廊窄轨内燃机车研制。由工厂自主开发的东风$_{8BJ}$大功率交流传动内燃机车完成30万公里运用考核。装用径向转向架的东风$_{8B}$型

5507 号、5508 号机车分别完成 15 万公里运用考核。完成 6240ZJ 和 12V180ZJ 柴油发电机组改进和试制。完成 6240 重油船用柴油机试验。

（技术中心　供稿）

【质量管理】 质量管理体系持续稳定运行，进行了内部质量体系审核，通过了中质协质量保证中心对工厂质量管理体系进行的复评换证审核，新证书覆盖范围包括了非机车产品的生产制造，为工厂拓宽产品市场奠定了质量基础。按照 ISO/TS16949：2002 技术规范要求建立了汽车产品生产质量管理体系，颁布了汽车产品质量手册，编制了 28 个程序文件。深化“工艺革新、质量提升”两大工程活动，开展精品工程，将机车正线试运“只整备不整修”过程控制要求前移到主要零部件的台架实验工序，指定东风$_{8B}$机车转向架、280 柴油机等 15 种相关零部件为精品范围，提出了 93 个主要工序的卡控要求和过程控制要求，精品产品的分类包括实行先油漆后组装的产品、只整备不整修的产品、一年内无故障的产品等。完成质量评审 6 项，完成 18 个部件的转序控制。探索 GE 模式管理方法，加强外购、外协产品的质量管理。按照国内一流、国际接轨的总体目标加强出口机车的质量控制。

（孙　璐　供稿）

【党群工作】 厂党委坚持理论武装，组织干部员工系统学习理论知识，增强思想活力和工作能力。成功召开了工厂第八次党员代表大会，选举产生了新一届党委会和纪委会，明确了“建成三大基地，共筑和谐车城，奠定百年基业”的战略目标。深入开展“四好”领导班子创建活动，工厂被评为集团公司“四好”领导班子。开展思想解放活动，加强危机意识教育、质量教育，增强员工发展意识、质量意识和责任意识。发挥舆论阵地作用，做好宣传鼓劲和舆论监督工作，保证年度目标实现。认真做好源头参与、政策宣传、舆论导向、释疑解惑工作，改革改制工作平稳推进。扎实开展先进性教育活动，圆满完成集中学习和巩固扩大整改成果工作，员工群众满意率和基本满意率达到 99.52%。深入贯彻《加强和改进中央企业党建工作的意见》，探索新形势下加强党建工作的新途径。完善参与重大问题决策工作机制，积极有效参与重大问题决策。开好两级领导班子民主生活会和党支部专题组织生活会，领导班子和党支部解决自身问题的能力增强。深化“创先争优”、“精细先锋岗”活动，党支部战斗堡垒作用有效发挥。制定实施《新时期工厂共产党员先进性标准》和《不同岗位共产党员保持先进性的要求》，启动党员“佩徽带卡”活动，党员先锋模范作用有效发挥。深化党风廉政教育，认真落实廉洁从业规定，干部廉洁自律意识进一步增强。开展制度效能监察和奖金结余款管理办法执行情况等专项检查，有效堵塞管理漏洞。开展中层干部考核评定工作，工厂和各单位共表彰中层干部 34 人，免职 15 人，自动辞职 5 人，降职 7 人，诫勉谈话 29 人。坚持以人为本，思想政治工作有效融入生产经营全过程。大力倡导“诚信为本、创造财富、回报社会”核心价值理念，营造健康向上文化氛围。成功举办“车城杯”异地采访活动，加强对外宣传工作，企业文化建设进一步加强，“三个文明”建设硕果累累。

厂工会成功召开第八次工代会，选举产生新一届工会领导班子。认真落实平等协商和集体合同制度，加强劳动关系协调，切实维护员工合法权益。坚持完善职代会、半年质询会、厂务公开等制度，民主管理工作再上台阶。深化群众经济技术创新活动，开展合理化建设和劳动竞赛，工厂再获全国“安康杯”优胜单位称号。加强“送温暖”工作，设立“车城爱心日”，全年走访慰问员工家属1940余人次，补助困难员工550余人次，发放慰问金和困难补助款16.8万余元。加强群众文化体育工作，工厂荣获“全国群众文化体育工作先进单位”称号。

厂团委深入开展团员意识主题教育活动，大力提升青年综合素质。开展“职业生涯规划”、“成功心态”等知识讲座，帮助青年拓宽视野、增长才干。成立青年书友会，满足青年学习需求。举办青年科技（管理）论文征集暨科技论坛活动，收集论文160余篇。开展“1N1”岗位献策活动，组织青年建言献策。加强“推优”工作，60名青年光荣入党。开展“阳光之旅”等活动，服务青年工作水平提高。机车分厂转向架车间大班连续11年保持“全国青年文明号”称号。

（党办　供稿）

【出口土库曼斯坦 CKD_{8A} 型客运内燃机车】
机车为内走廊双司机室结构，机车采用16V280ZJA型柴油机，最大运用功率3680千瓦，Co-Co轴式，轨距1520毫米，轴重23吨，整备重量138吨，微机控制，电阻制动，右向操纵，机车最大速度为时速120公里。

【出口土库曼斯坦 CKD_{8C} 型货运内燃机车】
机车为内走廊单司机室、固定重联结构，机车采用16V240ZJB型柴油机，最大运用功率2430千瓦，Co-Co轴式，轨距1520毫米，轴重23吨，整备重量138吨，微机控制，电阻制动，右向操纵，机车最大速度为时速100公里。

【出口苏丹 SDD_1 型窄轨内燃机车】 机车为内走廊双司机室结构，采用CAT3516B型电喷柴油机，最大运用功率1620千瓦，轴式Co-Co，轨距1065毫米，轴重16.5吨，整备重量99吨，最大速度为时速100公里，微机控制，具有重联功能。

【出口南非 SDD_2 型外走廊窄轨内燃机车】
机车为外走廊、单司机室结构，采用CAT3516B型电喷柴油机，最大运用功率1620千瓦，轴式Co-Co，轨距1067毫米，最大轴重不超过18.5吨，最大速度为时速120公里，微机控制，具有重联功能。

（技术中心）

【重要纪事】 1月28日，工厂捐资50万元在南津镇修建希望小学。3月5日，工厂召开厂级副职领导干部公开选拔大会。3月21日，召开厂级副职领导干部调整大会，新一届工厂领导班子正式产生。3月6日，工厂研制的 GKD_{3B} 型、CK_6 型内燃机车和越南动车组转向架、单元式空气滤清系统通过四川省科技成果鉴定。4月1日，工厂研制的具有不停车换工况功能的液力传动内燃机车 GK_{1C}-B0015号机车通过厂线试验。该项技术填补了国内空白，其机械—电子控制技术在国际上属先进水平。4月20日，工厂召开工会第八次代表大会。4月28日，工厂召开第八次党代会，会议确定了“建成三大基地、共筑和谐车城、奠定百年基业”的发展战略。4月29日，四川省委书记张学忠、省长张中伟到厂视察。4月29日，厂长郭炳强荣获四川省劳动模范、工人专家陈昌华荣获全国劳动模范称号。5月17日，中国铁路新闻工作者协会组织《人民铁道》报社和17个铁路局新闻机构的40余名新闻工作者来厂采访，共在路内报刊发表40余篇稿件，百余幅新闻照片，在社会上引起良好反响。6～12月，工厂在全厂开展保持共产党员先进性教育活动。7月2日，工厂举行首届员工技术运动会开幕式。7月2日，电器设备分厂改制为资阳晨风电气有限公司。8

月9日，工厂出口土库曼斯坦的首批2台机车在土库曼斯坦举行了交接仪式。8月，锻压分厂为广州柴油机厂锻造的首批2根中速柴油机6G32曲轴正式下线，这是国内自行开发锻造的最大全纤维曲轴。11月6日，工厂与韩国现代集团签定84支船用成品曲轴加工合同，标志着工厂成为全球最大造船企业的成品曲轴供应商。11月29日，工厂举行5台出口苏丹国机车下线剪彩仪式，这是中国铁路机车首次出口苏丹国。（厂办）

【领导干部名单】

厂　　长　郭炳强
副 厂 长　张贵明
　　　　　向　军
　　　　　程文新（3月免）
　　　　　曾英俊（3月免）
　　　　　任利军（12月免）
　　　　　温晓听（3月任）
　　　　　罗燕鸣（兼，4月任）
总工程师　金　彪(3月任)
总会计师　张　敏(3月任)
总经济师　李建平(1月任)
副总工程师　敬　蓬
　　　　　苏　川
　　　　　万煦义
　　　　　骆方林
　　　　　张压西
厂长助理　杨战明(4月任)
副总经济师　陈树刚(4月任)
　　　　　李　波(4月任)

党委书记　罗燕鸣
党委副书记　郭炳强(兼)
　　　　　邓泽宣(3月免)
　　　　　熊建平(3月任)
纪委书记　邓泽宣(兼,3月免)
　　　　　熊建平(兼,3月任)
纪委副书记　费企成
工会主席　王前伦(3月免)
　　　　　马　旭(3月任)
工会副主席　朱辉祥
　　　　　王建明
团委书记　郑　舰(4月免)
　　　　　陈　果(4月任)

（厂办　供稿）

地　址　四川省资阳市
邮　编　641301
电　话　0832－6282301
　　　　0832－6282302
传　真　0832－6653416
网　址　http://www.zyloco.com

中国南车集团戚墅堰机车车辆厂

（工商登记营业执照编号：13716142－X）

厂长：顾明康

党委书记：吴建兴

【概述】 2005年，戚墅堰厂新造各型内燃机车141台，比上年增长34.29%，其中东风$_{11G}$型内燃机车46台、东风$_{8B}$型内燃机车81台、GK型调车内燃机车4台；新造各型货车843辆，比上年增长102.64%；修理各型内燃机车298台，比上年增长7.97%；修理各型货车3817辆，比上年增长33.37%；完成供外各类配件37.99万件（套），比上年增长23.50%；完成合格钢4.55万吨，比上年增长27.32%；完成现价工业总产值23.64亿元，比上年增长26.42%；实现产品销售收入22.74亿元，比上年增长18.8%；实现利润4554万元，比上年增长79%。资产保值增值率达到103.8%；净资产收益率完成4.1%，超出承包指标2.14个百分点。成本费用占销售收入比率、技术投入比率均达到考核指标。全年实现外贸产品销售收入1.37亿元，累计外贸签约2.63亿元。多经实现销售收入1亿元，利润701万元。集团公司考核工厂的资产经营责任指标全部完成。

积极拓展产品销售市场。全年承接地方内燃机车新造6台，内燃机车修理9台，货车新造14辆，路外机车车辆销售收入5177万元，路用各类配件销售收入近亿元；与兖矿集团签订12台出口委内瑞拉内燃机车合同。铸件产品出口稳步增长，完成美国摇枕6672只、侧架13364只，GE构架100只，阿尔斯通摇枕132只；完成出口欧洲瓦锡兰进排气管等数十种外贸产品开发。

创优建厂构筑企业发展新平台。完成工厂技改总体规划方案编制，全力实施“创优建厂”工程，提升工艺装备、检测试验和制造水平，增强核心竞争力。全年安排技改项目31项，技改资金2856万元，实现完成技改项目资金3151万元。

创建节约型企业，员工降成本意识不断提高。列入工厂年度实施的51项双增双节项目已实施50项，达到并超过计划目标值。电力负荷实行智能监控，在组织有序错峰用电的基础上，发挥柴油机试验电力回馈发电资源最大效用，电力回馈发电413万千瓦时，同比增长15.4%；对厂内浴室进行节水改造，推行用水磁卡管理节水效果明显，年可节水6万余吨，比改造前节约60%以上；中水回用项目全年回收水量 162 万吨,同比增长 62%;钢炉冷却水回收利用 173 万吨,同比增长 51%;仅以上几项为工厂创造经济效益 551.29 万元。工厂万元产值综合能耗为 0.33 吨标准煤,比上年下降 10.81%。上级公司考核工厂的 8 项重点产品单位能耗指标全部达标,其中有 4 项能耗指标达到行业一级标准,2 项能耗指标达到行业二级标准。工厂内部考核的 33 项主要产品能耗指标全部达标,有 25 项指标比上年同期进步。

内部管理采取新举措。针对新造机车货款回笼不到位的情况,进一步加强财务管理,从严控制财务费用,强化资金筹集与调度,确保生产经营资金需求。按照建设节约型企业和降本增效要求,想方设法挖潜增效,努力消化减利因素,取得显著经济效益。建立工厂重大事项工作流程,规范"三重一大"事项决策程序和管理,堵塞管理漏洞,规避经营风险。实施"制度建设"效能监察,清理修订旧版管理标准,制定公布工厂《招标管理办法》等 54 个新版管理办法和 28 个暂行规定。开展以提高效益和防范风险为重点的各项审计,完成清产核资后续管理专项监察,建立持续有效运行管理体系。落实安全生产责任制,开展创建安全质量标准化企业和现场管理达标活动,为工厂改革发展提供有力保证。全面推进管理信息化建设,利用办公自动化 OA 系统平台,先后开发运用了信息发布、电子邮件传递、公文处理等项目,基本实现无纸化办公。加快财务、物流、生产管理系统信息资源共享,开发物资网上竞价招标采购平台,升级铁路货车技术管理信息系统,不断提高企业信息化管理水平。

【改革改制】 工厂对所属的生活管理处、科兴装备公司、配件修复公司按照制度创新、维护稳定、促进发展的指导思想,在完成资产审计、评估和有关产权关系、法人治理等工作后启动改制工作取得了实质性进展,3 家公司经重新注册登记正式挂牌开业。加快干部人事制度改革步伐,工厂实施部分中层领导干部公开选拔工作。完善分配制度改革,加大工厂内部资产经营承包责任制考核力度,充分挖掘生产经营潜力。

【新产品开发】 围绕"优特争先拓市场,技术引进谋发展"经营理念,把深入推进科技强企战略放在首位,坚持走自主创新和合资合作相结合的道路,加快新产品开发和科技成果转化步伐,努力增强市场竞争力。经过多轮艰难谈判,在铁道部 300 台大功率交流传动内燃机车采购和技术引进招标项目中,戚墅堰厂与美国 GE 公司签定技术合作合同。做优做精 280 系列大功率内燃机车,出口委内瑞拉内燃机车设计方案通过集团公司技术评审已投料生产;东风$_{11G}$型、东风$_{8CJ}$型内燃机车分别通过江苏省、集团公司科技成果鉴定;完成东风$_{8CJ}$型交流传动内燃机车优化设计并采用双机重联,性能达到国外先进水平;东风$_{11G}$型机车获中国铁道学会科技进步一等奖、常州市科技进步一等奖。按用户需求设计制造的 200 吨专用平车顺利交付使用。完成西宁至格尔木东风$_{8B}$型内燃机车改进设计,首台机车试制成功。进行时速 200 公里客运内燃机车方案设计、马来西亚集装箱平车设计和低地板城市轻轨车研制工作,GQ_{70}型轻油罐车、NX_{70}型平车通过生产质量认证,完成钢轨焊接平车和美国 125 吨摇枕侧架试制。

【质量管理】 贯彻先进制造理念,进一步提升产品质量档次。工厂通过 ISO 9001 质量管理体系年度监督审核和美国 AAR M-1003 质保体系换证及 M-210 年度审核,质量体系运行良好。开展焊接质量 DIN6700 认证工作和"6σ 管理导入培训"工作,建立健全供方质量业绩记录档案，对外购外协件生产厂家进行动态控制，严格把好外购配件质量关。对重点产品项目、关键零部件、关键工序等，加强质量问题分析和定责，加大考核力度。集团公司考核工厂的9项质量指标全部达标，工厂考核的47项质量指标中进步29项、退步7项，质量稳定提高率为83.72%。进一步做好售后服务工作，工厂主要领导带队走访各铁路局和机务段，了解产品使用情况，倾听用户意见和建设，收集市场信息，不断改进产品质量和服务质量，努力满足用户需求。

【党群工作】 厂党委加强领导干部队伍建设，坚持用理论武装领导班子，着力提高各级领导班子思想政治素质。组织领导干部学习“三个代表”重要思想及党的十六届四中、五中全会精神，把学习收获转化为推进发展的思路。加强作风建设，认真贯彻集团公司关于建立健全惩治和预防腐败体系《实施细则》，抓好党风廉政建设责任制落实。深入开展先进性教育活动，工厂领导班子获得群众99.83%满意（基本满意）率，班子的凝聚力、战斗力得到增强，干群关系进一步密切，整体形象进一步提升。开展创建“四好”领导班子活动，按照集团公司党委要求，以提高领导班子和领导人员执行力、操作力为重点，以评价实际工作绩效为手段，分4个方面内容对照31个考核项点，对领导班子和领导干部进行检查考评。结合党员先进性教育活动，加强党员队伍建设，开展“三个代表”重要思想学习及理想、信念和宗旨教育，推动党员理论学习经常化、制度化、规范化。以提高党员技能、提高产品质量为目的，继续开展党员“学练攻”活动。各级党组织紧密结合本单位中心工作，把“学练攻”活动与工厂生产经营相结合，全厂1971名党员参加“立足岗位学技术、学业务、练硬功”活动，取得73个攻关项目和56项攻关成果。坚持高标准做好发展新党员工作，全年发展党员50名。继续深化“创岗建区”活动，党员参加“创岗建区”达到99%以上，认定党员先锋岗达到94%、红旗责任区达到94.5%。深化“创先争优”活动，有10个先进党支部、38个先进党小组、174名优秀共产党员和7名优秀党务工作者受到工厂表彰。深入开展保持共产党员先进性教育活动。在先进性教育活动中，厂党委坚持原则，突出重点，高标准、高要求抓好学习动员、分析评议、整改提高和巩固扩大成果等4个阶段工作，确保思想动员到位、组织领导到位和工作落实到位。全厂党员积极参与理论学习，认真写好读书笔记。广泛开展征求意见和谈心活动，写出深刻的党性剖析材料。认真开好民主生活会，开展批评和自我批评。全厂干部员工向厂领导班子及其成员提出268条意见与建设，在此基础上形成6大方面38条工厂领导班子整改方案，厂党委抓好整改方案的具体落实工作，已经整改和正在整改36项，占全部整改项目94.7%。着力构建保持先进性长效机制，形成《党员学习制度》、《领导干部及党员谈心制度》和《工厂领导班子成员和党委委员报告会制度》。开展“回头看”检查，进一步巩固和扩大先进性教育成果。开展精神文明创建工作，坚持每半年对车间（公司）考评以及每年一次对处室考评工作。坚持开展“季评好事、年树十佳”活动，年内评出好人好事40件。坚持开展“学雷锋、树新风”、“青年志愿者”、“文明新风家庭”和“四职明星”评选活动，颂扬文明，传播新风。坚持年有计划、季有比赛、月有安排，不断丰富群众性文体生活。中央电视台综艺频道《与你相约》栏目组来厂，与工厂员工进行现场交流、联欢，较好宣传了百年戚厂新形象。工厂百年庆典期间，举办“激情跨越”大型文体展演、员工歌会、员工大众体育健身展示暨工厂第25届运动会、员工美术书法摄影展览等活动，增强了企业凝聚力。工厂被评为2005年全国亿万职工迎奥运健身活动月活动先进单位，2001～2004年全国群众体育先进单位。

厂工会以深化群众性经济技术创新活动为重点，会同行政部门举办工厂第八届员工职业技能比赛，33个工种计1365人参加，全部比赛历时半年之久。组织选手参加集团公司职业技能选拔赛，2人分获电焊工比赛第二名、第六名，2人分获维修电工第三名、第五名，4名选手获得“南车集团技术能手”称号。在中央企业职工技术大赛决赛中，工厂2名选手分获维修电工比赛银牌、电焊工比赛铜牌，1名选手被授予“全国技术能手”称号。开展专项劳动竞赛，从提高产品质量、改进生产工艺、解决生产关键入手进行攻关，完成52个竞赛项目，取得良好效果。修改和完善工厂《群众性经济技术创新管理办法》，进一步明确工作职责、内容、申报要求、评价标准和管理措施等，使活动逐步实现智力型、科技型和效益型，促进产品工艺更新换代，提高员工创新意识。全年有496名技术骨干参加“四个一”立项竞赛。其中：提合理化建议358条，技术革新303项，技术攻关369项，降成本234项，带徒弟85名，改进工艺261项，开发新品91项，创新纪录30项，运用新技术107项。总结16个先进操作（工作）法并组织带头人与60名员工签订“传帮带目标责任书”。开展先进操作法技能展示表演，推广先进操作法应用效果。工厂有10个先进操作法被推荐到集团公司，2个先进操作法以其个人名字命名入选“常州市十佳品牌操作（服务）法”。注重源头参与，发挥工厂“两会”主渠道作用，召开领导干部会议暨工厂十一届二次职代会，代表与各级领导面对面交流，有利于代表参与企业民主管理，有利于与企业领导共商工厂发展大计，厂务公开形式、职代会内容有了新突破。在职代会期间代表提出的20条提案和建议，厂工会专门召开会议进行研究，交有关单位处理并对处理情况及时检查。注重制度建设，深化厂务公开制度。根据集团公司厂务公开工作要求，对工厂《厂务公开实施办法》进行修订完善，进一步明确党、政、纪、工及基层单位、职能部门工作目标和工作要求，将中层领导干部提拔任用、劳动模范推荐选拔、辅助单位改革改制等，在厂务公开栏和工厂OA网上公示。将有关员工切身利益、工厂重大决策，及时通过广播、电视、报纸、网络等媒体向员工公布。配合党政做好中层领导干部公开竞聘工作，员工代表全过程参与、监督，确保干部选拔公正、公平和公开。对有关推进工厂改革、生产经营、党风廉政建设和涉及员工切身利益的来信，交厂长办公室负责处理、落实和反馈。常州电视台对工厂厂务公开情况录制了专题片，在常州《新闻广场》栏目中播出。健全日常民主管理制度，促进工厂各项工作的协调发展。组织召开职代会联席会议6次，对资产经营责任制考核办法、质量考核补充规定、调整员工工资性收入、员工工资日常管理办法、员工营销分配奖励办法等，在广泛征求、听取员工代表和广大员工的意见、建议基础上，递交职代会联席会议讨论、审议。广泛开展送温暖活动，在元旦、春节期间，工厂党政工团领导走访慰问困难员工，慰问住院员工及家属。建立困难职工档案，及时掌握情况。确定领导干部联系帮扶特困家庭12户，及时帮助解决实际困难。做好“三项关心、三个保证”爱心助学工作，确定特困子女助学对象4名，对困难单亲家庭子女就学情况进行调查建立档案，给予一定资助。巩固和发展员工互助保险和合作保障体系，全年有170人次患大病的员工获赔付金额37万元，患特殊疾病的员工获赔付金额3.6万元，办理互济金24.6万元。从思想上、工作上、生活上关爱劳模，对劳模在医疗、住房、保险、退休及物质奖励等方面给予优先照顾，发放全国、省部级劳模慰问金1.3万元。为121名各级劳模调整增加补充保险金额34.05万元。做好2名常州市劳模、2名市五一劳动奖章、2名省五一劳动奖章、1名火车头奖章获得者的推荐申报工作。组织50余名劳模参加业余疗养，组织102名劳模参加体检。开展群众文体活动，举办"迎奥运、迎十运"全民健身周暨第四届大众体育竞技挑战赛。加强工会干部培训、考核，提高工会干部整体素质和工会工作水平。工会常委会坚持学习日制度，集中学习政治理论、业务知识，讨论重点工作13次。深化建家活动，进一步完善《基层工会建设职工之家活动考核标准》、《工会小组建设职工小家活动考评标准》、《戚厂工会工作竞赛考评管理办法》等，举办职工小家建设成果发布会。年内，厂工会确立的20项工作内容、131项工作计划和措施已完成，先后获得"全国安康杯竞赛优胜单位"、"全国工会财务先进单位"、"全国群众体育先进单位"、"全国亿万职工迎奥运健身活动月系列活动先进单位"、"全国先进劳动争议调解组织"等15项国家、省、部、市和集团公司荣誉称号，并继续保持"全国模范职工之家"称号。

厂团委坚持开展理论学习和爱国主义教育，通过形式多样的教育活动进一步提升团员青年思想道德素质。以工厂生产经营为中心，扎实推进青年科技创新行动，营造创新成才氛围，发挥团员青年钻研技术、革新创效积极性。坚持以争创"五四"红旗团委活动纲要为指导，大力加强团的自身建设，进一步夯实各项基础建设。40个团支部达到一级标准，其中9个为红旗团支部。以培育"四有"新人为目标，加强青年文化体育建设，丰富青年精神生活。

【东风$_{8CJ}$型内燃机车通过科技成果鉴定】 该机车是根据铁道部科技计划和项目要求，以满足在繁忙干线开行重载5000吨、运行最高时速90公里及时速120公里快捷货运列车为目标而研制的新型交流传动内燃机车。5月10日，通过集团公司科技成果鉴定。机车研制以自主创新为主，装用自行研发的R16V280ZJ大功率柴油机，采用大功率交流传动先进技术、燃油电子喷射技术、承载式燃油箱技术和干式冷却系统。从2003～2005年完成机车一系列技术性能试验，鉴定专家一致认为该型机车总体技术水平已达到国内领先，并接近国际先进水平，完全能满足铁路运输重载、快捷需要。

【CKD$_{4C}$型内燃机车方案通过技术评审】 该机车出口委内瑞拉用于铁路货运，戚墅堰厂根据合同要求和当地的气候条件，在机车设计时本着可靠性优先兼顾先进性的原则进行设计，积极借鉴和吸收成熟的先进技术和制造工艺。对关键部件的选型进行了详细技术分析，突出了机车总体性能，充分满足用户需求。6月9日，来自铁道科学研究院、北京交通大学、上海铁路局、中国南车集团公司及所属有关工厂、研究所的专家组成的技术评审组对机车总体设计、柴油机及辅助系统、机车走行及制动、电气系统等方面进行评审，一致认为机车总体设计方案可行，满足了合同技术要求。

【NX$_{70}$型平车、GQ$_{70}$型轻油罐车通过铁道部质量认证】 10月29日，铁道部质量评审组来厂对戚墅堰厂生产的NX$_{70}$型平车、GQ$_{70}$轻油罐车进行质量评审。通过产品实样验收和生产工艺、技术条件审核，确认试制的

NX_{70}型平车、GQ_{70}轻油罐车质量无论车体还是罐体及车辆走行部分全部符合技术设计要求，同意取得生产许可证。

【大功率交流传动内燃机车采购和技术引进】 10月31日，铁道部6000马力大功率交流传动内燃机车采购和技术引进合同在北京签定。合同由技术转让、进口机车采购、散件进口国内组装机车采购和国内制造机车采购4个部分组成，戚墅堰厂和美国GE公司获得300台大功率交流传动内燃机车生产订单，合同金额68亿元。按照合同第1台样车由美国GE公司制造；第2~50台机车大部分部件由美国GE公司生产并提供，少量部件由戚墅堰厂生产并由戚墅堰厂完成机车总组装；其余250台机车分5个阶段，按照国产化率30%逐步提高到85%，由戚墅堰厂生产，美国GE公司将向戚墅堰厂转让柴油机、交流传动系统等11项关键部件的生产技术。自合同生效后第25个月开始向铁道部陆续交付机车，至第49个月全部交付完毕。

【重要纪事】 1月，先油漆后组装工艺、GE构架、密接式车钩、阿尔斯通摇枕通过厂级鉴定。3月17日，工厂通过美国AAR M-1003质量保证体系和M-210质量标准审核。5月10日，工厂研制的东风$_{8CJ}$型交流传动内燃机通过集团公司科技成果鉴定。6月9日，工厂出口委内瑞拉的CKD_{4C}型内燃机方案通过集团公司组织的技术评审。7月29日，工厂召开南疆线东风$_{8B}$型内燃机车运用情况研讨会。7月，由工厂研制的“雪域神舟”号内燃机车牵引的试验列车成功越过海拔5072米的唐古拉山到达青藏铁路唐古拉山站，机车经受了高原运行的考验。9月16日，工厂通过ISO 9001质量管理体系年度监督审核。9月29日，转K6摇枕侧架铸造工艺通过厂级鉴定。10月29日，NX_{70}型共用平车、GQ_{70}型轻油罐车通过铁道部质量鉴定。10月31日，铁道部6000马力大功率交流传动内燃机车采购和技术引进项目合同正式签约，工厂与技术合作的美国GE公司获得300台大功率交流传动内燃机车订单，合同金额为68亿元。12月6日，工厂召开西宁至格尔木线铁路用东风$_{8B}$型内燃机车生产专项动员会。

【领导干部名单】

厂　　长　顾明康
副 厂 长　王洪年　姚国胜　史小余　刘春阳
总工程师　陈　笃
副总工程师　蔡耀祖　张国民　邹哲贤(6月免)　许人华　钱玉龙(6月任)
总会计师　徐伟锋

党委书记　吴建兴
党委副书记　顾明康(兼)　张逸平
纪委书记　张逸平(兼)
纪委副书记　王爱国
工会主席　徐　俊
工会副主席　徐永根　王延花
团委书记　李维鹏(10月免)　雷　辉(10月任)

（杨锦祥　供稿）

地　址　江苏省常州市戚墅堰
邮　编　213011
电　话　0519－5060114
传　真　0519－8770358
网　址　http://www.qscn.com
电子信箱　qs@qscn.sina.net

南车四方机车车辆股份有限公司

（工商登记营业执照编号:3702001807977）

董事长、党委书记:江　靖

副董事长、总经理:王　军

【概述】 2005年，四方股份公司占地面积95.8万平方米，生产房屋24.52万平方米；各类设备2448台。实现销售收入19.46亿元，实现利润总额4548万元，净资产收益率7.83%。完成新造地铁车辆8列32辆，新造客车376辆，翻新改造客车188辆，新造内燃机车52台，新造各类型商品转向架259辆。公司被评为山东省“文明单位”、山东省“企业培训先进单位”、全路“模范职工之家”、山东省“职工代表大会优秀星级单位”，公司党委被评为集团公司“先进基层党组织”、青岛市国资委“先进基层党组织”，公司领导班子被集团公司评为“四好”领导班子。

加强资金管理，实施财务人员委派制和财务预警机制，加强财务管理的过程控制和风险防范。分厂实行利润中心管理模式，分厂之间实行价格结算。参照国际先进公司的管理模式，建立战略合作伙伴关系和供应链，以供方产品的质量、价格、交货期、服务为基点，构建供方管理体系。在伊朗客车、青藏客车、200公里动车组等项目上全面推行项目管理模式，突出项目和项目单位的龙头作用。

加快技术创新与技术改造步伐，结合200公里铁路动车组项目和广州地铁项目进一步完善技改方案，完成新建铝合金车体生产线、不锈钢车体生产线和城轨地铁车辆组装线。完成客车总装线、转向架生产线提升工艺水平的改造，形成铝合金车体、EMU不锈钢车体制造、总装及调试能力，一流制造基地基本建成。加强对外技术合作，与集团公司、川崎重工、伊藤忠商事株式会社合资成立四方川崎车辆技术有限公司。为提高研发水平，加快与国际技术水平接轨创造条件。2004年10月，公司签订60列时速200公里铁路电动车组的供货合同，公司以项目管理为载体，全面引进国外先进企业的技术和管理理念，实施集成创新与引进消化吸收再创新，并与自有技术和管理相结合，全力打造具有国际竞争力的技术平台。2005年，已完成时速200公里铁路电动车组相关的设计联络、设计培训、图纸转化、工业化改造、员工培训、零部件国产化等各项工作，样车进入试制阶段。围绕时速200公里铁路动车组、广州地铁和青藏铁路客车3项重点新产品研制和不锈钢车体制造技术、铝合金制造技术，采集有关的国际标准和国外先进标准文本200余项。抓住铁路跨越式发展带来的机遇，准确定位，及时调整营销思路，市场份额稳步提高，签订客车合同总额达到19.4亿元，客车产品综合市场占有率达到33%。其中获得国家重点工程项目青藏铁路客车135辆、行李车19辆及发电车4辆合同订单。新签路外机车订单27台。国外市场再添新订单，为纳米比亚制造的动车组，赢得用户认可和信任，纳铁再次与公司签订17台机车合同，与委内瑞拉签订5列动车组合同。高速动车组、地铁市场取得重大突破，又获得时速300公里铁路动车组60列480辆订单。12月26日首批两列直线电机地铁车辆在广州投入运营，产生轰动效应，《人民日报》、新华社、中央电视台、《经济日报》、《光明日报》等纷纷予以报道，提高了公司市场信誉度。

坚持售后服务部、各事业部客户服务部和销售中心三方并重，形成涵盖售前、售中、售后全过程的售后服务体系。年内，公司上线运用产品未发生特别重大险性和一般事故，用户投诉为“零”。安全生产关口前移，指标层层分解到各级单位，强化目标管理，使安全管理职责落实到责任人。安全环保持续加强，污染防治设施完好率和运行率达到100%。开展管理制度执行情况效能监察，强化经济合同审计、工程项目审计和对利润中心的审计。制定《“三重一大”监督管理实施细则》，审计监察力度不断加大。加强人力资源优化配置和能力建设，推进公司人才结构合理调整和员工素质能力整体提高。进一步调整优化产品开发、设计、工艺、管理和制造队伍结构，提高员工文化素质和职业能力。加强公司技术、制造专家队伍建设和人才引进力度，组织实施《公司打造十名教授级高级工程师实施方案》、《公司高技能人才培养工程》，建立公司首席工程师、首席制造师制度。加强公司人才激励制度和保障制度建设，形成吸引人才、留住人才长效机制。建立领导干部局部公开选拔、内部劳动力市场和绩效评价制度。重视高技能员工队伍培养，高级技术工人比例达到50%以上。公司获“青岛市职业培训工作先进单位”、“山东省企业培训先进单位”称号。

【改革改制】 优化整合既有资源，完成机车资源向公司发展主战略的转移。遵循“公司利益最大化、市场化、以财务管理为中心、资源整体有效配置”原则，调整组织结构，取消两制造厂，成立总部、事业部、技术中心、制造本部四大系统，完成两个总装分厂的合并，调整技术中心内部组织结构，构建新的管理流程。重新编写、修订公司管理体系188个系列标准与200公里动车组项目的专业标准，设计和修订186个管理流程，形成比较完善的制度体系。

【新产品开发】 结合25G、25T型样板客车设计经验，新型客车、高档专运客车研制形成系列化。完成青藏铁路客车设计，完成广州直线电机地铁车辆研制并投入运营。进一步完善东风$_{7G}$型机车先涂装后组装、管路、线路工程化工艺，将东风$_{7G}$型机车成熟经验推广到工矿调车机车制造工艺中。完成昆明米轨机车和纳米比亚动车组研制并投入运行，完成广州地铁直线电机转向架技术引进及时速200公里动车组转向架、青藏线客车发电车转向架研发和SW-220K转向架设计改进。

【**质量管理**】 围绕“强本固基，提高体系运行有效性”开展质量工作，实施质量经营，履行质量标准，满足顾客需求。针对体系运行中薄弱环节，深化全面质量管理，进一步降低质量损失，全年无责任事故，无批量返厂、无批量质量事故。产品质量监督抽查合格率100%。公司通过新版测量管理体系ISO 10012认证和国家实验室认可监督审核，通过ISO 9001：2000质量管理体系、职业健康安全管理体系和ISO 14001：2004版环境管理体系认证监督审核。

【**党群工作**】 公司党委认真开展保持共产党员先进性教育活动，完成学习动员、分析评议、整改提高三个阶段的工作，达到“提高党员素质、加强基层组织、服务员工群众、促进各项工作”的目的。深化干部人事制度改革，不断完善党管干部与市场化选聘相结合的用人机制，对中层副职领导干部岗位进行公开选择。在基层领导班子中开展了“四好”领导班子创建活动，增强基层领导班子的整体功能。组织83人次领导干部参加管理知识和高新技术等各种培训。完成对中层领导干部的绩效考核。抓好党委中心组和领导干部的理论学习。结合先进性教育活动，在全体党员中开展“创先争优”、“创党员先锋岗、建红旗责任区”、“党员奉献日”党性实践活动，党支部战斗堡垒作用得到加强。完善党建工作机制，重新修订29项党群工作制度。加强企业文化建设。以形势任务教育为重点，开展“质量与责任”主题教育，引导员工爱岗敬业，增强质量意识和责任感。坚持以人为本，开展“践行企业精神”活动，把培养人、尊重人、信赖人作为企业文化建设的重要内容，培育团队精神，造就一支与公司价值取向一致、与公司战略目标相适应的高素质员工队伍。加大宣传教育力度，加强文化阵地建设。按照现代企业制度的要求，以实现国有资产保值增值为中心，以领导干部廉洁勤政为重点，加大标本兼治和源头治理力度。通过党风廉政建设责任制的落实，完善党风廉政制度体系及领导干部述职述廉等措施，把反腐倡廉工作融入经营管理中。

公司工会坚持企业民主管理制度，认真履行厂务公开。创新完善员工生活保障体系，出台员工困难补助、员工医疗互助、送温暖走访等8项员工生活保障措施。

公司团委积极发挥青年突击队作用，提高青工业务素质，引导青年岗位成才。

【**直线电机地铁列车**】 2004年8月5日，公司中标广州地铁总公司四号、五号线地铁直线电机地铁车辆项目合同，为广州地铁提供75列300辆地铁车辆。列车为4辆编组，全动车配置。2005年11月27日，首列直线电机地铁车辆竣工下线，12月26日国内首批两列直线电机地铁车辆在广州投入运营。

直线电机车辆是当今世界上最先进的城市轨道交通工具之一。广州地铁四号、五号线直线电机车辆，是国内首次开发的中大运量直线电机地铁车辆，首次采用直线电机牵引方式。直线电机牵引系统是介于传统轮轨系统与磁悬浮系统之间的一种方式，既具有传统轮轨系统的安全可靠，又具有磁悬浮系统非粘着的特点，由于使用扁平直线电机，地铁隧道断面减小，节约工程造介。直线电机车辆驱动不受粘着限制，爬坡能力强，车辆驱动无齿轮箱，可降低车辆运行的噪声。

列车电气牵引系统采用日本三菱重工——交传动牵引系统，采用一台VVVF逆变器向二台直线感应电动机供电的交流传动系统。VVVF逆变器采用IGBT元件和脉宽调制技术，间接矢量控制方式，并有诊断和故障信息储存功能。每辆车装有两台超薄单元式空调机组，为列车提供制冷与通风。车载列车乘客信息显示系统，能使乘客及时通过显示界面了解列车运行的信息。采用铝合金车体实现轻量化设计，采用鼓型车体、流线型司机室车辆外形美观。车钩缓冲器吸收能量大，提高乘客舒适性。车辆间采用大贯通道，乘客能方便地在车内流动。转向架采用两轴带摇枕径向转向架，两系悬挂，承载方式为空气弹簧。基础制动为盘形制动单元，制动系统是一种再生制动和空气制动的混合制动形式，空气制动系统采用微机控制的电控制动系统。车辆设计充分考虑了防火与环保要求，所有电线、电缆与内饰材料均采用难燃或阻燃型，车辆采用不燃或难燃材料。

【重要纪事】 1月19日，集团公司总经理赵小刚到公司视察工作。1月20日，公司出口纳米比亚动车组竣工剪彩仪式在棘洪滩厂区举行。1月，公司结构调整方案经董事会批准，正式确立新的行政机构和各单位的职责与编制，新的机构已正式运转。2月22日，公司与日本川崎缔结友好工厂20周年。双方签署延长友好关系协议确认书，并举行青岛四方川崎车辆技术有限公司合同签字仪式。2月24日，公司在国家重点工程——青藏铁路客车装备招标中，中标135辆铁路客车。3月12日，公司为纳米比亚设计制造的首列米轨动车组在纳米比亚新落成的欧施威劳车站举行交付剪彩仪式。3月15日，公司向伊朗国铁RAJA客运公司出口175辆铁路客车项目首批客车的交接仪式在伊朗德黑兰举行。3月23日，公司向委内瑞拉出口5列两动三拖液力传动内燃动车组合同签字仪式在山东邹城举行。3月，公司被青岛市劳动和社会保障局确认为青岛市“高技能人才培训基地”。4月22日，原铁道部部长、原最高人民检察院检察长、中国法学会会长韩杼滨等到公司视察。4月19~25日，伊朗Wagon Pars公司董事长Abbas Pourbasir、副总裁RezaJavahen等到公司考察访问。6月2日，铁道部副部长孙永福到公司视察青藏客车设计制造进展情况。6月3~4日，由国家发改委交通运输司副司长张建平及有关部门人员组成的国家发改委、铁道部现场调研组到公司进行考察和工作调研。6月11日，公司召开保持共产党员先进性教育活动大会。6月15日，公司与中铁行包快递有限责任公司签定19辆青藏铁路行李车合同。6月，公司与BSP公司正式签定EMU200不锈钢车体项目供货合同。7月23日，中共山东省委书记、省人大常委会主任张高丽率领省委、省政府、省人大、省政协主要领导以及省直属部门厅局级领导到公司视察。7月28日，公司董事长江靖荣获青岛市“优秀企业家”称号。8月7日，国资委国有企业监事会主席赵喜子等到公司检查指导工作。8月8日，青岛四方川崎车辆技术有限公司在青岛举行揭牌仪式。8月5日，公司“提高客车转向架工艺水平”、“提高客车总装工艺水平”、“计算机辅助设计”、“交流传动内燃调车机车出厂试验台”、“动车组环形试验线”五个“九五”重点投资技术改造项目，通过集团公司“九五”重点投资项目竣工验收委员会的验收。8月15日，米轨铁路新型电传动内燃机车部级标准化鉴定会在青举行，公司设计制造的东风$_{21}$型内燃机车通过审查。8月21日，国家发改委交通运输司司长王庆云到公司考察。8月30日，马来西亚交通运输部审计委员会主席拿督林风致、交通部副秘书长贾米拉、马来西亚铁路局总经理拿督沙勒等铁路代表团到公司考察访问。10月18日，河南裕周铁路发展有限公司与公司合作生产48辆25G型客车采购合同的签字仪式在青岛举行。10月22日，公司研制的东风$_{21}$型米轨电传动内燃机车通过铁道部评审。11月2日，以成都地铁公司董事长、总经理伍勇为首的成都地铁代表团到公司考察访问。11月27日，公司为广州地铁四号、五号线研制的中国首列直线电机地铁列车竣工剪彩仪式在棘洪滩厂区举行。中共青岛市委常委、宣传部长杨军，中国交通运输协会城市轨道交通专业委员会主任焦桐善，集团公司总经理赵小刚等为国内首列直线电机地铁列车剪彩。《人民日报》、《经济日报》、《光明日报》、新华社、中央电视台等新闻单位的记者采访此次列车竣工剪彩仪式。12月10日，公司与上海联合假日公司在北京举行举行青藏铁路旅游发电车项目国际合作合同签约仪式。公司为青藏铁路旅游观光客车提供4辆发电车。12月11日，时速300公里电动车组项目合同签字仪式在北京举行，公司获得60列480辆时速300公里动车组订单。12月16日，公司出口纳米比亚17台机车合同在青举行签字仪式。12月26日，公司研制的首批两列直线电机地铁车辆在广州大学城专线投入运营。12月26日，公司为广州地铁公司研制的国内首列直线电机车辆竣工下线项目被《青岛日报》入选青岛市四季度十大经济事件之一。

【领导干部名单】

董事长　江　靖
副董事长　王　军
总经理　王　军
副总经理　郑铁军　邵仁强　徐洪春　张在中
总工程师　王　军（8月15日免）
　　　　　龚　明（8月15日任）
总会计师　邵仁强（兼）
董事会秘书　王日钢
副总工程师　柳少华　张瑞亭　邓爱军　郭太吉　王　军　吕任远　罗　斌
副总经济师　王庆琨　田学华　李金诺　张大伟　管玉山　于　亮
副总会计师　李思敏
客车事业部总经理　赵家舵
城轨事业部总经理　陈　迅

党委书记　江　靖
党委副书记　王　军（兼）　韩和平
纪委书记　韩和平（兼）
纪委副书记　盛同浩
工会主席　韩和平（兼）
工会副主席　栾心书
团委书记　白　玉

（邬群亮　周辉强　供稿）

地　址　青岛市城阳区棘洪滩
邮　编　266111
电　话　0532－87801188
传　真　0532－87801688
网　址　http://www.cdsf.com

四方机车车辆有限责任公司

（工商登记营业执照编号：3702001803020）

董事长、总经理：刘　杰

党委书记、副董事长：郭昌龙

【概述】 2005年，四方有限公司有员工4128人。占地总面积233.3万平方米；固定资产原值78202万元，净值57508万元；机械动力设备650台（套），原值为24232万元。有全资企业2家、控股企业13家、参股企业13家。实现销售收入13.45亿元，利税1.3亿元，完成集团公司下达的各项经营指标。新造高档铁路客车89辆，修理、改造各型客车575辆，修理机（动）车10台。完成出口交货值3113万元。

公司抓住中国铁路和地域经济快速发展的良好机遇，不断开拓市场。通过改进工艺流程，客车修理能力不断提升，市场份额进一步扩大，全年修车数量比上年增长13.19%。建立母子公司管理模式，加强公司合资企业管理，实行财务并表。开展整章建制和工作流程编制工作，规范公司基础管理工作。推行金蝶K3ERP为中心的企业信息化建设，强化生产经营规范化管理和过程监控。围绕“诚信、协作、务实、高效”的经营理念，积极开展企业文化建设，推行公司视觉识别系统，积极开展对外宣传，提升了公司的整体形象。加强技术和管理人才队伍建设，开办了“机械设计制造及自动化”专业培训班，培训41人；选派11人参加集团公司专业技术人员高级培训，3人参加专业研究生学位培训，12人分别到香港及国内院校进行短期学习。举办了“企业战略管理”、“管理者的压力管理”、“构建突破性的管理运作模式，提升四方竞争力”、“ERP知识”讲座4期，培训210余人次；举办“环境管理认证培训班”、“健康安全培训班”3期，培训85人次。开展员工技能竞赛和技能鉴定工作，全年组织255人参加了22个不同工种和4个不同级别的技能鉴定，使公司职业准入制工种员工持证率由原来的72.3%提高到86.8%。

【改革改制】 按照国家和集团公司有关规定，积极推进产业整合、主辅分离、辅业改制分流工作。对客车修理、机车修理、配件制造进行资源整合，对下属铸铁分厂实行公司制改造，各分厂由以前的全资授权改制为公司制企业。物业公司实施辅业改制分流，并制定了其他几家公司的改制方案。

【新产品开发】 实施科技开发战略，推进科技进步，完成科技开发项目20多项。德国进口24型铁路客车翻新改造为高档旅游车，广州市轨道交通四号和五号线直线电机车辆配套产品研制，锻造钩尾框和缓冲器研制，以及大型非标设备制造等项目，取得了良好的经济效益。公司合资企业青岛四方-庞巴迪-鲍尔铁路运输设备有限公司（简称BSP公司），在高档客车领域取得新进展，青藏车和时速200公里电动车组项目进展顺利。货车大部件的市场开发，实现了转K2摇枕、侧架的批量生产，年内交货500辆。完成货车MT-3、MT-2缓冲器研制，生产MT-3缓冲器752套。铸造、铆焊、金属表面处理、物流等产量和产值比上年有大幅增长。

【质量管理】 在质量、环境、安全管理体系建设方面，公司主要生产型企业全部通过ISO 9001：2000版质量管理体系认证。有5家企业通过ISO 14001环境管理体系认证，2家企业通过OHSAS18001职业安全健康管理体系认证。

【党群工作】 公司党委认真实践“三个代表”重要思想，深入贯彻十六大和十六届四中、五中全会精神，围绕和服务于企业改革、发展、稳定的大局，不断加强和改进企业党的建设和思想政治工作。按照集团公司的统一部署，在全公司29个党组织、1452名党员中开展了保持共产党员先进性教育活动，并取得良好成效，党员和员工群众对教育活动总体评价的满意和基本满意率达到100%。开展保持共产党员先进性长效机制建设，进一步完善和健全了各项管理制度，先后对20个管理制度进行全面梳理，对7个原有制度重新进行修订，新建了4个管理制度。深化领导班子建设，积极配合集团公司党委开展了“厂级副职竞聘上岗”工作，对四方有限公司4名副职领导干部进行公开选择。不断完善党的组织建设，根据公司产业整合、改革改制、机构调整的实际情况，及时调整了4个基层党组织设置，党组织健全率达到100%。年内发展新党员40名，举办入党积极分子培训班，培训学员70名。加强教育、制度、监督并重的惩治和预防腐败体系建设。针对历史遗留问题及改革改制过程中出现的问题，积极做好宣传、引导和政策解释工作，开辟了报纸专刊、电视专题、OA专栏等宣传阵地，加大思想宣传工作的力度，统一员工思想，保证了企业改革发展的平稳推进。召开了公司首届员工运动会。

公司工会坚持“依靠”方针，关心困难企业、困难员工和离退休人员，坚持开展“送温暖”活动，为困难职工发放慰问金27.1万元。根据集团公司和地方政府的安排，开展了向贫困地区捐款捐物活动，共捐款182619万元、捐衣被7876件，并委派一名中层干部到广西那坡县挂职。

公司党委获“青岛市国资委系统先进基层党组织”称号，公司获“青岛市文明单位标兵”称号，公司工会获得“全国模范职工之家”称号，公司团委获“青岛市优秀团委”称号。

【重要纪事】 1月20～21日，集团公司总经理赵小刚到公司视察，并走访慰问了特困员工。1月底，公司子弟小学分校移交工作结束。2月，公司被青岛市四方区委、区政府联合授予2004年度“发展区域经济工作突出贡献企业”称号。2月，由《剑桥制造评论》独家编制的2004年《中国1000大制造商》排行榜揭晓，公司榜上有名，位居第826位。4月30日，公司锻压分厂员工尹世义荣获全国劳动模范称号，并参加在北京召开的全国劳动模范和先进工作者表彰大会。6月10日，公司召开开展保持共产党员先进性教育活动动员大会。7月15日，集团公司举行公开选拔公司副职领导干部演讲答辩大会，首次对公司副职领导干部进行了公开选择。有7人报名参与竞聘，4人顺利上岗（其中新增2人）。7月27日，集团公司总会计师詹艳景、副总会计师王研到公司调研。7月27日，青岛庞巴迪运输轨道设备有限公司的生产基地落成竣工。7月28日，青岛市召开第八届优秀企业家表彰大会，公司董事长、总经理刘杰被授予“青岛市优秀企业家”称号。7月，公司技术学校在校生在青岛市技术学校首届车工职业技能竞赛中夺取第一、二、三、四和六名，并摘取团体第一名的桂冠。并在青岛市“QC成果发布会”上，公司有4项成果获奖。8月初，公司工会荣获“全国模范职工之家”称号。8月8日，国资委国有企业监事会主席赵喜子到公司检查指导工作。8月28日，原铸铁分厂改制为青岛四方机车车辆铸造有限公司并正式挂牌营业。8月25~26日，集团公司副总经理傅建国到公司检查指导工作。10月18日，公司获铁道部货车转K2型摇枕和侧架批量生产资质。11月3日，公司团委召开贯彻落实团代会精神暨开展增强共青团员意识主题教育活动动员大会。11月22日，公司党委召开党员先进性教育活动暨党风廉政建设工作表彰大会。11月27日，集团公司总经理赵小刚到公司检查指导工作。12月30日，集团公司总经理赵小刚、副总经理唐克林、副总工程师张新宁，到公司合资企业——青岛四方-庞巴迪-鲍尔铁路运输设备有限公司调研。

【领导干部名单】

董事长　刘　杰
副董事长　郭昌龙（兼）
总经理　刘　杰（兼）
副总经理　田凌培　臧庆春　姚林强　姜　炯
总工程师　姚林强（兼）
副总会计师　李哲熙
副总工程师　栾广业　刘宗纯　尹建忠
副总经济师　王焕友　颜　强　张其荣
总经理助理　栾庐峰

党委书记　郭昌龙
党委副书记　刘　杰（兼）　高明义
纪委书记　高明义（兼）
纪委副书记　徐文亮
工会主席　高明义（兼）
工会副主席　兰滨山
团委书记　徐　玫

（公司办　供稿）

地　址　山东省青岛市杭州路16号
邮　编　266031
电　话　0532－3762219
传　真　0532－3716656
网　址　http://www.csrsf.com.cn

中国南车集团南京浦镇车辆厂

（工商登记营业执照编号：3201001002319）

厂长：楼齐良

党委书记：陶云南

【**概述**】 2005年，浦镇厂有员工6512人。占地总面积111.2万平方米，其中生产建筑面积20.44万平方米；各类生产设备1828台（套）。全年完成新造车396辆，修理客车311辆，翻新车629辆，返厂翻新防寒车202辆，修造客车1538辆，完成城轨车辆14列84辆。实现工业总产值16.18亿元，销售收入14.1亿元，净利润750万元。

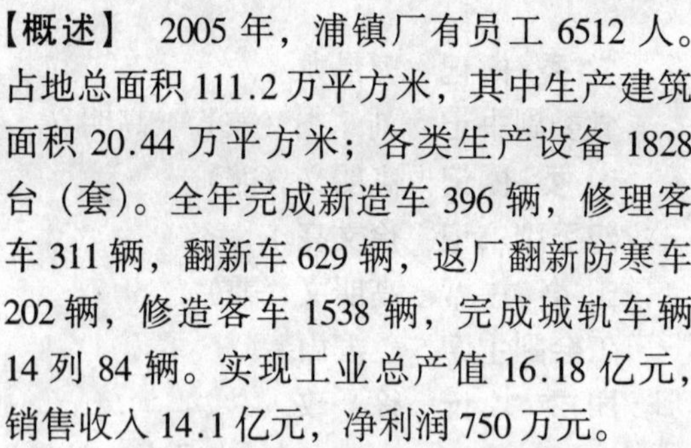

强化基础管理，狠抓生产前技术准备工作，开发运用生产管理网络系统平台，加强以降本增效全过程成本管理。坚持一般物资比质比价采购，大宗物资和重要配件公开招标采购，全年降低采购成本767万元；多种经营销售收入9503万元，同比增长22.1%，其中非机辆产品收入3486万元，同比增长22.0%，完成集团公司及工厂的各项多经指标。

强化市场营销工作，努力拓展铁路客车修车和城市轨道车辆两大市场。稳定翻新车市场，全年招揽翻新车占全路翻新车总数的27.84%，保持了主导厂的地位。修车市场份额占全路修车销售收入的12.6%，新造车比上年增加18.6%。拓展路外市场，及时跟踪市场信息，做好市场调研，一举中标酒钢集团全部4辆25B型行李售货车，为工厂开拓路外铁路客车市场打下良好的基础。年内，工厂荣获南京市机电产业（集团）公司授予“振兴机电、建功立业”立功单位称号，“南京市实施在地统计工作先进集团”称号，厂级领导班子荣获集团公司“四好”班子称号。

【**改革改制**】 发起设立南京浦镇轨道车辆股份有限公司，方案获得集团公司批复，新厂区选址、规划、股东募集等筹建工作步伐加快。辅业改制工作全面展开，启动了13家单位的改制程序，锻造分厂等3家单位挂牌运作。坚持辅业改制工作规范化操作，全年制定《辅业改制管理办法》、《改制工作流程》、《预留资产管理办法》等10多个规范性、指导性文件。加强管理制度化建设，编制了32个重大事项工程流程和配套制度，对企业一系列重大事项的决策程序和工作流程进行了规范。

【新产品开发】 研制了25T型行李车、25T型硬座车设计，形成成列配套生产25T型客车的能力。完成了部备车的研制任务，研发DC600V集中供电的25G型硬座、硬卧、软卧及餐车4个新品种，形成DC600V集中供电25G型客车成列配套的生产能力。为酒钢设计了25B型行李售货车及工厂使用的地铁回送车。

按照高品质、新面貌、人性化设计原则，完成了新型"先锋号"电动车组（铝合金车体）酒吧车及二等座车设计。完成扩编"先锋号"电动车组（耐候钢车体）的酒吧车及二等座车设计并对既有"先锋号"电动车组内装进行了整改设计。完成自主知识产权地铁列车的研制并送北京铁科院环形线进行型式实验，在试验过程中运行正常，状态良好，为下一步上线运行提供了可靠的数据，加快了地铁车辆国产化设计、制造的步伐。开展了新型城际双层客车预研制。完成城轨B型车的动车、拖车转向架研制，城轨A型车的动车、拖车转向架设计、计算。完成"先锋号"动车组转向架及PW200K转向架改进设计。研发PMZ-1型米轨客车转向架。工厂与庞巴迪公司合作，为其配套供应青藏线铁路客车的关键部件-AM96转向架焊接构架，已按合同要求完成并批量交付，其产品质量、制造水平达到了国际先进水平。不仅，提高了企业创新能力。而且，还增强了工厂可持续发展能力。

【质量管理】 组织对质量、环境和安全管理体系的管理文件进行了换版。新版文件对内部职能进行了调整，引入了2004版ISO 14001标准的新内容和要求。广泛宣传，认真组织学习、培训，加强了过程控制和要素识别，严格对照文件要求，制定了一系列管理办法，修订了一系列工艺文件、作业指导书和管理方案，有效地控制了体系的运行。对质量、环境与职业健康安全管理体系覆盖的所有单位进行了内部审核，针对审核提出的问题组织进行跟踪验证。年内，全厂共注册登记科技、质量攻关小组91个，取得成果67项，成果兑现率达74%。轴承分厂滚子QC小组获铁道部、集团公司优秀QC小组称号，另有4个QC小组成果获江苏省、南京市优秀QC小组称号。

参加集团公司工业产品抽样检查，客车下心盘、牵引拉杆等几项产品通过抽查。全年产品质量监督抽查合格率达100%，工厂产品实物质量稳步提升。

【党群工作】 厂党委认真开展保持共产党员先进性教育活动，切实抓好"学习动员、分析评议、整改提高"三个阶段工作，圆满地完成了教育活动的各项任务。全体党员攻克生产、管理、技术等关键项目178个，奉献工时5.3万小时，促进了工厂生产经营任务的完成。坚持从严治党方针，全面落实党风廉政建设责任制。加强宣传思想工作，围绕"253"工程，开展形势、任务、典型宣传，为完成生产经营任务提供舆论氛围和精神动力。开展"规范岗位行为，提高岗位绩效"主题教育活动，通过做好查规范、学规范、找差距、推行岗位行为规范养成等工作，增强了全厂员工的责任意识，规范了员工生产、技术、管理等岗位行为，提升了工厂的产品质量和现场管理水平。全年共调整领导班子65个，中层干部145人。

厂工会民主管理工作不断深化。工厂召开1次职代会和4次职代会联席会，审议、通过了11项企业重大决策和重要问题，各单位二级代表，共审议、通过和决定了79项职权范围内的问题，两级职代会分别评议了5名厂级领导干部和173名中层领导干部。制定了《关于规范辅业改制单位职工（代表）会议工作的指导意见》，指导13个辅业改制单位严格按照规定和程序，规范地开发职工（代表）会议，审议、通过和决定改制的相关方案和办法，做好单位经理（负责人）的公推公选工作。召开了工厂第十八次工会会员代表大会，选举产生了新一届厂工会委员会和经费审查委员会。首次开办员工周末学校，举办了11期专题讲座和技术管理知识的短期培训。组织开展了技术比赛、岗位学技图片展，举办了文化周、体育周、员工书画展，举办了“希望之歌”全厂歌咏比赛和工厂第13届职工体育运动会。加大送温暖工作力度，对困难员工进行了生活补助，对春运期间所有在外的售后服务员工和员工家庭进行慰问。

厂团委加强团员青年思想政治教育力度，全方位提高团员青年综合素质，开展了“学优秀青年事迹，立志岗位成才”主题学习活动，开展了党员、团员义务奉献日活动。组织8名代表参加了共青团集团公司第二次代表大会。坚持抓好优秀团员推优人党工作，有18人加入了党组织。为增强团员青年的政治意识、组织意识、模范意识，分三个阶段历时两个月在全厂团员中开展了增强团员意识主题教育活动。“双五小”成果20多项，开展主题团日14场。为维护工厂安定，成立了青年志愿者护厂队，义务护厂巡逻2个月。实施团干部“421读书修身计划”，开展了团干部“挑战自我，突破极限”为主题的素质拓展培训，“FLASH设计制作大赛”，“手拉手我们共同成长、携手共建美好家园夏令营”，“121”安全行动、“提高质量、青年先行”等活动。

【城轨车辆生产】 为了提前完成南京地铁一号线车辆项目，工厂集中优势力量，与合作方密切联合，精心组织生产，强化质量管理和物资配套组织管理。对电气、特殊生产过程采取了专题控制措施，按台位对各工序进行工艺质量审核，并通过ISO 9001质量体系认证。南京项目车辆的交付，整体质量稳步提高，产品质量和售后服务方面赢得用户的好评。实现了南京地铁一号线大联调。经受住了国庆节和全国第十届运会大客流量运营的考验。全年交付南京地铁14列（第3列-第16列）84辆车。满足了南京地铁公司提出的5月份观光运行、8月底交付第11列车、十运会和年底交付第16列车的提前交付车辆的要求，交付时间比合同工期提前60天，获得了南京业主的好评。为响应南京业主的要求，研发、试装了地铁列车视讯系统，获得成功。

上海1号延伸线项目车体底板台位首件研制生产开工，标志着上海1号延伸线正式开工。物资采购完成合同金额约2.5亿元。自主联合设计生产的国产化地铁6辆车进入北京铁科院完成动力学型式试验。

【重要纪事】 2月1日，集团公司党委书记郑昌泓来厂慰问。3月2日，工厂中标铁行包快递有限责任公司4个品种57辆新造行包车订单，其中25T型行李车7辆。3月16日，在铁道部第一次客车招标中，工厂中标4个品种（25G型）61辆新造车任务。3月22~23日，铁道部发电车大修及加改研讨会在厂召开。3月28日，工厂组织成立转向架研究所。4月28日，青藏线AM96型转向架构架采购合同签字仪式在工厂举行，集团公司副总经理唐克林参加仪式。5月9日，城轨研究所组织召开“全焊接B型地铁列车总体方案设计和技术设计审查会”。与会专家讨论认为，总体方案设计合理可行，基本满足北京地铁10号线要求，同意通过评审。5月12日，南京地铁公司为工厂免费开行观光专列，城轨公司员工和工厂标兵劳模以及部分离退休老干部300余人感受了这一殊荣。6月6日，工厂党委组织召开保持共产党员先进性教育活动动员大会。6月14日，铁道部运输局装备部在南京召开时速200公里动车组项目进度推进落实会议。6月17日，由国家发改委交通运输司副司长宋朝义、铁道部计划司副司长张建平率领的联合考察组一行6人到厂考察时速200公里动车组设计开发、工艺技术和生产制造能力。集团公司副总经理傅建国、南京市发改委副主任黄玉银陪同考察。6月22日，南京市市长蒋宏坤到厂进行调研。7月1日，"红色之旅"列车泰州举行首发仪式。工厂生产的DC600V-25G型空调客车成为首发列车。7月20日，集团公司批复同意工厂关于发起设立南京浦镇轨道车辆股份有限公司的方案。7月21日，国资委国有企业监事会主席赵喜子到厂就国有资产保值增值情况进行监督检查。8月30日，由工厂控股的"海泰制动设备有限公司"注册成立。10月13日，在铁道部组织的2006年屯兵车招标中，工厂获得4个品种253辆屯兵车任务。占招标份额的50.6%。10月17日，集团公司总经理赵小刚到厂检查指导工作。10月，工厂被南京市确定为技能人才队伍建设试点企业。11月10~12日，工厂质量、环境和职业健康安全管理体系通过上海质量体系审核中心审核。11月11日，工厂自行开发设计的DMZ-1型米轨转向架技术设计通过专家评审。12月1日，集团公司多经统计工作会议在南京召开。12月30日，城轨公司顺利交付南京地铁一号线项目第16列地铁列车，提前2列超额完成全年城轨车辆生产任务。

【领导干部名单】

厂　　长　楼齐良
副 厂 长　陶云南（兼）　王晓阳
　　　　　李定南　忻　群　潘松柏
总工程师　赵大斌
副总工程师　王毅鸣　张惠国　施青松
　　　　　周广华（8月31日任）
副总经济师　陈正达
　　　　　周广华（8月31日免）
　　　　　王　毅（8月31日任）

党委书记　陶云南
党委副书记　楼齐良（兼）　胡耀华
纪委书记　胡耀华（兼）
纪委副书记　高桂筛
工会主席　胡耀华（兼）
工会副主席　郭明扬（1月任）
　　　　　何培利（6月免）
团委副书记　王建辉（4月免）
　　　　　薛金亮（4月任）

（吴毓岭　哈　鸣　供稿）

地　　址　南京浦镇龙虎巷5号
邮　　编　210031
电　　话　025－85847402、85848268
传　　真　025－85604655
网　　址　http://www.njpzclc.com
电子信箱　njpccb@publicl.ptt.js.cn

中国南车集团株洲车辆厂

（工商登记营业执照编号:4302001002404）

厂长:曹　阳

党委书记:谢文科

【概述】 2005年,株辆厂有员工4148人。占地总面积133.7万平方米,房屋建筑面积22.52万平方米;固定资产原值4.80亿元,净值3.21亿元。全年新造货车3727辆,同比增长18.2%,其中路内招议标车2709辆,市场车1018辆;完成工业总产值118912万元,实现主营销售收入128012万元,同比增长24.5%,实现利润2603万元。

拓宽人力资源开发管理,加大对高技术、高技能人才的培养,执行《工厂工程技术人员职位晋升及管理办法》,拓宽人才成长通道。积极开展"专家带徒"人才培养活动和"首席技师"评聘竞赛,落实人才强企战略;突出员工技术、技能和管理素质提升,全年举办内部培训班120个,培训员工4798人次,委外培训294人次。以企业资源计划系统为主线,以经济效益为中心,强化科学管理,按照"总体规划、先粗后细、效益驱动、重点突破、持续改进"的原则,稳步推进ERP系统实施,全面实现企业物流、资金流、信息流的精细化管理。强化成本管理,积极筹措资金、降低筹资成本,深入开展成本差异分析。强化资金管理,全年承兑汇票结算金额23780万元,节约利息支出310万元;审计纠正各种违规金额3.55万元,节约物资采购和工程成本费用支出165.79万元。拓展国际市场,工厂与澳大利亚戈尼南公司成功签定95辆5联牵引杆式凹底集装箱平车销售合同与纳米比亚铁路国家控股有限公司签订1000多辆敞车、罐车销售合同,共签订出口合同(订单)6个,金额15089.31万元。

【改革改制】 完成科盟、燃化、新通、精铸、医院、大力、运佳、幼儿园等第二批8家改制单位的改制及社保、党组织关系移交,完成退休人员社会化管理服务职能向地方政府移交工作。加快干部人事制度改革,完成中高层领导干部公开选择。按照精减、整合、提升的原则,对工厂中层管理人员和一般管理、辅助管理人员进行精减分流,分别精减32%、18.3%。

【新产品开发】 全年完成载重100吨三支点矿料、钢材运输专用车、23吨轴重三支点通用敞车、澳大利亚五联集装箱平车、280吨凹底平车等4个新产品的研制开发。完成C_{80A}型运煤专用敞车、C_{16B}型低边敞车、C_{76A}型浴盆式敞车的改进设计及研究。完成铁道货车脱轨自动制动装置在C_{64H}、C_{80H}型敞车及西安厂G_{17BK}型罐车、二七车辆厂N_{17BK}型平车上的组装及各车型的小批量装车运用考验及对外技术转让。完成国内、国外市场10多种车型的技术调研与方案设计。全年共有G_{17BK}、G_{70K}、G_{70H}、G_{17BH}、G_{Q70H}型罐车和NX_{70H}型平车、K_{M70H}型漏斗车等7个产品通过部级生产质量认证。以促进企业自主创新能力、提升核心竞争力为重点,全年立项78项,完成69项,其中通过厂级鉴定项目16项,通过部级技术审查5项,创造经济效益500余万元。工厂铁道车辆轴箱悬挂摆动式转向架项目获湖南省优秀专利奖;摆动式转向架国产化及可靠性研究获铁道部科技奖二等奖和株洲市科技进步二等奖;巴西GDE、GDT型敞车获集团公司科技奖一等奖。

【质量管理】 修改完善《质量管理考核办法》，严格执行《铁路货车新造产品质量鉴定标准》和《不合格品转序考核办法》，落实厂内外质量索赔，推行实行一次交验通过率考核办法。根据AAR M-1003质量保证体系规范要求，结合工厂ISO 9001质量管理体系，完成AAR M-1003质量体系认证和AAR S-2034车辆部件制造厂商资格认证。通过GB/T 28001职业健康安全管理体系认证、ISO 9001质量管理体系复评认证和ISO 14001环境管理第二次监督检查。推行清洁生产，完成清洁生产审核的策划调研、预估评、评估工作。完善供应商产品质量监控管理，签订供应商质量保证协议。开展产品质量攻关活动，其中获省级优秀QC小组4个，集团公司级优秀QC小组1个。实行质量管理体系月报表制度，加大质量管理体系过程的监视和测量，坚持以防燃、防切、防断、防脱、防裂为重点，强化质量自检、互检、专检。严格工序质量控制，把好原材料、外购件质量源头关。全年重大、大行车事故为零，批量返厂修为零，主产品新造货车一次交验合格率达89.76%。

【党群工作】 厂党委以“三个代表”重要思想为指导，紧紧围生产经营中心，认真开展保持党员先进性教育。深入开展“四好”班子创建活动，提高领导执行力和操作力。加快干部制度改革，厂级副职、中层管理人员实行竞聘上岗。推进党风廉政建设，出台《关于清理账外资金的有关规定》，彻底清理“小金库”，根除自管资金和账外资金。制定《特定管理岗位定期交流暂行办法》，全年“六管”人员岗位交流57人。加大“三重一大”效能监察力度，全年开展招议标62次，比预算金额降低770.26万元。完成基层党组织换届改选和第二批改制单位党组织移交地方党委。开展以“标准、规范、优质、及时”为主题的党员“双岗”竞赛活动，用标准化作业的示范成果带动产品工艺的提升，用优质高效的服务推动管理水平的提高。举办《党员权利保障条例》学习竞赛活动，结合先进性教育的开展，评选出工厂“十佳”模范党员。加大生产经营任务的宣传教育力度，策划、实施以“三效”为主题的宣传教育活动，员工效益、效率、效力意识得到明显增强。围绕工厂“精减管理辅助人员”和“实施岗位绩效工资制度改革”，多层次、多渠道进行宣传，促进各项改革措施的平稳推进。为构建学习型企业，培育精细文化，组织员工学习《细节决定成败》一书。

厂工会以维护员工权益为重点，强化民主管理，组织召开职代会2次、代表团(组)长会议11次，审议通过工厂《关于精简管理、辅助人员优化员工岗位结构的实施办法》和《岗位绩效工资实施办法》。完成职代会、基层单位工会换届改选。积极推行代表提案和平等协商制，认真落实厂务公开工作，进一步健全和完善三级公开网络。深入开展群众性经济技术创新工程，开展劳动竞赛、“金点子”合理化建设活动和员工技术运动会，全年上报合理化建议80条。开展送温暖、帮困、捐款活动，全年发放慰问补助金135万元。全年完成8家改制企业工会组织关系移交株洲市总工会。丰富员工业余文化生活，举办庆“五一”卡拉OK赛、“党员风采”配乐诗歌朗诵等大型文艺晚会和美术、书法、摄影、集邮展览。

厂团委强化团的基础建设，推进团员青年思想政治教育、精神文明创建、青年学技练功、创新创效活动。开展团员主题意识教育活动，扎实开展青年文明岗（号）、青年安全生产示范岗、青年岗位能手活动。强化团干部队伍建设，制定并实行《团干部绩效考核办法》和团支部工作月报表制度，促进“五四红旗团（总）支部”创建达标。完成基层团组织换届改选和第二批改制单位团组织关系移交工作。继续开展青年志愿者、青年突击队活动。认真做好“推优”工作，推荐7名优秀团员加入党组织。

【重要纪事】 1月25日，铁总副主席吴建中到厂走访慰问困难员工。1月29日，工厂试制的G_{17BK}型粘油罐车通过铁道部技术审查。3月14日，中美联合开发的GDS项目正式投入批量试生产。3月23日，工厂与澳大利亚戈尼南公司签订95辆5联牵引杆式凹底集装箱平车的制造与供货合同。4月11日，集团公司党委书记郑昌泓到厂视察指导国债技改项目。5月28日，工厂副总工程师刘桂军获茅以升铁道工程师奖。8月11日，国资委国有企业监事会主席赵喜子等到厂检查指导工作。9月9日，工厂通过GB/T 28001职业健康安全管理体系认证。9月29日，工厂通过ISO 9001质量管理体系复评和AAR M-1003质量体系认证，取得AAR S-2034车辆部件制造厂商资格认证。12月2日，工厂召开第十三次工会会员代表大会暨十二届一次职代会。

【领导干部名单】

厂长	曹阳
厂长助理	刘天健　林希勇
副厂长	刘文
	张作（6月免）
	杨志刚（6月任）
	邓建荣（8月免）
	胡海平
总会计师	蒋庆平
常务副总工程师	熊绍怀
副总工程师	戴龙　汪波　姜强俊
	刘桂军
党委书记	谢文科
党委副书记	曹阳（兼）
	邓建荣（8月任）
纪委书记	张作（6月免）
	邓建荣（6月任）
纪委副书记	高宁
工会主席	王德柱（8月免）
	邓建荣（8月任）
工会副主席	周进生
	吴之仲（2月任）
团委书记	言虎

（张玉芳　供稿）

地　址　湖南省株洲市荷塘区宋家桥
邮　编　412003
电　话　0733－2808072
　　　　0733－2808786
传　真　0733－8403134
网　址　http://www.csr-zrsw.com
电子信箱　cb@csr-zrsw.com

中国南车集团眉山车辆厂

（工商登记营业执照编号:5100001811563）

厂长:夏春生

党委书记:饶　庶

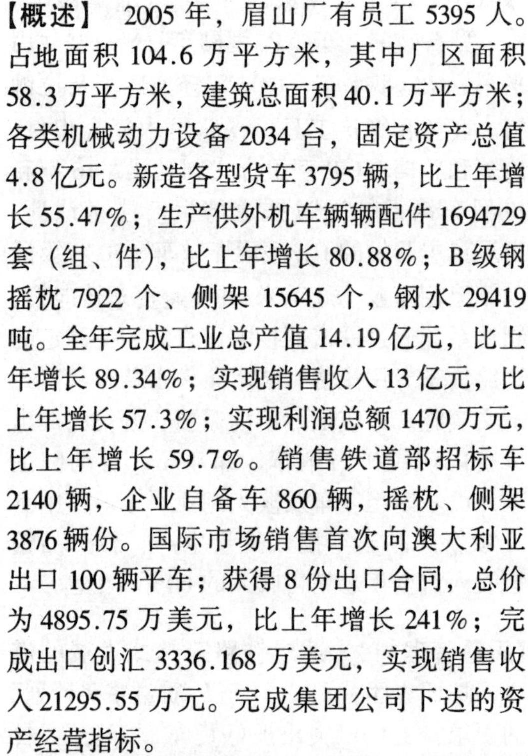

【概述】 2005年，眉山厂有员工5395人。占地面积104.6万平方米，其中厂区面积58.3万平方米，建筑总面积40.1万平方米；各类机械动力设备2034台，固定资产总值4.8亿元。新造各型货车3795辆，比上年增长55.47%；生产供外机车辆辆配件1694729套（组、件），比上年增长80.88%；B级钢摇枕7922个、侧架15645个，钢水29419吨。全年完成工业总产值14.19亿元，比上年增长89.34%；实现销售收入13亿元，比上年增长57.3%；实现利润总额1470万元，比上年增长59.7%。销售铁道部招标车2140辆，企业自备车860辆，摇枕、侧架3876辆份。国际市场销售首次向澳大利亚出口100辆平车；获得8份出口合同，总价为4895.75万美元，比上年增长241%；完成出口创汇3336.168万美元，实现销售收入21295.55万元。完成集团公司下达的资产经营指标。

培育新的主营业务，开发成功可替代进口的新型高强度拉铆钉系列产品，生产铆钉400528件，套环365180件，实现销售收入481.4万元；生产各类专用汽车260辆，比上年增长61%，完成销售收入2600万元；钢结构生产完成3750吨，完成销售收入2899万元；对多经实体进行重组后，完成销售收入1500万元。厂办集团企业销售收入突破亿元，全年完成销售收入11292万元，比上年增加119.3%，利润总额500万元，比上年增加100%。

坚持以财务管理为中心，以资金管理为重点，拓宽融资渠道，优化融资方式，统筹资金运作和税收筹划，确保工厂生产经营和加快发展的增量资金需求。加强成本费用的过程控制和项目控制，层层分解指标，落实责任，“内部成本供应链”、“配餐发料制”、“套裁下料”等好的经验得到推广。针对主业面临的不均衡和竞争压力，吸收和利用社会资源，通过劳务输入、人事代理等方式，提高用工弹性，降低用工成本。优化多品种、大、小批量并存格局下的生产组织，全年组织完成16种货车的生产。强化基础管理，修订各项管理制度，调整计划价格体系，完善各项技术定额和工资管理制度，加强生产现场和安全管理，加大环境保护的投入，为生产经营的正常运转提供保障。

售后服务进一步加强。针对撤销铁路分局、车辆段调整合并和装备部对大部件裂损质量问题通报及处理要求，健全有效、规范、协调有力的售后服务管理体系，健全工厂统一协调的售后服务指挥中心和完善的售后服务信息网络。定期走访用户，现场处理质量事故，先后派出售后服务队 40 余人次，对全国 17 个铁路局及下属车辆段进行走访。对服务人员进行专项培训，实施绩效考核。派驻专人加强对粮食漏斗车、焦碳车、神华自备车、C_{80GF}运煤敞车等专项产品进行有针对性的走访，收集顾客质量信息，及时提供技术服务、处理突发质量问题。全路新造货车运用故障反馈率连续两个季度排名第二。

围绕“提升产品制造水平，基本实现与国际接轨”的目标，加快技术创新，实施精益制造。年内，投资 3688 万元进行提升工艺制造水平的设备技术改造，购置设备 76 台套。实施“先油漆后组装”工艺过程调整，先后对机械车间进行全面改造，完善了转向架制造组装技术，为实现转向架“先油漆后组装”奠定了基础；对备料车间工艺平面进行调整，精细等离子切割机、数控折弯机、数控转塔冲床等先进设备相继投入生产，提高了自动焊接水平和下料尺寸精度；对风手制动装置及部分部件采用“先油漆、后组装”工艺，有效提高了整车油漆质量。结合现场管理上档次，确定了全厂工艺平面调整方案，并相继完成制动机“三线一中心”建设和设备工装公司一期搬迁工作，工厂生产工艺布局更加优化。为满足国内外市场对两大件生产需求，对铸钢实行填平补齐改造，钢水年生产能力达到 3 万吨，质量水平稳定在同行业前列。

【改革改制】 完成工厂多经企业三山公司业务重组，关闭了三山石化公司、成都工贸公司和化工厂，合并了铁龙竹业和华洋木业，确定三山公司重组后的主营方向是发展竹木板材制品，将油漆厂作为试点单位实施单独改制分离。12 月，眉山新彩涂料有限责任公司登记注册，完成油漆厂改制分流。对工厂建筑安装工程公司、运输公司和生活公司改制为有限责任公司，完成方案制定、报批，公选经营者（主要出资人），改制单位员工对实施方案表决。完成设备工装工程公司改制为有限责任公司的方案制定和上报工作。完成了中、小学校和公安部门基本情况移交地方的确认。

【新产品开发】 以市场为导向，走系统引进国外发达国家的关键技术与自主创新之路，新产品开发取得重大成果。全年完成新产品开发 26 项，其中货车及转向架整机 21 项，货车零部件 5 项。G_{70}型轻油罐车、C_{76}型运煤敞车、K_{18AK}型煤炭漏斗车、C_{64H}型敞车、K_{13NK}型石碴漏斗车、P_{70}型棚车、NX_{70}型共用平车、NX_{17}型平车、GQ_{70}型轻油罐车及拉铆钉、套环和铆接工具、铁路竹木复合积材、前盖和后挡、L-B 型组合式制动梁、16 型和 17 型车钩系统通过铁道部生产质量认证。工厂自主开发的 C_{80C}型运煤敞车、70 吨级活动侧墙棚车及 160 千米/时快速货车转向架、制动系统通过铁道部技术审查。主持制定的铁路货车专用拉铆钉技术条件由装备部正式下文实施。适应国际市场需要，开发完成出口委内瑞拉矿石敞车、漏斗车、自动侧翻车，巴基斯坦守车及澳大利亚平车。其中有 21 项新产品当年投入批量生产，新产品销售收入占全年总销售收入的 60% 以上。

【质量管理】 为适应铁路跨越式发展的需要，按照集团公司“‘十五’质量攀登计划”的要求，工厂以突出抓好货车“五防”，杜绝产品重大质量缺陷为重点，完善机制，夯实基础，坚持内部质量管理体系审核和产品质量监督检查，对重点件进行项点检查，关键工序（件）实行三对三查，严格对原材料、外购（协）件入厂检验和产品的落成检验，坚持开展质量小组及质量攻关活动，加大技术改造力度，提升企业制造水平和产品质量，全年购置进口和国产先进设备76台，全年无重大、大质量事故，无批量返厂及批量质量事故，集团公司考核工厂的5项质量指标全部完成，其中顾客满意度指数提高0.85个百分点，并顺利通过四川三峡质量保证中心对工厂质量保证体系的监督审核。

【党群工作】 厂党委以邓小平理论和“三个代表”重要思想为指导，深入贯彻党的十六届四中、五中全会精神，围绕企业建立现代企业制度和生产经营中心工作，全面加强领导班子建设、党的自身建设、精神文明建设和思想政治工作。以提高领导班子及成员的执行力、操作力为重点，开展创建“四好”领导班子活动，优化各级领导班子及成员的专业知识、能力结构。加强党风廉政建设工作，开展以“学条例、保廉洁、比作风、创效益”为主要内容的专题宣教活动，深化了“三重一大”效能监察。强化党的自身建设，加大党建工作融入、参与、服务生产经营中心工作的力度和党群系统工作协调力度，创新和完善了党的管理体制和工作机制、工作内容和方式方法。加强基层党的委员会建设，根据行政机构调整，及时设置和调整基层党的组织机构。以提高党组织能力建设为重点，开展了“企业党组织如何在企业中体现和增强党的执政能力，成为党在企业中的坚实组织力量”专题调研。根据中央、国资委和集团公司党委的要求，开展了保持共产党员先进性集中教育活动，全厂2647名党员参加了教育活动，党员受教育面达100%，党员和员工群众的满意和基本满意率达到99.5%，初步建立健全了保持党员先进性的长效机制。以“提高责任意识、服务意识、工作效率、服务水平、服务质量、基层满意度”为主要内容，进行了机关作风建设集中教育，机关工作人员的工作作风得到明显转变。坚持以人为本，扎实做好改革改制和生产经营中的思想政治工作，加强精神文明建设和企业文化建设，构筑和谐企业环境，确保工厂改革改制和生产经营工作的顺利进行。

厂工会围绕以履行维护职能为重点，主动参与企业改革和生产经营管理。发挥职代会监督职能，深化厂务公开，参与工厂物资采购招标会议，对招标进行全过程监督。在主辅分离改制中，充分发挥民主参与、民主决策、民主监督作用，对多经实体三山公司改制重组和生活公司、运输公司、建筑公司等改制方案审议。开展代表提案征集活动，全年共征集提案28条。坚持“双文明”劳动竞赛，有针对性开展“大干四季度，全面完成全年生产经营任务”主题劳动竞赛。各基层工会围绕竞赛主题各自开展单项劳动竞赛；组织开展电焊、车工、铣工、电工、天车工等岗位的岗位练兵技术比武活动，参加了省、市及集团公司举办的技能比赛，培养出工种技术带头人145人，各类技术能手、岗位能手、技术多面手1230多人，其中2人夺得眉山市职工技能大赛一等奖，3人破格晋升工人技师。坚持把“送温暖”活动作为实践“三个代表”重要思想的具体内容，制定下发《眉山车辆厂工会“三个关心、三项保证”实施办法》，建立工厂、公司、车间三级帮扶网络，成立“帮扶救助中心”，设立“帮扶救助基金”，走访慰问800余人，其中有20名专家、劳模，2710户特困、重病、伤残员工及员工遗属，筹集、发放困难救济金27万余元，补偿资金40467元，为14名困难员工子女捐助学费1.5万元，向那坡靖西贫困群众捐款63244.3元。以贯彻《工会法》、《安全生产法》为主线，以“安康杯”竞赛为载体，全面维护员工的劳动安全和职业健康权益。

厂团委坚持“服务企业、服务青年”的方针，发挥党的助手和后备军作用。深化“双岗”青年科技创新活动。继续开展“精艺杯”

职业技能大赛，使群众性学技练功活动与职业技能鉴定接轨。举办了英语技能竞赛，开展“三维造型”竞赛。召开工厂第十次团代会，选举产生了共青团第十届委员会。开展团员“双评”工作，坚持做好“推优”工作。

【重要纪事】 1月17日，工厂试制的转K6型转向架和C_{70K}型轻油罐车通过铁道部技术审查。1月22日，工厂以自营进出口的方式与德国爱隆公司再次签订220辆（矿石敞车100辆、矿石漏斗车100辆、侧翻车20辆）铁路货车供货合同。工厂研制的25吨轴重全钢运煤专用敞车通过铁道部技术审查。2月21日，工厂对多经实体三山公司实施重组改制造。3月23日，工厂与兖矿公司签订360辆委内瑞拉车供货合同。4月8日，工厂试制的C_{76}型运煤敞车和K_{18AK}型煤炭漏斗车相继通过铁道部专家组的技术审查，投入批量生产。开发研制的拉铆钉、套环及铆接工具通过铁道部专家组的技术审查，投入批量生产。4月9日，工厂生产的竹木复合积材通过专家组的技术鉴定，投入批量生产。4月20日，签定向苏丹出口80辆货车合同。4月29日，集团公司党委书记郑昌泓到厂检查指导工作。5月10日，签订向苏丹出口70辆货车合同。5月17日，四川省委书记张学忠到厂视察。7月1日，工厂在铁道部铁路货车第二次招标中，中标P_{64GK}型棚车250辆、C_{64K}型敞车320辆、C_{64H}型车260辆、K_{13NK}石渣漏斗车110辆。7月24日，工厂试制的70吨级通用C_{70}型敞车通过铁道部生产质量认证，投入批量生产。9月3日，工厂开发的时速160公里快速货车制动系统、转向架和70吨级活动侧墙棚车设计任务书及方案设计相继通过铁道部技术审查。10月21日，工厂试制的C_{64H}型敞车通过铁道部生产质量认证，投入批量生产。11月3日，四川省省长张中伟到厂视察。12月5日，工厂试制的P_{70}型棚车，K_{13NK}型石渣漏斗车通过铁道部生产质量认证，投入批量生产。12月28日，工厂试制的NX_{70}型共用车、NX_{17K}型平车-集装箱两用车、GQ_{70}型轻油罐车3种新车型通过铁道部生产质量认证。

【领导干部名单】

厂　　长	夏春生
副 厂 长	周宏民（11月免） 孟维新　吴晓东 孟庆远（9月任） 董如福（12月免）
总工程师	肖　颖
总会计师	周宏民（11月免） 李铁生（11月任）
副总工程师	雷自原　何　力
副总经济师	刘光成　李继鸥　刘　瑛
副总会计师	何　奇
党委书记	饶　庶
党委副书记	夏春生（兼） 孟庆远（9月免） 李香林（11月任）
纪委书记	孟庆远（9月免） 饶　庶（11月兼）
纪委副书记	王志强
工会主席	李香林
工会副主席	王志强（5月任）
团委书记	陈国仁

（汪清泉　供稿）

地　　址　四川省眉山市东坡区崇仁镇
邮　　编　630032
电　　话　0833－8502013
传　　真　0833－8502046
网　　址　http：//www.msrsco.com
电子信箱　cb@msrsco.com

中国南车集团武昌车辆厂

（工商登记营业执照编号：4201001206535）

厂长：张 作

党委书记：沈绍泉

【概述】 2005年，武昌厂有员工4929人。占地面积89.29万平方米。总资产5.7亿元，固定资产原值4.3亿元，净值2.9亿元；各类设备1161台。全年完成棚车新造940辆，家畜车改造500辆，客车修理155辆，其中B_{15E}型客车改造50辆，JB_7-1特种家畜车新造2辆，段修7辆，特种棚车新造4辆，TP_9型棚车段修3辆。全年轻伤14件，无重伤、死亡及重大交通事故，安全生产达1108天。全年实现销售收入41755万元，利润亏损1469万元。完成工厂第三期经济适用房投资3075.33万元，建筑面积2.93万平方米；完成维（大）修投资157.19万元；技术改造投资69万元。工厂参股、控股的电热管、中控玻璃、宏江和湖北美图等各经营实体的经营状况有所改善，全年实现多经销售收入502万元。

年内，工厂针对全年市场变化快、任务相对集中、生产周期短、生产能力有限、内外资源紧缺等种种困难，开展了“抓质量上水平，抓管理降成本，确保完成全年生产经营任务”的活动。调整多经管理机构，强化多经管理职能，理顺多经单位的产权和经营关系，实行规范管理。对工厂土地和房屋资源实行统一管理，超额完成全年收取土地房屋租金指标。

【改革改制】 三项制度改革进一步深入。完成全厂机构调整，24个中层副职岗位实行公开招聘，部室一般管理人员进行了全员竞聘，压缩编制23.6%，精简岗位152个，其中六管岗位轮岗竞聘达到97.6%；全面推行计件工资制，部室岗位工资根据工厂效益浮动；辅业改制和社会职能移交工作稳定进行，完成中冷机制公司改制工作，汇圆新材料公司股权转让和公司变更；中、小学移交地方的审批程序已完成，进入交接阶段。

【新产品开发】 完成P_{70}型棚车样车和转K6转向架试制工作，取得P_{70}型棚车生产资质。完成家畜车改造设计、试制和援坦桑尼亚棚车设计。完成B_{15K}型客车转化设计和军用包装箱试制，为开拓市场创造了条件。在出口坦赞米轨棚车招标中，工厂获得50辆米轨棚车订单。

以“8.16”客车钩尾框阳平关断裂事故为反面教材，开展以整顿思想、整顿工艺、整顿队伍、整顿纪律和整顿现场为主题的质量整顿工作，完成整改措施57项，员工质量意识明显提高，产品实物质量有了改进，质量下滑的趋势得到有效遏制。客车修理一次交验合格率为77.7%；棚车新造一次交验率为89%，全年返修为零。重大、大事故和客车干线险性事故为零，产品质量监督抽查合格率为100%，质量损失率为0.398%，全年运用货车典型故障率为零。

【党群工作】 厂党委坚持以生产经营为中心，认真贯彻党的十六大精神，深入实践“三个代表”重要思想，扎实有效地开展保持党员先进性教育活动，充分发挥党组织政治核心作用，调动了全体员工积极性，确保了全年生产经营任务的完成。开展“四季度大会战”，全厂党员出满勤、干满点，认真兑现“日计划、周计划”，一些党员骨干每天工作长达10小时，钢结构分厂创下月产200辆新造货车的历史水平。推进民主集中制建设，参与企业重大问题决策，开好民主生活会，加强对退出现职岗位中层管理人员的管理，制定工厂退二线领导管理暂行办法。对全厂部室机构进行了整合，压缩定编、减少中层管理人员职数，对行政、党群副职岗位进行全厂公开竞聘，有7人落聘，6名一般管理人员竞聘上岗。按照集团公司党委关于贯彻落实《中央组织部、国务院国资委关于加强和改进中央企业党建工作的意见》的实施意见的要求，制定了《党群日常工作管理考核办法》，坚持每月对党群部门和各党（总）支部工作进行检查、考核。在全体管理人员中开展了“日写实、周公示”活动，要求每个管理人员每天坚持工作写实，每周将写实内容在本单位的厂务公开栏上进行公示。进一步转变了管理人员队伍的工作作风，强化了管理职能部门和各单位工作计划的落实，管理人员的基本素质、执行能力得到提高，部室服务意识得到明显改进。完善工厂领导班子成员联系点制度，党政主要领导围绕生产经营、改革改制、新产品研制、现场管理等工作深入基层了解情况，发现问题，指导工作，解决难题。信访工作，认真对待和处理员工群众来信来访200多人（次），及时解决他们反映的困难和问题。

厂工会围绕生产经营，组织开展“双创”（创新业绩、创高效益）竞赛、“百日立功”和提高工序质量、配件质量的竞赛活动，激发了员工敬业爱岗的精神和学技术、比贡献的热情。推进厂务公开，开展“阳光操作”，主办厂务专刊4期，公布各类信息30余条。全年工厂慰问和补助困难员工384人次，金额达68618元；“两节”期间筹措资金16万元，用于对伤病员、孤寡老人、劳模及困难员工的补助；对60名困难员工子女进行了扶贫助学。

厂团委推进“三个一修身计划”工作，制定学习教育活动方案，通过“青春新干线”网站，举行座谈会、讨论会、读书会、青年大讲坛等，提升团员青年综合素质。积极开展“五四红旗团委”、“千人争创示范岗”、“四做到三服务”、“双五小”成果评比、“短信金点子”征集、“每周一星”评比等系列活动，组织青年电焊、车工等多个工种技术练兵和比赛。举办“质量在手中，武车在心中”演讲比赛，使一大批青工在生产实践中不断学习进步。

【重要纪事】 1月19日，集团公司副总经理刘化龙等到厂检查指导工作。2月4日，武汉市人大主任赵零、市委常委、市公安局长黄关春、副市长袁善腊、市总工会副主席李清芝一行到厂送温暖。3月2日，工厂试制的家畜车改运输小汽车专用车通过部级技术评审。3月4日，中铁特货中心总经理韩彧等人到厂，就工厂家畜车改运输汽车专用车投产事宜进行协商。6月16日，集团公司党委决定张作任工厂厂长，沈绍泉任工厂党委书记。7月13日，国资委国有企业监事会主席赵喜子等8人到厂检查指导工作。8月9日，集团公司副总经理刘化龙、纪委副书记李建国到厂参加工厂党委民主生活会。8月10日，集团公司党委副书记、纪委书记、工会主席张军、副总经理傅建国到厂检查指导工作。9月13日，工厂J_6型家畜车改运输汽车专用车通过部级技术审查。9月15日，工厂转K6型转向架通过部级技术审查。10月12日，集团公司总经理赵小刚到厂检查指导工作。10月15日，工厂试生产的P_{70}型棚车样车通过部级质量认证。12月23日，湖北省委常委、武汉市委书记苗圩到厂指导工作。12月27日，武汉市副市长袁善腊到工厂指导工作。

【领导干部名单】

厂　　长　杨志刚（6月免）
　　　　　张　作（6月任）
副 厂 长　沈绍泉（兼，6月任）
　　　　　徐志平　陈明礼
　　　　　饶炎坤（6月免）
　　　　　应智敏（6月任）
总工程师　陈明礼（兼）
副总工程师　王兆林　蔡德权　张玉善
　　　　　崔　红
总会计师　魏玲云（6月免）
　　　　　刘　江（6月任）
副总会计师　赵世军（12月任）
厂长助理　邓建新（11月免）
　　　　　梅振钦（11月免）
　　　　　傅　煌（11月免）
副总经济师　蔡明艳（11月任）

党委书记　孙玉昌（6月免）
　　　　　沈绍泉（6月任）
党委副书记　应智敏（6月免）
　　　　　饶炎坤（6月任）
纪委书记　应智敏（兼，6月免）
　　　　　饶炎坤（兼，6月任）
纪委副书记　肖善启（11月免）
　　　　　傅　煌（11月任）
工会主席　齐志敏
工会副主席　熊泽民（11月免）
　　　　　蔡明艳（11月免）
　　　　　邓建新（11月任）
团委书记　罗谦勇

（厂史志办　供稿）

地　　址　武汉市武昌区和平大道750号
邮　　编　430062
电　　话　027－86815166、86737021
传　　真　027－86811017、86737021
网　　址　http://www.Chinacool168.com
电子信箱　Ucjszx@public.wh.hb.cn

中国南车集团铜陵车辆厂

（工商登记营业执照编号：3407001100448）

厂长：刘岱华

党委书记：胡胜斌

【概述】 2005年，铜陵厂有员工3337人。占地面积86.3万平方米，其中生产厂房建筑面积11万多平方米；固定资产原值2.9亿元，净值1.9亿元；新造货车2049辆，比上年增加751辆，增幅为58%；完成修车235辆、车轴25076根、铸钢件1.2万吨。全年实现销售收入6.52亿元，实现利润208万余元。注重产品的国际营销，实现对外贸易额2177万元。日新造K型车创新国内K型车日产新记录。

【新产品开发】 适应铁路跨越式发展要求，以加快货车产品载重升级为主攻目标，面向国际、国内两大市场，优化产品结构，加快新产品设计、试制、认证及上批量的进程。全年有C_{62}、X_{6B}、N_{17A}、K_{18BK}等17项产品通过厂级和部级生产质量认证。完成了出口孟加拉罐车、守车的设计、试制和批量生产；自主设计了6种厂矿自备车（宣钢低边敞车、两种隔离车、改进型守车、K_{13}石渣漏斗车、酒钢罐车、65吨平车）和3种出口车（安哥拉罐车、棚车及石渣漏斗车）。工厂已获得铁路货车四大品种26种车型的生产、检修资质。

【质量管理】 年内，顺利通过《职业健康安全管理体系》、《测量管理体系》的外部审核认证，通过《环境管理体系》的换版认证，扩大了工厂《质量管理体系》审核范围，并通过外部监督审核。新造货车一次交验合格率89.25%，厂修车一次交验合格率90.05%，产品抽查合格率100%，创造了年度新造车对规质量抽查获全路第七名，集团公司第一名的成绩及重大质量事故、产品批量返厂修为零的记录。

【党群工作】 厂党委根据集团公司党委统一部署，开展了保持共产党员先进性教育活动，历时8个月，经过前期准备、学习动员、分析评议、整改提高和集中整改五个阶段，圆满完成了先进性教育各项任务，员工满意度测评，满意率和基本满意率为99.82%。为群众办实事，工厂通勤车由蒸汽机车换为内燃机车，改善了员工通勤条件；投入16万元，为住宅楼道安装了太阳能公用照明灯；各基层支部为员工群众办实事94件。推行领导干部人事改革，厂党委书记人选采取公开竞聘、组织考察任命的方式产生。围绕建厂35周年，广泛开展一系列群众性文体活动，组织大型文艺演出，举办第11届职工田径运动会，组建龙狮队表演，多次在市、区大型活动中表演。以军民共建、厂村共建等形式，丰富文明创建活动内容，厂党委被铜陵市委授予“共驻共建先进党组织”。取消“小金库”，严格规范职务消费和活动经费管理。

厂工会积极履行四项职能，厂务公开不断深化，民主管理规范运作，开展了多项劳动竞赛。坚持送温暖活动，共发放困难补助款12万元，为特困员工送上慰问金9.26万元。工厂被评为“安徽省劳动保障诚信示范企业”和“安徽省集体合同工作模范单位”、全国“亿万职工迎奥运健身活动月系列活动先进单位”、全国“安康杯”竞赛优胜企业、全国“劳动争议处理工作先进单位”。

厂团委举办了以“安全生产周”和“质量月”为主题的专项活动，组织青年开展“增收节支”系列活动，围绕抗战胜利60周年举行了纪念活动。

【重要纪事】 1月31日，集团公司党委书记郑昌泓到厂慰问困难员工。1月25日，铁道部运输局装备部组织专家组对工厂科达车辆装备公司研制的GJW-6000B型铁路货车摇枕侧架通过技术评审。3月2日，工厂敞、平车提速改造通过部级生产质量认证。4月28日，集团公司副经理傅建国、副总经济师谷大存一行到厂宣布集团公司决定：任命胡胜斌为工厂党委书记兼副厂长；凤维柱任工厂调研员；洪晓耕、张厚胜任工厂副厂长。7月15日，国资委国有企业监事会主席赵喜子一行9人到厂进行调研。8月15日，工厂试制的NX_{17B}型共用车和X_{6A}型空气制动装置，通过部级生产质量认证。10月20日，集团公司总经理赵小刚到厂检查指导工作。10月21日，C_{70}型敞车、转K6转向架和LZ50钢RE2B型车轴三项新产品通过部级生产质量认证。11月，铁道部发布《铁路车辆设计生产维修被许可企业名录》，铜陵厂获准有19项产品生产权、3项产品设计权、3项产品大修权，并取得了相应的许可证书。

【领导干部名单】

厂长	刘岱华
副厂长	胡胜斌（兼） 洪晓耕 陶芳泽 成光 张厚胜
副总工程师	宋仲明
副总会计师	俞久宁
党委书记	凤维柱（4月免） 胡胜斌（4月任）
党委副书记	刘岱华（兼） 陈爱民
纪委书记	陈爱民（兼）
纪委副书记	阚少平
工会主席	余小林
工会副主席	胡乃松
团委书记	汪言权

（章启中 供稿）

地　址　安徽省铜陵市凤凰山街道叶村
邮　编　244142
电　话　0562－6803172、6803114
传　真　0562－6803344
网　址　http：//www.tlclc.com.cn
电子信箱　tlclc@mail.ahwhptt.net.cn

中国南车集团成都机车车辆厂

（工商登记营业执照编号：20193834－4）

厂长：曾继宗

党委书记：赵晓谦

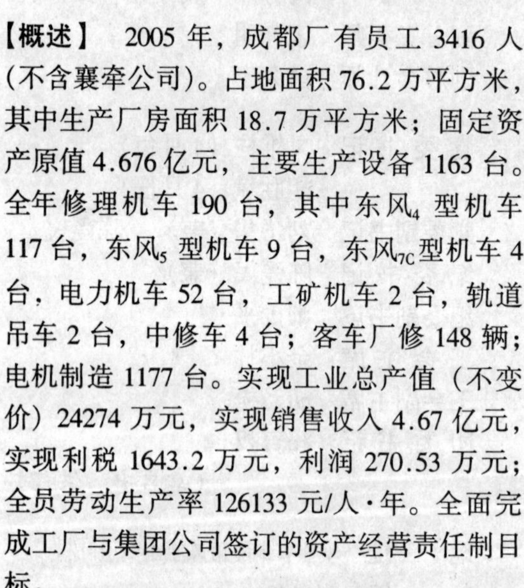

【概述】 2005年，成都厂有员工3416人（不含襄牵公司）。占地面积76.2万平方米，其中生产厂房面积18.7万平方米；固定资产原值4.676亿元，主要生产设备1163台。全年修理机车190台，其中东风$_4$型机车117台，东风$_5$型机车9台，东风$_{7C}$型机车4台，电力机车52台，工矿机车2台，轨道吊车2台，中修车4台；客车厂修148辆；电机制造1177台。实现工业总产值（不变价）24274万元，实现销售收入4.67亿元，实现利税1643.2万元，利润270.53万元；全员劳动生产率126133元/人·年。全面完成工厂与集团公司签订的资产经营责任制目标。

调整营销策略，加强营销策划，大力开拓国铁、地方铁路和海外市场。全年机车修理国铁市场占有率为17.2%，较上年提高1.6%。新造电机配套韶山$_7$系列机车、东风$_{8B}$型机车市占有率分别达到50%和55%。加大地方铁路机车修理和新造电机市场开拓力度，已进入四川达成和陕西西延线等17个地方铁路市场。客车修理已成功进入25G中高档客车市场。强化售后服务，加强重点机务段走访，制定《服务协议兑现管理办法》，建立快速反应机制，及时兑现用户承诺，全年处理重大厂外故障66件，参加整备170台。克服机车入厂不均衡等不利因素，加强点修、委修部件协调与管理，机车在厂周期平均为32.29天。针对牵引电机生产周期特点和市场需求情况，及时下达和编制电机生产计划，确保市场需要，其中109C电机连续5个月月产超130台，最高月产量达158台；800电机单月最高产量突破77台，创工厂800电机生产最高记录。继续实施工艺再造，在一、二期工艺再造基础上，以转向架车间上水平、上质量、上档次为重点实施机车系统三期工艺再造。对工厂供风系统改造方案、机车车间检修与组装分开技术改造方案、客车检修“十一五”规划方案等五个重大项目技术方案进行了规划、评审。加强成本管理，对成本、费用等各项经济指标实行动态管理。增强主营业务销售数量及收入预算执行情况等台帐。进一步完善K3系统建设，强化审计监督，修订和完善内部审计工作规定和专业审计实施办法，全年完成专项审计调查27项，审计合同1835份、审计发票310份，审计资金总额3.69（合同）亿元，核减工程支出和合同价款33.27万元。

【改革改制】 完成金工分厂、医院规范化改制工作。设备修理安装分厂、南铁公司、生活服务总公司改制工作进入实质性操作阶段。按照集团公司要求完成襄牵公司控股和业务重组工作。重新设置主业系统中层领导岗位职数78个，中层领导岗位减少4.9%。在全厂首次实施了主业系统中层领导公开竞聘上岗，竞聘上岗64人，原中层领导解聘7人。完善工效挂钩办法，制定其它销售收入核实以及工资计提和新产品项目与奖励提取等办法。制定专家及拔尖人才管理考核办法，高端人才管理形成闭环。

【新产品开发】 完成东风$_{4D}$型内燃机车、25G型客车大修开发工作。完成CDJF205同步主发电机（4900千伏安电机）、ZD106E电机、CDJD103电机（800石油钻交流电机）等7个新品种开发，其中6个品种完成样机试制。

【质量管理】 加强质量管理和考核力度，重新修订《质量考核办法》。强化质量检验技术管理工作，把好现场质量关。加强产品实物质量控制，强化关键、重点工序质量监控，完善质量信息处理流程，建立故障分析、责任、整改、检查落实处理流程。实施精细化作业，推行电力机车“先油漆后组装”等先进工艺，提高产品质量可靠性。强化质量管理体系，工厂质量、环境管理体系获得方圆标志认证中心的认证确认证书。机车检修厂外平均责任故障件数为1.36件/台，机车一次交验合格率为100%，机车返修率为2.58%。

【党群工作】 厂党委坚持以邓小平理论和“三个代表”重要思想为指导，围绕实现工厂改革和生产经营目标，加强思想理论、领导班子、员工队伍、党的组织、党风廉政、企业文化和民主政治建设。开展保持共产党员先进性教育活动，在学习、自查的基础上，找出7个方面的问题进行了整改，提高了党组织的凝聚力和战斗力。新增基层党组织3个，发展新党员17名。成立了企业文化部。开展了“珍惜形势、克服困难、打好攻坚战”等宣传教育活动，促进了企业改革发展。坚持实施“十条禁令”和员工统一着装、挂牌上岗，全面规范企业形象。积极构建惩治和预防腐败体系，开展了效能监察，推行干部任前公示、廉政谈话、离任审计制度，制定了《领导干部述责述廉工作办法》、党风廉政建设重点工作责任分解表和《“三重一大”监督管理实施细则》、《领导干部廉洁自律自查报告制度》。全年降低采购成本133.51万元，查处违规金额43.48万元，挽回经济损失12.41万元。

厂工会贯彻依靠方针，组织召开了工厂十二届五次职代会和三次团组长联席会议，审议了工厂方针目标、重大经营决策。坚持业务招待费使用情况向职代会报告制度，征集到27个小组提交的323条提案。组织代表检查厂级安全事故隐患整改、集体合同履行情况。组织开展了“创争杯”员工素质提升系列活动，参与活动的员工达5300余人。建立特困、重困、一般生活困难员工家庭档案，实行动态管理，筹款25万余元，送温暖走访慰问劳模、困难员工1198人次。

厂团委开展了增强共青团员意识主题教育活动。开展了为期3个月的“成厂青年文化节”。开展了“学习工艺，每日一题”、“立足岗位争先锋，优质高效促生产”及“修旧利废”等活动。建立了青年人才库。开展了法律、计算机和英语知识培训，提高团员青年的综合素质。

【工厂与美国 GE 公司签约电机制造技术引进合同】 工厂与美国通用电气（GE）公司就大功率交流传动内燃机车所属电机技术引进和国产化项目。经过一年多谈判，10 月 31 日，在《大功率交流传动内燃机车采购和技术引进项目技术许可合同》及相关附件上正式签字。

【25G 型空调客车试修通过部级技术评审】 YW25G 型空调客车是采用集中供电、电热采暖的广泛采用了新材料、新结构、新工艺和先进技术空调客车。5 月 28 日，铁路部专家评审组对修竣的 2 辆空调客车的检修质量和检修的软、硬件检查后，认为工厂已具备非提速空调客车厂修能力。

【重要纪事】 3 月 2 日，集团公司副总经理唐克林到厂检查指导工作。3 月 4 日，集团公司首次在工厂实施公开选拔工厂党委书记人选。5 月 28 日，工厂试修的 25G 型空调客车通过部级技术评审。5 月份，工厂完成机车大修 23 台（含 10 台电力机车）、中修 1 台，创机车检修月产量历史新高。6 月 12 日，工厂试制的 ZD106E 牵引电动机在铁道部产品质量监督检查中心牵引电气设备检验站完成了电机型式试验。6 月 28 日，工厂经过和戚墅堰厂洽谈协商，出口委内瑞拉机车配套电机项目达成合作意向。8 月 25 日，工厂试制的 CDJF205 同步主发电机在铁道部产品质量监督检查中心完成了电机形式试验。10 月 31 日，工厂与美国 GE 公司、铁道部、中国技术进出口总公司签订了大功率交流传动内燃机车配套电机采购和技术引进合同。11 月 7～8 日，集团公司“提升机车大修质量及技术水平研讨会”在成都召开。11 月 15 日，工厂与北京中美华医投资管理有限公司在天津产权交易中心正式签署了《中国南车集团成都机车车辆厂医院产权转让交易合同》。11 月 26 日，完成金工分厂规范化改制，成立成都金强机车车辆有限责任公司。

【领导干部名单】

厂　　长	曾继宗
副 厂 长	郑　平（4 月免）
	蔡兴林（4 月免）
	赵晓谦（4 月免）
	姚卫东　危　勇
	江　河（9 月任）
	杨　明（9 月任）
总工程师	赵晓谦（4 月免）
	胡　彬（9 月任）
副总工程师	张昭先　李红兵　张　剑
	胡　彬（9 月免）
	李　民
党委书记	黄才汉（4 月免）
	赵晓谦（4 月任）
党委副书记	江　河（9 月免）
	曾得江（9 月任）
纪委书记	江　河（9 月免）
	曾得江（9 月任）
纪委副书记	汪绍怀
工会主席	江　河（9 月免）
	曾得江（9 月任）
工会副主席	何国英
团委书记	沈洪丽

（档案馆　供稿）

地　　址　成都市二仙桥北路 31 号
邮　　编　610057
电　　话　028－84113424
　　　　　　061－48221（路电）
传　　真　028－84128984
网　　址　http：//www.cdjcc.com
电子信箱　cdc@cdjcc.com

中国南车集团洛阳机车厂

（工商登记营业执照编号：4103001001212）

厂长：胡　洋

党委书记：么治森

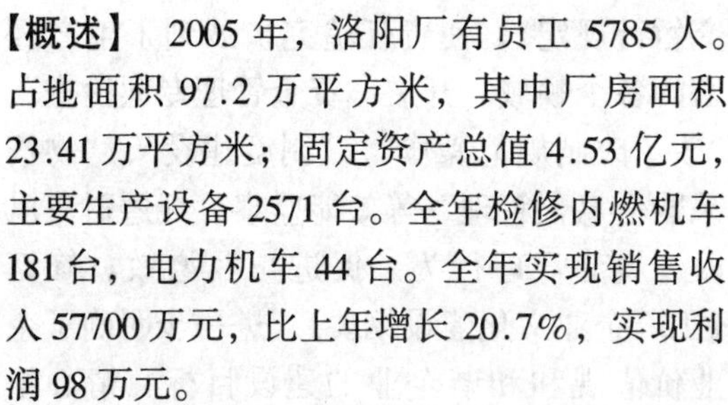

【概述】 2005年，洛阳厂有员工5785人。占地面积97.2万平方米，其中厂房面积23.41万平方米；固定资产总值4.53亿元，主要生产设备2571台。全年检修内燃机车181台，电力机车44台。全年实现销售收入57700万元，比上年增长20.7%，实现利润98万元。

按照集团公司《关于建立企业重大事项工作流程的通知》精神，开展了以“规范管理，指导新人，推广经验”为目的的“部室工作流程”和“车间作业指导书”编制工作。规范了各职能部室、车间在生产经营中的管理边界和业务流转关系，并对各项管理制度进行重新梳理，有效提高了工作效率和管理水平。搭建物料需求看板，深化三级成本核算体系和四级管理体系，加强了现场物流和成本控制能力。完善能源管理体系，加大对用能大户的重点控制，降低了能源耗费。强化安全生产管理水平，杜绝了重伤、死亡事故的发生，实现安全生产4903天。以增强员工的学习能力、实践能力、创造能力为目标，在全厂范围内广泛开展基层培训、岗位练兵和技术比武等活动，促进了员工整体素质的提升。坚持“用诚信打动人，用文化感染人”的营销思路，对外以用户需求为重点，积极构建有效营销体系；对内强化管理创新，充分调动市场营销人员的主观能动性。继续坚持“走出去，请进来”的原则，邀请用户到厂参加交车活动，在活动中展示企业形象，在交流中了解用户的需求。以机车大修会为平台，以生产现场为窗口，努力展示企业的管理水平、员工素养和文化内涵，树立了形象，赢得了用户的信任和支持，在全路综合排名中再上新台阶。

【改革改制】 根据集团公司主辅分离总体方案要求，原金热车间、建安公司分别改制为洛阳通易机械制造有限公司和洛阳盟升建筑安装有限公司。中、小学的移交地方管理工作基本完成。技校、医院、幼儿园等单位，结合自身特点，积极创新思想，在服务企业员工的同时，努力拓展经营，为下一步独立经营奠定了基础。为探索企业新的发展之路，工厂在机械制造事业部经营模式转变的基础上，拟定了轮对事业部和动能事业部的经营方案，为下一步市场化运作创造了条件。管理部室和内电系统技术、管理岗位的二次竞聘，优化了人员结构，实现了精干高效的目的。在全厂建立绩效工资分配体系和内电系统劳动量与价值量相结合的工资分配体系，使薪酬分配制度更加公平合理。

【新产品开发】 以市场为导向，不断开发新产品，拓展新业务。成功试修东风$_{4DH}$型和东风$_{4DF}$型机车，并开展了韶山$_9$型电力机车轻大修业务，进一步突出和强化了机车检修多品种优势。以柴油机和高速轮对为研发重点，努力打造机车大部件修造基地，柴油机曲轴、连杆、机体等关键部件修造取得突破性进展，全悬挂、半悬挂轮对修造初步形成市场规划。抢抓货车提速改造机遇，成功上马转K2型摇枕侧架生产项目，并实现批量生产。在外贸产品方面，积极拓展外部市场，先后成功试制GE抱轴箱、以色列CFG公司专用机体、芬兰苏尔寿公司不锈钢泵壳等产品。

【质量管理】 实施质量体系滚动审核，促进了质量管理体系的有效运行。以“零缺陷”理念为指导，不断完善两级检查作业体系，加强生产过程控制和最终产品的检查。开展“以质量为主线，加强班组建设”活动，完善《质量考核办法》，制定《班组质量管理活动规范》，提升了员工的质量意识，激发了员工参与质量改进的热情。关注细节，开展碎修风险承包项目，强化了质量措施的实施与落实，使临修和碎修件数逐步下降，在修理厂的质量排名中，位居同行前列。

【党群工作】 厂党委坚持把理论武装作为提高干部队伍素质、指导改革发展实践的战略任务，努力抓好学习方法的改进创新和学习内容的丰富多彩，重点抓好党委中心组的集中学习研讨和中层领导干部的学习交流活动。在厂级领导班子中开展创建“四好”班子活动，提高两级班子的整体合力。完善《党委会议事规则》，健全和规范工厂党委会议制度、议事规则和决策程序。建立和完善经营业绩考核体系，完善《工厂中层领导班子和中层管理者2005年度绩效考评办法》，实行中层领导班子和中层管理者半年考核。坚持“党管人才”原则，以《党支部建设纲要》为主线，不断加强党支部书记队伍建设。举办支部书记、行政中层管理人员和后备人员的专题培训，增强了学习力、思考力和执行力。加强党风廉政建设，发挥监督监察作用，开展“恪守职业道德，保持清廉本色”为主题的党风廉政教育。编制《党风廉政建设责任手册》，制定《失职渎职责任追究暂行规定》，使责任追究扩展到了生产经营的各个领域。开展“资金管理专项检查”、“改革改制规范操作”、“制度建设”、“物资采购信息化管理”等效能监察，规避财务风险、规范管理行为、促进减亏增效。修订《工厂企业文化建设纲要》，进一步明确了企业价值观和和谐企业的建设目标。精心组织，扎实开展党员先进性教育活动，做到了教育和生产“两不误、双提高”。整个学习在职党员达到100%的参学率，总体测评满意和基本满意率达99.51%。

厂工会以“三个代表”重要思想为指导，深化企业民主管理。召开工厂十二届三次职代会，共征集代表提案318条，组织代表专题巡视，确保提案落实执行。参照ISO 9000质量管理体系，制定《工厂厂务公开控制体系》，完善《职工互助合作基金会章程》，维护了员工知情权和参与权。围绕企业生产经营，密切联系工作实际，开展“以质量为主线，促进班级建设”创争活动，增强员工质量意识和班组质量控制能力，逐步打造班组特色的管理文化。成立技师协会，深化“名师带徒”、“技术比武”、“岗位练兵”等活动，提升员工技能水平。在集团公司第三届职业技能大赛上，张景夺得电焊工第一名，工厂获团体第三名的优异成绩。

厂团委以服务企业改革发展稳定、服务青年成长成才为宗旨，大力推进青年创新创效活动。以广大青年“岗位认知”为载体，研讨“新时代新风采”团员标准和“机车青年精神”，深化“争当青年质量标兵”和“青年安全生产监督岗”活动。开展“青年·质量·效益”主题征文、青年志愿者爱心奉献、迎“五四”青年才艺展示大赛等活动，展示了团员青年健康向上的精神风貌，增强了团员青年的社会责任感和使命感。

【重要纪事】 1月11日，工厂召开十二届三次职工代表大会。1月28日，工厂召开风险责任书签订仪式暨管理创新成果发布会。1月31日，集团公司副总经理傅建国到厂慰问。3月23日，河南省常委、洛阳市委书记孙善武到厂检查工作。5月22日，铁道部运输局装备部检查处处长靳少华到厂指导工作。6月2日，集团公司总经理赵小刚到厂调研。6月13日，工厂召开党员先进性教育动员大会。6月25日，工厂上马的转K2型摇枕侧架项目通过铁道部评审。7月2日，国资委国有企业监事会主席赵喜子一行到厂检查指导工作。7月8日，集团公司副总经理刘化龙到厂检查指导工作。9月13日，集团公司党委书记郑昌泓到厂检查指导工作。11月16~18日，铁道部2006年第一季度大修机车协调会在厂召开。11月21日，集团公司总会计师詹艳景到厂调研。

【领导干部名单】

厂　　长　胡　洋
副 厂 长　王永和　王家琦　曹钢材
总工程师　陈东平
副总工程师　陈延辉　陈灵均
总会计师　黄建东（11月任）
副总会计师　黄建东（11月免）
副总经济师　王　淼

党委书记　么治森
党委副书记　胡洋（兼）　查凯学
纪委书记　查凯学（兼）
纪委副书记　武晋国
工会主席　刘公璞
团委副书记　冯明莹（3月任）

（厂办　供稿）

地　　址　河南省洛阳市启明东路2号
邮　　编　471002
电　　话　0379－62635310
传　　真　0379－63570296
网　　址　http://www.lylw.com.cn
电子信箱　lycbchy@163.com

中国南车集团襄樊内燃机车厂

（工商登记营业执照编号：4206211100023）

厂长：王石山

党委书记：邱立成

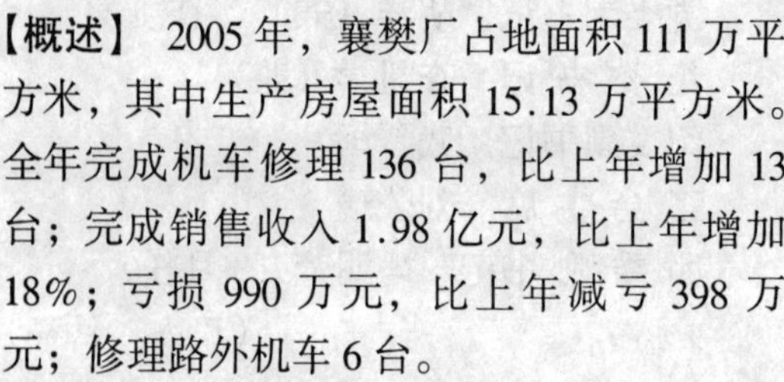

【概述】 2005年，襄樊厂占地面积111万平方米，其中生产房屋面积15.13万平方米。全年完成机车修理136台，比上年增加13台；完成销售收入1.98亿元，比上年增加18%；亏损990万元，比上年减亏398万元；修理路外机车6台。

规范企业管理，对制度进行清理和检查，加大重点工作落实情况的考核。建立以经济指标、基础管理、持续改进为重点的绩效考核体系。加强信息化管理，拓展K3系统功能，对OA系统模块进行调整，完善工厂网站功能。宣传、普及节能政策和节能知识，制定《能源消耗定额》等制度，对生产区风、水、汽主管网泄漏问题进行整改，对员工住宅楼道近千个照明灯进行声光控制改造。加强生产计划管理，修订生产技术准备手册，对委外修理实行合同管理，修订生产技术准备手册，对委外修理实行合同管理。严格考核，全年考核处罚金额16.9万元，奖励12万元。推进“5S”管理，修订《工厂现场管理制度》，明确现场管理检查标准100条。落实清洁生产、安全生产方针，工厂环境和职业健康安全管理体系获北京新世纪认证中心认证通过。调整营销策略，加强市场信息综合分析和有效传递，在机车保修量大的地区常驻售后服务人员，及时处理问题，兑现对用户的承诺。加强成本考核，合理调整成本指标，实行机车单台成本细录预控，完成33项修旧利废项目，降低成本303万元。加强费用控制，在费用的借支、报销上，严格按照程序、指标进行管理，管理费用同比减少100余万元。加强审计监察工作，完成合同审计205份，合同金额4273.3万元；工程审计125项，报审金额268万元，审减金额12.3万元；物资价值审计3626项，报审金额3164.7万元，审减31.9万元。通过物资采购招标和点装产品议标，降低采购成本71.1万元，备品库存同比减少38万元。加强员工培训，委外培训105人次；厂内培训1340人次；132名员工参加职业技能鉴定考试。

【改革改制】 完成机械制造部、缸套制造部改制工作，成立襄樊福瑞特机械制造有限公司和襄樊襄车铁达缸套铸业有限公司。完成改制单位员工党组织和工会关系移交地方。第二批辅业单位改制工作按计划推进，教育、公安移交地方工作已进入实质性操作阶段。电机修理业务从原襄牵公司回归工厂，组建电机车间。对机车修理相关车间进行整合，调整相关生产经营职能，提高资源配置效率。全年净减员 760 人。

【新产品开发】 完成东风$_5$型提升功率机车及东风$_{7C}$型机车试修。开发了东风$_{11}$型机车轮对修理和东风$_{8B}$型机车轮对新造，全年外揽修理轮对 55 对，新造东风$_{8B}$型机车轮对 1 台份。完成了机车司机室标准化改造。扩大电机修理品种，开发了 ZQDR-410C 型 480 千瓦和 ZD109B、109C 型 530 千瓦牵引电动机及其配套产品。

【质量管理】 实施精细修造行动，推行“先油漆后组装”工艺，加强质量检验和考核，对柴油机大、小油封漏油，柴油机碾瓦等惯性质量问题及时进行攻关，从检测手段、配件质量、清洁度等方面入手进行有效控制。建立后工序返修票考核制度，对重复的返修票加倍考核，减少了“小而广”质量问题的发生。修订完善产品质量考核办法，对厂内外质量问题在分析、定责的基础上，实施“质量保岗位、职务换代价”绩效考核机制，全年对 283 人次进行了考核，对外质量索赔 70 万元。完善质量管理体系，开展内部审核与考核，ISO 9001 质量体系认证通过换证审查。开展 QC 活动，年度注册 QC 小组 67 个，成果发布有 3 个项目获得铁道部优秀奖，2 个项目获得集团公司优秀奖。

【党群工作】 厂党委以“三个代表”重要思想为指导，围绕企业生产经营，加强和改进党建与思想政治工作，不断强化群团组织职能作用。改进党委中心组学习制度，修订完善党委中心组管理办法。开展政研论文评选活动，评选优秀论文 56 篇。开展创建厂领导“十好班子”、基层党委（总支）“四好班子”活动。推进人才强企战略，公开竞聘选拔中层管理领导岗位。实行领导人员问责制，加大绩效考核工作的力度。实施《企业文化建设纲要》，开展“实施精细修造行动，打造精细修造文化”活动，提高员工队伍素质。在全体党员中开展以实践“三个代表”重要思想为主要内容的保持共产党员先进性教育活动，抓实学习动员、分析评议、整改提高工作，给予 6 名党员自动脱党处理，开除党籍 1 人。开展建党 84 周年系列活动、党支部建设达标、“创岗建区”和争创“六好共产党员”活动。加大生产经营一线骨干特别是班组长的教育、培养和发展力度，举办入党积极分子培训班，发展党员 41 名，党员分布趋于合理。完善党风廉政建设责任制，举办全厂“六管”人员廉政教育培训班。开展自管资金管理、制度建设、质量考核等 32 个效能监察项目，取得较好效果。

厂工会坚持职代会和集体合同制度。坚持厂务、车务公开，定期进行检查，及时总结典型做法，纠正问题，督促整改。完善民主管理制度，依法参与侵权事件和劳动争议的调解和处理，做好主辅分离、辅业改制中的维权工作，保障员工的合法权益。开展“围歼小而广质量问题”、关键工序和项点专项竞赛，征集“小改小革成果”26 项，上报先进操作法 2 个，征集合理化建议 267 条。开展评选表彰、宣传劳模和向劳模送温暖活动，评选表彰“十佳”女工。规范和完善合作基金管理，员工参加互助保险大幅提高，办理低保 3 户。向重病、困难员工献爱心，先后共捐款 14450 元，救助孤儿上学和患重病的员工 476 人次，救助金额 11 万元，走访困难群众 393 人次，慰问钱物价值 13470 元。

厂团委以“转观念、强素质、作贡献”

为主题，以“青工技能振兴”、“增强团员意识”主题教育活动为重点，推进“青工技能振兴计划”，表彰青年岗位能手，开展青年岗位论坛活动。深入开展创新创效活动，开展“双五小”攻关、“青年安全生产”竞赛、争创“青年质量示范岗”活动，激励表扬岗位建功。

【重要纪事】 1月18日，集团公司副总经理傅建国到厂检查指导工作。2月3日，工厂试修的首台东风$_5$型1381号内燃机车竣工。2月27～28日，集团公司2004年度工资结算审核会议在厂召开。3月8日，铁道部运输局装备部机车运用处副处长许景林到厂检查指导工作。3月，襄樊南车专用汽车股份有限公司新开发的TB5070TQZP、TB5030TQZ型道路清障车研制成功。5月，厂工会被全国总工会授予“全国模范职工之家”称号。6月2日，湖北省总工会“和谐企业调研工会干部座谈会”在工厂召开，省总工会副主席何忠琦及襄樊市部分企业的工会干部参加了座谈会。6月8日，厂党委召开保持共产党员先进性教育活动动员大会。6月13日，集团公司发文，免去沈绍泉襄樊厂党委书记兼副厂长职务，调武昌厂工作；邱立成任襄樊厂党委书记兼副厂长。6月15日，集团公司党委副书记张军到厂检查指导工作。6月，工厂被中共湖北省委、湖北省人民政府授予2003～2004年度“文明单位”。7月1日，原襄牵公司电机二分厂移交工厂，更名为电机车间。7月2日，由原机械制造部改制新成立的襄樊福瑞特机械制造有限公司举行挂牌仪式。7月3日，由原缸套制造部改制新成立的襄樊襄车铁达缸套铸业有限公司举行挂牌仪式。7月5日，由工厂试修的首台东风$_{4D}$型准高速机车全悬挂轮对，通过厂级评审，装车试用。7月17日，集团公司纪委副书记李建国到厂调研。8月11日，工厂召开厂级领导班子民主生活会，集团公司副总经理傅建国出席会议。9月19日，工厂环境和职业健康安全管理体系通过北京新世纪认证中心认证通过。10月24日，工厂试修的首台东风$_{7C}$型5114号内燃机车竣工。12月1日，集团公司党委书记郑昌泓到厂检查指导工作。

【领导干部名单】

厂长	王石山
副厂长	沈绍泉（兼，6月免）
	邱立成（兼，6月任）
	刘运山　杜志品　杨明成
总工程师	张祖斌
厂长助理	林耀宁（6月免）
	张　凌　马灵杰
党委书记	沈绍泉（6月免）
	邱立成（6月任）
党委副书记	王石山（兼）　戢运珍
纪委书记	戢运珍（兼）
纪委副书记	郭　刚
工会主席	戢运珍（兼）
工会副主席	占德海
团委书记	邓秀军

（厂办　供稿）

地　　址　湖北省襄樊市襄阳区钢铁路8号
邮　　编　441105
电　　话　(市):0710－2860550
(路):015－60550
传　　真　0710－2868714
网　　址　http://www.csr－xfjc.com
电子信箱　csrxfjc@csr－xfjc.com

中国南车集团北京二七车辆厂

（工商登记营业执照编号：110000128217 4）

厂长：赵恒山

党委书记：王永进

【概述】 2005年，二七车辆厂有员工4603人。占地面积98.9万平方米，其中生产用地70.2万平方米，房屋建筑44.6万平方米；固定资产净值2.9亿元；各类机械动力设备2122台，其中主要生产设备1655台，设备完好率99%。全年新造铁路货车2594辆，其中铁道部招标车2320辆，检修货车4670辆，配件销售169811件；实现销售收入13.18亿元，利润总额5305万元，税金4871万元；工业总产值劳动生产率354494元/人·年，在岗员工年平均工资29192元/人；万元产值综合能耗0.27吨标准煤。超额完成集团公司下达的经济指标，被国家税务局认定为纳税信用A级企业。

积极推进“三位一体”的营销理念，严格控制程序，取得了市场营销工作的历史性突破。在售后服务工作中，推行“区域管理、分片负责”的售后服务管理制度，对重点路局、车辆段等进行走访。加强对大秦线运煤货车的质量跟踪，及时处理故障，保证车辆运行安全。全年完成投资2756万元，完成中梁组焊线、中梁矫正胎、底架组装胎、上体组装胎、侧墙组焊线、端墙组焊线、中梁组合钻床7条生产线的安装调试及投用，提高了货车生产质量和生产效率，为兑现全年合同奠定了基础；完成数控成型磨床、焊接机械手、数控铣床等5台进口设备的安装调试；完成车轴外圆磨床、轴端三孔钻床等重点国产设备的安装调试，提高了车轴的加工质量和生产效率以及转向架支撑座的焊接质量；新建货车底漆喷涂生产线，安装集中供漆系统，改善员工作业环境，提高了工厂修造车表面质量；完成机械、动力、电器、设备大修项目65项。加强成本费用管理，根据新造车小批量、多品种特点，及时制定下发成本考核指标；降低检修车成本，组织旧配件的置换，缓解了机加工能力不足的压力，做好旧配件的回收与利用。加大财务管理，清理回收应收账款，实现货币回笼，不断提高资金使用效率；建立健全成本内控制度，严格按计划及规定的审批手续控制费用支出；充分挖掘内部潜力，增收节支，降低产品成本和费用；发挥资金结算中心作用，合理调配资金，节约利息费用，全年财务费用比上年降低436万元。加强审计监督，完成财务收支、离任及经济责任、财务专项审计13项，完成基建及专项费用工程审计397项，审减金额262.58万元；完成物资采购合同审计1008项，支付请款报销价格审计541项，节约资金65.6万元。加强物资采购和价格的管理，实行事先指导、事中审核、事后监督的方式，保证了全年各项生产用物资的供应；完成了合同要求的配件外发任务。全年节约用煤231吨，节水8.1万吨，节电22万千瓦时，超额完成节能指标。锅炉房电机变频改造完成后，年节电40%；扩大中水使用，年节约新水8万吨；制定了三项能源使用的管理制度，进一步规范了能源的合理使用。根据集团公司要求，编制了《中国南车集团北京二七车辆厂流程概览》及相应工作流程图，制定了《管理创新成果的奖励办法》。全面提升企业形象，实现“成为南车集团在北京的窗口企业”目标，现场管理工作除加大对违章违纪的巡查考核外，进一步完善了相关制度，出台了管理措施，采用经济责任制等手段将责任落实到工作岗位。全年发生轻伤事故21件，轻伤21人，轻伤事故频率4.6‰；重伤事故0起；死亡事故1件，死亡1人，死亡事故频率0.21‰；未发生重大火灾，发生起火事故3起。开展信息化建设，OA、HMIS、AEI、YMIS、人力资源系统运行已基本稳定；推广金蝶K3财务、物流系统；工厂网站及电子商务正式投入使用。开办培训班48期，培训2057人次；二级培训班71期，培训5416人次。全年完成多经总收入2亿元，同比增长13.3%；非机车车辆产品收入10182万元；多经企业利润总额2263万元，同比增长171%，超额完成集团公司下达的年度指标。3个控股企业从业人员309人，实现销售收入1.13亿元，利润总额2264万元。厂办集体企业长铁车辆工业公司有员工586人，实现销售收入8206万元，利润总额242万元。

【改革改制】 认真落实减员增效措施，完成集团公司下达的减员指标。调整了员工最低保障工资、年功工资标准和岗位工资基额，有效发挥工资分配的激励和调节作用。及时有效地开展人力资源调配，引进各类专业人才，开展专业技术职务和技师评聘，优化人力资源结构。逐步规范临时用工管理，加大使用力度。稳步推进改制分流工作，完成第二批3个单位（北京丰华实机械有限公司、北京宏业科工贸公司、北京长辆物业管理中心）的改制工作，工厂主辅分离辅业改制工作基本完成。厂医院产权转让已完成资产、土地评估并制定了产权转让方案，12月19日在北京产权交易所挂牌上市。

【新产品开发】 70吨级通用敞车、NX_{70}型共用车、C_{80A}型敞车、C_{80B}型敞车、KM_{70}型漏斗车、载重61吨集装箱平车、70吨级3×20米集装箱平车共7个品种新车型通过部级技术审查或生产质量认证。三层运输汽车专用车和运输大吨位预制梁专用车完成前期的设计工作，已具备样机试制条件；X_{2H}型、X_{2K}型双层集装箱车通过铁道部提速试验。X_{6A}型、X_{6B}型等4种车型配装转K2型转向架提速改造通过部级技术审查，已批量生产。在铁道部立项的液气缓冲器已完成试制和组装。ADI磨耗板、13号车钩钩尾销通过部级生产质量认证。完成13A型E级钢钩尾框试制。采用铁型覆砂新工艺，提高了斜楔的生产效率和质量。自行研制的转向架微控压吨检测机4月份通过铁道部技术评审。协助联营厂进行转K2型摇枕侧架的铸造生产工艺、工装、非标设备设计，编制了相关的工艺文件，建立了较完善的质量保证体系，顺利通过部级生产质量认证，生产能力快速提升，满足工厂大件需求。《X_{2H}（X_{2K}）型双层集装箱车》项目获中国铁道学会科学技术二等奖，《组合式制动梁工艺装备图纸技术转让》、《C_{80}型铝合金运煤敞车技术转让》项目获北京市科学技术协会“金桥工程”项目三等奖，《组合式制动梁量具》项目获集团公司科学技术三等奖。

【质量管理】 新造货车一次交验合格率93%，检修货车一次交验合格率91%，新造、检修货车批量返厂率为0，出厂货车无重大、大责任行车事故。铁道部组织转K2型摇枕、侧架检查，取得了第一名，工厂生产的ADI斜楔、侧架立柱磨耗板、组合式制动梁、交叉支撑组成在年度铁道部组织的质量抽查中全部合格。全面加强质量管理工作，出台了《质量监督抽查试行办法》、《产品质量责任追溯试行办法》等管理制度，将质量管理体系、环境管理体系及职业健康安全管理体系进行整合，建立了综合管理体系，11月份通过北京新世纪认证有限公司的监督审核。加强了厂内质量监督抽查和产品实物质量检查工作，编制、修订和落实检查工艺，对关键工序及关键部件进行重点检查。贯彻落实质量标准和工艺文件，严格控制从原材料入厂到整机落成全过程的产品质量。

【党群工作】 厂党委按照集团公司统一部署，在全体党员中扎实开展了以实践“三个代表”重要思想为主要内容的保持共产党员先进性教育活动，达到了提高党员素质、加强基层组织、服务员工群众、促进各项工作的目的，实现了“两不误、两促进、双丰收”。按照集团公司“继续做好巩固和扩大整改成果工作”的要求，建立健全了党员学习、日常管理、联系服务群众三个方面的工作制度。紧密围绕生产经营中的重点、难点工作，深入开展“展示党员风采，攻克生产难关”系列主题教育和劳动竞赛，发挥党支部战斗堡垒作用和党员先锋模范作用。围绕生产经营和改革改制，大力开展形势任务教育，创新开展思想政治工作，充分调动全体员工的积极性。加强领导班子建设，开展创建“四好”领导班子活动，制定了《考评细则》，定期召开厂级及中层领导班子民主生活会。加强党风廉政建设，贯彻落实《建立健全教育、制度、监督并重的惩治和预防腐败体系实施纲要》精神。严格执行工厂《党风廉政建设责任制》，开展车间评议部室工作，对各单位进行党风廉政建设年终检查。深入开展制度建设效能监察工作。加强职业道德建设，积极推进工厂企业文化建设，成立了企业文化建设工作委员会，制定了实施细则。厂党委荣获2005年度集团公司先进基层党组织称号。

厂工会认真贯彻落实中国工会十四大提出的目标任务，结合工厂的中心工作，加强工会组织建设，切实履行维护员工合法权益的基本职责。充分发挥民主管理作用，健全了厂务公开三级网络，开展了集体合同及劳动保护监督检查，积极做好主辅分离、辅业改制中的相关工作。深入开展经济技术创新活动，组织开展了质量标兵、技术能手、安全生产能手和安全供应能手的评比活动。成立了技师协会。关心员工生活，完善保障体系，扎实开展扶贫救困和“送温暖、献爱心”活动。丰富员工业余文化生活，举办“电影周”活动，组织全厂广播操比赛。

厂团委开展了以实践“三个代表”重要思想为主要内容的增强共青团员意识主题教育活动。推进实施“工厂青工技能振兴计划”，扎实开展“拜师学技”、“双岗”活动，组织举办数控机床操作及维修知识培训班。开展形式多样活动，为青年成才提供服务。积极参与企业文化建设，推动建立多样化青年社团组织。厂团委连续四年荣获集团公司“五四红旗团委”称号，并被北京团市委授予“达标创优”竞赛活动优秀组织奖。

【重要纪事】 1月9日，国资委国有企业监事会主席赵喜子一行5人到厂检查工作。3月23日，工厂试改的X_{6A}型、X_{6B}型、X_{6C}型集装箱专用车，N_{17}型平车配装转K2型转向架提速改造通过铁道部级技术审查。4月4~8日，铁道部在二七车辆厂举办了“新型铁路重载货车展示会”，铁道部副部长胡亚东、总调度长常国治、运输局局长吴强等出席了观摩活动。4月9日，自行研制的YD-JC-EC-01型转向架微控压吨检测机通过铁道部技术评审。4月20日，试制的转K型、转8A型转向架微合金奥贝球铁（ADI）侧架立柱磨耗板，13号车钩钩尾销通过铁道部级生产质量认证。5月28日~6月2日，工厂设计制造的X_{2H}型、X_{2K}型双层集装箱车在遂渝线通过铁道部组织的提速试验，试验最高时速达134.9公里，车辆的各项指标符合铁道部有关标准要求。6月1日，以集团公司副总经理刘化龙为组长的安全生产检查组一行6人到厂检查工作。7月12日，70吨级通用敞车通过铁道部级生产质量认证。7月21日，集团公司总会计师詹艳景在财务部处长蔡蕾的陪同下到厂调研。9月2日，受铁道部运输局委托，北京铁路局组织有关专家对工厂C_{62A}型、C_{62B}型敞车厂作段修工作进行检查，同意通过生产质量认证。10月26日，以铁道相金勇三为团长的朝鲜铁道省代表团一行5人在铁道部国际合作司副司长金万建等陪同下到厂参观访问。12月13日，集团公司总经理赵小刚、副总经理傅建国等一行5人到厂检查指导工作。12月30日，C_{80A}型敞车、C_{80B}型敞车、K_{M70}型漏斗车通过铁道部级生产质量认证。

【领导干部名单】

厂长　赵恒山
副厂长　杜向东　史硕致　杨瑞欣　安卫（6月免）
总工程师　安卫（6月任）
副总工程师　刘成立　马庆林　黄志强　田川
党委书记　王永进
党委副书记　赵恒山（兼）　杜向东（兼）
纪委书记　杜向东（兼）
纪委副书记　姚骏如
工会主席　胡朝晖
工会副主席　韩仁豹（8月免）　张亚民（9月任）
团委书记　潘杰

（厂办　供稿）

地址 北京市丰台区张郭庄甲1号
邮编 100072
电话 010－83804013
传真 010－83876184
网址 http：//www.eqc.com.cn
电子信箱 cb@eqc.com.cn

中国南车集团石家庄车辆厂

（工商登记营业执照编号：1301001406015）

厂长：王海玉

党委书记：郑　平

【概述】 2005年，石家庄厂有员工5023人。占地面积58.1万平方米，其中厂区占地面积39.7万平方米，生产厂房建筑面积18.52万平方米；固定资产原值39677万元，净值19412万元；设备总台数1853台。全年实现销售收入85812万元，同比增长7.9%；实现利润493万元；工业增加值劳动生产率44609元/人·年；员工收入23455元/人·年。完成转K2型转向架改造7680辆，检修货车10008辆，超额完成集团公司各项资产经营责任制指标。

工厂发扬和升华“不怕困难、团结协作、坚韧不拔、敢于胜利”的万辆精神，适应市场节奏，精心组织生产，调整开工品种，解决积压车型，增加大部件供应，12月份创造了月修车1261辆的新记录，连续实现两个万辆年，货车新造实现历史性突破。实行厂内资源整合，完善厂内生产布局，逐步退出木材加工业务，完成铁龙公司、铸造分厂、运输公司搬迁工作。创新管理模式，建立三级目标管理体系，按照工厂、基层单位和岗位三级管理体系进行分解落实，形成“目标导向，岗位落实，自控自治，绩效考核”的管理模式。开展“抓市场、降成本、增效益”主题活动，逐级分解落实成本费用指标，实施全员全过程成本监督控制，优化工艺降成本，不断优化采购模式，合理控制库存，降低采购成本。加强预算和费用管理，分解细化成本费用指标，规范独立核算单位成本费用核算流程，以降成本增效益和国有资产保值增值为重点，严格落实资金平衡制度和资金支付审批规定，控制资金流向，规避财务风险，制定实施《债权警示管理办法》，积极清理债权债务。规范市场化劳务用工管理，修订《劳务用工管理暂行规定》，解决生产急需人员。开展转岗培训，提升员工操作技能，满足生产经营需要。编制操作服务类岗位规范，实施“岗位责任目标管理”，加强员工绩效考核。全面修订劳动定额，在直接生产岗位中推行计件工资。加强人才开发，分层次地开展工商管理、工业工程课程培训和高级技术工人培训。建立和完善厂内物流配送运行体系。组织召开工厂技术创新成果奖励评审会。推行信息化建设，完善财务、物流及成本管理系统功能，建立成本管理查询分析平台。实行《安全生产事故警示办法》，编制《操作服务类岗位危险因素手册》，严格现场安全监督检查，狠抓隐患整改，广泛开展安全生产“三不伤害”活动，安全工作取得良好效果。全年无重伤及以上事故，轻伤率1.53‰。推行《设备管理标准化活动实施办法》，加强劳动防护与环境监测治理，员工职业健康得到有效保障。

【改革改制】 提出建立主辅“共存、共赢、共发展”战略目标，成立专门机构，实施改制分流，合理配置主业与辅业资源，河北石铜铸造有限公司实现当年建厂当年投产，正式挂牌运营；国森公司、铸铝分厂、幼儿园等单位改制方案通过职代会讨论，已上报集团公司，生活物业公司、工贸运输公司、配件事业部等建立了实施改制分流平台。稳步推进企业分离办社会职能，签订了子弟学校移交协议。统筹规划，制定工厂主体改制方案并上报集团公司。

【新产品开发】 完成D_{11}型凹底平车、$K_{F\text{-}60N}$型120自翻车、K_{18DG}型漏斗车设计开发与改进。完成H2E型滚动轴承转向架、H3EA02型焊接一体构架式三轴转向架研制。完成200吨钢板运输专用平车和65吨铁水罐车方案设计。完成P_{63}型棚车、X_{6B}型、X_{6C}型、G_{60}型、G_{70}型、NX_{17B}型既有货车时速120公里提速改造。完成既有敞、棚、平车加装KZW-4GA型空重车自动调整装置7种车型、9种方案提速改造的技术准备和批量试改。开发完成MT-3大容量缓冲器配件等新产品。开发生产了国内居于领先地位风口拆装机、大功率转钎等新设备。铸铝产品进军国际市场，全年实现销售收入1353万元。工厂控股的国祥公司制冷研发制造基地新建工作已具雏形，客车空调进入铁道部技术引进行列。生产组合式制动梁7406辆份，完成中标任务。配件事业部全年实现销售收入14481万元，首次突破亿元大关，实现利润338万元。全年签订新造车定单53辆，其中KF_{60}型改进型自卸车10辆，ZF_{-60}型水渣运输车12辆，特种装备铁路运输专用平车2辆，特种装备铁路运输专用平车D_{11}型19辆，KF_{60}型自翻车20辆，合同金额共计3441万元。拓展进出口业务，与南非签订了205万美元出口大部件合同。新增罐车检修品种，成为全路具备所有主型货车检修能力的厂家之一。

【质量管理】 工厂通过年度质量、环境/职业健康“三位一体化”管理体系监督审核。宣贯ISO 10012标准，成为河北省首家通过国家级完善计量检测体系认证的企业。强化厂内对规对标工作，保证转K2型转向架改造质量，整车交验一次合格率保持96%以上。强化内部关键工序控制，加强外部用户沟通服务，运用货车典型故障反馈率排名实现预期目标。G_{60}型、G_{70}型罐车，D_{11}型凹底平车，组合式制动梁用闸瓦，K2型转向架摇枕、侧架、承载鞍等产品通过部级生产质量认证。

【党群工作】 厂党委根据集团公司党委的安排部署，开展了保持共产党员先进性教育活动，通过开展群众满意度测评，党员和员工群众对活动的满意和基本满意率达到99.05%，通过建章立制落实整改，建立了保持先进性的长效机制。坚持党委活动与工厂中心工作相结合、与“堡垒工程”竞赛活动和“党员之星”活动相结合，促进了生产经营工作，实现了“两不误、双促进”。举办了“与时俱进、探索创新、保持先进、促进发展”党建论坛发布会。以“增效益、保稳定”为主题，在全厂党员中开展“创五佳，争做党员之星”活动。以“堡垒工程”竞赛活动为主线，在党支部和党员中开展“创先争优”“创岗建区”活动。开展争创“四好”领导班子和中层优秀领导班子活动，建立中层管理人员年度绩效管理考核体系。加强思想政治工作，推广“源近活实”思想工作法。深化企业理念宣贯，推进学习型企业文化建设，继续开展星级员工评选，编辑完成《这里星光灿烂》一书，推进“创建学习型企业，争当知识型员工”活动不断深入。坚持标本兼治、综合治理、惩防并举、注重预防的方针，推进党风廉政建设。在领导干部和“六管”人员中，开展以“树立正气、接受监督、廉洁从业”为主题的党风廉政教育活动。举办《预防国企领导干部职务犯罪》讲座和预防职务犯罪展览。制定《清产核资报废资产管理办法》、《清产核资报废再用设备管理办法》，严格实施“实物资产利用请求单”和“实物资产销售申请单”制度。利用工厂局域网设立了“电子举报信箱”，可以匿名举报，拓宽了举报渠道。

厂工会围绕“修造并举抓机遇，主辅共进谋发展”主题，坚持开展厂务公开，认真做好民主管理工作。编制下发《厂务公开责任制》，制定《厂务公开控制管理办法》。探索员工互助补充保险新方式，实现员工互助补充保险通过委托保险公司进行专业化运作、社会化服务。制定帮扶救助及“送温暖”实施办法，拓宽了对困难员工帮扶范围，加大了救助力度。开展“我为降低成本献良策”合理化建议活动。从创建用户文化、民主文化、安全文化、互助文化、素质文化五个方面拓宽建家活动，开展创建劳动关系和谐企业活动。以推进改革为目的，组建“学习改革之旅”行程。以“庆万辆、迎百年，同企业健行”为主题组织开展百日健步行等系列活动。坚持民主理财，编写修改完善了20项内部财务管理制度和财务重点业务流程。以人为本，完善社会保障，按时足额缴纳“五险一金”(养老、失业、医疗、工伤、生育保险，住房公积金)。关心员工生活和健康，在工厂资金紧张的情况下，提高了困难员工补助标准，对全厂35岁以上员工进行了健康体检。完成供水一户一表改造2458户。

厂团委发挥生力军和突击队作用，举办“涌动的青春”团史图片展，开展“青年降耗提效竞赛”、“节能卫士”、“双五小”成果征集评选、“庆百年百人长跑”和增强共青团员意识主题教育活动。

【百年厂庆】 2005年是工厂百年华诞。新年伊始，工厂就启动了百年庆典仪式，确定了“新百年、新起点、新跨越”的主题。建立了“百年林”，组织策划了涵盖文化、娱乐、技术、管理等方面5个标志性项目、40余个单项活动，参加人次万人以上。在收集声像资料的基础上，摄制了四集历史题材电视专题片《百年丰碑》，从上万件事件中精选出“百年百事”，举办“百年历程”图片展，精选图片236幅，完成长达100万字的《百年厂志》，全书设11篇49章256节，图片146幅。举办以“激情百年——市场·用户·需求·发展”为主题的企业员工论坛。确定每年9月29日为工厂“建厂纪念日”，并召开庆祝建厂100周年大会，形成了承接新百年，迈向新起点，实现新跨越热潮。

【重要纪事】 1月6日，工厂举行建厂百年纪念活动启动仪式，拉开“新百年·新起点·新跨越”为主题的建厂100周年纪念活动序幕。1月11日，工厂转K2型转向架承载鞍和组合式制动梁用闸瓦托通过铁道部生产质量认证。2月，工厂获得21辆新造军品车订单。2月，货车事业部台车车间探伤技师单雪玲荣获“全国五一劳动奖章”和“全国五一巾帼奖”。3月1日，工厂下发文件，在全厂范围内开展“降成本、增效益，为百年添光彩”星级员工和“增效益、保稳定、创五佳”党员之星评选活动。4月18日，集团公司任命郑平任石家庄厂党委书记兼副厂长；吴长山任石家庄厂调研员，免去党委书记职务。4月18日，集团公司副总经理刘化龙到厂检查指导工作。5月26日，集团公司党委书记郑昌泓到厂检查指导工作。6月8日，工厂召开开展保持共产党员先进性教育活动动员大会。6月30日~7月1日，国资委国有企业监事会主席赵喜子到厂检查指导工作。8月4日，集团公司副总经理唐克林到厂检查指导工作。7月28日，工厂开始试修罐车。8月29日，河北石铜铸造有限公司召开创立大会暨股东会首次会议和首次董事会。8月29~30日，集团公司总经理赵小刚、总会计师詹艳景到厂检查指导工作，并为河北石铜铸造有限公司选电仪式剪彩。9月23日，工厂G_{60}型、G_{70}型罐车厂修（试修）及提速改造通过部级生产质量认证，成为集团公司首家具备检修所有主型货车品种的工厂。同时，工厂转K2型转向架摇枕、侧架试制通过铁道部生产质量认证。9月29日，工厂在河北省体育馆举行庆祝建厂100周年大会，全厂员工5000余人共祝工厂百年华诞。石家庄市副市长张发旺、集团公司副总经理傅建国参加工厂百年庆典纪念大会并讲话。9月，共计100万字的《中国南车集团石家庄车辆厂志》出版。11月1日，工厂试制的D_{11}型凹底平车通过铁道部质量认证。12月30日，工厂检修货车10008辆，圆满实现第二个万辆年目标。

【领导干部名单】

厂　　长　王海玉
副 厂 长　郑　平（兼，4月任）
　　　　　王合法　赵维宗
总工程师　林　江
总会计师　马俊书
厂长助理　张德人　耿祥建
　　　　　张建武（10月任）
副总经济师　陈铁山
副总工程师　秦保柏
　　　　　孙瑞琳（3月任）

党委书记　吴长山（4月免）
　　　　　郑　平（4月任）
党委副书记　王海玉（兼）　张若飞
纪委书记　张若飞
纪委副书记　杜以宁
工会主席　谢宅相
工会副主席　贾海琳
团委书记　朱亚巍

（袁　洋　供稿）

地　　址　河北省石家庄车辆厂前街125号
邮　　编　050000
电　　话　0311-87637352　87637010
传　　真　0311-7023570
网　　址　http://www.sjzclc.com
电子信箱　szgs@sjzclc.com

中国南车集团武汉江岸车辆厂

（工商登记营业执照编号：4201001205579）

厂长：桂祖康

党委书记：孙玉昌

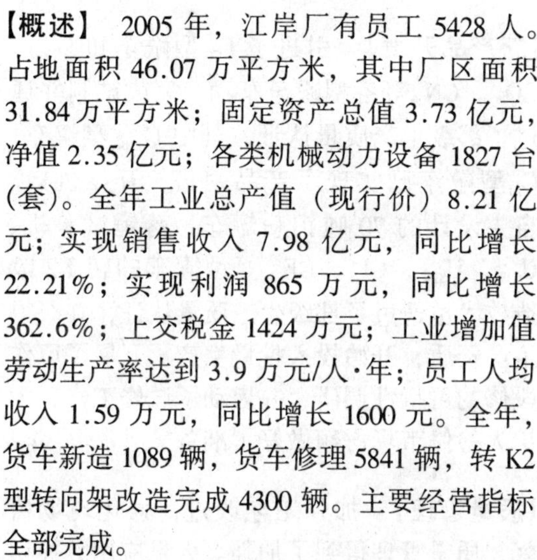

【概述】 2005年，江岸厂有员工5428人。占地面积46.07万平方米，其中厂区面积31.84万平方米；固定资产总值3.73亿元，净值2.35亿元；各类机械动力设备1827台（套）。全年工业总产值（现行价）8.21亿元；实现销售收入7.98亿元，同比增长22.21%；实现利润865万元，同比增长362.6%；上交税金1424万元；工业增加值劳动生产率达到3.9万元/人·年；员工人均收入1.59万元，同比增长1600元。全年，货车新造1089辆，货车修理5841辆，转K2型转向架改造完成4300辆。主要经营指标全部完成。

年内，生产组织面临重重困难，大配件供应全线告紧，检修车扣修期缩短，以及铁道部为保提速改造任务，限制新造厂的生产等，造成7、8月份一度被迫停止交车。工厂产品升级换代任务紧迫，试改和试制的车型品种多，C_{70}型敞车建线任务繁重。工厂合理组织，精心安排，抓好车源、配件等要素，创新管理手段和工作方法，严格落实日计划，注重车型品种、修程、改造等因素的合理搭配，使货修均衡率始终保持在90%以上，货车修理和货车新造月交车分别创造了702辆和172辆的历史最高记录，转K2型改造的比率也由上半年的不足70%上升到下半年的86%。面对铁道部产业政策变化和市场需求变化，工厂制定营销策略，采取应对措施，重点抓好国铁车的投标工作，并开展了钢铁、化工行业铁路自备市场的专项调研。在国铁市场上获得620辆货车新造、5841辆货车修理和4300辆转K2型改造的供货合同。同时，市场产品销售在产品品种和数量上也取得较大突破，共承揽了铁路货车532辆、其他市场产品7辆的销售合同。积极做好资金筹集和管理工作，通过资金计划调度，压缩存货占用，清理应收账款等措施，使资产负债率始终控制在70%以下。强化财务管理为中心的思想，制定了《工厂大额资金支付管理办法》、《工厂成本费用核算细则》、《工厂债权管理制度》、《控制企业财务风险管理规定》、《工厂财务基础管理工作考核实施细则》等一批基础管理制度，完成了财务-物流系统软件由浪潮变更为金蝶 K3 系统的工作，实现物流和财会系统的连接，为加强物流和资金流的管理打下良好基础。

按照“计划紧、控制严、管理细”的工作思想，在制定计划上下功夫，在过程控制上寻对策，在增效节支上挖潜力，通过认真执行、及时分析、严格考核，努力构建制造成本动态控制链，切实把好成本费用控制关，使成本结构持续合理改善：一是精打细算，合理制定成本费用计划，严格控制使用，强化考核，全年降低管理费 83 万元；二是加强源头控制，通过加大物资采购招标的力度，全年降低采购成本 150 多万元；三是加强工艺研究，采用先进的检测方法和手段，提高了重大部件判废的准确率，降低了大部件报废率和更换率，降低成本 200 多万元；四是根据装备部的技术政策，修复使用车轮 400 余个，节约成本 100 多万元；五是制定激励措施，调动外电回收人员和房屋管理人员的积极性，全年回收上缴外电款 461 万、房屋租金 330 万元，分别超额完成计划 11.5 万元和 45 万元。

围绕开展 OHSAS18001 职业健康安全管理体系认证工作，制定了职业健康安全管理方案，进行了危险源辨识评价，狠抓了安全生产检查，着力落实安全隐患整改，通过了中国船级社对工厂职业健康安全体系的认证审核。模拟市场化运作的单位积极开拓市场，全年实现市场收入 1519 万元，全面完成各项经济指标。神骏专汽持续发展，年销售收入 4079 多万元，净利润 120 万元。机铸公司通过严格管理、外扩市场，自我生存能力有所提高，市收入占到总销售收入五分之一强，并实现了盈利。实业公司强化基础管理，加大员工培训力度，进行了三项制度改革，生产规模不断增大，产品质量稳步提升，并在集经改制方面进行了探索。

【改革改制】 分离辅业方面完成了江车宾馆、翰达工贸和江车附属产品开发公司的整合及改制分流，子弟学校移交地方已正式进入实施阶段，工厂医院的改制分离工作也进入了实质操作阶段。工厂中层管理人员绩效考核办法开始试行。制定了劳动合同管理办法，劳动关系管理步入规范化、制度化和短期化的轨道，出台了《临时用工管理办法》，规范了临时用工管理，降低了企业的人工成本和用工风险。加强了对二次分配的监督和指导，有效发挥了分配的奖励和约束作用。人才工程进一步延伸，专家人才的评选范围从专业技术人员扩大到包括高级技师在内的“三高”人才。加大了对中层管理人员的委外培训力度，各项专业培训也更加贴近生产经营的实际需要。制定了关于企业年金管理的系列文件，使企业年金管理步入了正轨。

【新产品开发】 引进了 C_{70} 型敞车和 G_{17BK}、GQ_{70}、GN_{20} 等各型罐车车辆，完成试制并通过了部级生产质量认证，其中 G_{17BK} 型罐车、C_{70} 型敞车已实现了产品销售，开始创效。自主设计的 70 吨铝粉罐车、落锤试验机、U_{60W}、U_{61W}、GF_1、GF_{1M} 等型罐车的转 K2 改造技术也通过了部级生产质量认证，并获得生产资质，开始投入批量生产。开展了厂作段修的可行性调研，并启动了试修工作，为扩大检修市场份额做好了准备。

【质量管理】 加强工艺改进，强化现场监督，质量管理得到了加强。大量应用数控切割下料和模具冲压下料工艺，在新造敞车的大部件组装等重要工序中采用焊接专机、焊接机械手等自动焊装置作业，有效提高了产品质量。C_{70} 型敞车新造建线中采用了行业先进的侧墙组装流水线和体架组装胎。对各型罐车新造生产线开展了柔性化设计和改造。为解决新造和货修生产中的质量薄弱环节，自筹资金进行了技术改造。启动了以自动检测、选配及数据联网为标准的轮对、轴承等五条基础工艺线的建设。通过调整工艺布局，使修造生产线更加流畅，效率更高。工厂认真分析和研究了质量管理中存在的问题，开展了大批培训、教育和宣传，建立了定期召开质量管理委员会的制度，出台了有关产品质量、工艺、体系考核的细则，强化了工序控制和责任追究，加强了现场关键工序检查评价的力度。

【党群工作】 厂党委坚持以“三个代表”重要思想为指导，开展保持共产党员先进性教育活动，结合实际精心制定了活动实施方案。精心组织、周密运作，在分三个阶段的活动推进中，提炼了高中层管理岗位党员、技术管理岗位党员、生产操作岗位党员三个层次党员先进性的具体标准。全厂共收集各类意见7652条，制定整改措施435条，其中厂级领导班子收集意见240条，制定整改措施64条。通过活动，广大党员思想上有了明显提高、政治上有了明显进步、作风上有了明显转变、纪律上有了明显增强、工作上有了明显改进，员工满意和基本满意率达到99.75%，切实做到了上级组织、党员、群众“三满意”。坚持以服务改革、发展、稳定大局为己任，充分发挥政治核心作用，严格规范党组织参与工厂重大问题决策的规则和程序，完善并执行《党委会工作制度》、《党委会工作细则》，精确领会国资委、集团公司的政策取向和工作要求，与工厂行政同调研、共研究，参与制定了科学、明晰的发展战略，确立了政治工作总体思想。充分发挥党支部的战斗堡垒作用，全厂各支部以党员先进性教育活动为载体，结合实际，通过开展“党员身边无事故”、“党员就该闪光”、“党员提合理化建设”等主题实践活动，有效地增强了基层党组织的生机与活力。发挥党员的先锋模范作用，广大党员自觉以先进性具体标准严格要求，影响并带动了身边的群众。针对改革、发展的难点和焦点问题，积极开展思想疏导和舆论引导，营造稳定和谐的企业氛围。开展以突出质量文化建设为重点的企业文化建设活动，引导员工牢固树立精工细作、精修细造的优质意识。坚持党管干部、党管人才原则，把加强领导班子和干部队伍建设作为抢抓机遇、加快发展的关键，突出优化领导班子结构这个重点，抓好干部选拔任用环节，对4个厂级副职领导、7个中层副职管理岗位进行了公开竞聘，一批德才兼备、业绩突出的中青年干部走上了领导岗位，领导班子的知识结构、文化结构、年龄结构更加合理、高效。按照工厂《人才强企战略实施纲要》的精神，扩大了工厂专家人才的评选范围，选拔评聘了有4个层面、26个专业（工种）的专家人才72名。坚持以制定建设为根本，党风廉政建设成效显著。紧紧抓住教育、监督、查处、效能监察四项重点工作，大力推进廉政文化建设。围绕“1.11”经济案件，协调沟通，释疑解感，教育引导，使案件波及所造成的损失降到了最低，负面影响减到了最轻，矛盾消化到了最小。加大完善制度建设、规范工作流程的力度，针对“1.11”经济案件重点开展以“案件反思教育，整改堵塞漏洞，监督制约权力”为主题的系列警示教育活动，组织专家编制了384个工作流程图，确定了164个厂级工作流程图和管理标准。细化了《建立健全教育、制度监督并重的惩治和预防腐败体系的实施纲要》，重点在建立思想道德教育、规范权力运作和从业行为、完善监督管理机制、从源头防范和加大惩治力度、形成运行保障机制五个方面，有重点、全方位、多层次地建立起了惩防体系，实施任务分解，责任到位。

厂工会围绕生产经营中心，积极探索新形势下群众经济技术创新活动的新途径、新方法。全年开展专项劳动竞赛95次，参加员工达4950人（次）；员工提合理化建议

778条，实施205条；组织员工技术培训和比赛88次，参加人数达4191人（次）。

厂团委围绕提高团员思想政治素质，大力开展“团员意识教育”主题活动。围绕党建带团建，着力调动青年骨干的积极性和创造性，大力开展“青年文明岗”、“青年安全生产示范岗”、“青年现场管理监督岗”、青年岗位比武等活动，教育青年、团结青年、服务青年，设置“青年文明岗”40个，提供志愿服务400人次、1000余小时。

【重要纪事】 1月28日，G_{17BK}型罐车通过部级技术审查。3月7日，工厂试制的微合金ADI磨耗板通过部级认证。4月8日，工厂启动新的财务管理系统。6月7日，工厂召开保持党员先进性教育活动动员大会。6月10日，集团公司安全检查组到厂检查指导工作。6月16日，集团公司宣布决定，任命孙玉昌为工厂党委书记。6月29日，工厂质量、环境管理体系通过复审。7月7日，工厂召开企业年金理事会成立大会暨第一次全体会议。7月12日，国资委国有企业监事会主席赵喜子到厂检查指导工作。7月，工厂C_{20}型敞车试制及建线工作全面铺开。7月26日，集团公司总会计师詹艳景到厂检查指导工作。8月2日，工厂公开选择厂级副职领导干部。8月10日，集团公司副总经理刘化龙到厂检查指导工作。8月18日，黄十周、何朝阳任工厂副厂长，司同任总工程师。8月26日，巴西客商到厂考察罐车生产能力。9月5日，工厂命名一批厂级有突出贡献的专家、中青年拔尖人才和专业（工种）带头人。9月14日，工厂U_{60W}等既有货车转K2改造通过部级技术审查。9月17日，江车经贸开发有限责任公司挂牌。9月21日，铁道部专家组到厂检查“9.5”质量事故整改情况。10月13日，集团公司总经理赵小刚到厂检查指导工作。10月14日，工厂C_{70}型敞车及转K6型转向架通过部级生产质量认证。11月9日，美国客商到厂考察。11月14日，GQ_{70}型轻油罐车通过部级鉴定。11月30日，集团公司党委书记郑昌泓到厂检查指导工作。12月4日，团中央督查组到厂检查团员意识教育活动开展情况。12月5日，工厂职业健康安全管理体系工作通过中国船级社认证。12月6日，工厂试制70吨级氧化铝粉罐车通过铁道部技术审查。12月23日，湖北省常委、武汉市委书记苗圩到厂考察。

【领导干部名单】

厂　　长　桂祖康
副 厂 长　黄十周　何朝阳
总工程师　司　同
总会计师　刘建华
厂长助理　周连甫　李远刚　周永琦
副总工程师　童晓溶　杨　锐　张元涛

党委书记　孙玉昌
党委副书记　桂祖康（兼）　张存琨
纪委书记　张存琨（兼）
纪委副书记　刁仕敏
工会主席　姚正凡
工会副主席　陈少康　胡琳琳
团委书记　张　礼

（徐　红　供稿）

地　　址　湖北省武汉市解放大道1746号
邮　　编　430012
电　　话　027－82873639、82871060
传　　真　027－82872261
网　　址　http://www.csrgc-ja.com
电子信箱　office@csrgc-ja.com

南方汇通股份有限公司
（中国南车集团贵阳车辆厂）

（工商登记营业执照编号：5200001205272）

董事长、总经理：黄纪湘

党委书记：鲍家驹

【概述】 2005年，南方汇通公司有员工3932人。占地面积113.8万平方米；生产用房屋20.15万平方米；固定资产原值7.12亿元，净值4.78亿元；设备总台数3209台。全年实现销售收入12.5亿元，比上年增长32.9%。在铁路产品方面，完成货车修理4988辆，同比增长47.6%；新造敞车1275辆，同比增长105.6%；生产摇枕12346辆份，侧架24094件，转K2型弹簧20648辆份，ST型弹簧9935套，MT-3、MT-2弹簧12500套。多经实现销售收入39201万元，同比增长18%。

不断提高铁路产品的生产能力和产品质量，按照"以装备保工艺，以工艺保质量，以质量保安全"的指导思想，加大了技术改造工作的力度，全年共投入技改资金5900万元，对货车检修系统、新造系统、配件生产系统及动能供应系统进行了技术改造，投资资金是公司投入铁路产品技术改造力度最大的一年。在检修系统方面，完成了新建检修双联跨厂房建设并交付使用；新增了平车、棚车翻转机、棚车综合调修机、中小门检修线及机加工工艺装备；实施了轴承检修、组装工序工艺技术改造。在新造系统方面，新增了端、侧墙和小门、枕横梁自动焊接生产线；进行了70吨级新造车工艺技术改造，新增了上体对装胎、数控折弯机、底架对装胎、底架调修胎、等离子切割机、小门压型模具等工艺装备，满足了70吨级车型批量生产的要求；完成了铸造生产系统扩能改造，新建了铸件毛坯库和制芯厂房，新增了制芯线1条、落砂系统1套，并配套增加了转K6摇枕、侧架机加工设备；进行了动能系统改造，完成了35千伏三车线改造，新建了低温液氧充装站、铸工片区空压站房，进行了水电计量改造，确保动能供应系统能够满足生产能力不断扩大的需要。通过工艺技术改造，目前公司已经形成了年修货车7000辆、新造2000辆及铸钢件18000吨的生产能力，适应了铁路产品对公司的要求和需求。

公司优化产业结构，整合资源，扶优扶强，强化基础管理，加大市场开拓，各多经项目实现了稳步发展。棕纤维：全面按照事业部制模式运作，强化营销网点管理，提高网点运营质量，增强网点盈利能力，全年实现销售收入8723万元，同比增长5%。复合反渗透膜：加大技术攻关力度，积极搞好营销策划工作，提高了家用膜、工程用膜的市场份额，全年生产各类膜产品组件15.9万支，实现销售收入1931万元，比上年同期增长90%。锂电池：加大技术改造力度，提高自动化水平，达到了日产12万只的生产能力，全年生产各类锂电池2330万支，实现销售收入17028万元，比上年同期增长41%。中央空调节能软件：初步建立了全国性的市场营销网络，推广合同能源管理（EMC）服务，提高了项目的市场竞争力，实现销售收入2074万元。钢丝绳：全年生产各类钢丝绳5099吨，同比增长12.6%，实现销售收入3283万元，同比增长7%。微电子：加大开发力度，全年实现销售收入1707万元，同比增长17%。同时，加快调整，停止经营或退出没有持续经营能力的项目，并妥善处理了资产、人员安置等问题，为公司集中精力发展主营业务和优势项目奠定了基础。

按照高技能人才队伍建设的实施规划，坚持“全方位、多层次”的培养原则，全年培训员工5194人次。注重管理和技术人员培训，提高管理和技术人员的素质，各类管理、专业技术人员系统业务培训和委外等其他培训40余个班次，计2520人次；注重员工实际能力和培训，特别是技术、技能的培训，全年培训2674人次；积极组织开展技能比武活动，选送员工参加集团公司和贵州省组织的职业技能大赛，分别取得集团公司电工第七名、钳工第五名和贵州省电工第五名的好成绩。

【改革改制】 按照集团公司的要求和国家有关文件精神，加快推进了主辅分离、辅业改制工作，鼓励辅助系统走向市场。为加快改制工作的步伐，规范了主辅分离改制分流工作流程，较好地完成了全年的改制任务。制定、报批并实施了锦昌塑料制品有限公司、奥纳德电机有限公司主辅分离改制分流方案，分流31人，置换资产93万元。积极与地方政府沟通和协作，根据实际情况制定了合理的移交方案，公安派出所、子弟学校列入了贵州省第一批移交名单，移交方案得到了财政部的批复，移交企业员工136人，其中在职教职工98人、退休教师38人、公安干警9人，移交地方资产388万元。三项制度改革继续深化：一是总结平推三项制度改革的经验，对岗位工资实行了动态管理，根据公司的经济效益及时调整了岗薪基数；二是完善了薪酬管理体系，实现了工资收入与员工工作质量和效益挂钩，加大了质量和效益在分配中所占的比重；三是按照“精干高效”的原则，合理调整了部分组织机构及职责，逐步理顺了公司的管理流程；四是继续深入开展了全员竞聘上岗工作，进行了9个中层管理岗位的竞聘，7名优秀管理人员脱颖而出，并对21个单位的36个空缺岗位在全厂范围进行了岗位竞聘，促进了人员的合理流动，形成了能上能下的用人机制；五是实行市场化、社会化的用工机制，成立了独立运作的劳务管理公司，不断规范临时用工管理，满足了生产经营需要。通过以上工作的完成，公司的劳动生产率不断提高，现价总产值劳动生产率完成254422元/人·年，比上年提高了46%。

【新产品开发】 积极应对铁路货车通用车型升级换代的政策，做好70吨级新型通用车型试制开发的有关工作，C_{70}型通用敞车、NX_{70}型共用车、KM_{70}型煤炭漏斗车和KZ_{70}型石渣漏斗车等4种车型通过了铁道部的生产资质认证并形成了批量生产能力，完成了4种新造车型的试制，创历史新记录，为公司今后的国铁新造车市场打下了基础。为适应自备车市场需求，试制开发并批量生产了K_{13}型矿石漏斗车，增加了公司的新造车品种。试制开发了转K6转向架及摇枕、侧架、弹簧等配件，通过了生产质量认证并形成批量生产能力，为公司生产70吨级通用车型打好了基础。进行了P_{62}型棚车、NX_{17B}型平车换装转K2型转向架改造的试改工作并形成批量生产能力，增加了改造车品种，为完成改造车任务打下了基础。研制开发了西门子DJ4电力机车弹簧、广州地铁三号线车辆弹簧、庞巴迪德国Dresden项目客车弹簧等产品，均通过了客户的质量检测认证，并实现小批量供货，为公司弹簧产品进军国际和路外市场打下了基础。

【质量管理】 针对铁路运输日益提高的技术和质量要求，公司认真组织贯彻落实了铁道部和集团公司的有关要求，努力提高产品质量，确保了行车安全。定期组织召开质量分析会，分析影响产品质量的各种因素，制定并执行了整改措施；强化质量管理控制手段，实行了《质量挂钩工资考核办法》并严格考核，开展了质量危机意识教育，提高了全员质量意识；加强工艺技术服务工作，规范了科技、档案和理化检验等各项基础管理工作；针对实际情况，组织了专项质量攻关；加强了售后服务，及时处理了用户反馈，全面完成了集团公司下达的各项质量指标，实现了第15个“质量安全年”。

【党群工作】 公司党委按照集团公司部署，认真开展了保持共产党员先进性教育活动。这次先进性教育活动，公司领导班子共征求到广大员工群众的意见和建议213条，梳理归纳为六个方面共44条，已有40条完成了整改，其余4项正在积极整改之中；二级单位的整改工作大部分也已经完成，通过进行群众满意度测评，党员和员工群众对公司先进性教育活动的满意率和基本满意率达到了99%以上，实现了上级党组织满意、党员干部满意、员工群众满意、基层单位满意的“四个满意”的要求。

党政工团积极主动地组织开展群众性提合理化建议活动，打好“两大战役”活动取得成效。以“降成本、增效益”为主题的群众性提合理化建设活动，共征集到合理化建议1242条，采纳915条，采纳率为73.7%，创经济效益914.16万元。从主业生产经营任务空前繁重的情况出发，党政工团联合发动的开展打好“两大战役”活动，声势大、效果好，确保了全年生产经营任务的完成。企业文化建设、精神文明建设和思想政治工作迈上了新台阶。企业文化建设成绩突出，荣获“中国企业文化建设荣誉成就奖”。精神文明建设喜获丰收，11月，被中央文明委授予“全国精神文明建设工作先进单位”称号。进一步加强思想政治工作，解决了员工中存在的思想问题，为公司生产经营提供了思想保证。

公司工会设立了帮困救助基金，为困难员工开辟了一条帮困救济渠道。开展“三级送温暖活动”，全年看望、走访、慰问离退休员工及特困、重困、工伤、职业病员工和劳模2097人次。群众性文体活动积极开展，获得2005年“全国亿万职工迎奥运健身活动月系列活动”先进单位称号。

公司团委围绕生产经营的重点难点组织项目攻关，“青年文明号”建设进一步深化，其中台车轴承工段、棕纤维事业部市场分部两个“青年文明号”集体继续被认定为国家级“青年文明号”。汇通源泉公司刘枫获得“全国青年岗位能手”称号。

【重要纪事】 2月，贵州省企业联合会、贵州省企业家协会授予公司“2004年最具影响力企业”，黄纪湘获“2004年最受关注企业家”荣誉称号。4月8日，中共中央政治局委员、国务院副总理曾培炎到公司视察。5月17日，国务院国资委国有企业监事会主席赵喜子到公司检查指导工作。8月，K_{13NK}通过铁道部技术审查。10月，C_{70}型敞车、转K6及摇枕、侧架、承载鞍通过铁道部技术审查。11月，中央精神文明建设指导委员会授予公司“全国精神文明建设工作先进单位”称号。12月12日，中共中央政治局常委李长春到公司视察。12月，NX_{70}型公用车、KZ_{70}型石洒漏斗车、KM_{70}型煤炭漏斗车通过铁道部生产质量认证。

【领导干部名单】

董事长兼总经理 黄纪湘
副总经理 周家干
张万军
厂长 韦国庆
总会计师 张英凯
总工程师 张万军（11月兼）
副总工程师 汤敏
王祖飞
蔡志奇
副总经济师 付国祥
李泽甫
周海泉（11月任）

党委书记 鲍家驹（6月任）
党委副书记 黄纪湘（兼）
崔景泉
纪委书记 崔景泉（兼）
纪委副书记 韩卫红
工会主席 崔景泉（兼）
工会副主席 李伟光
团委副书记 高健

（企业文化部　供稿）

地　　址 贵州省贵阳市白云区都拉营
邮　　编 550017
电　　话 0851－4470382
传　　真 0851－4470141
网　　址 http://www.southhuiton.com
电子信箱 nfht@southhuiton.com

中国南车集团株洲电力机车研究所

（工商登记营业执照编号：4302001000363）

所长：廖　斌

党委书记：田　磊

【概述】 2005年，株洲所完成组织架构调整，形成由株洲所（母公司，含事业本部）、时代电气、时代新材三大业务主体组成的“1+2”运作模式。全年实现销售收入15.8亿元，实现出口额1.26亿元，均创历史最好成绩。

发展三大主体业务，动态功补装置首次进入电气化市场，有源滤波器中标，国家“863”电动汽车项目通过省级科技成果鉴定，与清华大学合资的省内公交、北京奥运、景区场地动力车等方面取得实质性突破，时代电气正式成立；围绕重大项目加强技术升级；在DC750V城轨列车（北京地铁）项目上，完成列车线路行驶试验并通过评审，准备商业运营；完成广州地铁一号线列车牵引模块设计；时速200公里动车组项目和ATP引进进展顺利；完成货车C_{80}（K_6）橡胶件技术评审，货车用JC型旁承通过铁道部鉴定，GE车钩缓冲器完成两套产品的容量试验。搞好资源整合，株机公司厂区企业全年产值突破亿元，实现利润1050万元；北京昌平机械厂实现销售收入6000万元，利润300万元，空重阀与防脱轨装置两项产品获得铁路准入证；田心工业园、河西工业园按规划稳步实施，时菱公司新厂房建设完毕。加强管理，运用“集权决策、分权管理”的模式，形成“以财务管理为中心，以项目管理为基础，技术与专业制造并行，资产经营与资本运营结合”的企业管理文化；全面推广目标管理与预算管理，开展制度建设与流程化管理，在流程建设过程中开展信息化建设，流程化与信息化建设相辅相成，提高整体工作效率。拓展市场，时代新材成为机车重要件供应商，获得进入机车大修市场资质。在风力发电、桥梁支座等方面取得新进展。开拓海外市场，与日本三菱合作组建了株洲时菱交通装备有限公司，在印度设立办事处，在美国建立子公司；SIV项目在九广铁路公司中标，中标金额3500万港币，交付香港地铁SIV 104台；与挪威政府IN机构以及JETS公司成功签定IRD合同并获得100万美元无偿资助，电量传感器大量出口欧美等地区；印制电路事业部从GE公司获得48套无感母排小批量订单，轨道减振器在亚澳市场销售超过1000万元，ALSTOM项目全面启动，成功取得伦敦地铁和布鲁塞尔项目，顺利进入欧洲本土铁路转向架橡胶件和杆件市场。

【改革改制】 稳步推进，时代置业、时代佳园完成主辅分离，辅业改制工作。深圳路业完成股权改制工作，深圳路业、时代铸件已在天津交易所挂牌交易。制定株洲所《中层管理者考核聘任管理办法》，加强了对干部聘用、调整的考察。在推行中层干部公开选拔的基础上，首次实行副所级领导干部的公开竞聘。

【新产品开发】 立足自主开发，不断提升创新能力，内电客一体化系统通过高低温、振动试验，网络平台初具雏形，正寻求装车考核和推向国际市场的平台。完成参数辨识感应电机控制技术、四象限控制技术工程应用研究。完成高压IGBT的应用技术研究。出口哈萨克斯坦车运行总里程超过100万公里，“中华之星”完成50万公里运营考核并正式投入商业运行，广州地铁国产化项目完成产品研制，北京地铁项目已完成环行铁道试验，无线同步操纵系统完成技术方案评审进入样机试制阶段。05型监控装置完成第二代硬件的设计和制造，在地面调试中实现了硬件承担的全部功能。完成国防科大磁悬浮样车电气系统的开发、装车及调试。试验室通过国家实验室认可委的复审，编制完成检测试验体系整体规划。完成真空集便器系统核心部件开发，并成功开发出一套新型系统。6500伏高压晶闸管、3000安/4500伏GTO器件、5英寸大功率全压接器件、4英寸快速晶闸管通过省级科技成果鉴定，电动汽车“863”项目验收获得高度评价。大型养路机械电气系统开发项目有多项成果获奖。时代新材轴箱弹簧、V型簧、弹性节点等产品得到持续改进，时速200公里动车组项目已完成国产化的样机的试制和相关的型式试验。ATP项目成功将国外安全装备的先进科技与理念融入到产品中，05型监控在更高的起点上完成了第二代硬件的设计和制造。全年科研成果获得国家奖1项，铁道学会奖4项，省科技奖2项，集团公司科技奖1项，市科技奖2项。

【质量管理】 时代新材按照ISO/TS 16949标准建立质量管理体系，通过TUV南德认证审核，时代电气印制电路事业部通过国家质量管理体系认证。开展QC小组活动，时代电气注册成立QC小组113个，其中“创新QC小组”、“千里马QC小组”获国优QC小组称号。时代电气建立16个SPC工作站，对生产过程实施有效控制。时代新材召开质量专题分析会，制定大小整改计划73项，完成并验证68项。时代电气成立质量整改小组对主要质量问题进行专题攻关，其中韶山$_{3B}$重联机车硅机组MTBF达49万小时，韶山$_{3B}$重联机车CCU的MTBF达3万小时，25T客车三相逆变器MTBF超过9万小时，责任机破率同比下降20%，用户满意度达到84.9%，挽回经济损失150万元。

【党群工作】 所党委认真开展“四好”班子创建活动。坚持抓好党委中心组理论学习，以党的十六大和十六届四中、五中全会精神为主要内容，结合改革发展实际加强学习研讨，在班子中形成不断学习的良好氛围。坚持和完善班子工作制度，修订和规范会议制度和决策委员会会议制度，严格执行“三重一大”问题集体决策制度和决策委员会的决策流程制度，提高了班子的领导水平和工作效率。坚持民主生活会制度，按照集团公司党委要求，召开领导班子民主生活会，开展民主测评“四好”领导班子活动，干部人事制度改革进一步深化，设立了人事监察部，负责全所中层干部的管理、培养和聘用，举办中层干部培训班，党委书记、所长亲自讲课，干部的责任意识、执行力得到提高。加强党性党风廉政教育，召开“奉公律己，扶正抑邪，反腐倡廉警示教育大会”，反思“4.28”经济案件，提出了一系列整改措施。加强反腐倡廉制度建设和执行情况的督查，全所共清理制度 273 个，废止制度 34 个，修订、完善制度 93 个，新增制度 65 个。加强基层党组织建设，成立了时代电气分党委、时代新材分党委和北京机车车辆机械厂分党委，同级分工会、分团委相继完成组建。积极探索在“三位一体”新形势下党组织的工作运行机制，建立了所部层面党、工、团组织主要工作流程，印发了《党群工作月度例会制度》、《分党委工作职责》、《党支部工作条例》和《党支部书记岗位工作标准》等一系列制度。召开了第八次党员代表大会，选举产生了第八届所党委和纪委班子。按照集团公司党委的统一部署，在全所范围内开展了保护共产党员先进性教育活动，活动历经学习动员、分析评议、整改提高和巩固扩大整改成果三个阶段，涉及 44 个党支部、1275 名党员，达到了提高党员素质、加强基层组织、服务员工群众、促进各项工作的目标要求，先进性教育活动群众满意和基本满意率为 100%。创新宣传教育工作，发挥报纸、电视台和网络等宣传载体的作用，围绕所改革发展中心工作，积极开展宣传鼓动和引导推动。规范 CI 管理，提升企业形象，制定发布了《视觉识别系统试行管理办法》，修订了 VI 手册。

群团活动丰富多彩，各级工会、工青团组织开展了形式多样、内容多姿多彩的活动，增强了员工的荣誉感、责任感和使命感，促进员工融入群体、成就事业。

【交流传动系统及其高性能控制技术的研究】 交流传动系统及其高性能控制技术是铁路机车高速和重载的核心技术，是国家“八五”、“九五”科技攻关和“十五”高新技术产业化项目。该项目的研究技术指标达到世界先进水平，突破了国外的技术垄断，拥有完全自主知识产权。项目成果已经应用在的自主开发的最新型的“中原之星”和“中华之星”电动车组、“奥星”和“天梭”电力机车、“西部之光”内燃机车、国产化地铁和北京地铁、北京控股低速磁悬浮列车、863 电动汽车和军事装备等 19 个项目。其中装备本项目成果的 KZ4A 型电力机车成功出口哈萨克斯坦，受到用户好评，并继续获得新的订单。此外，项目成果还正在向风力发电、船舶推进等领域延伸。该项目获得铁道部、湖南省和中国铁道学会科学技术进步一等奖，国家科技进步二等奖。

【机车分布式微机控制与网络系统】 机车控制及网络系统被称为“机车的大脑及神经系统”，是现代高速、重载铁路装备的核心技术之一。该项目首次在国内实现了基于 TCN 网络技术的分布式微机控制，实现了分布式数据采集及执行、中央集中控制与管理的模式，打破了国外垄断，满足了高性能应用要求，在机车核心控制领域形成了中华品牌，并赢得国外市场。该项目获得 2005 年度湖南省科技进步二等奖。

【机车交流传动系统试验台】 机车交流传动系统试验台技术先进、设计合理、运行可靠、适用性强，既可完成交流传动电力机车、内燃机车、动车组、地铁轻轨车辆等交流传动系统及其部件的功能研究试验、优化设计验证试验，又能满足高速、重载机车对交流传动系统的试验要求。为我国交流传动机车的研制成功提供了良好的试验条件，大大缩短了机车研制周期，节省了装车、上线试验经费，减少了机车试运行对铁路正线运输的干扰，具有良好的经济效益和社会效益。该项目获得2005年度湖南省科技进步三等奖。

【重要纪事】 1月，橡塑弹性元件检测中心成为中铁铁路产品认证中心（CRCC）签约实验室。3月15日，由株洲所、铁科院与法国CSEE运输公司组成的联合体，在北京与铁道部签定200公里动车组ATP列车车控系统设备采购和技术引进项目合同。3月22日，由株洲所与三菱电机株式会社以及三菱电机（中国）有限公司合资组建的株洲时菱交通设备有限公司成立。美国时间4月19日，株洲所与美国密歇根州立大学联合成立“ZELRI-MSU电力电子系统研发中心”签字仪式在美国密歇根州立大学举行。6月1日，湖南省委书记杨正午一行来所视察。7月13日，三菱电机株式会社社长野间口有率团访问株洲所，访问湖南期间，湖南省副省长贺同新及省政府有关部门负责人，株洲市市委书记肖雅瑜、市长颜石生等领导还分别接见了野间口有社长一行。8月2日，广州市轨道交通五号线整流器采购项目在广州建设工程交易中心进行公开开标，所成功夺标，成为广州地铁五号线供电系统26台套整流器的独家供应商。8月12日上午，国务院总理温家宝来所视察。8月13日，四方股份公司、川崎重工业株式会社、三菱电机株式会社，株机所、株机公司、石家庄国祥运输设备有限公司六方在青岛进行了时速200公里铁路动车组项目的机电产品采购合同的签定。8月，出口土库曼斯坦的内燃机车在阿什哈巴德火车站举行交接仪式，正式交付土库曼斯坦运营。8月，时代集团自行设计的TGF27型130千伏辅助交流器（SIV）在香港九广铁路公司118台SIV的国际招标中成功中标。9月27日，“保护知识产权-我们在行动”联合采访报道团到所进行联合采访报道。9月28日，经国家标准化管理委员会批准，由所承担的“全国牵引电气设备与系统标准化技术委员会”成立大会在北京召开。10月16日，所与清华大学联合投资成立的北京时代华通电动技术有限公司在北京昌平成立。10月26日，国家发改委副主任张晓强到所考察。10月28日，时代新材顺利通过南德TUV公司的TS16949质量体系的现场审核。10月28日，株洲南车时代电气股份有限公司成立。11月13日，TEG61120CK-EV型纯电动公交客车通过省级科技成果鉴定。11月23日，举行首次副所级领导干部公开选拔演讲答辩会。11月29日，匈牙利国家铁路公司（MAV）副总经理伊斯特万一行到所考察访问。

【领导干部名单】

所　　长　廖　斌
副 所 长　田　磊（兼）
　　　　　宋亚立
　　　　　刘连根
总会计师　张力强

党委书记　田　磊
党委副书记　廖　斌（兼）
　　　　　邓恢金
工会主席：邓恢金（兼）

地　址　湖南省株洲市石峰区时代路
邮　编　412001
电　话　0733－8498304
传　真　0733－8432946
网　址　http://www.zelri.com.cn
电子信箱　suoban@zelri.com.cn;

中国南车集团戚墅堰机车车辆工艺研究所

（工商登记营业执照编号：3204001100992）

所长：王　奇

党委书记：苗永纯

【概述】 2005年，戚墅堰所实现销售同比增长13.18%，自营出口创汇超500万美元，资产经营收益率为8%，国有资产保值增值率为10.5%，完成了集团公司资产经营责任制各项指标。

科学规范企业内部管理流程，积极开展管理创新，编制重大业务流程24项，并在此基础上对现有规章制度进行梳理，从重大业务流程入手对主要规章制度进行补充和完善。修订出台废旧物资处理、科研项目管理等办法，质量管理、物资采购、设备采购、对外投资、价格管理、固资管理等重要规章制度。加强效能监控和审计监督，围绕“三重一大”效能监察和财务收支、内控制度、经济合同、工程项目的审计监督，充分发挥监察职能，以制度建设审计为主线，依法开展审计监督和审计服务，保障企业健康发展。加强财务成本控制，完善成本核算体系。注重信息化建设，对信息中心机房的系统服务器进行硬件更新和软件升级。开发8项网上审批流程，金蝶K3/ERP计算机管理系统应用水平不断提高，实现财务、物流的无缝链接，通过了集团公司验收。人力资源管理、科技项目管理等方面引入信息化管理软件，汽车技术工程部生产管理系统顺利实施。

继续开展专业技术职务评审及职业技能鉴定工作，做好专家和拔尖人才管理工作。加强与高校的合作交流，选派优秀专业技术人员参加工程硕士专业学位教育及国内外短期培训，选派管理人员参加境外培训及专项管理培训。加大员工招聘引进力度，共招聘短期合同制员工161人，招聘应届大学毕业生24名，其中硕士研究生2名。开拓国际、国内市场。国内市场主产品完成实际销售额比上年同期增长31%，到账数比上年同期增长28%；国际市场实现出口超500万美元。汽车配件出口取得了较大突破，电源箱已批量出口法国，南非铁路市场不断扩大。齿轮、活塞、活塞环、活塞销、制动盘等主产品开始进入国际市场。生产组织适应市场变化的能力进一步提高，现场面貌明显改观，产量质量同步提高，通过了市、区各种环境检测，环境与职业健康安全管理体系通过监督审核。没有发生重伤以上事故和重大设备事故及环境污染事故。加大产业化投入，全年投入3050万元。完成了东所区总体建设规划设计及轨道交通关键零部件生产基地的厂房设计及施工招标。

【改革改制】 按照建立现代企业制度的要求，进一步深化干部人事、劳动用工和工资分配制度改革，形成干部能上能下、员工能进能出、工资能升能降的动态管理机制。制定《中层管理者绩效考核暂行办法》，明确考核内容、程序和相应的奖惩和任免措施。制定《中层后备干部选择管理暂行规定》，对中层后备干部的数量和结构、条件和资格、选拔程度、培养和管理、任用及组织领导作了明确规定。进一步规范短期合同制员工管理，全面启动短期合同制员工与中长期合同制员工的动态转换机制，分两批完成了14名短期合同制员工改签3~5年制劳动合同。根据上年工资分配兑现情况，分析了现行的薪酬体系，规范非工资总额承包单位短期合同制员工工资分配制度，组织员工探亲假期和因公发生交通费用报销制度。

【新产品开发】 完成科技项目73项。其中铁道部科技项目1项，江苏省科技厅项目2项，集团公司项目18项，所级项目39项，青年基金项目5项，标准化项目8项。同时还完成了1项科技部专项基金项目的申报和3项国家知识产权专利申请。有8项成果获得省、集团公司、北京市及所的鉴定。4项科技成果获集团公司奖励，2项科技成果获常州市奖励，1项科技成果获省科技进步奖。1项科技成果获铁道部科学技术奖，7项科技成果获得所级科技成果奖励。1项实用新型专利《高速列车驱动齿轮箱密封装置》被评为第四届江苏省优秀奖。

完成6500马力大功率内燃机车齿轮的研制，完成广州地铁1号用齿轮传动系统、东洋电机齿轮箱的研制。汽车配件新品开发78个种类。完成“钢轨打磨列车走行齿轮箱轮对的研制”和“高速四轴配碴车走行齿轮箱轮对的研制”。锻造K2型支撑座和车钩小件通过铁道部组织的生产认证，开始进入市场，锻造钩尾框正在进行样品试制。提高280活塞环寿命的研究完成了50万公里活塞环样品的研制，并进行装车试验。完成试验用新型鼓形齿式联轴节试制工作，正准备全负荷加载试验。完成冶炼工艺执行情况的检查和总结，并提出集团公司铸造系统技术提升和产品结构调整的建议意见。完成了“企业焊接规范研究”项目，制定了《集团公司企业焊接标准和转向架焊接规程》。完成“高速列车齿轮箱油量调节技术的研究”和“高速动车组传动装置诊断检修技术的研究及其设备的研制”项目方案设计和诊断装置采购。完成“B+级钢铸钢材料的研制”及“E级钢金相组织检验图谱的研究”工作。

【质量管理】 围绕“求真务实，注重实效，完善ISO 9000和TS16949质量体系”的质量工作要求，分别通过了西门子、无锡霍尔赛特、日本三菱、BorgWarner涡轮增压有限公司等多家国外知名企业或合资公司的第二方现场审核，质量体系通过中质协的监督审核。制动盘产品通过CRCC认证，TS16949质量管理体系通过了SGS监督审核。新增注册QC小组12个，完成11个，有3个QC成果获部优，1个获集团公司优秀成果。

【党群工作】 所党委坚持以邓小平理论和“三个代表”重要思想为指导，深入贯彻党的十六届四中、五中全会精神，树立和落实科学发展观，不断加强和改进党建、思想政治工作。完善学习制度，坚持学以致用，编辑出版《党委中心组调研报告集》。开展保持共产党员先进性集中教育活动，测评满意率和基本满意率为100%。加强领导班子和干部队伍建设，深化创建“四好”领导班子活动，所领导班子中增设了总会计师。以“三百人才建设”为龙头，加强技术创新人才、经营管理人才和高技术人才三支队伍的建设。加强党的组织建设，调整了6个党支部，所内12个党支部书记全部实现兼职。编印《党群工作制度汇编》和相关工作流程，制定了《规范发展党员工作程序的意见》，举办了党支部书记、支部委员和入党积极分子培训班，全年发展新党员20名，2个先进党支部和3个先进党小组、24名优秀共产党员受到党委表彰。创新思想政治工作，加大融入力度，组织开展“提高执行力”、“降本增效”、“弘扬企业精神”等多个主题员工教育活动。组织中层以上干部赴国有改制企业学习考察，举办《新征程新思路·新发展》主题论坛，为所“十一五”发展规划献计献策。做好宣传教育和内外报道工作，编印《劳模风采》，《戚所动态》，全年出刊16期，上稿280余篇，同时办好《戚所动态》电子版，全年被新闻单位录用稿件28篇。加强企业文化建设，成立了企业文化建设委员会，制定《关于加强企业文化建设的意见》、《企业文化建设发展规划》，明确了企业精神新内涵和企业价值观，进一步完善视觉识别系统建设，企业形象得到提升。加强警示教育和制度建设，开展领导述责述廉和预防职务犯罪教育活动，规范管理行为。坚持党建带团建，召开第十次团员大会。开展群众性精神文明创建和健康、高雅的文化活动。

（孙环志　供稿）

【与日本住友集团就时速200公里EMU用车钩及缓冲器技术转让签约】　11月3日，与日本住友金属集团本着互惠互利、友好合作的精神，举行了时速200公里EMU用车钩及缓冲器技术转让仪式。时速200公里EMU用车钩及缓冲器项目是四方股份公司动车组国产化的一个重要组成部分。项目组主要研究人员与住友金属集团经过多次的洽谈和交流，双方就转让费用、国产化的构成以及整个技术转让的实施计划等内容达成了一致意见。住友金属集团将所有的图纸及部分技术文件进行了转让，并于11月底完成所有技术文件的转让。随着技术转让的开始，项目组成员就国产化工作已经全面展开。

【城轨用密接式车钩和缓冲器装置通过江苏省成果鉴定】　12月31日，江苏省科技厅委托常州市科技局对戚墅堰所自主研制的城轨车辆CSRCG-1型密接式车钩和缓冲器进行了科技成果鉴定。专家一致认为，半自动车钩手动解钩和复位机构简易可靠，铸造和加工工艺性能良好，钩体的承载能力得到提高，带缓冲器和无缓冲器的半永久牵引杆上的定位孔设计便于安装和运用维修，研制的弹性胶泥缓冲器具有容量大、阻抗力小、吸收率高等特点，性能达到国内领先水平，标志着密接式车钩领域已具备国产化能力。

【16头钢轨打磨车走行齿轮箱轮对通过装车考核】　钢轨打磨车市场分别由美国、瑞士两家公司占据，昆明机械厂和瑞士speno公司进行合作生产16头磨轨车，其中齿轮箱设计和制造由戚墅堰所负责。在设计中完成了箱体、三重保险功能换挡机构，以及齿轮强度、啮合套强度、主动和从动车轴强度、悬挂强度、热平衡等计算。十对花键轴和套可做到互换，装配到齿轮箱上用手推拉就可实现轻松换挡。走行齿轮箱经装车运用考核，性能良好，达到国际同类产品的先进水平，具有较高的应用价值和推广前景。

【15项科技成果获奖】　CD08-475型道岔捣固车捣固装置、电力电子器件水冷散热器的研制、机车车辆大型关键铸件可靠性技术的

研究、东风$_{7C}$机车齿轮的研制、时速200公里电动车组传动齿轮箱和联轴节、CD08-475型道岔捣固车等8项成果分获铁道部一等奖、集团公司二、三等奖、常州市三、四等奖和江苏省三等奖。另有7项获所级奖。

【现场接触焊轨车产业化关键技术研究】 该项目为江苏省科技成果转化专项资金项目，技术集成度高，涉及柴油发电机组、车辆、起重机、焊接、控制、液压、外观设计、保温、降噪等专业技术。项目组开展调研，完成现场接触焊轨车技术方案设计，并通过评审。完成柴油发电机组选型、动力舱及工作舱设计、双臂起重机完善、平板车及支撑的改进等工作，进入总装阶段。

【重要纪事】 2月16日，多用炉生产线正式通过所验收。3月2日，制动盘通过了中铁铁路产品认证中心的CRCC现场审核。5月31日，集团公司委派罗玉红任所总会计师（试用期一年，任期四年）。5月12日，与株洲所联合开发的科技项目城轨车辆CS-RCG-1型密接式车钩和缓冲器装置的研制顺利通过集团公司技术审查。6月28日，由所主持的VVVF车传动装置国产化研制通过北京市科技成果鉴定。8月14日，常州市代市长王伟成一行到所指导工作。9月13日，集团公司总经理赵小刚到所检查指导工作并参加所领导班子民主生活会。11月3日，与日本住友集团举行200千米/时EMU用车钩及缓冲器技术转让仪式。12月3日，举办“新征程、新思路、新发展”主题论坛，共同规划“十一”发展蓝图。12月20日，集团公司党委书记郑昌泓到所检查指导工作。

【领导干部名单】

所　　长　王　奇
副 所 长　王文虎　苗永纯（兼）
　　　　　陈智芳　赵唯人
总会计师　罗玉红（5月任）

党委书记　苗永纯
党委副书记　王　奇（兼）　周玉喜
纪委书记　周玉喜（兼）
工会主席　周玉喜（兼）

（所办　供稿）

地　　址　江苏常州戚墅堰五一路1号
邮　　编　213011
电　　话　0519－8351746
传　　真　0519－8350363
网　　址　http://www.leadrun.com
电子信箱　szb@leadrun.com

中国南车集团襄樊牵引电机有限公司

（工商登记营业执照编号：4206001330068）

总经理：范宝林

党委书记：陈 伟

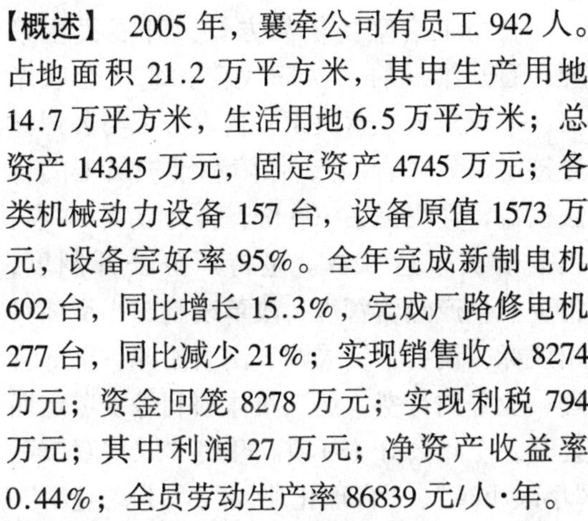

【概述】 2005年，襄牵公司有员工942人。占地面积21.2万平方米，其中生产用地14.7万平方米，生活用地6.5万平方米；总资产14345万元，固定资产4745万元；各类机械动力设备157台，设备原值1573万元，设备完好率95%。全年完成新制电机602台，同比增长15.3%，完成厂路修电机277台，同比减少21%；实现销售收入8274万元；资金回笼8278万元；实现利税794万元；其中利润27万元；净资产收益率0.44%；全员劳动生产率86839元/人·年。

加强销售信息管理和网络建设，发展市场直销和代理分销相结合的销售网络，路修承揽548.72万元，厂修承揽327.5万元，段作大修承揽287.05万元，配件制造承揽340.71万元。严格财务制度，做好成本控制，完成资产清查、移交、建账等资产重组工作，有效利用金蝶K3管理软件，实行季度经济活动分析制度，为成本控制提供依据。根据公司制定的《物资采购管理办法》，继续对大宗物资公开招议标采购，在钢材、铜材等原材料涨价情况下，完成3.34%物资采购贷差。完成审计项目14项，重点对物资采购价格、质量、废料回收处理、应收账款、销售费用、库房管理、“三金”和生活区水、电费审计，提供审计报告8份，发现问题35个，提出监察意见18条。提高技术装备水平，筹措资金562万元，购置Q1FXK-208型数控立式八面铣床、日本东芝BTD-200QF卧式加工中心等10台套关键设备。电机铆焊件仿形下料，制作ZQ800-1电机定装同心度尺，氩弧焊机加装Ne555单稳态电炉。全年无重伤、死亡事故发生、轻伤率1.06‰。

【改革改制】 按照集团公司实施股权置换的要求，公司由集团公司、中铁四局、襄樊厂、襄牵公司工会员工持股会四家股东持股，转变为成都厂、中铁四局、襄牵公司工会员工持股会三家股东持股。三项制度改革深入推进，制定《关于直接生产人员试行分配制度改革的指导意见》，对生产人员工时定额考核分配。根据《中层干部公开竞聘上岗暂行管理办法》精神，公开竞聘元件分厂和电气分厂厂长。按照《公司劳动合同管理办法》，清理长期在册不在岗人员62人。稳步推进新的工资制，在控制全年工资总额的情况下，逐月核定月工资提取比例，建立员工个人工资账户，改变现金支付工资形式。主辅分离改制稳步推进，九月，凯威铸造公司成立，年内完成机车牵引电机抱轴瓦247付，产值35万元。襄樊中铁宏吉预应力设备有限公司完成销售1003万元，实现盈利5万元。中、小学移交地方工作已基本完成。

【新产品开发】 年内，成功试制ZD109BG、ZD109J、JF208A等型号电机。完成JD307通风电机的设计与试制。

【质量管理】 确保质量体系正常运行，进行内部质量审核2次，管理评审1次，通过北京华夏认证中心监督审核。修订《产品质量目标》、《产品质量考核办法》，坚持质量事故分析会制度，开展质量月活动，产品一次交验合格率为97.6%，新制电机故障率2.98%，修理电机故障率4.65%。

【党群工作】 公司党委按照“围绕中心、把握重点、与时俱进、扎实工作”的方针，切实加强党的自身建设，充分发挥党组织政治核心作用、战斗堡垒作用和党员先锋模范作用。在全厂党员中开展保持共产党员先进性教育活动，员工满意和基本满意率为99.6%。把中心组、基层班子理论学习作为班子建设大事来抓，把学习收获转化为推进企业改革发展的实际成果，组织党委中心组学习22次，集中辅导2次，看录像6次，基层班子每月集中学习1次，中层及以上管理人员中开展“四个一”活动，收到心得体会、论文160篇。坚持党委和基层党支部民主生活会制度，党委成员定期参加基层联系点民主生活会，对基层党支部民主生活会记录实行阅批制和通报制。开展创建“四好班子”活动，表彰先进党支部4个、优秀党员36名、优秀党务工作者4名，发展新党员5名。围绕公司重组、市场动态、产品开发、质量状态、资金周转困难等形势任务，开展“车间课堂”宣传教育活动，分片讲课4场次，听课人员达700人次。召开首届思想政治研究会，发布思想政治研究论文38篇，开展质量专题征文比赛活动，81篇文章分获一、二、三等奖。弘扬企业精神和企业作风，开办《员工专栏》刊物。建立党委统一领导，党政齐抓共管，纪委组织协调，依靠群众支持和参与的反腐倡廉领导责任制和工作机制，重新修订下发《党风廉政建设责任制》，抓好责任考核，在公司有关案件中，对负有领导责任的干部，经济处罚2人，党纪处分3人，通报批评1人。

公司工会坚持依靠方针，开展民主管理，召开第一届二次职代会和职代会联席会，审议重大经营决策，代表员工与公司领导签定《集体合同》，保障和维护员工的合法权益，征集提案100份，合并立案34项，提案落实率达86%。坚持厂务公开制度，将企业生产经营管理、改革改制、小型项目招议标、设备物资采购、民主测评、干部管理、业务招待费、员工集体福利等事项定期公开，全年公开180项。开展“双增双节”、“小改小革”、“合理化建议”、“劳动竞赛”、“女工素质达标”等活动。做好“献爱心”和送温暖工作，对14户特困员工发放慰问金11500元，发动公司员工对两名特困员工患病子女进行捐款，收到捐款11688元。组织春季晨跑、篮球赛、文艺演出等多项文体活动，丰富员工业余文化生活。

公司团委努力围绕中心工作，以“双五小”“南车青年兴质量”“三个一”等项活动为契机，教育引导团员青年投身改革、融入生活、建功立业。

【重要纪事】 1月19日，集团公司副总经理傅建国到公司检查指导工作，并看望特困员工。5月15日，公司召开第一届二次职代会暨2005年工作会议，总结了上年工作，部署了2005年工作任务。6月28日，公司召开二届二次和三届一次董事会、第四次和第五次股东大会。6月28日，实施股权置换改革。襄牵公司由中国南车集团公司、中铁四局、襄樊厂、襄牵公司工会员工持股会四家股东持股转变为成都厂、中铁四局、襄牵公司工会员工持股会三家股东持股。8月11日，集团公司副总经理傅建国到公司检查指导工作。11月29日，通过北京华夏认证中心ISO 9000质量体系复审。12月1日，集团公司党委书记郑昌泓到公司检查指导工作。12月28日，公司召开首届思想理论工作研究会会议。

【领导干部名单】

董事长 祁宝文（6月免）
曾继宗（6月任）
副董事长 陈 伟（6月任）
总经理 邱立成（6月免）
范宝林（6月任）
副总经理 陈 伟（兼）
范宝林（6月免）
金建铭
刘仁和
总会计师 柴兴元
副总工程师 胡豫奇
杜耀新（8月任）
副总经济师 张玉飞

党委书记 祁宝文（6月免）
陈 伟（6月任）
党委副书记 邱立成（兼，6月免）
范宝林（兼，6月任）
梅 进
纪委书记 梅 进（兼）
纪委副书记 侯 明
工会主席 梅 进（兼）
工会副主席 叶军赤（12月免）
团委书记 刘治国

（办公室 供稿）

地 址 湖北省襄樊市长虹北路132号
邮 编 441047
电 话 015-45125（路）
0710-3810401
传 真 0710-3810401
网 址 http://www.xfqydj.com
电子信箱 xfqydj@263.net

湖南铁道职业技术学院

(工商登记营业执照编号：445175145)

院长兼党委书记：钟建宁

【概述】 2005年，湖南铁道职术学院录取全日制新生2928人。占地面积7.33万平方米。在校外新建2个成教函授站，录取成人专科、本科新生455人。毕业生就业率达95.6%。下设机电工程、电气工程、信息工程、经贸管理、人文社科、体育课部、培训中心、实训中心、成教处等9个教学、培训二级部门，设有高职专业。在已有深圳、珠海、苏州、昆山、福州、上海6个就业工作站基础上，又新设了浙江绍兴就业工作站。建设学院人才信息网和就业网，进一步拓宽就业渠道。对培训中心实行模拟股份制运作，成立了天一培训公司，全年完成37个培训项目、1700余人次培训任务，培训收入187.5万元。

学院调整了校企领导层，委派财务总监加强校企财务监管，严格财务核算管理制度，进一步加强成本控制。加大新产品开发力度，完善营销体系，校企完成销售收入6600万元。学院ISO 9001：2000质量管理体系通过北京认证中心的第二次监督审核。自主开发，成功运行了自动化办公系统，办公效率显著提高。通过湖南省高校后勤社会化改革阶段性检查评估和教育部高职高专人才培养工作水平评估抽查，学院被教育部等七部委联合授予了“全国职业教育先进单位”称号。

【教学与科研】 坚持以“就业导向、学生中心、能力本位”为指导思想，采取一系列措施提高教学质量。组织修订2004级、2005级教学计划，制定所有专业两年制教学计划，开展两年制高职教学方案研究与探索，进一步完善学分制。加大专业建设和课程建设力度，新增5个专业，3个省级教改试点专业，1门国家精品课程。加大教学质量监控，建立全过程、全方位、全员参与的“三全”立体化质量监控体系。

根据教育部人才培养工作水平评估专家组的反馈意见，加强科研工作，实施科研“12345工程”，学院科研管理逐步规范，科研环境逐步改善，教职员工科研积极性高涨。全年申报省部级以上课题8项（含精品课程、重点专业），拨付经费14.8万元。承担横向项目开发2项，经费38万元。

【数控技术专业实验培训基地】 根据湖南省教育厅、财政厅《转发教育部、财政部〈关于印发〈中央财政支持的职业教育实训基地建设项目支持奖励评审试行标准〉的通知》（湘教发［2005］75号）文件精神，学院集中精干力量，组建了数控技术专业、电工电子与自动化技术专业、计算机应用与软件技术专业3个申报中央财政支持的实训基地建设项目小组，完成了申报报告。7月21日，湖南省教育厅组织专家组来院听取了汇报，进行实地考察，对学院的实训基地建设给予很高的评价，决定推荐学院数控技术专业实训基地申报中央财政支持。财政部下发《关于下达2005年中央职业教育实训基地建设支持奖励专项资金的通知》（财政［2005］295号）文件，确定学院数控技术实训基地获得中央财政支持，核实奖励资金240万元。

【重要纪事】 3月15日，2005年度湖南省职成教工作暨办学模式改革经验交流会代表，在湖南省教育厅副厅长王键、职成处副处长贺安溪的带领下，到学院参观。6月，集团公司发文任命钟建宁为学院党委书记兼院长。6月28日，在集团公司组织实施下，学院举行院级副职领导竞聘选拔大会，择优选拔了5位院级副职领导。7月1日，根据《关于下发湖南铁道职业技术学院管理体制的基本方案的通知》（南车综［2005］201号）文件要求，学院从株机厂整体分离，按照“事业单位、企业化管理”的原则，集团公司对学院按照二级企业进行管理。8月9～13日，集团公司第三届职业技能竞赛在学院举行，来自集团公司20个厂（所）的75名选手参加了维修电工和电焊工两个项目的比赛。8月15日，集团公司总经理赵小刚到学院检查指导工作，就学院成为集团公司直接管理的二级单位后的运作情况进行调研。12月5～6日，根据《湖南省普通高校党建工作评估活动方案》，高职学院在正式建校后五年内完成合格以上评估的要求，学院本着“以评促建，以评保改，评建结合，重在建设”的原则，加大了党建工作力度，提高了学院党建工作水平。学院党建工作接受了由湖南省委教工委组织的湖南省普通高校党建工作评估专家组的正式评估。专家组对学院的党建工作给予了高度评价，省委教工委授予了学院党建工作“合格学校”的称号。

（杨　成）

【领导干部名单】

院　　长　钟建宁

副 院 长　姚和芳　肖耀南

　　　　　方全民　杨利军

党委书记　钟建宁（兼）

党委副书记　贾崇田

纪委书记　贾崇田（兼）

工会主席　贾崇田（兼）

工会副主席　林克励

团委书记　史景锋

（杨　成　供稿）

地　　址　湖南省株洲市田心

邮　　编　412001

电　　话　0733－8441889

传　　真　0733－2432126

网　　址　http://www.hnrpc.com

常州铁道高等职业技术学校

（工商登记营业执照编号：132040000097）

校长：罗靖宇

党委书记：曾金传

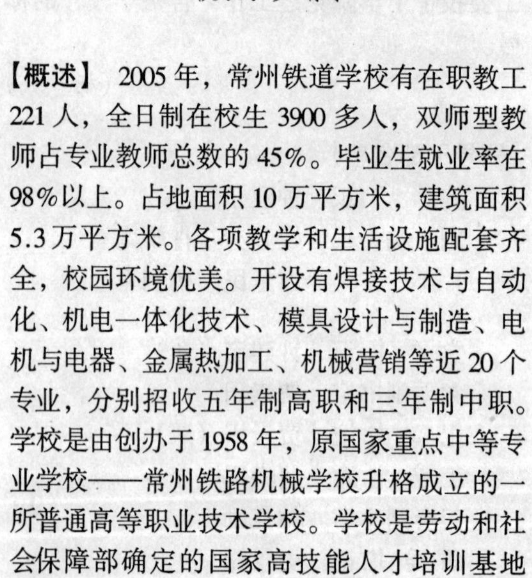

【概述】 2005年，常州铁道学校有在职教工221人，全日制在校生3900多人，双师型教师占专业教师总数的45%。毕业生就业率在98%以上。占地面积10万平方米，建筑面积5.3万平方米。各项教学和生活设施配套齐全，校园环境优美。开设有焊接技术与自动化、机电一体化技术、模具设计与制造、电机与电器、金属热加工、机械营销等近20个专业，分别招收五年制高职和三年制中职。学校是由创办于1958年，原国家重点中等专业学校——常州铁路机械学校升格成立的一所普通高等职业技术学校。学校是劳动和社会保障部确定的国家高技能人才培训基地(机电项目)，教育部等六部委确定的国家数控技术应用专业技能人才培养培训基地，集团公司确立的内燃机车技术培训中心。

学校地处常州市戚墅堰区，办学条件优越，教学资源丰富，拥有宽带接入Internet的千兆校园网、多媒体电子阅览室、多媒体语音室、多媒体教室、闭路电视系统、交互式多媒体双向教学系统等一批现代化教育教学设施。校内建有焊接技术实训中心、数控技术实训中心、计算机实训中心、各类实验室30多个和年产值上千万元的实习工厂校内实训基地。以戚墅堰厂等企业为依托，建立了较为完善且涵盖各专业的校外实训基地，校企结合的职教特色鲜明。与多所高校合作办学，设有工程硕士、MBA、本（专科）层次的函授站、教学基地。学校坚持面向企业，服务社会，广泛参与社会培训和企业员工培训，年培训量稳定在5000人次左右，形成了学历教育与非学历教育、职前教育与职后教育、高职教育与中职教育相结合的办学格局。

【行业培训】 承办集团公司第3期15人高级铸工班，49人管理流程培训班。参与集团公司承办的中央企业技能大赛组织工作，参加了焊工、电工工种的审卷及裁判工作。承担戚墅堰厂高级工、技师培训等13个培训办班任务，为戚墅堰厂培训达3000人次。

【基地建设】 根据国家加快紧缺型人才培养基地的建设要求，启动实训综合楼建设工程。学校统一规划、合理布局、筹措资金，完成从项目报批到工程施工图设计、公开招投标等一系列前期准备工作，年内工程顺利开工。

7月，学校通过努力成功申报了江苏省技能型紧缺人才培养培训工程实训基地建设项目，获得江苏省教育厅、财政厅300万元专项建设经费拨款。学校以此为契机，组织校内外专家广泛调研、深入论证，研究制定了基地建设方案，向主管部门争取配套建设资金，争取建成江苏省一流的焊接实训基地。

【安全工作】 牢固树立“安全重于泰山”的管理理念，创建平安校园，建立健全学校安全管理规章制度并编印成册。本着谁主管、谁负责原则，组织实施各部门《综合治理目标责任制》，强化责任意识。加强安全工作队伍建设，抓好校卫队、班级治安信息员、义务消防队工作，要求第一时间反馈治安动态，构筑起校园群防群控的网络体系。狠抓门卫保安日常管理及校卫队建设，开展校园禁毒图片展、消防灭火演练、民兵军事训练等专项活动，不断增强防范、控制和处置突发事件的能力。

【党群工作】 校党委以“三个代表”为指针，认真贯彻集团公司工作会议精神，围绕学校教育教学工作，开展好保持共产党员先进性教育活动，组织学习了中央、国资委和集团公司关于保持共产党员先进性教育活动的有关文件以及《建立健全教育、制度、监督并重的惩治和预防腐败体系实施纲要》，做到定计划、定时间、定内容，明确检查考核，征求广大党员群意见和建议502条，查找存在问题314个，召开座谈会17次，提出整改措施304条。狠抓党建工作，完善内部管理体制，下发《关于进一步加强和改进学校基层党组织工作的意见》、《党支部目标管理暂行办法》、《发展党员工作实施细则》等文件，进一步规范了党建工作。积极开展党员“创先争优”和创建“四好”领导班子等活动，学工党支部被评为集团公司先进党支部。

校工会坚持以人为本的理念，积极开展“送温暖工程”和安康保险工作，切实解除教职工的后顾之忧。开展形式多样的活动，丰富教职工业余生活，培育有南车特色的校园文化。

校团委通过组织“学习邓建军”、“增强团员意识”等一系列主题教育活动，在广大团员青年中兴起理论学习的热潮。开展丰富多彩的社会实践活动，为地方经济作出积极贡献。

【重要纪事】 7月1日，根据《关于下发常州铁道高等职业技术学校管理体制基本方案的通知》（南车综［2005］200号）文件精神，学校从戚墅堰厂分离，成为集团公司直接管理下的二级单位。7月，学校成功申报了江苏省技能型紧缺人才培养培训工程实训基地建设项目，获得江苏省教育厅、财政厅300万元建设经费拨款，学校以此为契机，积极打造江苏省一流的现代焊接技术实训基地。9月，学校为解决实训场所制约学校发展的瓶颈问题，启动实训综合楼工程建设，计划2年投入2500万元左右，建设18000平方米实训综合楼。

【领导干部名单】

校　　长　罗靖宇
副 校 长　丁　说　苗　苗

党委书记　曾金传
党委副书记　罗靖宇（兼）　朱月红
纪委书记　朱月红（兼）
工会主席　朱月红（兼）

（郭秀华　沈　豪　供稿）

地　址　江苏省常州市戚墅堰区
邮　编　213011
电　话　0519－5052428
传　真　0519－8358832
网　址　http: //www.cztljx. net
电子信箱　xb@cztljx.net

北京铁工经贸公司

（工商登记营业执照编号：1100001501225）

【概述】 2005年，北京铁工经贸公司有员工34人，其中正式员工人数为22人，借聘12人。占地面积11.53万平方米。下设综合部、实业部、财务部、物业部。全年销售收入5037万，同比增长41%，全面完成集团公司下达的各项经营指标。按照集团公司组织结构调整要求，北京铁工经贸公司作为二级子公司进行管理。经营范围和主营业务为投资股权管理、资产运营管理、物业管理及材料配件销售等其他市场经贸活动。下属子公司有：海南鑫源置业发展有限公司、北京飞龙阁饭店、泰安傲徕峰山庄、南戴河中车宾馆、北海铁工宾馆。

年内，铁工经贸公司面临自主经营、自负盈亏、自我发展、自我约束的企业法人实体市场经营的变化。根据自身实际情况，强化各项基础管理，相继出台和完善了公司劳动、用工、分配等一系列规章制度和配套办法，完成了铁工经贸公司工作流程编写，理顺了各部门的工作关系。在资产运营管理中，强化财务管理，坚持从严控制和审批，解放沉淀资金，挖掘资产潜力，提高资金使用率，加强成本费用控制，层层分解指标，落实责任者，避免收益的损失。在集团公司领导的协调下，将上海及深圳挂靠铁工经贸的资产转出，收回资金100多万元，理顺了资产经营关系。在投资股权管理中，积极关注由公司参股的株洲时代新材股份有限公司的股改方案，保证公司资产呈现较大增值潜力。在材料配件销售中，加大自营配件力度，全年完成400多万的销售收入。

明确了主营方向，提出了铁工经贸公司经营战略核心是存量资产的保值增值。经过筹划、组织、资产评估、内部审批、财务审计、法律意见、招商等一系列的精心准备，完成了南戴河培训部转让变现的各项工作。12月在天津产权交易中心以2900万元成功拍卖南戴河资产，实现资产2326万元的增值。在开拓经营及稳步发展的过程中，加强企业文化的建设，增强企业凝聚力，提升企业形象，确定了“团结的集体，和谐的团队”的企业精神，给物业维修人员设计订做统一服装，加强了员工集体荣誉感，维护了企业发展、稳定，为各项工作顺利实施提供强有力的保证。在保持共产党员先进性教育活动中，制定学习及整改方案，并予以落实。响应北京市及集团公司的精神，创建节约型社会，采取了节水、节电等措施，并充分利用可再生能源。按照北京市消防规定，相应制定了火灾紧急疏散预案，并对相关人员进行了消防器械的使用培训，对消防系统进行了全面验收，达到了北京市消防安全规定。

筹备召开了公司二届一次董事会会议，各位董事对铁工经贸公司自一届二次董事会以来的工作表示满意，并提出了铁工经贸公司需按市场化运作，努力挖掘经营潜能，依法规范企业管理，不断提高经济效益的发展方向。

【中车大厦】 中车大厦是南车集团、北车集团及北京铁工经贸机关总部所在地，为了给用户单位的办公创造良好工作环境，铁工经贸物业部组建了精干的管理与工程技术队伍，加强售后服务，并聘请专业公司，在保安、保洁、绿化等方面实施专业化管理。为了达到物业规范化，相应补充和完善了岗位责任、设备管理等一系列管理制度，明确责任，提高了工作效率及工作自觉性。归档整理了铁工经贸公司管理的建筑物技术图纸及技术资料，重新绘制了中车大厦竣工图。

【北京飞龙阁饭店】 北京飞龙阁饭店位于北京市宣武区白纸坊西街10号。2004年1月1日租赁给北京轻联富润饭店管理有限公司进行经营管理，两年来饭店始终保持良好发展状况，承租方经营业绩良好，合同义务正常履行，铁工经贸公司租赁经营飞龙阁饭店效果显著。

饭店西客站分店位于北京市海淀区羊坊店路11号中车大厦，2003年11月24日取得工商《营业执照》。2005年，饭店建立健全了《饭店规章制度》，使每个工作岗位人员的职责、每项工作的要求都有章可循，饭店进入良性、持续、有序的运行状态。年内，饭店对两个楼道厅及多个管道间进行了装修改造，分别作为接待厅、员工宿舍、库房和休息间，盘活资产共120多平方米，提高了资产的利用率和使用价值。在铁工经贸公司的领导下，经过饭店全体员工的努力，在激烈的市场竞争中取得了极佳的业绩，全年销售收入为384万元，完成计划的103.78%，上交利润上百万，为铁工经贸公司完成全年任务作出了重要贡献。

【南戴河中车宾馆】 南戴河中车宾馆位于秦皇岛市南戴河海滨中心位置。占地2.33万平方米，地理位置优越，环境优雅，有高、中档客房100多间，普通客房近50间。能接待客人350多人，宾馆有大功能厅，可供200人左右会议及卡拉OK娱乐使用，并有台球厅、乒乓球厅及棋牌等各类娱乐工具。宾馆餐厅为客人提供高、中、低档的海鲜菜、农家菜、家常菜等，可供300多人同时就餐。宾馆周边有保龄球、沙弧球、四季游泳馆、垂钓、乘船出海等旅游设施，是理想的开会、休闲、娱乐场所。

年内，中车宾馆在集团公司领导的关怀和铁工经贸公司的正确领导下，以党员积极分了为骨士，积极参加保持共产党员先进性教育活动，并针对旅游市场环境的变化，调整市场观念，加强宾馆宣传力度，利用4个网站宣传宾馆的形象。同时，对外宾馆粉刷门面，改换海鲜新菜种，并主动出击寻找老客户，使很多老客户又回到宾馆开会和疗养。对内加强培训，进一步落实岗位责任制，把考核指标落实到客房，餐饮和后勤部门，使各方面团结协作，确保宾馆经营指标的完成。

8月，由于麦沙台风的影响，使宾馆10天内损失了10多万元，针对经营期短，任务指标高的情况，宾馆承受很大压力，面对重重困难，上下团结协作，节能降耗，力争把损失降到最低程度，较好完成了上级下达的各项任务。

【北海铁工宾馆】 北海铁工宾馆积极恢复经营，建立健全规章制度，重新建立经营网络，加强培训，不断提高服务质量，遵纪守法，保持良好的企业形象，维修保养好国有资产，消除安全隐患。选聘新的经营管理班子，经营管理人员新聘4人，后变更4人，一线员工变动12人。全年营业收入605802.71元，补贴收入1572756.10元，营业成本费用1395057.63元，净利润785485.16元。

【海南鑫源置业发展有限公司】 海南鑫源置业发展有限公司由北京铁工经贸公司和株洲电力机车厂共同出资组建，由董事会领导，负责监管其分支机构——海南鑫源温泉大酒店实物资产，运用自有资金，开展自营业务。

公司本部领导岗位设置为：董事长、总经理各1人；副总经理2人，分别监管酒店财务工作和设备设施管理，兼酒店财务总监、总工程师。形成了内控及外控相结合的对实物资产有效监管的组织框架。酒店总经理由董事会聘任。设六部一室，即：总办、客户、前厅、销售、工程、财务、保安部。在董事会和公司的推动帮助下，考核分配力度有所增强，年底前实行了工资级差标准，并出台了新的经济责任制考核办法。对出租资产的配套管理进一步完善。调整了部分高、中层岗位人员，进一步完善了内控机制，在册人数较上年减少8人，减员增效工作得到初步推动。全年公司完成销售收入3382.86万元，利润总额-301万元，完成收入成本率109%。9月酒店通过了海南省质量技术监督局方圆认证中心的复核年审，保持ISO 9001和ISO 14000管理体系的认证资格。10月酒店通过了海南省旅游局2005年度星级年审，保持四星等级。

【泰安傲徕峰山庄】 泰安傲徕峰山庄公司按合同及时收缴承包方年租金32万元。对监管二号楼、综合活动楼进行装修改造工程，两栋楼装修改造乙方投资30余万元。完成土地费缴纳工作。完成宿舍区换发新土地证工作，为下一步分割大土地证分摊土地面积工作打下了基础。将宿舍区用水管理工作交由自来水公司管理，实现用水管理社会化，解决了长期困扰单位的历史遗留问题。配合房改顺利拍卖宿舍区3套住房，分解了矛盾。按公司指示投资1万元完成宿舍区空地绿化改造工作，有效地改善了饭店的环境。

【时代新材料科技股份公司】 2005年，株洲时代新材股份有限公司按照“3+1”战略布局，积极贯彻落实“局部调整，突出重点，激活资源，提升效益”十六字方针，努力提升经营质量和效益。全年，公司主营业务收入40583万元，同比增长30.8%；实现净利润2256.51万元，同比增长854.04%；每股收益0.13元；净资产收益率6.22%，同比增长5.52%。公司核心业务减振弹性元件在国内铁路市场销售同比增长20%，海外市场也保持良好增长势头，销售比上年同期增长40%，进一步巩固和加强了国内机车车辆市场的领先地位，实现了铁工经贸公司所占股份资产的增加。

【领导干部名单】

董　事　长　刘化龙
总　经　理　孙　克
综合部部长　顾建勇
综合部副部长　郝　颖
实业部副部长　吴广军
物业部副部长　何小民　何　政
财务部副部长　杨淑玲

（铁工经贸　供稿）

地　　址　北京市海淀区羊坊店路11号
邮　　编　100038
电　　话　010-51862170
传　　真　010-51862171
网　　址　http：//www.csrgc.com.cn
电子信箱　csrgc@csrgc.com.cn

新力搏交通装备投资发展有限公司

（工商登记营业执照编号：1000001003158）

【概述】 2005年,新力搏交通装备投资发展有限公司(简称新力搏公司或公司)(原南车营销租赁有限公司)在董事会的正确领导和监事会的督导下,认真贯彻执行集团公司工作会议精神,按照集团公司年度总体工作思路和发展战略要求,在推进企业改制中完成了公司的重组变革,实现了由经营型向投资经营型转变,并成为集团公司独立经营的二级公司。积极适应内外部环境变化,在集团公司各事业部的大力支持下,在全体员工的共同努力下,团结协作,积极进取,按照“围绕一个中心、面向两个市场、做好三个服务”的指导思想,积极工作,努力经营,开拓市场,完善基础工作,处置不良资产,较好地完成了经营管理、对外投资和资产管理工作。根据财务快报反映,预计公司全年实现主营业务收入10613.8万元,比上年增长47%;实现利润100.5万元;成本费用占主营业务销售收入比率为99.05%,全面完成集团公司下达的年度资产经营责任制考核指标。

【经营工作】 新力搏公司发挥为集团公司所属各机车车辆制造、修理企业的专项物资集中采购，批量采购的优势，做到了质量优良，价格合理，对企业进一步降低成本，完成全年生产任务提供了有力的保证。签订采购冷弯型钢合同为10130吨，实现销售收入8262万元，委托采购钢材合计10950吨；6月份开始为太原重工供货，全年总代理辗钢轮5010片。

向北京铁路局京铁运输公司销售2台韶山$_4$改型电力机车，实现销售收入1950万元。开展了煤炭代理销售业务，代理销售煤炭3600吨；代理销售机车车辆配件，实现销售收入647万元。

【基础管理】 按照集团公司下发的《关于新力搏交通装备投资发展有限公司管理体制的基本方案》(南车综［2005］191号)文件的具体要求，依据《公司法》和新力搏公司《章程》规定，调整了新的法人治理结构。结合实际，进一步明确了各部门的工作职责，采取专职和兼职人员相结合的方式，依托集团公司及各事业部资源，调动和发挥专、兼职人员的积极性，实现公司的进一步发展。依据《劳动合同法》，实行劳动用工规范化管理，与新聘用的10名员工签订了3年的劳动合同，并确定了相应的岗薪标准，完成了公司定岗定编及定员工作。实行公司规范化管理，根据集团公司规定的公司管理职责、权限和关于工作流程的要求，进一步加强企业管理，规范企业行为，建立、修改、完善了公司管理规章制度、管理办法和工作流程。

【资产管理】 新力搏公司根据经营工作的需要，为适应中国轨道交通装备事业的跨越式发展，本着“有进有退”，“有所为，有所不为”的原则，参与集团公司所属企业的改制和股权转让。经集团公司以南车划［2005］70号文件和南车划［2005］240号文件批复同意，分别投资1000万元和8000万元，与有关单位共同发起，成立了株洲南车时代电气股份有限公司和株洲电力机车有限责任公司。完成了杭州三利电器电缆有限公司、武汉江车康利工贸有限公司、北京寰升科技有限公司、北京中铁创业节能技术有限公司的股权转让和相关的法律手续。深圳市国铁贸易有限公司50万元股权转让给广州中车铁路机车车辆销售租赁有限公司，转让手续正在进行中。

【服务工作】 年内，集团公司所属的9个享受铁路专项用柴油的单位，共购入由物资总公司专供柴油19555吨，占全部需用量的约95%，保证了机车车辆生产的顺利进行。经与物资总公司积极协调，尽管跟随国家调整了五次柴油供应价格，铁路专项用柴油的平均供应价格为4068.45元/吨，但与同期当地批发价格4480.11元吨相比，每吨低411.66元，全年实际降低柴油采购成本约805万元。同时，在柴油计划供应工作中，积极为工厂排忧解难，尽最大努力确保各单位的生产用油。如戚墅堰厂为满足铁道部必须在6月22日前交付22台东风$_{11G}$机车的要求，柴油需用量大增，通过与物资总公司油品部协调，由5月份供应600吨增至6月份供应900吨，增幅50%。公司负责经营管理南车公寓和公寓餐厅，在公寓住宿的几乎全是南、北车集团总部家在外地或新调入京的在职员工，本着以人为本，坚持“宾客至上，服务第一”的宗旨，确保客房家具、设施的完备完好和饭菜的卫生及可口，为员工提供安全、清洁、舒适、满意的吃住环境，也为公司增加了收益。

【精神文明建设】 根据集团公司相关党委的要求，成立了公司的党支部。选举产生了公司党支部书记和副书记，并经集团公司机关党委批复同意。公司党支部工作逐步进入正轨，党支部的战斗堡垒作用和党员的先锋模范作用得到进一步发挥。为了巩固和扩大党员保持先进性教育的成果，按照机关党委“关于建立健全保持共产党员先进性教育长效机制”的要求，党支部结合实际，制定了《关于落实机关党委〈关于建立健全保持共产党员先进性长效机制的制度规定〉的有关规定》。新转入组织关系的3名党员同志按集团公司统一部署和要求，在机关临时党支部积极参加了共产党员保持先进性教育活动。公司变更为二级单位后，员工分别来自各个企业，尽快适应新岗位的成为工作的当务之急。因此，提出了全体员工认真学习、模范遵守集团公司《总部员工手册》的要求；以集团公司诚信、敬业、创新、超越的企业精神为主导，建立员工行为准则，强调员工忠于企业、爱岗敬业，积极进取，追求精益求精、一丝不苟的工作作风，努力做好本职工作。适时对员工进行岗位和业务培训，通过参加商务部、集团公司等主办的融资租赁、财务管理、人力资源管理和“十一五”规划学习班，完成培训6人次。

（新力搏公司　供稿）

【领导干部名单】

董 事 长　白继文
监事会主席　王　研
总 经 理　赵　蔚
副总经理　祁宝文　王国靖
总会计师　蔡　蕾

地　址　北京市海淀区羊坊店路11号
邮　编　100038
电　话　010－51862096
传　真　010－51862096

人物与荣誉

先进人物

逝世人物

先进集体

先进人物

一、获国家级荣誉称号先进人物

【全国劳动模范】

株机公司　李樟兴
资阳厂　陈昌华
四方有限公司　尹世义
眉山厂　杨润涛

【全国"五一"劳动奖章获得者】

石家庄厂　单雪玲

【政府特殊津贴获得者】

株机公司　彭奇彪
株洲所　冯江华
四方股份公司　龚　明
株辆厂　李加良
戚墅堰厂　蔡耀祖
眉山厂　肖乾佑
戚墅堰所　周　平

【何梁何利科学与技术进步奖获得者】

株机公司　刘友梅

【全国技术能手】

株机公司　罗　斌
株机公司　聂　毅
洛阳厂　张　景
戚墅堰厂　杨　一

【全国"五一"巾帼奖】

石家庄厂　单雪玲

【全国"三八"红旗手】

株洲所　郭淑英

【全国青年岗位能手】

眉山厂　彭红俊
南方汇通公司　刘　枫
株机公司　陈　成

【全国内部审计先进工作者】

株机公司　李敏良

二、获省部级荣誉称号先进人物

【北京市劳动模范】

二七车辆厂　王相斌

【湖南省劳动模范】

株机公司　李志轩　龚兰平
株洲所　郭淑英

【火车头奖章获得者】

株机公司　宁　斌
资阳厂　王世强
株辆厂　戴述炎
铜陵厂　崔前文
四方有限公司　张其荣
南方汇通公司　孙皖红
四方股份公司　肖永山
浦镇厂　郭　新
成都厂　李　兵
石家庄厂　吴市其
眉山厂　杨诗卫
戚墅堰所　陈善忠
戚墅堰厂　薛良君
江岸厂　张丽文
襄樊厂　张祖文
洛阳厂　苗松山
武昌厂　潘亦贵
株洲所　杨文昭　梁裕国
株机公司　李志轩

【第七届詹天佑铁道科学技术成就奖】

株洲所　丁荣军

【第七届詹天佑铁道科学技术青年奖】

株洲所　　　　冯江华
二七车辆厂　　张四梅
戚墅堰所　　　周　平
株辆厂　　　　胡海平

【茅以升铁道工程师奖】

株辆厂　　　　刘桂军
戚墅堰所　　　王文虎　孙周明

【中央企业青年岗位能手】

戚墅堰厂　　　袁志刚　毛祥根
四方股份公司　郭　锐
洛阳厂　　　　王为民　张　伟

【中央企业技术能手】

戚墅堰厂　　　林　俊
戚墅堰厂　　　杨　一

【湖南省十大杰出青年】

株机公司　　　李樟兴

【四川省优秀青年企业家】

资阳厂　　　　庄元顺

【全路优秀工会工作者】

资阳厂　　　　王前伦
铜陵厂　　　　余小林
襄樊厂　　　　戢运珍

【中央企业优秀团干部】

襄樊厂　　　　邓秀军
株洲所　　　　罗　琼

【北京市优秀团干部】

二七车辆厂　　廖全富

【河北省优秀团务工作者】

石家庄厂　　　朱亚巍

【四川省优秀团干部】

资阳厂　　　　郑　舰
眉山厂　　　　陈国仁

【中央企业优秀团员】

襄牵公司　　　胡锡安
戚墅堰所　　　周晓彤

【北京市优秀团员】

二七车辆厂　　王金静

【全路先进女工工作者】

襄樊厂　　　　崔砚敏
襄牵公司　　　杨秀文
北京机械厂　　李金玉

【全路先进女职工】

资阳厂　　　　杨映萍
四方股份公司　李思敏
四方有限公司　王立娟
浦镇厂　　　　孙景南
株辆厂　　　　毛　莉
二七车辆厂　　常秀茹
江岸厂　　　　何　虹
铜陵厂　　　　杨乃文

【中央企业巾帼建设标兵】

石家庄厂　　　王文蓉

【四川省优秀技术人才】

眉山厂　　　　廖仲宾

【北京市优秀青年工程师】

二七车辆厂　　范永辉　田铁升

【河北省企业文化建设先进个人】

石家庄厂　　　王海玉　高铁军

【北京市青年岗位能手】

二七车辆厂　　孙晓云

【湖南省青年岗位能手】

株辆厂　丰卫东

株机公司　唐惠军

【四川省知识型、技能型优秀员工】

眉山厂　廖仲宾

【四川省青年技术创新带头人】

资阳厂　彭长福

【四川省十佳创新明星】

眉山厂　王大平

三、获集团公司荣誉称号先进人物

【集团公司优秀共产党员】

株机公司　张伏良　王永成　龚兰平　陈　晓　宁　斌　臧苗苗　吴志明　邓铁栓　朱惠初　王怀中　罗显成　匡志翔　聂　毅　杨慧玲

资阳厂　张　勇　叶顶康　林　川　陈世强　胥振海　周文年　张志德　邹天林　陈德军　韩贵屏　苏　川　向　东

戚墅堰厂　李　斌　张　忠　周仲文　印建耀　吴淑玄　曹卫康　潘德昌

四方股份公司　王吉安　毛水法　郭太吉　许韵武

四方有限公司　王元海　郭述忠　刘凤贵　王立娟

浦镇厂　马维宁　范建荣　石永和　朱志强　张玉俊　马　宁　王　飞

株辆厂　毛　莉　戴述炎　吕晓南　史开志　尹　辉　袁红君　余　晖

眉山厂　杨润涛　高建孝　周　凌　高　齐　季志强　廖仲宾　王为民　陈立祥

武昌厂　童小春　刘玉强　林绍平　李建华　赵　虹　冷运明　姜　波

铜陵厂　何世球　周强华　崔前文

成都厂　唐康华　彭绍锋　刘清明　王化成　苏　彬　林建强　胡光春

洛阳厂　孙晓铮　刘建国　高　亢　李万坤　张成军　李　凡　牛刘成

襄樊厂　王灵军　贾　鸣　王明利　苌　林

二七车辆厂　冯宝金　常秀茹　苏启增　张月俊　高天伦

石家庄厂　王家生　贾庆东　乔　东　姬绍辉　左崇建

江岸厂　孙铜山　张　涤　苏维志　甘　平　柳仕明　王见平

南方汇通公司　梁　华　王海东　温海贵　成世林

株洲所　于松林　周　慧　陈智豪　肖　波

戚墅堰所　郑剑云

湖铁院　丛　峰　张　莹

常铁校　赵太平

集团公司机关工作部　沙金红

南车集团先进性教育活动督导组　薛澄凌

【集团公司优秀党务工作者】

株机公司　赵　雄　唐明春　易建军　李　隽　褚卫平

资阳厂　王　谊　方开忠　陈　伶　彭　军

戚墅堰厂　韩金发　林祥富

四方股份公司　林树建　韩福明

四方有限公司　曹文学　李卫东
浦镇厂　胡耀华　郑志平
株辆厂　高　宁　聂莲娜
眉山厂　袁　义　许慧明　谭德武
武昌厂　梁　伟　林　勇
铜陵厂　郑义华　黄启国
成都厂　高宝民　薛　泉　梅　进
洛阳厂　查凯学　郭宏磊
襄樊厂　杨里忠　高雪涛
二七车辆厂　姚骏如　崔士荣
石家庄厂　康惠民　李　桐
江岸厂　杨智广
南方汇通公司　左廷伟
株洲所　林早连　张在新
戚墅堰所　毛志明
湖铁院　彭松青
常铁校　刘耀忠
集团公司总部　李建国　陈吉贤

【集团公司优秀团委书记】

株机公司　何德军
戚墅堰厂　李维鹏
四方股份公司　白　玉
眉山厂　陈国仁
二七车辆厂　潘　杰
南方汇通公司　高　健
株洲所　罗　琼

【集团公司优秀团干部】

株机公司　李光锐　赵　毅
资阳厂　陈　果　陈　莲
戚墅堰厂　张蔚赟　严志庆
四方股份公司　张守卫　李忠元
四方有限公司　李　强
浦镇厂　姜顺利　谢莹莹
株辆厂　王庆盈
眉山厂　胡　磊
武昌厂　黄建东
铜陵厂　江　骏
成都厂　廖永胜
洛阳厂　司龙斌
襄樊厂　郭镇渤
二七车辆厂　于长征
石家庄厂　杨　格
江岸厂　陈德佳
南方汇通公司　夏　菲
株洲所　黄　蓉
戚墅堰所　莫彦承
襄牵公司　孙　英

【集团公司优秀团员】

株机公司　李　红　过肖元
资阳厂　邹　颖　黑　烨
戚墅堰厂　李　峰　张　坚
四方股份公司　荣　豪　张　伟
四方有限公司　杨　海
浦镇厂　季　剑　殷　珂
株辆厂　刘浩珺
眉山厂　李　洋
武昌厂　李　俊
铜陵厂　王　飞
成都厂　唐　永
洛阳厂　董　军
襄樊厂　余胜豹
二七车辆厂　张仕涛
石家庄厂　马　明
江岸厂　张金涛
南方汇通公司　刘金权
株洲所　金　石
戚墅堰所　席言玲
襄牵公司　吴丰金

【集团公司青年岗位能手标兵】

株机公司　陈　晓

资阳厂　　　周　建
四方股份公司　郭　锐
浦镇厂　　　孙景南
眉山厂　　　杨春雷

【集团公司青年岗位能手】

株机公司　　成双银
资阳厂　　　林　川
戚墅堰厂　　周洁茹
四方有限公司　康瑞成
浦镇厂　　　刘志虹
株辆厂　　　莫迎春
武昌厂　　　龙　梅
铜陵厂　　　倪世海
成都厂　　　姚建虎
洛阳厂　　　安学斌
襄樊厂　　　谢集亮
二七车辆厂　李振明
石家庄厂　　苗家明
江岸厂　　　吴元汀
南方汇通公司　张运松
株洲所　　　张　超
戚墅堰所　　李玉生
襄牵公司　　林　海
集团公司总部　武　岩

【集团公司技术标兵】

株机公司　　罗　斌　聂　毅
洛阳厂　　　张　景
戚墅堰厂　　杨　一

【集团公司技术能手】

戚墅堰厂　　刘传云　林　俊　何东英
浦镇厂　　　王　健　鲍勇祥
铜陵厂　　　吴东明　查　炜
南方汇通公司　冷元友
株机公司　　赵　卫
四方股份公司　孙振三
资阳厂　　　张　伟
眉山厂　　　伍鸿斌

【集团公司女员工素质提升工程先进个人】

株机公司　　饶燕芳　杨健芳　何星香
　　　　　　孙香萍
资阳厂　　　肖　艳　刘丽霞　杜　燕
戚墅堰厂　　陈慧娟　章惠明　汪　洪
　　　　　　李亚芳
四方股份公司　张秀珍　李思敏　王银灵
四方有限公司　袁玉敏　乔志红
浦镇厂　　　眭军燕　刘志虹
株辆厂　　　林爱春
眉山厂　　　杨玉兰　朱　姣
武昌厂　　　任　萍　李万芬　赵　虹
铜陵厂　　　刘红英　王江红
成都厂　　　邱　慧　邓　美
洛阳厂　　　张素丽　刘荣红　赵云霞
襄樊厂　　　李　静
二七车辆厂　冯宝金　闫利捷　孙晓云
石家庄厂　　单雪玲　王雅琴　王文蓉
　　　　　　赵咏梅
江岸厂　　　王宝莉　马　琼　夏　敏
南方汇通公司　胡素芬　习亚萍　张生香
株洲所　　　丁　昱　吴万明
戚墅堰所　　黄　燕　徐凤霞
襄牵公司　　石润梅　刘　红

【集团公司先进女员工工作者】

株机公司　　易红梅
资阳厂　　　王俊清
戚墅堰厂　　王林凤
四方股份公司　王彩云
株辆厂　　　曾宪桃
成都厂　　　杨秀兰
洛阳厂　　　李惠敏
南方汇通公司　蒲敏文

逝世人物

李茂林 男，1913年12月2日出生，河北省通县人，1950年4月8日加入中国共产党。曾任二七车辆厂货车解体车间木工、木工工长等职。1953、1954连续两年被评为北京市劳动模范。1979年1月31日退休。2005年2月10日逝世，享年92岁。

冯方银 男，1932年12月出生，湖北省武汉人，1949年5月参加革命，1952年9月29日加入中国共产党。曾任株机公司工会副主席、团委书记、政治部主任、党委副书记、纪委书记等职。1993年2月退休。2005年8月24日逝世，享年73岁。

李 伸 男，1925年出生，山西省武乡县人，1939年参加革命工作，同年加入中国共产党。抗日战争和解放战争时期，先后担任武乡县青年抗日救国会副主任，河北省新河县三区救联会主任，湖北省枣阳县区委书记和县委副书记等职。1966~1985年先后担任资阳厂政治部主任、党委副书记、党委书记。离休后享受正厅级政治生活待遇。2005年12月10日因病医治无效逝世，享年81岁。

余庆生 男，1941年1月出生，北京市人，回族。1964年9月参加工作，曾任株机公司检验科副科长、铁道部驻厂验收室副主任和主任等职。2001年3月退休。2005年12月15日逝世，享年64岁。

先进集体

一、获国家级荣誉称号

【全国文明单位】

株机公司

【全国企业文化建设先进单位】

眉山厂

【第十一届国家级企业管理现代化创新成果一等奖】

集团公司总部

株机公司

【全国职业教育先进单位】

湖铁院

【全国青年职业技能大赛“优胜杯”】

四方股份公司

【全国青年技能鉴定示范单位】

株机公司技师协会

南方汇通公司职业技能鉴定所

【全国模范职工之家】

戚墅堰所工会

四方有限公司工会

襄樊厂工会

【全国模范职工小家】

株辆厂组装车间上架CO_2焊班工会小组

二七车辆厂备件车间数控下料班工会小组

眉山厂货车公司备料车间设备维修班工会小组

四方股份公司总装一分厂管钳工段落车班工会小组

【全国“五四”红旗团委创建单位】

株机公司团委

【全国青年文明号】

四方股份公司转向架分厂侧梁班
株洲所安全装备事业部

【全国群众体育先进单位(2001~2005年度)】

眉山厂　　资阳厂　　戚墅堰厂

【全国亿万职工“迎奥运”健身活动月系列活动优秀组织奖】

集团公司

二、获省部级荣誉称号

【山东省文明单位】

四方股份公司

【湖北省文明单位】

襄樊厂

【四川省思想政治工作先进单位】

眉山厂

【河北省企业文化建设先进单位】

石家庄厂

【火车头奖杯获得集体】

二七车辆厂产品开发部
四方股份公司转向架分厂构架班
襄牵公司机械分厂机壳班

【全路模范职工之家】

四方股份公司工会
株洲所工会

【全路模范职工小家】

四方有限公司锻压分厂3吨锤班工会小组
武昌厂动能分厂变电站工会小组
石家庄国祥运输设备有限公司工会
江岸厂钢一车间工会
南方汇通公司铸工车间清铲班工会小组

【全国铁路女职工工作先进集体】

株机公司女职工委员会
戚墅堰厂工会女职工委员会
洛阳厂工会女职工委员会

【湖南省女职工工作先进集体】

株机公司女职工委员会

【中央企业“五四”红旗团委】

眉山厂团委

【中央企业“五四”红旗团委创建单位】

浦镇厂团委

【中央企业青年文明号】

浦镇厂产品开发部车电组

【中央企业“五四”红旗团支部】

南方汇通公司团支部

【四川省青年安全生产示范岗】

资阳厂柴油机分厂曲轴车间曲轴三班
眉山厂铸锻公司机械车间

【四川省“创建学习型组织,争做知识型技能职工”活动先进单位】

眉山厂

三、获集团公司荣誉称号

【集团公司“四好”领导班子】

成都厂
株机公司
资阳厂
石家庄厂
戚墅堰厂
四方股份公司
浦镇厂
洛阳厂

【集团公司先进基层党组织】

(一)厂所、公司党委
资阳厂党委

四方股份公司党委
二七车辆厂党委
(二) 分党委、党(总)支部
株机公司
备料分厂党总支部
营销国贸党支部
地铁事业部党总支部
转向架分厂党总支部
设备基建处党支部
资阳厂
铸造分厂党委
能源分公司党委
机车分厂铆焊车间党支部
锻压分厂水压机车间党支部
戚墅堰厂
配件分厂党委
内机分厂机车二车间党支部
四方股份公司
总装一分厂党总支部
技术中心电动车组开发部党支部
四方有限公司
客修公司党总支第二党支部
四方机车车辆技术学校党支部
浦镇厂
钢结构车间党支部
城轨公司党支部
株辆厂
人力资源部党支部
备料车间党支部
眉山厂
铸锻公司铸钢车间党总支部
货车公司货一车间党支部
产品开发部党支部
武昌厂
钢结构分厂党支部
木制品分厂党支部
铜陵厂
总装分厂党支部
水电能源公司党支部
成都厂
南车通力铁道车辆有限责任公司党委
转向架车间党支部
襄牵公司机械分厂党支部
洛阳厂
质保科开党支部
铸工车间党支部
襄樊厂
柴油机车间党支部
部件车间党支部
二七车辆厂
铸造车间党总支部
人力资源部党支部
石家庄厂
货车事业部台车车间党支部
货车事业部连动车间党支部
江岸厂
钢一车间党支部
南方汇通公司
铸工车间党支部
株洲所
株洲南车时代电气股份有限公司电力电子党支部
株洲时代工程塑料制品有限责任公司党支部
戚墅堰所
工程机械技术工程部党支部
湖铁院
教务第一党总支部
常铁校
学工党支部
集团公司总部
市场多经党支部

【集团公司“工会好班子”】

株机公司工会
资阳厂工会

戚墅堰厂工会
四方股份公司工会
株辆厂工会
成都厂工会
二七车辆厂工会
石家庄厂工会
株洲所工会
戚墅堰所工会

【集团公司女员工素质提升工程先进集体】

资阳厂工会女职工委员会
浦镇厂工会女职工委员会
株辆厂工会女职工委员会
铜陵厂工会女职工委员会
眉山厂四川制动科技股份有限公司制动机车间数控班
襄樊厂铸造车间造型班
二七车辆厂铸造车间女职工委员会
石家庄厂货车事业部钢架车间女职工委员会
江岸厂工会女职工委员会
戚墅堰所工会女职工委员会

【集团公司青年“双五小”成果征集评选活动先进单位】

株机公司	科协　团委
资阳厂	工艺技术部　团委
戚墅堰厂	总师办　团委
四方有限公司	技术中心　团委
浦镇厂	产品开发部　团委
株辆厂	科协　团委
武昌厂	综合管理部　团委
铜陵厂	工会　综合技术处　团委
洛阳厂	科技开发部　团委
二七车辆厂	科协　团委
石家庄厂	科协　团委

【集团公司“五四”红旗团委】

资阳厂团委
眉山厂团委
株机公司团委
浦镇厂团委
二七车辆厂团委
南方汇通公司团委
戚墅堰厂团委
四方股份公司团委
石家庄厂团委
株洲所团委

【集团公司先进基层团组织】

株机公司	电机公司分团委
	联诚集团分团委
资阳厂	柴油机分厂缸头车间团支部
	机车分厂转向架车间团支部
戚墅堰厂	车辆分厂总成车间团支部
	内机分厂电机车间团总支
四方股份公司	总装一分厂团总支
	车体分厂团总支
四方有限公司	客修公司团支部
浦镇厂	南京城市轨道车辆公司团总支
	客车团总支
株辆厂	台车车间团支部
眉山厂	四川制动科技股份有限公司分团委
武昌厂	客车钢架分厂团支部
铜陵厂	质量保证处团支部
成都厂	电机检修团支部
	机车车间团支部
洛阳厂	机械一车间团支部
襄樊厂	机车车间团支部
二七车辆厂	解体车间团支部
石家庄厂	货车事业部钢架车间团总支
江岸厂	备品车间团支部
南方汇通公司	铸工车间团支部
株洲所	电力电子事业部团支部
戚墅堰所	焊表检测团支部
襄牵公司	电机二分厂团支部

【集团公司青年文明岗标杆】

株机公司	地铁事业部总成部调试班
资阳厂	营销中心国际贸易部
戚墅堰厂	配件分厂机械三车间技术组
眉山厂	货车公司备料车间设备维修组
南方汇通公司	市场部市场销售组

【集团公司青年文明岗】

株机公司	组装分厂试验班
四方股份公司	车体分厂技术组
四方有限公司	客修公司车电工段电工二班
浦镇厂	配件车间数控组 城轨公司车体车间铆焊三组
株辆厂	技术中心工程设计部
武昌厂	客车组装分厂车电装车组
铜陵厂	钢结构分厂侧墙组成班
成都厂	机车车间小线组
洛阳厂	机械二车间数控车班
襄樊厂	柴油机车间精密件班
二七车辆厂	经营管理部信息系统开发与应用岗
石家庄厂	配件制造事业部机工分厂钻钳班
江岸厂	钢一车间侧墙组
株洲所	株洲时代电子技术有限公司工艺装备部
戚墅堰所	瑞泰公司技术组
襄牵公司	财务部

统计资料

2005年中国南车集团公司主要经营指标综合表(表1)

2005年中国南车集团公司各厂所、公司主要产品产量明细表(表2)

2005年中国南车集团公司各厂所、公司工业总产值、工业增加值和工业销售产值(表3)

2005年中国南车集团公司各厂所、公司、院校主要财务指标表(表4)

2005年中国南车集团公司各厂所、公司、院校用地与房屋建筑面积统计表(表5)

2005年中国南车集团公司各厂所、公司、院校设备拥有量分类统计表(表6)

2005年中国南车集团公司各厂内燃、电力机车修理周期统计表(表7)

2005年中国南车集团公司各厂、公司客车修理生产周期统计表(表8)

2005年中国南车集团公司各厂、公司货车修理生产周期统计表(表9)

2005年中国南车集团公司各厂所、公司多经企业状况统计表(表10)

表 1　　2005 年中国南车集团公司主要经营指标综合表

指　　标	单位	实际完成	指　　标	单位	实际完成
期末资产总计	万元	2845960	工业总产值（现价）	万元	2154218
全年主营业务收入	万元	2152723	工业增加值（现价）	万元	493295
实现利润总额	万元	16376	其中：主体企业工业增加值	万元	418686
应交税金合计	万元	77353	新造机车	台	564
年末员工人数	人	97644	其中：内燃机车	台	384
其中：在岗员工	人	86522	电力机车	台	180
非在岗员工	人	11122	新造城轨和地铁车组	节/组	206/39
固定资产原值	万元	1340241	新造客车	辆	772
固定资产净值	万元	890658	新造货车	辆	16508
设备总数	台	41575	修理机车	台	864
其中：金切及锻压设备	台	6893	其中：内燃机车	台	760
厂所占地面积	万平米	2079	电力机车	台	104
其中：工业用地	万平米	1292	修理客车	辆	1946
动力管线	公里	765	修理货车	辆	30120

表 2　　2005 年中国南车集团公司各厂所、公司主要产品产量明细表

产品名称	单位	合计	株机公司	资阳厂	戚墅堰厂	四方股份	四方有限	浦镇厂	株辆厂	眉山厂	武昌厂	铜陵厂	成都厂	洛阳厂	襄樊厂	二七车辆厂	石家庄厂	江岸厂	南方汇通	戚墅堰所
新造内、电机车	台	564	159	212	141	52														
新造内燃机车合计	台	384		191	141	52														
其中:路内用车	台	219		63	136	20														
地方或工矿用车	台	141		104	5	32														
出口车	台	24		24																
东风各型	台	262		99	137	26														
东风$_4$	台	7		7																
东风$_5$	台	2				2														
东风$_7$	台	24				24														
东风$_8$	台	155		74	81															
东风$_{11}$	台	56			56															
东风$_{12}$	台	18		18																
GK 车各型	台	98		68	4	26														
其他内燃机车各型	台	24		24																

续表 2

产品名称	单位	合计	株机公司	资阳厂	戚墅堰厂	四方股份	四方有限	浦镇厂	株辆厂	眉山厂	武昌厂	铜陵厂	成都厂	洛阳厂	襄樊厂	二七车辆厂	石家庄厂	江岸厂	南方汇通	戚墅堰所
新造电力机车合计	台	180	159	21																
其中:路内用车	台	133	112	21																
地方或工矿用车	台	43	43																	
出口车	台	4	4																	
韶山$_3$各型	台	24	3	21																
韶山$_4$各型	台	148	148																	
韶山$_9$各型	台	4	4																	
其他电力机车各型	台	4	4																	
新造城轨与地铁车组	节/组	206/39	90/17			32/8		84/14												
城轨车组	节/组	84/14						84/14												
地铁车组	节/组	122/25	90/17			32/8														
新造客车合计*	辆	772				376		396												
其中:路内用车	辆	580				190		390												
地方或工矿用车	辆	72				66		6												
出口车	辆	120				120														
25B各型	辆	19						19												
25G各型	辆	459				97		362												
25T各型	辆	147				134		13												
其他客车各型	辆	147				145		2												
新造货车合计	辆	16508			843				3727	3795	947	2049				2722	20	1130	1275	
其中:路内用车	辆	11332			725				2709	2150	940	820				2382		620	986	
地方或工矿用车	辆	4391			118				1018	960	7	1129				340	20	510	289	
出口车	辆	785								685		100								
敞车各型	辆	11215			825				3309	2370		1154				2002		720	835	
其中:敞64	辆	9300			825				2674	1880		1124				1372		690	735	
敞76	辆	460								260						200				
敞80	辆	785							355							430				
其他敞车	辆	570							280	230		30						30		
集装箱一平车各型	辆	773			17							36				720				
其中:NX17	辆	690														690				
其他平车	辆	83			17							36				30				

续表 2

产品名称	单位	合计	株机公司	资阳厂	戚墅堰厂	四方股份	四方有限	浦镇厂	株辆厂	眉山厂	武昌厂	铜陵厂	成都厂	洛阳厂	襄樊厂	二七车辆厂	石家庄厂	江岸厂	南方汇通	戚墅堰所
棚车各型	辆	1525								580	945									
其中:棚64型	辆	1385								440	945									
其他棚车	辆	140								140										
罐车各型	辆	957			1				310	80		156						410		
漏斗和自翻车各型	辆	1678							106	415		697					20		440	
长大货物车各型	辆	2							2											
特种车、专用车及其他各型	辆	358								350	2	6								
修理机车各型	台	864	6		298	3	10						186	225	136					
修理内燃机车各型	台	760			298	3	10						132	181	136					
其中:修理路内用车	台	725			298	3	7						124	163	130					
修理厂矿用车	台	35					3						8	18	6					
修理电力机车各型	台	104	6										54	44						
其中:修理路内用车	台	98											54	44						
修理厂矿用车	台	6	6																	
修理客车各型	辆	1946				202	575	866			155		148							
其中:客车改造	辆	762				170		592												
修理货车各型	辆	30120			3817						573	234				4659	10008	5841	4988	
其中:K2转向架改造	辆	22523			2700						500	200				3080	7680	4300	4063	
其中:修理路内用车	辆	30054			3790						550	234				4643	10008	5841	4988	
修理厂矿用车	辆	66			27						23					16				
其中:敞车各型	辆	20255			3807							25				3453	4522	5210	3238	
平车各型	辆	3486			10							209				1157	877	625	608	
棚车各型	辆	5651															4509		1142	
罐车各型	辆	106															100	6		
其他各型	辆	622									573					49				
供外机车车辆配件	件/套	4616846	9446	315781	353734	3231	2016	43588	12489	1694729		32812	1177	114571		183185	507872	20653	958325	363237
其中:机车配件	件/套	978185	9446	315781	129184	1552	676			53589		51	1177	114571						352158
客车配件	件/套	193078				1673	588	43588		135979		171								11079
货车配件	件/套	3426431			205404		752		12489	1505161		32590				183185	507872	20653	958325	
其他配件	件/套	19152			19146	6														

* 中含 BSP 新造客车 89 辆。

表 3　2005 年中国南车集团公司各厂所、公司工业总产值、工业增加值和工业销售产值

（单位：万元）

单位简称	按合并报表计算的工业总产值(现价)			其中：主体企业工业总产值			按合并报表计算的工业增加值(现价，收入法)			其中：主体企业工业增加值		
	本期实际	上年同期	±%	本期实际	上年同期	±%	本期实际	上年同期	±%	本期实际	上年同期	±%
厂所合计	2154218	1894355	13.72	1659944	1578145	5.18	493295	426181	15.75	418686	344712	21.46
株机公司	112325	279058	-59.75	84175	198981	-57.70	16982	42578	-60.12	5714	27805	-79.45
资阳厂	174133	188223	-7.49	139465	167758	-16.87	42827	46604	-8.10	33912	38868	-12.75
戚墅堰厂	236428	187018	26.42	236428	187018	26.42	51983	39538	31.48	51983	39538	31.48
四方股份	179867	189901	-5.28	-	189901	-	34353	41274	-16.77	34353	41274	-16.77
四方有限	134529	64003	110.19	16034	18922	-15.26	24681	16398	50.51	6201	8174	-24.14
浦镇厂	164256	113333	44.93	161801	110413	46.54	30496	20516	48.64	27101	17361	56.10
株辆厂	143352	111111	29.02	118912	93127	27.69	24152	19677	22.74	22424	16181	38.58
眉山厂	142109	76929	84.73	120578	70484	71.07	22477	23088	-2.65	15004	17406	-13.80
武昌厂	38544	20226	90.57	38457	19998	92.30	9947	4690	112.09	9850	4556	116.20
铜陵厂	65603	42000	56.20	64792	40833	58.68	12200	10686	14.17	9883	10309	-4.13
成都厂	48698	44168	10.26	36629	39536	-7.35	13796	11370	21.34	9404	9994	-5.90
洛阳厂	51390	47051	9.22	45847	42259	8.49	11940	12615	-5.35	10942	11221	-2.49
襄樊厂	19934	21978	-9.30	19934	21978	-9.30	4801	4632	3.64	4801	4632	3.64
二七车辆厂	149335	82051	82.00	143889	80088	79.66	28566	18282	56.25	21957	17962	22.24
石家庄厂	90210	75520	19.45	88155	74006	19.12	18243	19642	-7.12	17865	18722	-4.57
江岸厂	82066	65345	25.59	78158	59895	30.49	17271	14634	18.02	16467	13957	17.98
南方汇通	123411	151754	-18.68	89962	61248	46.88	23489	41873	-43.90	19929	18374	8.46
北京机械厂	-	3360	-	-	2561	-	-	1849	-	-	1956	-
株洲所	139644	88420	57.93	139644	63083	121.37	90970	25132	261.96	90970	16956	436.51
戚墅堰所	58384	34763	67.95	37084	29054	27.64	14121	8690	62.50	9926	7263	36.67
襄牵公司	-	8143	-	-	7003	-	-	2412	-	-	2204	-

表 4　　2005 年中国南车集团公司各厂所、公司、院校主要财务指标表

单位简称	主营业务收入（万元）	利润总额（万元）	应交税金合计（万元）	净资产收益率 %	总资产报酬率 %	主营业务利润率 %	成本费用利润率 %	总资产周转率 %	流动资产周转率 %	应收账款周转率 %	资产负债率 %	速动比率 %	国有资产保值增值率（%）	经营性现金流入流出比（/）
合　计	2152723	16376	77353	2.24	1.53	13.47	0.77	0.81	1.44	4.70	67.52	62.00	102.54	1.04
株机公司	81794	1390	3884	1.71	1.91	15.42	1.72	0.62	1.13	3.32	66.68	56.00	0.00	1.07
株机厂	148329	2063	4776	3.62	2.79	9.40	1.40	1.03	1.94	6.89	13.02	220.00	102.86	0.83
资阳厂	160500	1743	7039	2.18	1.92	10.35	1.10	0.84	1.32	3.23	71.83	62.00	102.19	0.91
戚墅堰厂	227404	4554	12501	4.86	3.66	7.40	2.04	1.46	2.05	10.53	67.24	72.00	104.87	1.08
四方股份	194693	4550	2113	7.72	2.44	12.48	2.39	0.94	1.72	4.09	77.95	55.00	107.39	1.14
四方有限	137018	1428	3923	0.51	1.54	10.58	1.04	0.60	0.97	2.21	84.87	65.00	100.54	1.10
浦镇厂	141194	875	5087	1.48	1.03	8.89	0.63	0.73	1.06	2.86	74.64	50.00	100.94	0.95
株辆厂	128012	2603	2601	4.84	4.19	12.90	2.07	1.27	2.48	9.60	69.07	51.00	104.87	1.06
眉山厂	130052	1471	3699	3.63	2.58	10.07	1.14	1.17	2.07	6.73	73.90	52.00	102.57	0.97
武昌厂	41755	-1452	2291	-11.79	-1.58	1.99	-3.32	0.75	1.76	5.80	79.43	46.00	88.87	1.15
铜陵厂	65250	232	2954	1.51	1.95	9.44	0.35	1.23	2.05	4.75	76.61	70.00	101.52	0.97
成都厂	54973	346	3151	0.87	1.29	15.80	0.63	0.71	1.38	5.89	58.16	47.00	100.93	1.00
洛阳厂	57755	93	1148	0.56	1.61	8.52	0.16	0.84	1.88	6.01	76.53	37.00	100.57	1.08
襄樊厂	21573	-1396	678	-54.64	-2.34	8.66	-6.02	0.57	0.99	4.56	95.49	40.00	63.14	0.93
二七车辆厂	131792	5306	5474	8.44	6.39	14.80	4.20	1.52	2.27	26.29	73.33	56.00	107.38	1.14
石家庄厂	85812	493	792	3.10	1.26	10.29	0.57	1.34	2.59	5.07	76.88	52.00	103.12	1.07
江岸厂	79849	1021	2002	6.99	3.80	9.63	1.28	1.93	4.67	13.17	68.22	40.00	107.66	1.01
南方汇通	115575	-15410	2190	-18.03	-5.26	15.92	-13.65	0.46	0.88	3.28	47.51	74.00	83.72	1.11
贵阳厂	9484	-10897	341	77.10	-15.28	13.55	-63.55	0.18	0.42	5.13	146.19	15.00	230.79	1.07
株洲所	157606	15886	9534	13.95	7.58	38.10	11.12	0.66	1.05	2.65	47.44	104.00	116.73	1.08
戚墅堰所	43449	3363	2702	8.54	6.79	19.31	8.23	0.73	1.04	2.77	60.67	157.00	108.92	1.03
铁工经贸	5037	-738	610	-1.19	-1.13	15.97	-12.01	0.08	0.80	16.54	6.30	177.00	98.81	0.91
新力搏	11278	175	152	0.51	1.46	5.53	1.55	0.51	0.83	2.63	6.68	866.00	101.23	1.41
湖铁院	10972	447	262	6.04	4.41	10.55	4.05	0.63	2.78	7.82	58.92	18.00	106.23	1.31
常铁校	2909	325	80	6.67	5.73	26.43	10.48	0.51	1.04	7.63	19.57	279.00	101.43	1.22

表5　　2005年中国南车集团公司各厂所、公司、院校用地与房屋建筑面积统计表

单位简称	用地总面积（万平方米）				房屋建筑面积（平方米）			露天跨面积（平方米）	厂营铁路（公里）	6千伏以上电力线路（公里）	动力管道（公里）
	合计	工业用地	生活用地	其他用地	合计	生产房屋	生活房屋				
合　　计	2079.1	1292.3	685.1	93.2	8029166	4085930	3943236	191749	250.8	482.55	765.19
株机公司	220.8	110.7	108.6	1.5	1493572	386948	1106624	2221	24.1	45	78
资阳厂	171.9	104.3	66.1	1.5	387634	271988	115646	23857	8	60.5	90
戚墅堰厂	167.6	104	54.1	9.5	998772	449681	549091	15040	23	33	71
四方股份	95.8	95.8			245179	245179		36654	27.6	56.8	60.5
四方有限	233.3	155.8	77.3	0.2	188826	107906	80920	3160			
浦镇厂	111.2	70.1	40.8	0.3	320922	204392	116530	12194	4.2	15.6	61.5
株辆厂	133.7	58.7	45.79	29.12	225209	168997	56212	15320	16.26	25.35	38.5
眉山厂	104.6	58.3	43.7	2.6	401726	177473	224253	11014	9	83.3	52
武昌厂	83.3	52	29.1	2.2	261296	190819	70477	18668	24	11	23
铜陵厂	86.3	59.6	26.6	0.1	204797	150866	53931	11268	25.6	27	17.8
成都厂	76.2	55.4	20.77	0	248106	187723	60383	0	11.4	28	21
洛阳厂	97.2	65.7	31.5	0	234158	157386	76772	2756	14.7	20.5	97.5
襄樊厂	111	46.9	35.4	28.7	373020	151314	221706		9.54	3.5	13
二七车辆厂	98.9	70.2	28.2	0.5	438726	190535	248191	26563	16.4	17	28
石家庄厂	58.1	40	18	0.1	446378	185205	261173		16	8	42
江岸厂	46.07	31.84	13.8	0.43	477800.4	152846.4	324954.1	9339	10	7.5	28.2
贵阳厂	113.8	71	41.5	1.3	438943	201506	237437	3153	11	35	30
戚墅堰所	9.2	9.2	0	0	72786	69473	3313	0		3.2	5
株洲所	33.3	25.9	3.8	3.6	135200	97635	37565	0			2
新力搏公司											
铁工经贸	11.53			11.53	89796.84	89796.84					0.5
湖铁院	7.33	7.33				242490.27	35121			0.7	4.2
常铁校	7.984				68709.08	5772.05	62937	542	0	1.6	1.49

表 6　　2005 年中国南车集团公司各厂所、公司、院校设备拥有量分类统计表（单位：台）

单位简称	设备总计	设备分类拥有量									
		金切机床	锻压设备	动力设备	电器设备	起重运输	工作炉金属处理设备	木工铸造设备	试验设备	工程机械	其他杂项
合　　计	41575	5501	1392	4403	13075	6108	1153	994	2125	153	6674
株机公司	2612	145	66	864	761	407	29	3	47	1	289
资 阳 厂	3210	863	113	276	821	549	176	100	95	5	212
戚墅堰厂	3921	780	158	322	1268	773	159	125	175	8	153
四方股份	2448	513	69	101	1087	326	54	6	101	2	189
四方有限	650	105	50	16	139	134	41	116	17	6	26
浦 镇 厂	1828	169	78	154	573	420	24	48	76	5	281
株 辆 厂	2582	135	104	187	1197	303	36	19	62	6	533
眉 山 厂	2039	233	73	187	949	383	51	51	56	12	44
武 昌 厂	1161	103	67	59	412	298	31	62	33	7	89
铜 陵 厂	1424	255	37	191	462	209	49	51	53	17	100
成 都 厂	1163	226	38	55	439	243	49	10	56	3	44
洛 阳 厂	2573	414	63	447	469	312	80	52	188	7	541
襄 樊 厂	2231	213	63	242	237	213	51	16	375	25	796
二七车辆厂	2109	203	89	171	877	393	38	107	73	7	151
石家庄厂	1853	227	89	153	647	344	42	61	85	14	191
江 岸 厂	1827	319	94	85	608	310	54	45	91	7	214
贵 阳 厂	3209	148	119	190	1360	286	67	74	193	7	765
戚墅堰所	612	124	4	141	54	69	48	43	76	14	39
株 洲 所	1430	29	6	553	625	83	60	0	70	0	4
新力搏公司											3
铁工经贸	42				12	13					17
湖 铁 院	2370	219	9	4	30	30	2	1	101	0	1974
常 铁 校	281	78	3	5	48	10	12	4	102	0	19

表7　2005年中国南车集团公司各厂内燃、电力机车修理生产周期统计表

（单位：天/台）

单位简称	车种	出厂数量（台、辆）	在修日数		在厂日数	
			总日数	平均日数	总日数	平均日数
修理内燃机车合计		705	17198	24.39	25316	35.91
戚墅堰厂	东风$_{11}$	102	2689	26.36	4396	43.09
	东风$_{8}$	61	1673	27.42	2654	43.51
	东风$_{4}$	133	3163	23.78	5111	38.43
成都厂	东风$_{4}$	99	2304	23.27	2948	29.78
	东风$_{5}$	9	321	35.67	323	35.89
襄樊厂	东风$_{4}$	120	3266	27.22	4601	38.34
洛阳厂	东风各型	181	3783	20.90	5283	29.19
修理电力机车合计		75	2333	31.11	2768	36.91
成都厂	韶山$_{1,3}$型	31	1085	35.01	1088	35.10
洛阳厂	韶山各型	44	1248	28.36	1680	38.18

表8　2005年中国南车集团公司各厂、公司客车修理生产周期统计表

单位简称	出厂数量（辆）	在修日数		在厂日数	
		总日数	平均日数	总日数	平均日数
合计	1691	56072	33.16	85983	50.85
四方有限	580	20533	35.40	36507	62.94
浦镇厂	808	26228	32.46	32769	40.56
武昌厂	155	4960	32.00	9455	61.00
成都厂	148	4351	29.40	7252	49.00

表9　　2005年中国南车集团公司各厂、公司货车修理生产周期统计表

单位简称	车种	出厂数量（辆）	在修日数（天）		在厂日数（天）	
			合计	平均	合计	平均
总计	合计	28988	266329	9.19	511497	17.65
	敞车	20213	184848	9.15	307229	15.20
	平车	3358	30518	9.09	50603	15.07
	棚车	5651	54239	9.60	153664	27.19
戚墅堰厂	敞车	3790	44722	11.80	63672	16.80
江岸厂	合计	5835	40203	6.89	72529	12.43
	敞车	5210	35897	6.89	64760	12.43
	平车	625	4306	6.89	7769	12.43
石家庄厂	合计	9765	95182	9.75	215053	22.02
	敞车	4522	40924	9.05	72171	15.96
	平车	734	6643	9.05	11715	15.96
	棚车	4509	47615	10.56	131167	29.09
南方汇通	合计	4988	41622	8.34	91725	18.39
	敞车	3238	29466	9.10	58284	18.00
	平车	608	5533	9.10	10944	18.00
	棚车	1142	6624	5.80	22497	19.70
二七车辆厂	合计	4610	44600	9.67	64540	14.00
	敞车	3453	33839	9.80	48342	14.00
	平车	1157	10760	9.30	16198	14.00
铜陵厂	平车	234	3276	14.00	3978	17.00

表 10　　2005 年中国南车集团公司各厂所、公司多经企业状况统计表

单位简称	多经企业性质				多经总收入(万元)		多经从业人员(人)			多经企业利润总额(万元)
	总计	其中			总　计	其中	总　计	其中		
		有限责任公司	股份有限公司	其他		非机车车辆产品销售收入		在职员工	其他人员	
合　　计	108	66	5	37	568677	206967	16991	11569	5424	-13815
株机公司	4	4			23620	1617	1351	756	595	242
资阳厂	5	3		2	69182	13797	944	479	465	75
戚墅堰厂	5			5	32865	1841	110	93	17	310
四方有限	10	8		2	40884	15471	1143	885	258	39
浦镇厂	7			7	9503	3487	625	477	148	-140
株辆厂	9	9			95300	7236	2099	1606	493	4367
眉山厂	1			1	31302	7042	273	251	22	-296
武昌厂	8	6		2	13019	10033	785	743	42	115
铜陵厂	10	10			22566	1220	360	212	148	108
成都厂	2	2			1402	1161	179	95	86	5
洛阳厂	3	1		2	21616	7905	508	469	39	181
襄樊厂	6	1	1	4	3651	2176	595	489	106	-361
二七车辆厂	4	4			20657	10182	553	307	246	2264
石家庄厂	4	2		2	27207	7874	749	469	280	2252
江岸厂	7	2	1	4	11214	6606	1000	423	577	666
贵阳厂	10	7	1	2	75931	59793	3428	2618	810	-36031
株洲所	8	2	2	4	55686	41093	1979	1060	919	11533
戚墅堰所	5	5			13072	8433	310	137	173	856

合资合作经营企业

青岛四方—庞巴迪—鲍尔铁路运输设备有限公司

株洲西门子牵引设备有限公司

株洲斯威铁路产品有限公司

石家庄国祥运输制冷设备有限公司

北京隆长泰工程机械有限公司

北京丰华实机械有限公司

北京中铁二七储运有限公司

汇通源泉环境科技有限公司

贵州航天电源科技有限公司

贵州汇通华城楼宇科技有限公司

宇宙钢丝绳有限公司

南方汇通微电子分公司

青岛四方—庞巴迪—鲍尔铁路运输设备有限公司

2005年2月24日，青岛四方—庞巴迪—鲍尔铁路运输设备有限公司（简称BSP公司）与青藏铁路公司签约173辆青藏铁路客车订单，包括硬座车、硬卧车、软卧车、餐车4个车型。4月17日，首辆青藏车开始投入生产。4月24日，铁道部原部长、最高人民检察院原检察长韩杼滨等，到公司视察。5月30日，与广深铁路股份有限公司签定时速200公里的20列（共160辆）EMU动车组合同。6月2日，铁道部副部长孙永福等对公司青藏车设计制造情况进行了视察。10月31日，加拿大庞巴迪公司董事会主席兼首席执行官劳伦·博德万，对公司进行了考察访问。12月10日，与美国国际联合列车公司签定了51辆青藏铁路旅游观光车合同，共包括套房车、酒吧休息室车、餐厅车、厨房餐车4个车型。12月30日，BSP公司生产的首列青藏车（15辆）通过铁道部验收。

年内，BSP公司荣获“青岛市最佳雇主”、“青岛市纳税信用等级AAA级企业”、“青岛市城阳区突出贡献外商投资企业”等荣誉称号。

（公司办公室　供稿）

株洲西门子牵引设备有限公司

2005年5月，株洲西门子牵引设备有限公司（简称STEZ）召开了第九次董事会，决定将STEZ变成50∶50（中、德双方股权）的合资公司，名称保持不变，总经理由中方提名，商务经理由德方提名，董事会由6人组成，中、德双方各3人。同月，STEZ就技术转让有关问题草拟了转让协议，协议的范围是型号为SIBAC 1800 14SP2ST01的交流牵引逆变器的组装和试验（含辅助逆变器）。8月，STEZ与株机公司联合参加广州地铁3号线的投标，并中标。12月，与株机公司联合参加上海一号线延伸段6改8投标，并中标。12月，各股东就STEZ的复兴问题召开第二次股东会议。

（俞鸣霞　供稿）

株洲斯威铁路产品有限公司

2005年，株洲斯威铁路产品有限公司有员工660人。占地面积6万多平方米，其中厂房建筑面积3.35万平方米；年生产能力2万吨铸钢件。全年完成95辆澳大利亚平车牵引杆及固定尾框，160千米/时转向架摇枕、侧架、轴箱（轮盘式、轴盘式），五（D）轴侧架，澳大利亚矿石漏斗车的摇枕、侧架、牵引杆等配件试制和小批量生产；完成合格钢水34121吨，浇注铸件27496吨，交库铸件26511吨，销售铸件26232吨；完成销售收入2.58亿元（其中出口创汇1789万美元，占年销售收入的57%），实现利润3060万元。公司是由株辆厂和美国ABC铁路产品中国投资公司共同组建的中美合资企业。投资总额1.52亿元，注册资本1.08亿元，其中株辆厂占注册资本总额的60%。ABC铁路产品中国投资公司占注册资本总额的40%。

（张玉芳　供稿）

石家庄国祥运输制冷设备有限公司

2005年，石家庄国祥运输制冷设备有限公司（简称公司）从业人员238人。资产总额28480万元，其中固定资产原值848万元，净值744万元，负债总额17803万元，所有者权益10677万元。全年，生产客车空调机组501台，机车空调737台，地铁空调306台，城市轻轨空调154台，大修机组510台。实现销售收入12220万元，利税2743万元。

年内，公司基本建设投资加大，新厂区建设四大建筑主体完工，其它基础设施也相继开工，预计2006年5月份投入使用。继南京地铁项目之后，又争取到上海地铁1号线延长线地铁空调项目和时速200公里动车组空调项目。新品开发先后开发出土库曼斯坦车用KLDGFⅡ型高温防沙空调机组，广州地铁四、五号线空调机组、废排单元、控制盘，古巴机车KLD5.0B型空调机组，唐山厂磁悬浮列车KGD35空调机组，宝鸡新铁养路公司KLD29A空调机组，长客厂伊朗地铁DLD35空调机组，二七车辆厂安哥拉项目KLF5HG空调机组，北京地铁司机室BD2G车用KGF4.5A型空调机组，青藏线用空调机组，株洲韶山$_{4B}$型机车用KLDP5.0空调机组等产品。此外，公司继在井陉、平山等贫困地区捐资兴建国祥希望小学后，又在栾城县出资兴建“代梅国祥希望小学”。

（袁　洋　供稿）

北京隆长泰工程机械有限公司

2005年，北京隆长泰工程机械有限公司（简称公司）实现销售收入3092万元，实现利润创历史新水平。公司是由二七车辆厂与北京隆铁技术咨询公司及香港东阳有限公司合资兴建的冲压产品专业制造企业。其前身是具有10年以上铁路轴承辅件专业生产历史的二七车辆厂轴承辅件厂（铁道部唯一一家铁路轴承辅件的定点厂家）。主产品——国产197726型轴承保持器于1987年正式投产，同年通过部级鉴定，1990年在铁路轴承辅件产品质量评比中名列前茅，各项指标均达到部颁标准，年产量达40万件。公司实现计算机网络化管理，通过了ISO9001质量管理体系认证。2月，由公司控股，铁科院、四方所等合资组建的北京隆轩橡塑有限公司正式成立。主营产品352226型工程塑料保持架，填补了这一领域国内的空白。

（厂　办　供稿）

北京丰华实机械有限公司

2005年，北京丰华实机械有限公司（简称公司）实现销售收入4925万元，实现利润

600多万。该公司是由二七车辆厂控股、石家庄厂、北京仟世名信息咨询中心、英属维尔京群岛(BVI)融慧投资有限公司共同出资建立的中外合资企业。公司成立于2001年7月30日,注册资金1600万元。截至2005年底,资产总额2407万元。主要制造铁路货车提速用转K2型交叉支撑装置、L-B型组合式制动梁及陶瓷复合内衬钢管。2004年2月,通过ISO9001质量体系认证。公司拥有环焊自动线、浸漆自动线、进口焊接机械手、自动排尘设备及制动梁组装线等。年产转K2型交叉支撑装置60000辆份、组合式制动梁30000辆份、陶瓷复合钢管1000吨。

(厂　办　供稿)

北京中铁二七储运有限公司

2005年,北京中铁二七储运有限公司(简称公司)实现产值149万元,利润28.5万元。公司是由二七车辆厂与中铁现代物流科技股份有限公司共同发起成立的股份制企业,注册资金1000万元,成立于2004年10月,主营业务为轿车整车储运。公司投资近800万元建成标准库房8300平方米,硬地车场4000平方米,配备有装卸汽车的双层液压站台,可接、发双层平车、双层集装箱车等;拥有铁路双层平车和双层集装箱车收、发小轿车业务的高站台及两条专用线。公司完善软、硬件资源,为客户提供优质高效服务,努力拓展以北京为中心辐射全国的汽车整车物流市场及延伸业务,曾为广州本田、广州风神、重庆长安铃木、重庆长安福特、东风日产等多家单位提供商品轿车的存储和配送业务,建立了规范的作业流程和操作标准,积累了丰富的长、短途板车配送的操作经验,培养了一批专业的技术和作业人员。公司积极参与汽车物流市场的竞争,和多家物流公司结成战略联盟,达到资源共享、信息共享,具备了大宗业务协同运作的能力。

(厂　办　供稿)

汇通源泉环境科技有限公司

2005年,汇通源泉环境科技有限公司生产各类膜产品组件15.9万只,实现销售收入1931万元,比上年同期增长90%。年内,公司加大技术攻关力度,在配方改良、工艺进步、装备提升等方面都取得较好成效,提高了产成品率。强化基础管理,抓好专业人才的培养和引进,搞好营销策划工作。开拓国际市场,在台湾、韩国及泰国市场实现稳步增长的同时,开始进入欧洲市场,不断提高家用膜、工程用膜的市场份额。

(企业文化部　供稿)

贵州航天电源科技有限公司

2005年,贵州航天电源科技有限公司生产各类锂电池2330万只,实现销售收入17028万元,比上年同期增长41%。年内,面对激烈的市场竞争,加快新产品开发力度,建成了聚合物电池生产线,日产已达到3000只电池以上生产能力。加快技术进步步伐,从提高电芯的性能、用途、优化产品配方、提高产品的外观设计和新技术应用、降低设计成本等多方面入手,技术开发工作取得了良好成效。加大技术改造力度,提高自动化水平和劳动生产率,日产达到12万只的生产能力。

(企业文化部　供稿)

贵州汇通华城楼宇科技有限公司

2005年,贵州汇通华城楼宇科技有限公司实现销售收入2074万元。年内,加快营销网络的建设步伐,已在省外开设了1个分公司和14个办事处,初步建成全国性的市场营销网络。推广合同能源管理(EMC)服务,提高了项目的市场竞争力。以市场为导向,不断进行技术创新,产品开发取得了显著成效。完成企业ERP系统的研发工作,实现了企业信息资源的共享,提高了监管效率和工作效率。

(企业文化部　供稿)

宇宙钢丝绳有限公司

2005年,宇宙钢丝绳有限公司生产各类钢丝绳5099吨,同比增长12.6%;实现销售收入3283万元,同比增长7%。年内,创新生产组织方式,提高了劳动生产率,实现了高产。自筹资金实施技术改造,进一步提高了产量和产品质量。开拓国内外市场,争取大量的市场订单,产品供不应求,一直处于满负荷生产状态。

(企业文化部　供稿)

南方汇通微电子分公司

2005年,南方汇通微电子分公司实现销售收入1707万元,同比增长17%。年内,加大市场营销力度,不断开发新客户,主要产品定货稳中有升,呈现供不应求局面。做好新产品及军品开发工作,成功开发了1206、1210、1812系列产品,高频贴片电感拥有了从0402到1812的全系列陶瓷绕线高频电感的生产能力。军品销售收入大幅上升,产品用于国家"921"重点工程,得到国家信息产业部的通报表彰。

(企业文化部　供稿)

附录

牢固树立服务运输宗旨　全面提升车辆装备水平　为推进

铁路跨越式发展作出新的更大贡献

我国轨道交通网的结构与技术特征

装用280系列柴油机机车的技术优势和发展前景

我国自行研制的DMUs和EMUs回顾

中华人民共和国铁道部2005年铁道统计公报

2005年铁路主要指标完成情况

牢固树立服务运输宗旨　全面提升车辆装备水平
为推进铁路跨越式发展作出新的更大贡献

摘要：“十五”期间，以车辆装备水平全面提升为主要标志，车辆工作实现了历史性跨越，车辆装备技术现代化、车辆安全、运输保障能力、生产力布局调整和基地建设、车辆检修制度发展、现代化安全防范体系等各项工作取得了巨大成效。按照“十一五”规划和铁路跨越式发展总体部署车辆工作将大力推进车辆装备现代化，初步形成在规模数量、整体性能、技术水平和安全防范等方面的车辆装备安全保障体系。2006年，要加快推进车辆装备现代化，做好第六次大提速和青藏铁路开通运营的各项准备工作，积极稳妥推进生产力布局微调，坚持安全第一、质量为本，确保全年经营目标的实现，加快推进车辆信息化建设，提高全员综合素质，开创车辆工作新局面。

2006年全路车辆工作会议，是在全路上下认真贯彻落实全国铁路工作会议精神，深入推进铁路跨越式发展和铁路“十一五”规划的形势下召开的一次重要会议。会议的主要任务是：贯彻落实全国铁路工作会议精神，按照铁路跨越式发展的总体部署，总结“十五”工作，分析面临的形势，明确“十一五”总体思路，部署2006年主要任务，动员全路车辆部门干部职工，抓住机遇，拼搏进取，确保“十一五”开局之年首战必胜，为深入推进铁路跨越式发展作出新的更大贡献。

1　以车辆装备水平全面提升为主要标志，“十五”车辆工作实现历史性跨越

实施铁路跨越式发展战略三年来，车辆工作按照铁道部总体部署，把握铁路跨越式发展总体思路，紧紧围绕服务铁路运输，拼搏进取，扎实工作，各项工作取得了令人鼓舞的巨大成效。

1.1　车辆装备技术现代化取得重大突破

动车组技术引进实现预期目标。根据铁路中长期发展规划和国务院《研究机车车辆装备有关问题的会议纪要》，按照“引进先进技术、联合设计生产、打造中国品牌”的总体要求，如期完成了200 km/h和300 km/h动车组采购合同和技术转让协议的签约，部件生产和总装工作已经启动，整体项目进展顺利。时速200 km以上动车组的成功引进，标志着我国铁路客车技术已跻身世界先进行列。

动车组技术国产化进展顺利。通过动车组技术引进、消化、吸收，促进国内装备制造行业整体水平提高。以九项关键技术、十项主要配套技术为重点的引进和国产化工作进展顺利，已全面进入技术资料转让和人员培训阶段。实现了关键技术引进，也将进一步实现国产化的预期目标，各项工作正有序展开。

货车提速技术取得新突破。适应铁路实施提速战略要求，货车实施全面提速，进而带动货车技术水平整体升级。2003年起新造货车全部按商业运行速度120 km/h生产，2004年开始对既有货车进行120 km/h提速

改造，2005 年进一步加快提速改造步伐，提前完成了 7 万辆改造任务。截至“十五”末，满足提速要求的货车达到 24.8 万辆，占总保有量的 46%。

货车重载技术实现新跨越。坚持自主创新，研制开发出满足开行万吨级列车要求的载重 70 t、轴重 23 t通用货车和轴重 25 t 的 C_{80}、C_{76}型运煤专用敞车、双层集装箱平车，以及载重 80 ~ 100 t 级专用货车，为大秦线成功开行万 t、2 万 t 列车、开行双层集装箱专列提供了有力的装备保证，为实现我国铁路货车升级换代奠定了基础，为促进铁路实施内涵扩大再生产，缓解“瓶颈”制约，提供了强有力的装备支持。

客、货车配套技术得到全面发展。研制开发了适于 160 km/h 的客车转向架，推广应用了 DC 600 V 机车向客车供电技术；推广应用了集成式电空制动装置、电子防滑器、盘型制动装置、密接式车钩、弹性胶泥缓冲器，安装使用了客车安全监控装置。研制开发并推广使用了满足 120 km/h 要求，适应 21 t、23 t、25 t 轴重的货车转向架；空气制动装置实现全面升级；引进了美国 F 型车钩技术和大容量缓冲器；推广使用了统一标准的紧凑型轴承和取消卸荷槽的 50 钢车轴等新型零部件，不锈钢、铝合金等新材料得到广泛应用。

1.2 适应了铁路提速要求，车辆安全保持基本稳定

“十五”期间，铁路成功实施了第四、第五两次大面积提速，客、货车辆在装备保障、安全防范、作业组织等各方面适应了提速要求。

直达客车成功开行。结合第五次提速研制了 160 km/h 速度等级的 25T 型新型客车，实现了最长距离 1664 km 直达运行，开行近 2 年来保证了运行安全。结合 160 km/h 速度等级新型客车的技术特点和运营情况，在客车检修运用体制上进行改革，每列车的乘务员数量减少 50%。

车辆安全可靠性全面提升。对客车电气装置实施“3C”认证和“CRCC”认证；广泛应用集成式电空制动装置、电子防滑器、盘型制动装置，车下配线采用模块化，对主要配件实施寿命管理。货车推广使用高可靠性的转 K2、转 K4 型等新型转向架，新造货车全部装用，对既有货车进行提速改造，对摇枕、侧架等关键零部件实行了寿命管理，使车辆安全可靠性大幅度提高。

车辆惯性故障得到有效整治。以客车“四防”、货车“五防”为重点，强化整车及配件制造、检修源头质量控制和列检防范。对 25K 型客车转向架进行整治，更换构架，更换摇枕吊杆，有效地遏制了提速客车转向架事故和故障集中出现的势头。货车定检采用了抛丸除锈、探伤检查等控制手段，加强了轮对、摇枕、侧架等大部件检查，加严了车钩及缓冲装置检修标准，推广使用了新型组合式制动梁、塑钢保持轴承等，列检进一步提高了作业质量。

车辆安全基础得到加强。新的《铁路客车运用维修规程》将于 6 月 1 日正式实施。颁布了《25K 型客车 A4 修规程》、《25B 型、25G 型客车厂修规程》和《25T 型客车 A1—A3 修规程（试行稿）》；重新颁布实施了货车《厂规》、《段规》、《站规》和《运规》，并对工艺标准进行了相应的调整，在检修方式上逐步实现了“检修分离，异地检测，集中加修、换件修”。各车辆段开展了大规模的工艺线建设，微控、数控等自动化检修、检测、探伤设备得到广泛应用。

车辆安全事故明显减少。车辆安全始终处于受控状态，经受住了全路五次大面积提速和铁路局直管站段体制改革、生产力布局调整等方面的严峻考验。

1.3 运输保障能力显著增强

车辆整体规模迅速发展。截至 2005 年末，铁路客车保有量 39117 辆，较“九五”末增加 2865 辆，增长 7.9%；货车保有量达到 649429 辆，较“九五”末净增 95126 辆，增长 17.16%，其中国铁 545184 辆、自备车 104245 辆，货车总载重能力由“九五”末的 2619.9 万 t，提高到 3922.6 万 t，增长 49.72%。

车辆品种逐步实现多样化。空调客车占总保有量的比例由“十五”前的 34.1% 提高到“十五”末的 45.6%，新增时速 160 km 的空调客车 1299 辆，占客车保有量的 3.3%，时速 140 km 的空调客车占客车保有量的 11.5%。推出了铝合金运煤专用敞车、双层集装箱平车、散装粮食车等达到世界先进水平的新型货车，国铁货车车种车型由“九五”末的 148 个，增加到 236 个，增长了 59.5%，自备车车种车型达到 210 个，逐步实现了货车品种多样化。

内涵发展取得显著成效。客车采取了异地检修，提高了车辆使用效率；通过推广应用 DC 600 V 机车供电技术，取消了发电车，共开行了 69 组机车供电的列车，可相应增加近 4.6 万个硬卧定员。积极实施既有货车增载措施，对敞、平、棚 3 个车种 31 个车型 37 万多辆货车实行增载，在货车总保有量不变的前提下，相当于增加运用车近 1.6 万多辆。约占保有量三分之二以上的货车取消了辅修修程，每年减少扣修 40 多万辆次。

1.4 生产力布局调整和基地建设取得初步成效

铁路局直管站段体制改革后，铁路局车辆处、车辆段顺利完成了管理体制转换和职能调整，红外线、调度、HMIS 等实现无缝切换，新建铁路局车辆运行安全监测中心 13 个，新增点对点传输通道 2068 条，增设局间互传通道 116 条。在铁道部的统一部署下，各铁路局精心组织，有序推进，实现了确保不间断运行、确保无缝切换、确保运输安全的目标。各铁路局加大车辆检修基地建设投资力度，坚决贯彻落实“先进、成熟、经济、实用、可靠”的方针，实施车辆检修、检测设备创新，组织实施和配备了大批先进检修、检测设备，为检修质量提高提供了装备保证，为提高作业效率、实现检修装备跨越式发展奠定了基础。确定了北京、上海、武汉、广州四大动车段检修基地和沈阳、北京、青岛、汉口、上海南、杭州、广州东等 21 个动车组运用所。

1.5 车辆检修制度改革取得重要进展

客车厂修和段修由定期检修，改革为走行公里与使用时间相结合检修模式，平均厂修周期从 7 年延长到 10 年，段修周期由 1.5 年延长到 2 年；货车厂、段修周期普遍延长，主要通用货车厂修从 5 年延长至 9 年，段修由 1 年延长至 1.5 年；对大秦线运煤专用车等专用货车和行包快运棚车等固定配属的货车，采取了按走行里程检修为主、定期检修为辅的检修制度。

1.6 现代化安全防范体系初步形成

全面完成了“六大干线”5T 安全监控预警系统建设任务，红外线轴温探测系统覆盖率达到 77%，并实现了全路联网。安装使用了客车行车安全监测诊断装置，对空调、电源供电、轴温、防滑器、烟火报警器等系统进行实时监控。

1.7 经营管理取得良好效果

在货车整车新造、检修招标的基础上，对关键零部件实行招标采购，压缩成本支出，改革检修清算制度，采取了按车种车型、技术状态清算的方式，利用经济杠杆鼓励修破车、修长期过期车，对提前扣修不予清算，解决挑车修的问题。车辆调度工作在加强生产组织、大力压缩检修残车、加快货车周转和车号管理、货车报废管理等方面发挥了很好的作用。

1.8 车辆信息化迈出新的步伐

根据铁路信息化建设总体规划，制定颁布了车辆信息化建设规划。建成了货车车号自动识别系统，铁路货车全部安装了自动识别标签，实现了货车自动追踪管理；在局分界口利用车号识别系统进行货车使用费清算，建立了辆车/小时清算管理体制，确保运输组织均衡和运输效率提高；建成了铁路货车技术管理信息系统（HMIS）和铁路车辆验收管理信息系统（YMIS），并逐步完善，形成了货车制造、检修、运用技术信息“网络传输、全面覆盖、信息共享、全程跟踪”现代化管理系统，为货车管理现代化搭建了新的技术平台。

1.9 质量监督作用得到充分发挥

贯彻落实《铁路运输安全保护条例》，落实了车辆设计、生产和维修行政许可制度，对车辆设计、生产、维修单位颁发了设计、生产、型号许可证和维修合格证。重新修订了自备车生产、检修、运用管理办法，规范自备车管理，提高自备车生产、检修质量。铁道部对驻厂机车车辆验收管理体制的改革顺利实施，成立了六个区域机车车辆验收办事处，形成了铁道部、区域验收办事处和驻厂验收室三级管理体制。颁布实施了((铁路车辆重要零部件生产资质管理目录》，规范车辆配件市场准入制度，净化了配件生产、供应渠道。全面完成客货车整车及配件质量监督验收任务，强化客货车辆整车和配件质量控制，确保车辆和关键零部件产品质量。

2 在“十一五”规划的宏伟蓝图中，以高度的历史使命感，担负起开创车辆工作新局面的重任，推进铁路跨越式发展

按照“十一五”规划，未来五年我国国民经济将继续保持快速平稳增长，到2010年，人均国内生产总值比2000年翻一番。这一宏伟规划，为深入推进铁路跨越式发展打开了更为广阔的空间。车辆作为完成运输任务的重要物质基础，随着铁路跨越式发展的不断深化，将进入新的发展阶段。

“十一五”车辆工作的总体思路是：以铁路跨越式发展为指导，突出客车高速快速，货车重载快捷，大力推进车辆装备现代化；理顺生产力布局调整后的各项管理制度，加强专业管理，提高造修质量，完善防范手段，强化队伍建设，初步形成在规模数量、整体性能、技术水平和安全防范等各方面达到或接近世界发达国家水平，满足国民经济和铁路运输发展要求的铁路车辆装备保障体系。

“十一五”车辆工作要实现以下目标：

(1) 率先实现东部客车装备现代化。按期兑现时速200 km及以上动车组引进目标，在铁路第六次提速时，时速200 km动车组投入30列，2006年年底前累计达到45列。2008年底前随着客运专线建成，时速300 km的动车组也将投入运营。到“十一五”末，我国将拥有时速200 km及以上动车组累计达到700列。在引进技术的基础上，开发时速200 km客车，满足既有线提速和客运专线时速200 km旅客列车的开行需要。

(2) 基本实现货车装备现代化。货车技术发展的总体框架是满足专用线开行2万吨、其他线路开行5000 t及以上列车要求，坚持重载、提速齐抓并重，单辆载重通用货车70 t，专用货车80～100 t，商业运行速度通用货车120 km/h、快运专用货车160 km/h及以上。结合我国线桥基础状况，开展28 t、30 t等轴重技术研究，增加通用货车轴重技术储备，适时发展大吨位长大货车。高强度车钩、大容量缓冲器、紧凑型轴承，以及耐腐蚀、高强度材料和防腐工艺等货车配

套技术保持同步发展。

(3) 车辆规模保持适度增长。均衡发展既有客车数量，进一步优化客车配属结构，到“十一五”末期，全路客车保有量预计达到4.5万辆，货车总保有量预计达到70万辆以上，客、货车总量基本满足运输需求。

(4) 车辆技术结构进一步优化。与“十五”末期相比，“十一五”期间普通客车下降28.3%，空调客车增长11.1%。提速客车将增长7倍以上，同时保有700列时速200 km及以上动车组；继续实施客车翻新，对部分使用年限超过10年的3000辆25G型客车进行翻新。

通用货车全部按载重70 t、轴重23 t、时速120 km标准生产，完成既有货车120 km/h提速改造，到“十一五”末，提速货车达到53万辆以上，占货车总保有量的76%左右。按照小批量、多品种和侧重自备车的原则有序发展专用货车，到“十一五”末，国铁专用货车力争达到50000辆以上。车辆技术结构基本满足提高运输质量的要求。

(5) 车辆安全实现基本稳定、有序可控。以客车“四防”、货车“五防”为重点，全面强化制造、检修和运用质量控制。落实车辆设计、生产、维修行政许可制度，规范资质管理；整顿客车新造和厂修、段修工艺。加强关键工艺落实，提高检修质量；加快淘汰隐患较大的配件；严格落实重要零部件寿命管理规定，杜绝配件超期服役；进一步强化列检安全防范作用，加强摇枕、侧架、车轮、交叉杆等关键配件检查，严防事故发生。

(6) 车辆生产力布局全面优化，基地建设全面加强。对既有资源进行优化，车辆段生产力布局微调全部到位，全路客车车辆段由目前的30个，调整为22个；货车车辆段由目前的55个，调整为28个，逐步形成“集中化、规模化、专业化”的车辆检修基地，使车辆检修能力与运输需求相匹配。同时完成车辆段生产力布局微调后新的管理体制的建立和完善、检修能力的整合，以及列检布局的调整，定检实行双班作业，列检适应机车长交路和长大货物列车作业要求，真正体现出释放生产力、提高工作效率的效果。检修基地建设得到全面加强，设备管理水平有较大提高，大量集检修、试验及数据处理于一体的新型微控设备和数控加工设备不断投人使用，使车辆系统设备的科技含量大幅度提高。按照动车基地建设规划，2007年底前建成沈阳、北京等10个动车运用所；2010年底建成哈尔滨、大连等11个动车组运用所。2008年前建成北京、武汉、上海、广州4个动车检修基地。按照全新的模式，建设青藏线高原铁路车辆检修、运用管理体制，形成车辆装备先进、可靠，生产组织科学、高效，安全防范稳定、先进的装备保障体系。

(7) 初步建成覆盖全路的现代化安全防范体系。按照铁道部“六大干线”5T系统建设总体部署，“六大干线”加密安装5T系统，对非“六大干线”、侯月线及大秦线等十大主要运煤通道的主要编组站和运煤节点加装5T系统，形成网络化安全监控体系。红外线轴温探测系统全面整合、升级，提升红外线轴温探测系统数字化、智能化、模块化、现代化水平。加快推进5T系统设备制式统一，实现兼容和互换，满足整体升级现实需要。

(8) 车辆检修制度改革继续深化。延长运用客车入库检查周期和客车厂修、段修周期，提高客车的可运用时间。严格控制客车厂修和段修休车时分、客车临修时分，提高检修效率，加快车辆周转。增加管内列车套用，提高车辆的使用效率。对专用线用车和固定配属货车采用按走行里程修为主、定期修为辅的模式，通用货车逐步实行按走行里程检修。扩大取消辅修修程的范围，大力推广换件修、集中修等先进的检修方式，推进检修、检测自动化。

(9) 继续推进管理机制创新。按照铁路跨越式发展的总体要求，实现全面预算管理，有效监控、科学决策、规范管理。进一步完善货车新造、厂修、段修、段做厂修，以及主要配件生产任务招标制度，对客车厂修实行招标，形成以安全、质量为主要内容的规范化竞争机制。改革过期车、严重破损车和临修车清算办法，加大政策倾斜力度，形成有效的激励机制。落实挖潜提效、增收节支措施，确保实现各年度经营指标。夯实基础、加强监管、规范财会工作，加快管理信息系统的开发和推广应用，全面实现网络清算。

(10) 加快推进车辆信息化建设。认真落实车辆信息化建设规划，搭建车辆管理技术平台，对客车（KMIS)、货车（HMIS)、验收（YMIS)、设备（EMIS）等车辆基础管理信息进行统一综合运用，实现车辆技术管理、作业控制、配件管理、质量监督、财务清算为一体的车辆信息化管理体系。

(11) 构建监督有效的质量控制体系。深入推进铁道部验收体制改革，借鉴驻厂验收体制改革的思路和经验，理顺部驻铁路局系统车辆验收管理关系。依法履行政府验收职能，建立车辆验收工作问责制。引入 ISO 9001质量管理体系理念与方法，强化验收基础，创新验收方法，打造验收品牌，注重产品开发及制造、检修的过程质量监督控制，全面提升车辆验收工作水平。加强各种技术培训和交流，培养专家型、复合型验收人才。建成稳定可靠的车辆验收信息化基础网络，促进车辆验收工作的标准化和规范化，实现车辆验收系统由传统管理模式向标准化、科学化、信息化管理的转变。

3 全面做好 2006 年各项工作。确保“十一五”开局之年首战全胜

2006 年是“十一五”规划的开局之年，也是深入推进铁路跨越式发展的关键一年。车辆工作处在承前启后、继往开来的关键阶段。面临新的机遇、挑战和考验。

——车辆安全面临前所未有的严峻考验。车辆是铁路运输的重要移动设备，车辆部门有责任提供先进可靠的装备保障，更有责任确保安全万无一失。2006 年将实施第六次大面积提速，主要干线客车时速将达到 200 km 以上，货车时速将达到 120 km，车辆工作将在装备质量、防范手段等方面接受全方位的检验。

——迎接第六次大提速和青藏线全面开通，车辆部门面临的任务十分繁重。按照部党组部署，10 月 1 日前第六次大提速的各项准备工作要全部到位；根据“3，5，7”总体安排，青藏线正式开通试运营的各项准备工作必须按期全面完成。特别是时速 200 km及以上动车组引进之后的运用、维修，货车升级换代以后 70 t 级新型货车和提速货车的运用维修，以及青藏线的车辆运用维修等配套工作，需要全部落实。

——随着装备现代化的推进，对车辆工作提出全新的要求。在未来五年的时间里，时速 200 km 及以上动车组将达到 700 列以上，普通客车的比重将大幅下降，时速 200 km 客车等新型客车、提速客车将大幅增长。货车在实现载重 60 t 向载重 70 t 全面升级换代的基础上，提速货车将占总保有量的75%以上，新技术、新工艺、新配件将广泛应用。

——运输管理体制改革和生产力布局微调，给车辆部门带来许多新情况、新课题。按照铁道部统一部署，车辆段生产力资源整合将进一步深化，检修能力面临重新优化，

生产组织面临新的调整，尽快形成适应新的生产关系的管理机制，形成适应新要求的安全防范体系。另外，在延长车辆检修周期、取消辅修修程等新的运用环境中，对车辆及其他零部件设计、制造和检修质量提出了新的要求，车辆安全的基础体系亟待加强。

——新的财务管理体系为精细管理提出了新要求。2006年起，铁道部对财务政策进行了改革，实行预算管理，要适应清算制度改革要求，需要重新修订新的货车修理费用支出管理、成本核算实施细则，需要出台高价互换配件管理核算实施细则等措施，一系列的工作需要加快落实。

2006年是具有特殊意义的一年。货车载重由60 t向70 t开始全面升级换代，推进车辆装备现代化进入了关键阶段。2006年作为车辆部门的“安全质量年”，核心任务就是牢固树立安全第一的思想，紧紧抓住质量根本，为深入推进铁路跨越式发展提供可靠保障。2006年，车辆部门要重点做好以下7个方面的工作。

3.1 加快推进车辆装备现代化

按照铁路跨越式发展的总体部署和“十一五”车辆工作目标，进一步加快推进车辆装备现代化。

(1) 落实动车组接运、接车和运营前准备工作。动车组运营前的准备工作是一项复杂的系统工程，环环相扣，实施过程中必须坚持统一领导，实行“一体化”管理，严格掌握工作进度，切实保证工作质量。

(2) 组织好动车组线路试验。线路试验从2006年4月开始，9月结束，要加强关键时间节点控制，落实试验区段，建立协调机制，确保线路试验工作按照计划要求顺利推进。

(3) 落实动车组的检修与运用工作。制订动车组一至二级检修办法，结合动车组线路试验，在年底前完成三至五级动车组检修工艺框架的编制工作。确定管理模式，5月提出运用所管理模式方案，10月提出动车组检修基地管理模式方案。落实培训计划，搭建配件供应平台，利用技术引进和国产化的成果，在国内建立配件供应体系。

(4) 客车“东车西移”开始启动。根据部党组的统一部署，在投放使用时速200 km及以上动车组的同时，东部既有客车将有计划地向西部转移，车辆调整的原则有三条。第一，东部地区既有列车换型为动车组后，将直接调往西部地区。第二，替换下的25T和25K型客车应全部投放在西部干线上。第三，替换下的25G型客车要进行全面翻新，用于西部和西南地区主要城市间的运输。

(5) 以完善工艺、强化控制为重点，确保货车提速改造质量。要进一步强化质量控制，对改造生产质量控制体系进行全面诊断，结合各级检查发现问题，开展专题攻关。

根据铁路技术政策和货车提速改造工作统一安排，自备车提速改造近期将要启动。与国铁车相比，自备车技术结构相对比较复杂，给方案设计和改造质量控制增加了难度，对于改造用的配件供应，原则上比照国铁，摇枕、侧架等主要配件由铁道部集中供应。

3.2 做好迎接第六次大提速和确保青藏线客车如期开行的各项准备工作

第六次提速和青藏线开通运营是铁道部今年的两大重点工程，车辆部门要确保两大工程顺利实施和安全稳定。

(1) 迎接第六次大提速的各项准备工作必须按期到位。这次提速将首次在既有线开行时速200 km动车组和时速120 km、载重5000 t货物列车。车辆部门的安全防范、质量保证、现场作业、生产组织都面临新的考验。各铁路局、车辆段要切实提高认识，抓紧制定相关的作业标准、规章制度，提前做好人员培训，特别是要针对新旧图的变化，提前做好现场作业的相关调整。按照铁道部统一部署，所有准备工作必须在10月1日前落实到位。

(2) 确保青藏线客车如期开通运营。7月1日，世界首创的、适用于高原地区的青藏线旅客列车将开行。青藏线客车的运用环境十分艰苦，不仅要克服供氧的困难，还要解决抗风沙、抗紫外线、抗雷击等问题，同时在运用组织、检修组织和作业标准等诸多方面也面临新的课题和挑战。要搞好青藏高原客车质量监督验收工作。

(3) 加快推进动车基地建设。结合第六次大提速要求，按照铁道部统一部署，10月1日前要完成沈阳、北京、北京西、青岛、上海南、广州东6个动车组运用所的建设工作，坚持“引进先进技术、联合设计生产、打造中国品牌”的总体要求，在动车组运用所整体设计、设备配备、管理模式上与国外接轨，实现现代化。要积极推进北京、武汉、上海、广州检修基地建设，引入现代化的维修理念，建设现代化的检修基地。

(4) 加快货车提速改造。按照10月1日前第六次大提速各项准备工作要全部到位的要求，各铁路局要切实抓好改造生产进度，在确保质量的前提下，在实施第六次提速前提供尽可能多的提速货车。在确保改造质量的基础上，确保三季度末以前完成全年任务的80%以上，为应对改造任务总量变化做好准备。

(5) 要确保关键时期安全万无一失。深入落实列检作业标准化，提高列检作业质量，加强对转向架大部件、车轮、轴承等关键部件、部位的重点检查，严防事故发生。要针对高原特点，摸索总结车辆故障规律，采取针对性措施加强防范。要积极做好青藏线红外线轴温探测等货车安全动态检测系统的运用、网络测试和考验工作，完善人机结合的检查标准和有关管理制度，并做好有关人员的培训工作。

3.3 积极稳妥地推进生产力布局微调

2006年，车辆段生产力布局微调将在全路展开，各铁路局要认真抓好落实，在落实过程中要重点把握以下几方面的问题。

(1) 认识到位。车辆段生产力布局微调根本目的就是通过生产力布局调整，使生产关系更加适应生产力发展的要求，最大限度地解放和释放生产力。对此，各铁路局要切实提高认识，积极稳妥推进，确保一次成功。

(2) 方案到位。铁道部对车辆段生产力布局微调的指导原则是一个铁路局集中设置客、货车辆段。车辆段的设置考虑铁路局管辖区段涉及多省市区的因素，同时考虑运输能力现状和铁路发展长远规划，运用段、车轮厂（段）全部撤消，并入车辆段，取消客、货混合车辆段管理方式。检修能力的设置在客车方面以段修集中，形成规模效应，提高管理效率和生产组织效率为基本原则；在货车方面考虑运输主要干线、大型编组站、战略装车点、大型工矿企业和口岸等因素。运用车间根据运输组织和机车交路安排，其中货车以500 km为列检作业保证区段，按枢纽、干线、区域形式整合既有列检所和站修所。基于上述考虑，全路客车车辆段由30个整合为22个，压缩27%，段修车间由37个整合为26个，压缩42%。货车车辆段由55个整合为28个，压缩49%，检修车间由88个整合为62个，压缩30%。

(3) 落实到位。车辆段生产力布局微调的关键在落实。各铁路局要把工作的重点放在紧盯方案落实上，加强组织协调和现场指导，切实发现和解决问题。要切实做好微调后的检修生产力资源整合、列检布局调整和新的管理机制建立，定检通过实行双班作业，提高台位利用率、劳动生产率。按照“强化两端、简化中间”的思路，进一步完善列检生产组织，特别是要适应机车长交路和长大货物列车的作业要求，在人员保证、作业方式、作业标准和管理机制等方面全方位提供保障。生产力布局微调必须在释放生产力方面取得实质性效果。

(4) 安全保障到位。车辆段生产力资源整合是否成功，检验的标准是安全和稳定。整合过程中，要特别加强对作业现场的安全控制，制定确保行车安全、人身安全、检修质量和职工队伍稳定的具体措施，妥善安排生产人员交通、生活等后勤保障工作，确保安全和队伍稳定。各铁路局、车辆段要针对生产组织、人员设置和管理机制发生的变化，及时做好有关规章、管理制度修订工作，建立新的管理办法和机制。

3.4 坚持安全第一、质量为本，深入扎实地开展好“安全质量年”活动

安全是做好各项工作的前提和基础，特别是在当前深入推进铁路跨越式发展，全面深化铁路改革和生产力布局调整的形势下，确保车辆安全稳定，具有特别重要的意义。

(1) 抓好客车运用安全顽症整治和薄弱环节重点控制。一是对发电车进行专项整治，杜绝发电车火灾。二是客车电气防火安全整治。新造和厂修重点整顿布线工艺，段修要全面清理整顿用电设备和主要电器元件的检修工艺；绝缘不达标、用电设备故障没有彻底消除的严禁出库。三是全面实施餐车烟囱改造，定期开展“两炉一灶”的专项整治。四是继续开展提速客车转向架安全整治。要严格控制橡胶节点的检修质量，在A2及以上检修发现技术状态不良时必须更换。

强化客车安全薄弱环节重点控制：一是要坚决杜绝库检漏检。所有作业人员必须经过严格的考试，加大作业检查的力度，全面推行记名检修制度。二是要彻底整顿客车上部设施。进一步扩大检查的范围和频次。三是加强提速客车检修工艺控制，根据25T型客车A2、A3级检修试行规程，积极组织试修，不断完善工艺；开展提速客车安全质量评估，加大责任追究力度。四是杜绝乘务员盲目带车和违反“两纪”的顽症。

(2) 规范客车段修、运用管理。要尽快研究制订客车段修计划管理办法，明确管理权限和责任，规范计划制订和下达的程序，加大对生产计划执行的监督考核力度。切实提高检修设备的保障能力，对轮轴、转向架、制动、钩缓等的关键零部件检修、试验、探伤设备和电气检测、试验设备要优先安排、重点保证，检修中心应尽快建成油漆喷涂烘干库。要抓好客车运用管理机制建设，确立库检在运用工作中的基础地位，规范各项管理制度，提高管理水平。按照“定范围、定周期、定工艺、定标准、人员专业化”的要求，在库检全面推行专业检修。要建立规范的运用管理工作程序，包括运用生产管理程序、运用技术管理程序、运用质量管理程序、运用日常管理程序。

(3) 推进客车检修制度改革。一是延长运用客车入库检查周期和客车厂修、段修周期，提高客车的可运用时间。二是充分发挥铁路局直管站段的优势，增加管内列车套用，提高车辆的使用效率。三是严格控制客车厂修和段修休车时分，提高检修效率，加快车辆周转。四是严格控制客车临修时分，故障车辆必须在24 h内修复。五是按照强化专业化检修的要求，对客车段修工艺进行全面的修订，注重应用换件修、集中修、状态修、均衡修和异地修等先进检修方式。六是以实现“辆配送”制为目标，按照建设“专业化检修区域”的要求，调整工艺布局，对生产组织方式进行改革和创新。

(4) 强化列检作业，严防死守，确保货

车现实安全。强化落实作业标准化，提高作业质量，重点加强车轮、轴承、摇枕、侧架、制动梁、车钩等关键配件检查。一是采取专项措施，加严作业标准，防止漏检漏修。重点加强到达列车和装前、卸后空车的检查，对辐板孔裂纹故障严格按规定处理，换轮扣车应在站修所附近的列检所进行，尽量避免中转、始发列车摘甩故障车辆，最大限度地减少对运输秩序的影响。二是继续推广“七字检查法”，规范列检接车、送车等作业程序，加强滚动轴承外观检查，及时发现轴承故障。三是重点针对取消辅修后的变化，列检加强制动故障的处理，特别是对关门车要加强日常处理，处理制动故障关门车占临修车总数的 20% 以上，同时做好临修内容和标准修订。在局分界口利用 TFDS 对关门车智能判别、统计分析。四是积极推广新型的列检试风监控设备，加强对列检试风作业的过程分析，同时，为一旦发生事故提供控制数据依据。五是各级管理人员要加大作业现场抽查力度，特别是加大对关键时间、关键列车、关键人员的检查力度。

(5) 采取坚决措施，提高检修质量，消除货车安全隐患。以“五防”为重点，从整车和配件检修源头质量抓起，强化工艺落实和质量控制，强化配件寿命管理，加快淘汰存在隐患的配件。一是严格落实探伤检查、抛丸除锈等关键工艺。段修对摇枕、侧架必须进行翻转检查，有疑问的要进行除锈探伤检查，钩腔内部配件必须全数抛丸除锈。特别是对当前最突出的车轮辐板孔裂纹问题，要在每个环节上加强控制，厂、段修要对带辐板孔的车轮内侧辐板孔进行打磨除锈后逐个检查。已完成 3000 型探伤机改造的单位，要逐个探伤检查，发现裂纹超过规定限度的立即报废。二是坚决执行配件寿命管理规定，加快淘汰旧型配件。对使用年限到期的车钩钩舌、钩尾框、轴承、摇枕、侧架等配件，必须立即报废；列检发现圆钢弓型杆制动梁必须立即更换；严格按铁道部规定换装轴承塑钢保持架。三是针对部分货车取消辅修后的变化，高级修程要重点加强钩缓、制动阀等检修质量控制，把故障消灭在投入运用之前。四是加强定检过期车、严重破车检修，加大制动故障关门车的日常处理。通过改进清算办法，对临修逐步实行状态修清算，继续加大对检修过期车、严重破损车的政策倾斜，形成有效的激励机制，调动各单位的积极性。

(6) 全面适应新型货车对检修、运用工作提出的新要求。2006 年通用货车新造全部按载重 70 t 新标准生产，统一标准的紧凑型轴承、缩短型车轴、加强型车钩、大容量缓冲器等新技术、新配件广泛使用，对货车检修运用部门提出了新的要求。各铁路局要结合生产力资源整合，认真研究制定检修工艺完善的具体措施和推进规划，抓紧配齐各种检测器具、样板，以现场操作工人为重点，做好技术培训，适应新型货车检修运用工作需要。

(7) 加强车辆安全防范体系建设和应用。要针对运输组织变化、生产力布局调整和货车技术发展，以“5T”系统建设、应用为重点，加快完善现代化安全防范体系，提高安全防范水平。一是高标准建设六大干线 5T 系统。目前六大干线 5T 安全监控系统建设已基本完成，各铁路局要按照部统一安排，抓紧推进 TCDS 建设，重点完善车辆段、客技站网络设备安装、调试，确保所有“5T”信息上传铁道部。要集中力量对 5T 信息进行综合整合，实现车辆安全防范的综合报警和故障情况的全路预警。加快推进 5T 系统设备制式统一，坚持“先进、成熟、经济、适用、可靠”的基本方针，制定科学合理的设备制式标准，搭建统一的设备技术平台，实现兼容和互换，满足整体升级现实需要。二是全面提高红外线轴温探测系统兑现率。要针对当前安全和运输形势的新要求，把提高兑现率作为红外线工作的重点，认真研究，提出措施，改进和解决好测温精度和探测角度问题。认真组织设备动态联检，分析系统存在的问题，切实加以解决。要深入研究热判模型优化，保证热轴预报更加符合实际情况。认真落实设备检查维护标准，保证设备检修质量和技术状态良好。深入开展红外线标准化活动，确保探测站设备达标，建立快速反应机制，迅速处理系统故障。三是强化现代化防范手段应用，以“5T”系统为重点，现代化的安全防范手段建成后，要尽快投入使用，边应用、边完善。要及时建立相关的管理制度和运用办法，用好、管好、维护好先进的设备，在安全防范中切实发挥作用。

(8) 进一步深化货车检修制度改革。一是总结大秦线专用车和行包快运棚车实行按走行里程检修的经验，逐步在通用货车中推广采用。二是在确保安全的基础上，进一步扩大取消辅修修程的范围，最大限度地减少货车扣修，提高使用效率。三是通过继续完善检修清算办法、网络指导扣车等方式，加大定检过期车检修力度，大幅度压缩残车，加快货车周转。

(9) 进一步规范自备车检修、运用管理。2006 年以来，针对加强自备的制造、检修、运用管理，以装运危险货物的罐车为重点，铁道部采取了一系列措施，重新修订了自备管理办法，总的指导思想就是规范资质、规范标准、规范合同、规范单价、规范管理，实行行政许可，从自备车制造源头开始，直到检修、运用，实现与国铁货车标准统一。

(10) 加强检修基地建设和管理。努力打造一批现代化车辆检修基地，做大、做强，实现“车辆修理机械化、检测手段仪器化，轮轴检修数控化、数据采集自动化、信息传输网络化、现场管理信息化”，通过“六化”建设，使车辆检修基地专业化、规模化、现代化。要加强设备基础管理。抓紧落实设备更改、大修和基建等项目资金计划，确保设备状态良好，不失修。要抓好设备管、修、用的基础管理工作，特别是在生产力布局调整中，要防止国有资产流失，确保国有资产保值、增值。要加快设备综合管理系统的研制和开发工作，加强车辆检修装备的完善和管理，提高自动化、智能化水平。加强设备标准化管理考核、设备无故障考核和三 A 等级管理等基础管理工作，全面提升设备管理水平，充分发挥装备保障能力。要针对车轮辐板孔裂纹的突出问题，切实抓好 3000Ⅲ型轮对荧光磁粉探伤机改造。加快组织列检试风监控系统设备选型和设备技术条件的制定工作，统一设备制式，实行专业化生产。

(11) 进一步强化验收职能作用发挥。要围绕铁道部的部署，发挥三级验收管理体制的作用，区域验收办事处要认真履行“贯彻执行、组织领导、管理指导、监督考核、沟通反馈、协调服务”的职能作用。驻局、厂车辆验收室要结合车辆验收实际情况，创新监督验收方法，全面强化铁路车辆产品质量监督验收；稳步推进质量管理体系认证工作，提升车辆验收系统的公信力和权威性；建立验收工作问责制，严格执行质量标准，全面强化质量监控，坚决杜绝漏验和迁就企业的行为；配合动车组的引进、消化、吸收再创新，切实发挥验收的监造验收作用；做好青藏高原客车和翻新客车质量监督验收工作；突出关键部件质量控制，确保既有货车提速改造质量。严格新型货车质量监督验收，促进货车技术装备更新换代。

3.5 强化经营管理确保全年经营目标的实现

2006年各铁路局货车使用费单价为每辆日81元。由于原材料、工资等上涨因素，货车修理成本空前紧张，经营管理面临很大压力。

(1) 继续加强成本控制。铁道部还要逐步出台和完善加强货车修理费用支出管理、货车修理单位成本管理核算实施细则、高价互换配件管理办法和企业自备车承修管理有关指导意见。各铁路局要制定新的货车修理资金的管理办法，确保货车修理资金专款专用。全路车辆系统要大力开展增收节支工作，深入挖潜扩能，严格控制成本支出，坚持“以收定支、总量控制、动态调整、有增有减”十六字原则，确保车辆系统全年经营目标的实现。

(2) 巩固和完善招标机制。进一步完善货车新造、厂修、段修以及影响货车质量和成本的关键配件招标机制，对客车厂修实行招标，引入竞争，促进质量提高，降低成本支出。坚持物资设备采购归口管理，试行网上招标采购，实行决策、采购、验收、支付、使用五权分离。要遵循“程序公开、竞争公平、授标公正”的原则，严格按市场机制操作，突出质量，突出安全，突出管理，突出服务。检修任务计划安排充分考虑保有量、保障区段里程和边远地区等因素，发挥市场调节的经济杠杆作用，健全宏观调控体系，加大竞争力度。

(3) 全面落实预算管理制度。实行全面预算管理是提高企业经济效益、提升企业经营管理水平的科学管理方法，是落实全年经营目标的重要手段。通过预算的编制下达、执行调整、分析考评，实现企业对生产经营的有效控制。实现对业务流、资金流、人力资源流和信息流的整合和管理机制的优化，切实保证经营目标的完成。

(4) 深化财务清算制度改革。贯彻落实全路财务工作会议精神，做好财务清算制度改革工作。一是结合2006年《铁路运输企业成本管理核算规程》，做好货车修理成本费用、大修费用科目及报表的修订工作及软件程序的研制等工作。二是出台关于加强货车修理费用支出管理、货车修理单位成本管理核算实施细则、货车修理成本费用科目管理、货车高价互换配件管理核算实施细则等改革举措。三是加强货车成本的管理工作，组织人员对2005年的亏损单位及支出大户进行专项检查，发现问题及时纠正。并对新制度实施后的贯彻落实情况进行抽查，指导基层单位做好转换工作。

3.6 继续加快推进车辆信息建设

按照《铁路车辆信息化规划))的进度安排，信息建设的重点是资源整合和应用。

(1) 推进基础应用平台建设。部、局、段三级应用基础平台主要包括基层网络建设、传输通道、软硬件环境的整合。要建立完善的车辆基础编码体系和标准接口规范，建立基础编码维护体系和机制。建立健全车辆信息化建设和应用的规章制度。

(2) 做好车辆信息化资源整合。优化整合现已开发正试点应用的客车管理应用子系统，完成既有配属管理等子系统全路推广应用。优化整合货车技术管理、车辆调度管理、车辆验收管理、车辆清算管理、厂段门口AEI等相关货车管理的应用系统，形成相关新的应用子系统，进行试点和推广应用。

(3) 加强信息化应用。初步实现既有车辆信息系统的信息交换和数据共享，进行部、局、段三级综合应用开发。重点加强车辆段级的综合应用，确立应用条件较好的车辆段，进行“数字化车辆段”试点，积累经验、确立模式，逐步推广应用。

(4) 做好车号系统维护和运用。抓好局分界口AEI设备维护和检查工作，保证系统不间断运转、数据持续传输。对标签丢失损坏的，各局要及时补装，保证数据采集的完整性。

(5) 加强信息化基础管理和应用队伍建设。建立车辆信息管理系统网络和软、硬件及应用系统的日常维护机制，确保系统正常运行。建立健全队伍培训机制，关键岗位推行持证上岗。

3.7 全面加强队伍建设，提高全员综合素质

随着铁路改革和生产力布局调整的深化，车辆技术发展和现代化安全防范手段的广泛应用，对人员素质提出了更高要求。

(1) 以技能培训为重点，强化现场操作工人基本功训练。货车正在升级换代，技术结构、性能、零配件，以及相关的检修、运用的各种措施、规章，都发生了较大变化，再加上一系列现代化的检测、检修、探伤手段使用，给一线工人的业务素质提出了很高的要求。各局、车辆段要紧紧配合技术升级换代、装备现代化，扎实开展好多种形式的职工培训和岗位练兵，要切实提高现场操作人员的技术业务素质和岗位操作技能。

(2) 加强管理干部培训，适应改革和技术发展的要求。要针对铁路局车辆处、车辆段管理职能发生的新变化，加强对各级管理干部的专业技术培训和管理知识培训，重点提高技术管理干部的业务水平。2006 年，铁道部要以各种货车新技术为重点，系统地对各级检修、运用部门管理干部进行集中培训。

(3) 以加强职工“两纪”为重点，强化全员责任意识。责任意识是综合素质的重要方面。强化责任意识，首先要从加强职工“两纪”入手，重视和做好职业道德教育，加强安全法治宣传，增强法治观念，自觉提高安全、质量责任意识，增强落实规章、制度的自觉性。

当前，正值铁路深化改革的关键时期，车辆装备现代化迅速推进，车辆工作面临许多新情况、新问题、新矛盾。要时刻保持清醒头脑，切实从大局出发，正确处理好安全与质量、安全与效益的关系，坚定不移地把安全放在首位，特别是在生产力布局微调中，要自觉贯彻落实好铁道部有关规定、要求，抓好生产，保证质量，保证安全，保证队伍稳定。要自觉加强新技术和管理知识的学习，增长才干，提高管理水平，做知识型的管理者，真正适应铁路跨越式发展的要求。要树立和落实科学发展观，脚踏实地、扎扎实实地推进各项工作，进一步解放思想，勇于开拓创新，在技术进步、安全防范、深化改革等方面敢于创造性地开展工作，面对新情况、新课题才能有新作为。

(本文作者：陈伯施，原载于《中国铁路》2006 年第 4 期)

我国轨道交通网的结构与技术特征

摘要：指出了我国轨道交通严重滞后于国民经济发展的现状，剖析了我国轨道交通网的结构和技术特征，提出了我国轨道交通网的合理结构模式，强调轨道交通网客运枢纽的建设应作为城市规划的重要组成部分。

0 前言

20年来，我国干线铁路已从5.5万km发展到7.4万km，取得了很大成绩，但与改革开放后国民经济的快速发展相比，远显落后，与世界上经济发达国家所拥有的铁路里程相比，我国的铁路网有着很大的发展空间（见表1）。地区铁路和城市轨道交通刚刚起步，可以说轨道交通是我国国民经济中唯一供不应求的行业。我国轨道交通严重滞后于经济发展，在综合运输中轨道交通严重短缺。

表1 中国与部分经济发达国家铁路主要指标比较

指标		中国	美国	俄罗斯	德国	法国	日本
营业里程/km		74000	192815	86151	38126	31736	20170
路网密度	按国土面积/（km/万 km^2）	77.0	205.3	50.5	1068.0	674.9	533.0
	按人口/（km/万人）	0.57	7.94	5.26	4.63	5.41	1.60

1）我国轨道交通严重滞后于经济发展

改革开放以来，我国国民经济持续、快速、健康发展，国内生产总值增加了15倍，2000年人均GDP已达1000美元。公路、民航的客运量均得到了快速发展（见表2），而轨道交通却严重滞后。

2）客运轨道交通更显落后

再从综合运输系统内部看，与民航、公路、水路、管道运输的快速发展相比，轨道交通的发展速度也相对滞后，如表3所示。在相对滞后的轨道交通中，铁路客运比货运更显得落后，如图1所示。由于对轨道交通旅客运输重视不够，往往是“弃客保货”、“弃短保长”，造成我国客运轨道交通网络的短缺，干线铁路短途客运日趋衰落，地区铁路几乎空白，城市轨道交通也刚刚起步。轨道交通成了“跛脚鸭”，严重制约了国家、地区和城市经济的发展。

表2 我国国内生产总值与交通客运量的比较

项 目	1985年	2004年	增长倍数
国内生产总值/亿元	8964.4	136875.9	15.26
全国客运总量/万人	620206	1767453	2.86
铁路客运量/万人	112110	111764	0.99
公路客运量/万人	476486	1624526	3.40
民用航空运量/万人	747	12123	16.22

注：摘自《2005年中国统计摘要》. 中国统计出版社，2005.

表3 各种运输种类的线路长度 万km

运输种类	1985年	2004年	增长倍数
铁 路	5.50	7.42	1.36
其中：高速铁路	0	0	0
公 路	94.24	187.07	1.90
其中：高速公路	0	3.43	
民用航空线	27.72	204.94	7.39

注：摘自《2005年中国统计年鉴》. 中国统计出版社，2005.

20世纪90年代初，铁路与公路部门几乎同时提出修建高速铁路和高速公路。15年后的今天，高速公路已建成34200 km，而高速铁路仍未起步，铁路在综合运输中的的作用直线下降（见表2、4）。这不符合我国能源战略，不符合节能、环保的要求，不符合我国经济、社会可持续发展战略。

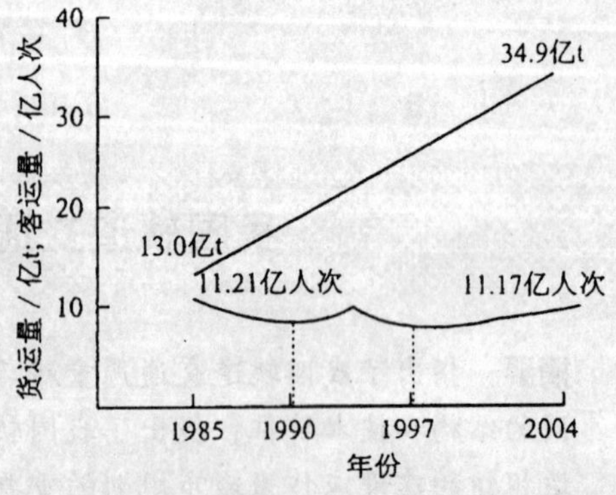

图1 铁路货运量增加和客运量减少示意图

表4 1985—2004年各种运输方式运输周转量增长比较

周转量类型	1985年		2004年	
	周转量/亿人km	占总周转量比例/%	周转量/亿人km	占总周转量比例/%
全国客运总周转量	4285	100.00	16242	100.00
铁路客运周转量	2416	56.74	5712	35.17
公路客运周转量	1725	40.51	8748	53.86
民航客运周转量	117	2.75	1782	10.97

十分可喜的是，目前我国轨道交通已开始了新一轮快速发展。为了促进轨道交通的健康发展，有必要对其网络结构及技术特征进行深入研究。

1 我国轨道交通网的结构

国内交通可分为干线交通、地区交通、城市交通三个层次。与此相对应，我国轨道交通也可分为干线铁路、地区铁路和城市轨道交通三个层次。

1.1 干线铁路网

干线铁路网仍是国民经济的大动脉。我国现有干线铁路为客、货混运模式，以货运为主。干线铁路从1985年的5.5万km发展到2004年的7.44万km，居世界第三位，平均年增1000 km。20年来铁路货运量由13.07亿t增加到24.9亿t，五大干线运输能力已经饱和，货运压力不断加大。2004年换算周转量2.5万亿t·km，居世界第一位；换算运输密度3360万t km/km，为世界平均水平的4倍。

多年来国家要求铁路保证重点物资运输，旅客运输从来没有得到重视，国家对旅客运输既没有量的要求，也没有服务质量方面的要求。20年来，客运周转量增加一倍，从绝对量看，居世界首位。虽然年客运量由11.21亿人次减少为11.17亿人次（见表2），全国平均每年每人乘火车不到一次，但由于旅客平均运距由218 km提高到511 km，提高客运周转量的措施就是“弃短保长”。

由于公路发展迅速，铁路的短途运输被公路取代。另一方面，增加提速列车，必然要取消部分短途普通旅客列车。预计今后5年，铁路客运专线刚刚起步建设，还未形成网络，故干线铁路旅客运量不会有大的增加。

20世纪90年代开始认识到建设干线铁路客运专线网的重要性，提出建设京沪高速铁路，并建成了我国第一条200 km/h等级的秦沈客运专线。2004年国务院原则通过铁路中长期发展规划的建议，铁道部已启动并加快全国高速铁路客运网的建设。

1.2 地区铁路网

当前，地区铁路网建设已经提到了人口稠密的经济发达地区的议事日程上，并已开始启动。广东省在2000年正式规划了珠江三角洲的地区铁路网，它联通9个城市，计划至2020年线网总长599 km，其中80%为高架，总投资1000亿；2010年建成广深、广珠和中山至虎门呈A字型的网络，线网长385km，站间最小距离2 km，站站停的列车运行最高速度为140 km/h，直通车为200 km/h。广佛线已开工，与规划中的珠港澳大桥形成一个闭合的三角型交通网络。珠三角此举引起了环渤海京津冀地区和长江三角洲地区的注意。2005年3月16日，在温家宝总理主持召开的国务院常务会议上审议并原则通过了《环渤海京津冀地区、长江三角洲地区、珠江三角洲地区城际轨道交通网规划》。根据长三角地区铁路规划，在2010年以前将建成沪宁、沪杭城际轨道客运专线，总长455 km；2020年还将建成杭甬、常苏、苏嘉等3条线，届时城际轨道交通总里程将达到815 km，形成以上海、南京、杭州为中心的1～2 h交通圈。环渤海京津冀地区的京津快速轨道交通线已于2005年动工兴建。

为了启动并加快地区铁路网的建设，应该深化研究地区铁路的定位，并在此基础上优化地区铁路网的规划。

需要说明的是，“城际铁路”是一个模糊的概念。“城际轨道交通”一词最早是在《尽早制定长江三角洲城际轨道交通规划》一文（2003年1月18日《文汇报．情况反映》）中提出的。所谓“城际轨道交通”，当时是特指人口特别稠密的经济发达地区的公交化的客运轨道交通系统，而今“城际铁路”的内涵和外延已大大拓宽，泛指干线铁路中的客运专线。上述“城际铁路网规划”中的长三角城际轨道交通网和环渤海京津冀城际轨道交通网，实际上都是我国干线客运专线网的一部分，其主要目标是实现铁路干线的客货分流和进一步提高客车速度。

之所以说“城际铁路”是个模糊概念，是因为所有干线铁路都是从一个城市到另一个城市，因此本质上干线都是城际铁路。另一方面，在其他国家也少有“城际铁路”这一说法，只有德国把某些重要城市间开行的铁路列车命名为“城际列车”，这只是特定国家城际快车的特定称号，并无普遍意义。世界上通行的说法是 Regional Rail System，即“地区轨道系统”或“地区铁路系统”。

地区铁路和干线铁路分属于不同的层次，两者有不同的功能定位，不同的投融资主体，不同的经营管理主体。因此，地区铁路网规划应该由地方政府根据不同地区（可以是经济区域，也可以是省或地级市）的城镇化、工业化发展规划来加以制定。

中国正处于全面建设小康社会的战略机遇期，大规模建设地区铁路网是大势所趋，有其必然性和必要性。因为轨道交通不排放尾气，节约土地资源，而且是唯一可不使用石油的大型交通工具（欧洲目前道路交通所消耗的能源比工业消耗的能源还要多）。全面小康社会的区域交通应该是一个以轨道交通为主体，各种交通方式协调发展的、节约型和环保型的综合交通系统。

1.3　城市轨道交通网

城市轨道交通是解决大城市道路交通拥堵，实现城市可持续发展的重要手段。除了干线铁路，轨道交通在城市公共交通中的地位也越来越为人们所重视，它快捷、安全的特点，改变了城市的格局和市民的生活方式。不论是地铁、轻轨，还是其他形式的城市轨道交通，都在城市的发展中发挥着重要作用。

城市轨道交通具有三大功能：克服城市道路交通拥堵；改善城市环境；引导城市布局结构的优化。将“摊大饼”弥漫式发展改变为伸开的手掌式发展，其骨架就是城市轨道交通线路。轨道交通线路连接市中心与卫星城镇可形成大客流的交通走廊，并能促进卫星城镇的健康发展。

一个滞后的城市轨道交通建设热潮正在我国兴起。20世纪90年代，我国开始重视轨道交通建设，地下铁道成为疏解城市交通、引导城市发展、减少城市污染的重要手段。20世纪80年代以前内地只有北京全长48 km的地铁。2000年前，内地共建成地铁143.4 km。至2005年9月我国内地已有11座城市建成18条线，运营长度共435 km，如表5所示。目前在建的有4座城市的10条线，长约250 km，如表6所示。最近国家又批准杭州、沈阳、哈尔滨、成都4个城市建设地下铁道，预计到2008年，城市轨道交通长度将达650 km，2020年将达2500～3000 km，累计投资约1万亿元以上。

目前我国各大城市的城市轨道交通建设，已由单线计划发展为网络规划。根据这一新的特点，必须解决好两条轨道交通线以上接点的合理换乘问题、客运枢纽问题、资源共享问题以及与其他交通方式的接驳问题。

表 5 至 2005 年 9 月我国内地已建成的城市轨道交通线

序号	项目名称	运营线路长度/km
1	北京地铁 1 号线	31.0
2	北京地铁 2 号线	23.0
3	北京地铁 13 号线	40.9
4	北京地铁八通线	19.0
5	天津地铁 1 号线	7.4
6	上海轨道交通 1 号线	33.4
7	上海轨道交通 2 号线	19.1
8	上海轨道交通 3 号线	24.5
9	上海轨道交通 5 号线	17.6
10	广州地铁 1 号线	18.5
11	广州地铁 2 号线	25.2
12	长春轨道交通环绕一期	11.7
13	大连快速轨道交通 3 号线	49.2
14	天津滨海轨道交通工程线	49.1
15	重庆单轨较新线一期工程	14.4
16	武汉轨道交通 1 号线一期工程	10.2
17	深圳地铁一期工程	19.5
18	南京地铁 1 号线	21.7
	合 计	435.4

表 6 2005 年我国内地在建的城市轨道交通项目

序号	项目名称	线路长度/km
1	北京地铁 8 号线	27.6
2	北京地铁 4 号线	26.2
3	北京地铁 10 号线	32.7
4	北京奥运支线	7.2
5	上海轨道交通 M8 线	23.3
6	上海轨道交通 M4 线	22.0
7	广州轨道交通 3 号线	35.9
8	广州一佛山线	33.0
9	天津地铁 1 号线	26.2
10	北京东直门一机场线	16.0
	合 计	250.1

我国城市轨道交通建设的另一个特点就是其技术制式呈现出多元化的发展趋势。目前，除了悬挂式单轨外，世界上所有城市轨道交通的技术制式在我国都已开始采用。这些制式是：

1）地铁（含高架和地面线路，高峰小时单向客运量达 3～6 万人）；

2）轻轨（含现代有轨电车，高峰小时单向客运量达 1～3 万人）；

3）跨座式单轨线路（如重庆单轨较新线）；

4）线性电机线路（如广州地铁 4 号线、5 号线）；

5）无人驾驶自动导向系统（如北京机场线）；

6）市域快速轨道系统（如：大连 3 号线、天津滨海线）。

1.4 我国轨道交通网的合理结构

我国轨道交通网应由干线铁路网、地区铁路网、城市轨道交通网三大部分组成。

1）干线铁路网

干线铁路是指跨越省界和连接省内主要城市并和全国各城市相通的国家级客货运输铁路。“铁路中长期发展规划”中 2020 年建成的 10 万 km 线路（含 7.4 万 km 既有线）绝大部分是干线铁路。

我国的干线铁路网除了客运专线外还包括货运专线——运煤专线，这是我国铁路网的一大特色。我国未来的客运专线也将成网，即形成高速铁路网。

国际上，由于各国国情不同，存在三种运输模式：以美、加、澳为代表的铁路，其特点是货运为主；以德、法、日为代表的铁路，其特点是客运为主；以中、俄、印(度)为代表的铁路，其特点是客货混运。我国未来的干线铁路网具有中国特色：既有以货运为主的客货混运干线铁路网，同时具有世界上最大的客运高速铁路网，将形成世界上第四种干线铁路运输模式。

2）经济区域、省、市管辖范围内以客运为主的地区铁路网

地区铁路是以跨省的经济区域内或省内重要城市为中心连接各县级市，并为发展新城镇而建设的铁路。前者如环渤海京津冀地区、长江三角洲地区、珠江三角洲地区的铁路网；后者如苏州、无锡、常州地区铁路

网。这种地区铁路制式在经济区域内的大城市间速度一般不超过 160 km/h，沿线设站，以带动沿线的经济发展。

跨省的经济区域以及各省、经济发达的地级以上市均应根据城镇规划，根据全地区产业结构调整规划来制定近、中、远期地区铁路网规划。

万人以上城镇均应有地区轨道交通通过并设站，以方便城镇居民快速便捷地进出大中城市，共享城市文明，并促进城镇化发展。地区铁路对国民经济均衡发展，国土开发，城镇产业提升，促进城镇化发展有极其重要的意义。

3）城市轨道交通网

为了实现我国能源战略调整、节省土地资源、减轻城市环境污染、解决交通拥堵，大城市、特大城市、超大城市均应建设发达的轨道交通网。城市轨道交通应包括市区轨道交通与郊区铁路。

特大城市的轨道交通发展目标是市民出行 60%以上依靠轨道交通；不同的城市应根据不同的需要建设多元化的轨道交通系统，特别要充分重视郊区铁路的建设。

抓紧规划和建设地区铁路和郊区铁路是各省、市政府面临的紧迫任务。因为即使在经济发达国家，在人均拥有小汽车、人均拥有道路面积远远超过中国的情况下，国民年乘坐火车达几十次之多，而中国平均还不到一次。经济发达国家的铁路旅客主要是短途旅客，由地区铁路和郊区铁路承担。如东京大都市圈拥有轨道交通 3100 km，其中郊区铁路和地区性铁路达 2500 km；伦敦大都市圈拥有轨道交通约 3500 km，其中市区地铁线仅占 400 km；纽约、巴黎均与东京、伦敦类似，郊区铁路长度远远超过市区轨道交通长度。又如日本旅客的平均运距约 30 km，欧洲各国为 40 ~ 50 km，原苏联约 90 km，而目前中国为 511 km。按国际统计口径，郊区铁路应计人客运人次统计，而目前我国基本上无郊区铁路，在不得已“弃短保长”的情况下，基本上已停止发展。

2 客运专线、地区铁路、城市轨道交通的技术特征

分清线路类别及其技术特征对于降低轨道交通建设费用、节约运营费用有着重大意义。因为不同类别的轨道交通系统，其线路造价、车辆购置费、信号制式投资等都有巨大差异。不能用高速铁路标准来建设地区铁路，也不宜用市区轨道交通的建设标准来建设郊区铁路。区分各种轨道交通系统的技术特征十分重要，可以从以下各个方面来加以区分。

2.1 线路长度

1）干线客运专线

一般线路长度大于 200 km。包括跨地区干线客运铁路网或者属于长大客运专线的一部分，如上海至杭州。

2）地区铁路

一般大于 50 km，小于 300 km。其特点是线路经过小城镇，有以下几种情况：地区中心至县级市；县级市至另一县级市；经济区域内中心城市至另一中心城市；县级市至经济繁荣、人口较多的城镇。

3）城市轨道交通

市区轨道交通以市中心为圆心、半径为 15 km 左右，线路长度一般不超过 30 km（城市环线除外）；近郊轨道交通的半径一般为 25 km；远郊轨道交通的线路长度根据各城市的具体情况确定，站间距大于 4 km，线路长度大于 50 km 的远郊铁路一般应属于地区铁路的范畴。

2.2 平均站间距离

1）干线客运专线大于 30 km

2）地区（城际）铁路为 5 ~ 10 km

3）城市轨道交通

郊区铁路为 2 ~ 4 km；市区轨道交通为 1 ~ 1.5 km（包括现代化有轨电车）；市区轻轨列车、有轨电车为 0.6 ~ 1.0 km。

2.3 列车最高运行速度

1）高速客运专线为 200 ~ 300 km/h

2）地区（城际）铁路为 120 ~ 160 km/h

3）城市轨道交通

郊区铁路为≤120 km/h；市区地铁为 80 km/h；市区轻轨为≤70 km/h。

2.4 供电制式

1）客运专线为 AC 25000 V

2）地区（城际）铁路为 AC 25000 V

3）城市轨道交通

郊区铁路为 DC 1500 V、AC 25000 V；市区地铁为 DC 1500 V、DC 750 V；市区轻轨为 DC 750 V、DC 600 V。

2.5 列车服务

客运专线为中长距离旅客服务；地区铁路为都市群和地区内城镇居民中短距离旅客服务；城市轨道交通为市郊居民、市区居民和外来人员短距离出行服务。

1）客运专线：高速客运列车全列软座，分头等、二等车厢，带有餐车、卫生间和其他现代化设备。

2）地区（城际）铁路：全列座位，视情况可分头等、二等车厢，带卫生间。

3）郊区铁路：按线路全程运行时间，考虑座位、站位比例和卫生间取舍。

4）市区地铁：以站位为主。

5）市区轻轨：以站位为主。

2.6 信号制式

高速客运专线与城市快速轨道交通必须具有完善的高水平的 ATC（列车自动控制）系统，但仍以人工驾驶或人工监控为主。

其余模式根据需要建设不同水平的、能确保运行安全的自动闭塞，并有超速防护、自动停车的信号制式，可大大节省投资。

2.7 线路结构区别

干线客运专线、地区（城际）铁路、城市轨道交通的速度等级不同，对建筑限界、线间距、最小允许曲线半径、线路平顺度、桥梁结构等均有不同的严格要求，其工程造价相差甚远。

2.8 其它

车站及其设施、换乘方式、售检票系统等均有很大差别。

3 轨道交通网客运枢纽建设

干线铁路、地区铁路和城市轨道交通三者相交于客运枢纽。客运枢纽是我国轨道交通网络化建设中的一个重要环节，但目前还是个薄弱环节。在轨道交通建设规划中一定要重视枢纽建设。

“交通枢纽”历来是“大交通”运输的术语。在城市大容量轨道交通发展的时代，必须认真、深入研究城市交通客运枢纽。客运枢纽应能适应多方向、多方式、大规模客流交换，极大地减轻地面交通压力；方便市区各区域之间的交流和城市的均衡发展。城市客运枢纽建设应有超前观念，并充分注意多种交通运输方式的协调，要向立体化、综合化方向发展。

3.1 城市客运交通枢纽的分类

交通网络规划应充分、全面研究和界定不同规模枢纽的功能性质，近期建设规模和远期建设规模。城市客运交通枢纽可分为以下几类：

1）道路交通枢纽——多条道路交通公交线路汇集点；

2）城市轨道交通枢纽——三条以上轨道交通线换乘站；

3）二条以上的城市轨道交通线与多条道路公交站的汇集地；

4）大型综合轨道与道路客运枢纽——干线铁路、地区铁路、郊区铁路、城市轨道交通、城市公共交通线路的汇集地。

3.2 城市轨道交通综合枢纽是城市规划的重要组成部分

1) 世界各国大城市铁路的主要大型客站均设在市区

客运专线车站或高速铁路车站应尽量靠近市中心，以方便市民换乘，其设置位置对市民的影响见图 2，这在国外有很多成功的先例。例如：东京站位于东京市中心，距皇宫 800 m；伦敦铁路总站距白金汉宫约 2 km；巴黎市区有 6 个车站，距香榭丽大街均不到 4 km；德国统一后，迁都柏林，正在建设一个大型综合轨道交通立体枢纽，共分 5 层，将成为聚集了高速铁路、干线铁路、地区铁路、城市轨道交通的综合车站，地面还有轻轨和公交相衔接，总投资达 100 亿欧元，站址就选在柏林市中心区的国会大厦附近。又如巴黎至伦敦的高速铁路（“欧洲之星”），旅途时间为 2 h 40 min，由于车站靠近市区，大大方便了旅客，2005 年 1 月至 9 月巴黎——伦敦间高速铁路在客运市场上的占有率高达 71.04%；伦敦——布鲁塞尔间高速铁路在客运市场上的占有率达 64%。

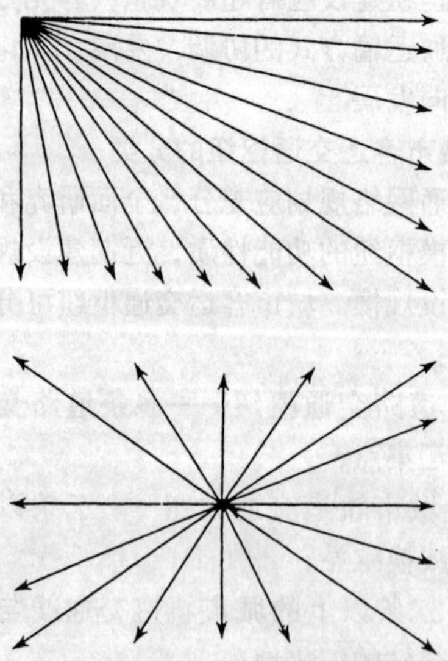

图 2 铁路主要大型客站在城市边缘（上图）与在市中心（下图）对市民平均运距的影响

2) 大型铁路客站均是城市的综合客运枢纽

国外大型铁路客站均为综合性车站，一般设有 20 股道以上，既是干线铁路车站，又是地区铁路和郊区铁路车站，在站内有与地铁相通的通道进入地铁车站。如东京站与 8 条地铁和地面城铁线相通，巴黎里昂站与 6 条地铁线相通，这种布局既方便旅客，又增加了干线铁路的客源。乘客可在站内方便换乘；又能方便实现与地面交通接驳；也能满足城市多方向、便捷、快速运输的要求。

3) 大型轨道交通综合枢纽均为立体结构

国外以轨道交通为中心的大运量综合交通枢纽，均为立体结构，有完善的地下空间利用规划，无需地面大型车站广场。

但国内大城市铁路客站建设却与城市轨道交通建设互相脱节。北京、上海、广州新建车站对未来地区铁路、郊区铁路接入未予考虑，与城市轨道交通的衔接和换乘缺乏深入规划。

3.3 以城市为主做好轨道交通枢纽规划

应该明确，必须以城市为主组织进行大城市轨道交通枢纽规划。如果不考虑城市原有的格局和交通规划，将大型铁路客站边缘化，必将造成城市交通混乱并产生一系列不良后果：运输距离大幅度上升；地面交通工具将穿越整个城市；最终将大幅度加大城市交通建设投资。铁路大型客站边缘化，又会造成城市规划的变形，造成配套基础设施的重大浪费。因此，一定要以城市为主体，从长远着眼，做好大运量、立体综合交通枢纽规划，并分阶段逐步实现，使之成为城市有活力的重要组成部分。

（本文作者：周翊民，原载于《城市轨道交通研究》2005 年第 6 期）

装用 280 系列柴油机机车的技术优势和发展前景

摘要：简要回顾了装用 280 系列柴油机的大功率内燃机车的发展历史，详细阐述了其技术优势；全面分析了中国内燃机车尤其是装用 280 系列柴油机的大功率内燃机车的发展前景。文章认为，中国内燃机车特别是大功率内燃机车仍然会有良好的发展前景，大功率内燃机车凭借技术上的优势，已成为中国铁路干线提速重载客货运内燃机车的主力军，而最新开发和正在开发的适应铁路跨越式发展的系列新产品，又为其今后进一步发展打下了新的基础；因而，该大功率内燃机车一定会有良好的发展前景。

1 前言

装用 280 系列柴油机的大功率内燃机车（以下简称 280 系列机车）是指装用气缸直径为 280 mm 的大功率柴油机的各种不同用途的系列机车。众所周知，16V280ZJ 型大功率柴油机是戚墅堰机车车辆厂（以下简称戚厂）于上个世纪 70 年代末 80 年代初开发的；装用这一柴油机的 DF_8 型大功率机车是 1984 年试制成功的。20 年来，装用 280 柴油机的内燃机车，凭借技术上的优势，不断发展壮大，已形成了以 DF_{11} 系列机车为代表的客运机车系列、以 DF_8 系列机车为代表的货运机车系列。这两个系列机车已成为中国铁路客运提速、货运重载快捷的主型内燃机车。值此 280 系列机车问世 20 周年之际，特撰此文以示纪念，并对其发展前景作一预测。

2 280 系列机车的发展历史

1976 年，戚厂老一代科技人员根据铁路运输发展的潜在需要，提出了开发气缸直径为 280 mm 的 16V280ZJ 型大功率柴油机、并进一步研制大功率内燃机车的发展构想。1979 年，首台柴油机试制成功。1984 年，装用该型柴油机的首台 DF_8 型大功率货运机车试制成功。1990 年，通过国家级科技成果鉴定和国家“六五”重点科技攻关项目验收，投入批量生产。先后共生产 141 台。

1990 年，研制成功 DF_9 型大功率客运机车。该机车的研制是国家“七五”重点科技攻关项目。机车装用 16V280ZJA 型柴油机，装车功率 3610 kW，在国内首次采用轮对空心轴式牵引电动机全悬挂的准高速转向架，最大速度 140 km/h。

1992 年，研制成功 DF_{11} 型准高速客运内燃机车。该机车装用 16V280ZJA 型柴油机，装车功率 3610 kW，并采用轮对空心轴式牵引电动机全悬挂的准高速转向架和微机控制等新技术，最大运用速度 170 km/h。1994 年 12 月 22 日，牵引我国第一列准高速旅客列车在广深线投入使用。1996 年通过铁道部科技成果鉴定和国家“八五”重点科技攻关项目验收。DF_{11} 型机车虽然是为广深准高速铁路研制的，但它很快以其功率大、速度快、技术新、性能优、可靠性高的优势，驶向全国四面八方，成为中国铁路前四次大提速的主力车型。截至 2003 年底，共生产了 449 台。

1997 年，研制成功 DF_{8B} 型重载提速货运机车。该机车的研制是 1995 年度铁道部重点科研攻关项目。机车装用 16V280ZJA 型柴油机，装车功率 3680 kW，轴重（23 + 2）

t，是为满足繁忙干线货运重载提速需要而开发研制的。2台样车于1997年研制成功，1998年通过铁道部科技成果鉴定，投入批量生产。现已成为中国铁路主型货运内燃机车，截至2005年6月30日，仅铁道部就已采购了700台。

1999年，研制成功NZJ_1型“新曙光”号准高速内燃动车组。该动车组的研制是1998年度铁道部重点科研攻关项目。该动车组采用二动九拖推挽式重联牵引，首尾两节为动车，中间九节为双层客车（由南京浦镇车辆厂设计制造）。每节动车装用一台12V280ZJ型柴油机，装车功率2760 kW，其中2360 kW用于牵引列车，400 kW用于向旅客列车供电（这部分功率可以向牵引功率转移）。该动车组首次采用了由主柴油机向旅客列车提供600V直流电、Lonworks通信远距离重联控制、A1A轴式全悬挂转向架、流线型司机室头形等新技术，最大运用速度180 km/h。首组样车于1999年研制成功，2001年通过铁道部科技成果鉴定。

2001年，研制成功装用三轴径向转向架的DF_{8B}型机车。三轴径向转向架的研制是DF_{8B}型机车研制的一个重要的子课题。应用自导向原理设计的三轴径向转向架，填补了国内空白。它大大地降低了轮轨磨耗，特别适合于曲线多且半径小的山区铁路运用。装用该三轴径向转向架的DF_{8B}型7001号机车于2001年研制成功。该三轴径向转向架于2002年通过铁道部科技成果鉴定。

2002年，研制成功DF_{11Z}型专用机车。该型机车是为满足某一特殊专列的牵引需要而开发研制的，由两台DF_{11}型机车固定重联而成，要求具有高的可靠性。同年，研制成功装用16V280ZJA1型强化柴油机的DF_{11}型机车。柴油机装车功率3860 kW，并采用燃油电子喷射技术。

2002年，研制成功“雪域神舟”号DF_{8B}型青藏高原机车。该机车的研制是2002年度铁道部重点科研攻关项目，针对青藏线海拔高、气压低、缺氧、温差大、坡道大等特点，在DF_{8B}型机车基础上作了大量的设计改进。

2003年，研制成功DF_{8CJ}型交流传动货运机车。该型机车是为满足单机牵引5000 t、最大速度达90 km/h的重载货运列车或120 km/h快捷货运列车的需要而开发的。该机车装用戚厂与世界著名的发动机咨询公司-奥地利李斯特内燃机及测试设备公司（AVL公司）合作开发的R16V280ZJ型大功率柴油机，气缸直径280 mm，行程300 mm，标定功率4705 kW（6400马力），装车功率4410 kW（6000马力），并采用先进的燃油电子喷射技术。该柴油机具有经济性好、排放小的优点，是我国目前功率最大、国际上也屈指可数的机车用大功率柴油机。机车主传动系统采用交直交电传动，控制方式为轴控，变流元件采用瑞典庞巴迪公司具有国际先进水平的IGBT元件。机车还采用先进的分布式计算机控制系统、辅机交流电传动、干式冷却等新技术。该机车是目前国内功率最大、技术先进的货运内燃机车。现已完成所有项目的型式试验和运用考核试验，即将鉴定并投入批量生产。

2003年，研制成功DF_{11G}型双机重联准高速客运机车。该型机车是为中国铁路第五次大提速“量身定制”的，主要担当长途直达特快列车的牵引任务。这种机车要以1000 km以上的特长交路、以160 km/h的最高速度、120 km/h的平均速度，长时间连续地高速运行，而且还要向旅客列车供电、并由一名司机值乘。这对机车的可靠性提出了新的更高的要求。为此，在DF_{11}型机车基础上做了大量的改进。首组样车于2003年11月试制成功，截至2004年10月，已有35组70台机车投入运用。

此外，为了向工矿企业拓展市场，于2001年开发了装用6缸280柴油机的GKD_2型电传动调车内燃机车，于2003年开发了GK_{2C}型液力传动调车内燃机车。

3 280系列机车的技术优势

280系列机车从无到有，不断发展壮大，形成了客运、货运、调机3个系列，特别是DF_{11}、DF_{11G}型客运机车、DF_{8B}型货运机车，已成为中国铁路客运提速、货运重载快捷的主型机车。笔者认为，这首先得益于铁路提速、重载运输的发展对大功率机车的需求。

280系列机车技术上的优势，主要可以概括为功率大、技术新、性能优、可靠性高。

(1) 机车柴油机功率大

柴油机功率大是280系列机车最大的技术优势，也是其生存发展的前提条件。

自从1984年装用16V280ZJ型柴油机、装车功率3310 kW的首台DF_8型内燃机车问世，280系列机车一直是国内功率最大的内燃机车。这是戚厂在16V280ZJ型柴油机基础上，紧跟铁路运输发展的新形势，不断进取，不断提升柴油机功率的结果。可以说，280系列机车的发展历史，首先是一部柴油机功率不断提升的历史（见表1）。

表1 16V280系列柴油机功率提升过程

柴油机型号	标定功率(kW)	装车功率(kW)	所装机车型号	首台样车出车年份(年)
16V280ZJ	3680	3310	DF_8	1984
16V280ZJA	3860	3610	DF_9、DF_{11}、DF_{11Z}、DF_{11G}	1990
16V280ZJA	3860	3680	DF_{8B}	1997
16V280ZJA1	4040	3860	0333号DF_{11}	2002
R16V280ZJ	4705	4410	DF_{8CJ}	2003

从表1可知，16V280系列柴油机的装车功率，已从早期的3310 kW逐步提升到了4410 kW，适应了铁路提速、重载运输对大功率内燃机车的需求，因而得以发展。同时，戚厂在致力于提升16V280柴油机功率的同时，还进行了该柴油机的系列化工作，先后开发了12缸、6缸280柴油机，以拓展市场。

(2) 机车技术先进、性能优良

技术先进、性能优良，是280系列机车又一大技术优势，也是其迅速发展的重要法宝。

在上世纪八九十年代240系列机车一统中国铁路内燃机车市场的情况下，280系列机车要在中国铁路立足和发展，仅靠柴油机功率大是远远不够的，还要靠先进的技术和优良的性能。因而，我们在不断提升柴油机功率的同时，在机车转向架、电传动、车体、辅助、总体等方面积极采用先进技术，使机车具有优良的性能。

在客运机车转向架方面，在国内率先采用了以轮对空心轴式牵引电动机全悬挂驱动装置、高圆簧旁承、单元制动器为3大基本特征的准高速转向架。有了该转向架，才使得DF_9、DF_{11}系列客运机车具有优良的动力学性能，使得DF_{11}系列客运机车在中国铁路的大提速中迅速发展壮大。

在货运机车转向架方面，在国内率先研制成功了三轴径向转向架，大大降低了轮轨磨耗，提高了机车曲线通过性能。

在机车电传动方面，在DF_{11}型机车上率先采用了微机控制系统，在DF_{8B}型机车上率先采用了大屏幕彩色液晶显示屏，在NZJ_1型“新曙光”内燃动车上率先采用了Lonworks通信远距离重联控制技术，在DF_{8CJ}型机车上率先采用了IGBT元件、轴控式的交流传动系统，大大提高了机车的牵引性能和控制性能。

在机车冷却方面，在 DF_{11}型机车上率先采用了双流道铜散热器，在 DF_{8CJ}型机车上率先采用了干式冷却系统和大板块散热器，既提高了机车的冷却性能，又降低了机车重量。

在机车车体方面，在 DF_{11}型机车上率先采用了桁架式侧壁承载结构，在 DF_{8CJ}型机车上率先采用了承载式燃油箱结构，既提高了车体的强度和刚度，又减轻了重量。

(3) 机车产品质量稳定，可靠性高

产品基本质量稳定、可靠性高，是 280 系列机车又一大技术优势，也是其赢得市场、发展壮大的重要因素。

鉴于戚厂当时的设计水平和制造能力，280 系列机车的第一个产品——DF_8 型机车的基本质量确实不尽如人意。但通过这些年大修的不断改进和运用部门的精心维护，机车质量已日趋稳定，基本满足了运用的需要。

从 DF_{11}型机车开始，280 系列机车的基本质量稳步提高、运用可靠。有关统计数据见表 2。

表 2　DF_{11}型机车各年度机破率

年份	1997	1998	1999	2000	2001	2002	2003
机破率（件/10 万 km）	0.28	0.28	0.25	0.11	0.12	0.117	0.07

从表 2 可以明显地看出，DF_{11}型机车的机破率逐年下降，从 2000 年开始，其机破率已明显低于铁道部所要求的 0.15 件/10 万 km 的考核指标。另据运用部门提供的数据，DF_{11}型机车的机破率也是 3 种提速机车中最低的。2003 年 DF_{11}、DF_{4D}、SS_8（包括 SS_9）型 3 种提速机车的机破率，分别是 0.07、0.12、0.14 件/10 万 km。

过去，运用部门也普遍反映，280 系列机车虽没有大的质量问题，但跑、冒、滴、漏的“小而广”质量问题却层出不穷。这几年，通过不懈努力，特别是通过“以工装保工艺、以工艺保质量、以质量拓市场”为主题的“创优建厂”工程提升了制造水平，“小而广”质量问题已不再是 280 系列机车的一个特色。

4　中国内燃机车的发展前景

4.1　内燃机车在世界铁路牵引动力现代化进程中的重要地位

从 20 世纪 60 年代末至 70 年代中期美国、英国、前苏联、法国、德国、日本等国铁路停止运用蒸汽机车，到全球铁路基本淘汰蒸汽机车运用的 30 多年中，内燃牵引在世界铁路牵引动力现代化进程中一直是主力军。

从世界范围来看，目前内燃机车在数量上占 76%、担当牵引里程占 80%、完成运量占 60%，不愧为世界铁路牵引动力的主力军，而且在今后相当长一段时间内，这种地位也不会有太大变化。

4.2　内燃机车在推进中国铁路牵引动力现代化中的重要作用

我国内燃机车和电力机车，从上世纪 50 年代末开始仿制，60 年代中后期开始试制和批量生产，40 年来得到了很大的发展。特别是 1988 年停止生产蒸汽机车、全面推进牵引动力现代化以来发展更快。但是两者的发展速度却是明显不同的，无论是从机车数量、牵引里程，还是从所完成的年运量来看，内燃机车在推进中国铁路牵引动力现代化中都发挥了重要作用，是中国铁路牵引动力的主力军。

目前，我国国家铁路拥有内燃机车 10962 台，占机车总保有量的 69.6%（2004

年6月)；全国内燃牵引里程达5.36万km，占全国总铁路营业里程的73.4%（2003年12月)；全国内燃牵引完成的运量占全国铁路总运量的60.2%（2002年)。

4.3　内燃机车在铁道部机车采购中仍占较大份额

尽管我国《铁路主要技术政策》早已从早期的“内燃、电力机车并举，以内燃为主”逐步发展到了1988年以后的“大力发展电力牵引，合理发展内燃牵引”，但这并不意味着内燃机车没有发展前景。我国地大物博，人口众多，经济快速发展，铁路客、货运量均居世界前列，电力牵引、内燃牵引共同发展，互为补充是客观的需要。

内燃机车以往每年都以占机车采购总量60%以上的份额生产。即使在最近4年铁道部机车招议标采购中，内燃机车仍然占有近60%的份额（详见表3)。表中有关数据是根据铁道部机车招标公告和议标标书整理汇总而成的。这说明内燃机车仍在发展，即使采购量要下降，也是一个逐步下降的过程，每年总是要维持一定采购量的。

表3　最近4年铁道部机车招议标采购中内燃机车所占份额

	2001年	2002年	2003年	2004年	总计
机车总量(台)	782	826	787	589	2984
内燃机车总量(台)	435	451	476	363	1725
内燃机车所占份额(%)	55.6	54.6	60.5	61.6	57.8

4.4　内燃机车在中国未来铁路中仍有较大发展空间

根据《中长期铁路网规划》，到2010年，中国铁路营业总里程将达到8.5万km，其中电气化里程将达到3.5万km，电气化率为41%；到2020年，中国铁路营业总里程将达到10万km，其中电气化里程将达到5万km，电气化率为50%。也就是说，从现在开始到2020年，新增加的营业里程都是电气化铁路，而内燃牵引里程始终维持在5万km左右。

从目前的情况来看，5万km的营业里程需要近万台内燃机车来维持运营。而目前1万多台内燃机车中，1964年起陆续投入运营的DF、DF_2、东方红型等第一代内燃机车基本上都已报废；1974起陆续投入运营的DF_{4A}、DF_{4B}、DF_{4C}、DF_5、DF_7、DF_8、东方红$_3$、北京型等第二代内燃机车，就有8000多台，约占内燃机车总量的80%以上。而这8000多台内燃机车中，相当一部分是上世纪70年代生产的中小功率内燃机车，将逐步进入报废期；加上铁路提速重载运输的进一步发展，特别是铁路跨越式发展的新形势，必将加速这些机车的更新换代。这些老型内燃机车的报废，要由一批新型内燃机车来补充。

4.5　铁道部仍然很重视和支持内燃机车的发展

最近，铁道部在引进“200 km/h电动车组”和“大功率交流传动电力机车”的同时，正在进行“大功率交流传动内燃机车采购和技术引进项目”。通过采购国外一批大功率交流传动内燃机车，全面引进国外先进、成熟、经济、适用、可靠的大功率交流传动内燃机车设计、制造技术；要求国内有关企业通过对引进技术的消化、吸收、自主创新，逐步提高国产化率，实现大功率交流传动内燃机车的国产化，打造中国自有的大功率交流传动内燃机车品牌，并具备大功率交流传动内燃机车的持续研发能力。

铁道部的这一重大举措，既充分表明铁道部仍然很重视、很支持内燃机车的发展，同时也表明铁道部很需要大功率交流传动内燃机车。这也预示着大功率内燃机车会有良好的发展前景。

综上所述，无论是从世界铁路牵引动力现代化的经验来看，还是从我国铁路的实际情况来看，中国铁路内燃机车特别是大功率内燃机车仍将会有良好的发展前景。

5 280系列机车的发展前景

5.1 280系列机车在目前市场中的主导地位

DF_{11}型客运机车是中国铁路前四次大提速的主力车型，为中国铁路大提速做出了重要贡献。DF_{11G}型客运机车担当了19对长途直达特快列车中11对列车的牵引任务。DF_{8B}型机车也已成为中国铁路货运重载提速的主型内燃机车。因而，280系列机车已是最近几年铁道部采购量最大的客、货运内燃机车（详见表4，有关数据是根据铁道部机车招标公告和议标标书整理汇总而成的)。

表4 280系列机车在中国铁路内燃机车招议标采购中所占份额

		2000年	2001年	2002年	2003年	2004年	2005上半年	合计
内燃机车采购总量(台)		482	435	451	476	363	220	2427
280系列机车	数量(台)	175	168	176	170	177	140	1006
	所占份额(%)	36.3	38.6	39.0	35.7	48.8	63.6	41.4

虽然280系列DF_{11}型客运机车、DF_{8B}型货运机车分别于1996、1998年通过铁道部科技成果鉴定，于1997、1999年才开始由铁道部招议标采购生产，但从表4可以明显看出，自2000年以来，280系列内燃机车每年的采购份额稳步提高，2005年上半年超过60%；五年半合计，占内燃机车采购总量的40%以上。

目前，280系列客货运机车在提速重载运输中正在发挥愈来愈大的作用，已成为中国铁路提速重载客货运内燃机车的主导产品。

5.2 280系列机车新产品的进一步发展

280系列机车适逢铁路提速重载的大好时机，凭借技术上的优势，迅速发展壮大。而最近几年开发出来的新产品，又为其今后的进一步发展打下了良好的基础。比如：

在柴油机方面，标定功率为4705kW的R16V280ZJ型大功率柴油机研制成功和批量生产。

在客运机车方面，DF_{11G}型机车在第六次大提速中仍将是内燃干线上的主力机型；“新曙光”号内燃动车组将是内燃干线上“城际公交化提速列车”的理想模式；带轮盘制动的全悬挂转向架将更好地适应主干线进一步提速的需要；而“全悬挂+径向”转向架又特别适合于曲线多的山区铁路提速。这两种转向架将进一步拓宽DF_{11}型机车的运用范围，为DF_{11}型机车的再发展打下基础。

在货运机车方面，最新研制成功并即将进行铁道部科技成果鉴定的DF_{8CJ}型大功率交流传动内燃机车，由于其单机牵引5000 t，最大速度可达90 km/h以上，双机牵引5000 t最大速度可达120 km/h以上，完全适应铁路跨越式发展的新形势。此外，径向转向架的研制成功和装车使用，将进一步拓宽现有DF_{8B}型机车的运用范围，为DF_{8B}系列机车跻身于山区铁路运输打下良好的基础。

综上所述，在今后相当长一段时期内，280系列机车将继续有着良好的发展前景。可以预言，未来中国铁路提速重载内燃机车的市场，将是以280系列大功率客货运内燃机车为主、240系列调车机车为辅的市场。

6 结语

(1) 280系列机车最大的技术优势是其柴油机功率大，这是它生存发展的前提条件；第二大优势是技术先进、性能优良，这是它迅速发展的重要法宝；第三大优势是产品基本质量稳定、可靠性高，这是它赢得市场、发展壮大的重要因素。

(2) 无论是从世界铁路牵引动力现代化的经验来看，还是从我国铁路内燃机车的实际现状、发展趋势和发展空间来看，中国铁路对大功率内燃机车都有着大量的需求。

(3) 280 系列机车凭借技术上的优势，在近几年铁路提速重载运输中迅速发展壮大，已成为中国铁路干线客货运内燃机车的主力军；而最新开发和正在开发的适应铁路跨越式发展新形势的系列新产品，又为其今后的进一步发展打下了新的基础。因而，280 系列大功率内燃机车在未来一定会有良好的发展前景。

(本文作者：许人华，原载于《内燃机车》2005 年第 10 期)

我国自行研制的 DMUs 和 EMUs 回顾

摘要：为促进动车组的引进技术与国产化相结合，促进自主创新，文章简要介绍了我国自行研制的内燃动车组（Diesel Multiple Units，简称 DMUs）和电力动车组（Electric Multiple Units，简称 EMUs）的研制单位、主要构造特征及运用等情况，阐述了 2 种不同类型动车组的相关技术参数。

关键词：内燃动车组　电力动车组　自行研制　概述

为了实现铁路运输事业的跨越式发展，最近两年来，我国加大了轨道交通装备技术引进的力度。在 2004 年向国外知名企业采购 160 列时速 200 公里动车组的基础上，2005 年又引进了西门子技术，促成了西门子和唐山工厂的合作。目前，引进动车组的九大关键技术、十项配套技术工作，进展顺利，阿尔斯通与长客股份、四方股份与川崎重工以及 BSP 公司的合作，已全面进入了实施阶段。为了顺利实现今年 10 月铁路的第六次提速，现在各主机厂、科研院所和有关配件厂，正在通力合作，引进、消化、吸收、国产化工作正如火如荼。对此，简要回顾一下我国自行研制的 DMUs 和 EMUs 情况，对加快目前引进项目的国产化步伐，弘扬自主创新精神，增强自主创新能力，快速推进机车车辆行业的技术进步，是不无裨益的。

1　我国自行研制的 DMUs

我国最早自行研制的第一列内燃动车组是“东风”号，时间是 1958 年，研制单位是四方机车车辆工厂。它由 2 辆动车（600Hp 液力传动内燃动车）和 4 辆东风号双层客车组成，曾在北京——天津间运行。

随着客运形势的发展和市场竞争的需要，应有关铁路局的要求，1998 年 5 月，唐山机车车辆厂研制成功了“庐山”号全双层内燃动车组。该车组为 2 动 2 拖，采用康明斯柴油机、西门子直流调速装置、209PK 型转向架，采用三相交—直流电传动，全数字式调压调速、PLC 集中控制、运行参数自动检测、总线传输信号和数据等新技术。其总功率为 1320 kW，设计速度为 120 km/h，最高试验速度达到了 137 km/h。它于当年 6 月投入南昌——九江的短途客运。1999 年 11 月，第 2 组车也交付南昌局运营。第 3 组车在 2000 年 5 月交付呼和浩特铁路局运营。

1999 年初，四方机车车辆厂又研制出“北亚”号 NYJ_1 型单层内燃动车组。该动车组有 2 动 4 拖、2 动 5 拖 2 种。动车、拖车均采用鼓形车体。动车车头为流线型，采用 Caterprillar 3508B 型柴油机、自行研制的 SF2010 型液力传动齿轮箱，用微机控制和重联。转向架轴箱采用拉杆定位，旁承为高圆簧结构。拖车车体为无中梁结构，采用 206Kp 转向架、104 型制动机。由动车的辅助柴油机发电，用交流 380 V/220 V 50 Hz，三相四线制两路供电。列车采用自行研制的 SYSP87 型小间隙 15 号高强度车钩与 15C 型车钩。该动车组总功率为 2000 kW，设计速度为 140 km/h，最高试验速度达到了 153 km/h。该动车组有 2 组在南昌路局，曾分别运行于南昌——景德镇、南昌——玉月山之间。后来与长春客车厂合作，又生产了 7 组，运用于哈尔滨铁路局管内有关线路上。

1999 年 8 月，戚墅堰机车车辆厂和南京浦镇车辆厂合作，研制成功了“新曙光”号 NZJ_1 型准高速双层内燃动车组。该车为 2 动 9 拖，推挽式重联牵引，交—直流电传动，总功率为 5520 kW。动车采用 12V280/285ZJ 型柴油机，JF211 型主、副发电机和 ZD106A 型牵引电动机，主发电机用于牵引，副发电机用于供电。车组采用密接式车钩、成田胶囊式风挡、微机控制系统。车体为无中梁整体承载全钢焊接筒形结构。车组设计速度为 180 km/h，线路试验最高速度达到 199.4 km/h。该动车组是我国自行研制的功率最大、速度最快、载客最多、技术较新的内燃动车组，于同年 10 月在沪宁线投入商业运营。

2000 年 10 月，大连厂、长客厂、四方厂研制了 4 组“神州”号 NZJ_2 型双层内燃动车组。该车为 2 动 10 拖，推挽式重联牵引，采用交—直流电传动，架悬式准高速三轴转向架、ZJ7 型电空制动机等。拖车车体为无中梁结构，上层地板用螺栓连接，提高了侧墙外表面的平整度。该车组总功率为 5480 kW。动车采用 16V240ZJE 型柴油机，设计速度为 180 km/h，线路试验速度达到 210 km/h，曾在天津——北京间运行。

2001 年 5 月，四方厂、大连厂共同为兰州铁路局研发了 4 列 NZJ_2 型内燃双层动车组，命名为“金轮”号，俗称“子弹头”。该动车组编组为 2 动 6 拖，曾于同年 7 月在兰州——西宁间投入运用。自行研制的各型内燃动车组的主要技术参数见表 1。

2 我国自行研制的 EMUs

我国最早自行研制的第一列电动车组是 1985 年由长春客车厂、株洲电力机车研究所和中国铁道科学研究院共同完成的 KDZ_1 型电动车组。该电动车组设计速度为 140 km/h，以 2 动 2 拖为一组。原计划列车为 7 单元编组，每单元由 1 辆动车和 1 辆拖车组成，用于干线城际中距离客运。后来由于多种原因，未能投入商业运营。

“春城”号电动车组，该车组是为迎接昆明“世博会”的召开，于 1999 年 3 月，由长客厂、株洲所、昆明铁路局联合研制的。它是动力分散型、设计速度为 120 km/h 的交直流传动电动车组。其总功率为 2160 kW，以 1 动 1 拖为 1 个单元，按 3 个单元 6 辆车固定编组，外观为流线型，侧墙下部设活动裙板，采用空电联合制动，并设有备用制动和停放制动。采用 DC600V 供电方式，其电传动系统采用自行研制的可控硅多断桥技术及微机控制技术，控制电路采用多单元重联技术，辅助电路为分组整流、分散逆变方式。采用 CW—200 型转向架，装有进口塞拉门、轴温报警、车顶单元式空调装置和真空集便器等。该车组最高试验速度为 127 km/h，于当年 10 月“世博会”期间投入商业运营。

表 1 各型 DMUs 的主要技术参数

项目 ╲ 车组		庐山号	NYJ_1 型	新曙光号	神州号
编组方式		M + 2T + M	M + 4T + M	M + 9T + M	M + 10T + M
动车轴式		Bo – Bo	B – 2	A/A	Bo – Bo – Bo
柴油机型式		康明斯 QST30—C1	Caterpillar 3508B 型	12V280ZJ 型	16V240ZJE 型
构造速度 km/h		120	140	180	180
轴重(t)	动 车	18	19	21	21
	拖 车	17	17	16	14.5
自重(t)	动 车	64.7	76	126	135
	拖 车	59.4	44.4 ~ 45	51.9 ~ 53.9	53.9
车组质量(t)		288	372	702	929
车组总长(m)		102	157.244	281	309.3
车组定员(人)		544	546	1140	1400
主要尺寸(mm)	动 车 长	24825	25470	20600	21750
	拖 车 车 体	25500 × 3104	25500 × 3205	25500 × 3104	25500 × 3104
	拖车车辆定距	18000	18000	18000	18000
	拖车车顶距轨面高	4750	4050	4600	4600
车 钩 型 式		高强度 15 号	小间隙 15 号	密接式	密接式
启动加速度 m/s^2		≈0.23	≥0.144(实测)	≥0.255(计算)	0.214(实测)
传动方式		电传动	液力传动	电传动	电传动
牵引功率(kW)		600 × 2	1000 × 2	2760 × 2	2740 × 2

“大白鲨”号电动车组，该车组是“九五”国家重点科技攻关项目，1995 年 5 月，由株机厂、长客厂、四方厂、唐山厂、浦镇厂等单位共同研制完成。它是设计速度为 200 km/h 的动力集中型交直传动电动车。其总功率为 4000 kW，按 1 动 6 拖固定编组，推挽运行。采用空电联合制动，并设有备用制动和停放制动。采用自行研制的 DC600V 供电装置，经拖车的逆变器变流后向空调、采暖、照明等供电。动车头为流线型，底部设封闭裙板，车顶有导流罩，以减少运行阻力。采用架悬式轮对空心轴传动转向架，轴重不大于 21 t。拖车采用 CW—200 型、SW—200 型、PW—200 型转向架，F8 型电空制动机。车体采用 PC/ABS 吸塑成型合金板或玻璃吸塑成型板内装饰材料。此外，还采用了高速受电弓，单泡真空主断路器、螺杆式压缩机和整体车轮等新技术。该动车组最高试验速度达到 220 km/h，当年 10 月在广深线上投入商业运营。

“蓝箭”号电动车组，该车组是为适应广深客流量日益增长的需要，应广深铁路有限公司的要求，于 2000 年 12 月，由株机厂、长客厂、株洲所联合研制的。它是设计速度为 200 km/h 动力集中型交流传动电动车组。其总功率为 4800 kW，控制方式为 VVVF，制动方式为再生制动，采用 DC600V 供电方式。动车和拖车均为鼓形车体，大幅减小了车体断面。动车头部为流线型，采用架悬式空心轴传动小轮径转向架，轴重不大于 19.5 t。拖车采用 CW—200 型转向架，缩短了车间距，加装了大风挡，轴重不大于 15.5 t。在广深线上投入运营。

“先锋”号电动车组，该车组也是“九五”国家重点科技攻关项目，2000 年 12 月，由浦镇厂、长客厂、大同机车厂、永济电机厂、铁道科学研究院、原上海铁道大学、原长沙铁道学院等单位联合研制的。它是设计速度为 200 km/h 动力集中型交—直—交电传动电动车组。其总功率为 4800 kW，以 2 动 1 拖为 1 个动力单元，由 2 个动力单元共 6 辆车组成固定编组，双向牵引。车组控制方式为 VVVF，首次采用计算机控制的直通电空模拟式制动系统。动车头为流线型。动力转向架采用无摇枕、无摇动台、无端梁结构的 H 型转向架，空心车轴，直辐板碾钢轮，轮盘式制动盘基础制动装置。非动力转向架采用无摇枕、无摇动台的 H 型转向架、Z 型牵引拉杆、抗蛇行减振器、整体锻钢制动盘基础制动装置。车体采用了“浮筑”式地板结构、阻尼涂层材料、车窗玻璃粘接技术、侧墙等离子焊缝工艺，实现了轻量化。该车组起动加速度大，计算值不小于 0.4 m/s^2；轴重不大于 14.5 t。其线路试验速度达到了 292 km/h，当年 10 月在广深线上投入商业运营。

“中原之星”号电动车组，该车组是具有完全自主知识产权的电动车组。它于 2001 年 11 月，由四方厂、株机厂、株洲所、郑州铁路局等联合研制。它是设计速度为 200 km/h 的动力分散型交—直—交电传动电动车组，流线型设计，采用微机网络控制。车内设计宽敞明亮，采用高靠背航空座椅、可折叠式茶桌，顶部装有隐形反光灯带，两端有全数字化电子显示屏。该动车组在郑州——武昌间投入运营。

“中华之星”号电动车组，该电动车组为国家重点项目，拥有完全自主知识产权。其设计速度 270 km/h，按 2 动 9 拖编组，推挽式运行，系动力集中型交—直—交电传动高速电动车组，由株机厂、大同厂、长客厂、四方厂、铁科院、株洲所、四方所、戚墅堰所、西南交大、中南大学等单位联合研制。该动车组广泛地采用了国内外先进技术，总体采用集成化、模块化设计，车头采用双拱流线型，车体侧墙为鼓型结构，车头盖和车头外型为复合材料制作。中间拖车 2 辆一等、6 辆二等座车和 1 辆酒吧车，其中 2~5 号车为铝合金车体，其余为不锈钢车体。车尾部采用折棚式内外风挡，前端采用 13 号下作用式车钩，后端为密接式车钩。转向架采用二级空心轴六连杆传动方式，将牵引电机、传动齿轮箱、托架、制动横梁合为一体，构成了完整的驱动制动单元，前端悬挂在构架上，后端悬挂在车体上，大大降低了簧下质量和轮轨动作用力。装有轴装式盘形制动装置，制动系统由再生制动、机械制动和联合制动 3 种方式组成。电传动系统采用自主开发的水冷 GTO 主变流器和 1225 kW 大功率异步牵引电动机。IGBT 辅助变流器以转向架为单元提供 VVVF 和 CVCF 两组三相电源，对辅助机组分类分级供电。控制系统采用分布式微机网络控制，通过 MVB 和 WTB，可进行全列车网络通信、控制与故障诊断。该动车组 2002 年 11 月完成试制并进行线路试验，在秦沈客运专线上的试运最高速度达到了 312.5 km/h。现运营于山海关至沈阳之间。自行研制的各型电动车组的主要技术参数参见表 2。

表 2　各型 EMUs 的主要技术参数

项目		春城号	大白鲨号	蓝箭号	先锋号	中华之星号
编组方式		M+T+M+T+T+M	M+5T+Tc	M+5T+Tc	Mc+T+M+M+T+Mc	M+T+T+T+T+T+T+T+T+T+M
受电方式		受电弓	受电弓	受电弓	受电弓	受电弓
动力形式		动力分散式	动力集中式	动力集中式	动力分散式	动力集中式
构造速度(km/h)		120	200	200	200	270
轴重(t)	动车	18	21	19.5	14.5	19.5
	拖车	18	15.5	15.5	14.5	14.5
车组质量(t)		330.1	380.3	391.8	306.9	678
车组总长(m)		158.6	175.896	172.73	152	272.9
车组定员(人)		600	436	421	424	772
主要尺寸(mm)	动车长(mm)	25770	18316	18316	Mc:26200 M:25500	21700
	拖车车体	25500×3105	25500×3104	25500×3104	25500×3104	25500×3300
	拖车车辆定距	18000	18000	18000	18000	18000
	拖车车顶距轨面高	4134	4050; 双客:4600	3950	4000	3840
转向架型式	动车	CW-200	架悬式空心轴传动	架悬式空心轴传动	无摇枕、空心轴轮对动力转向架	半体悬式双空心轴传动
	拖车	CW—200	CW—200; SW—200; PW—200	CW—200	无摇枕、空心轴非动力转向架	CW—300 SW—300
启动加速度 m/s^2		≥0.2	0.193(实测)	0.28(实测)	≥0.4(计算)	≥0.44(计算)
总功率架线(kW)		21600	4000	4800	4800	9800

除上述电动车组之外，我国还自行研制出口过用于伊朗德黑兰地铁的 MT_1 型电动车组。该动车组为推挽式、动力集中型，其编组形式为：M+10T+M。其 TM_1 型动力车为 Bo-Bo 转向架，采用电机空心轴全悬挂系统；800 kW 脉流串励牵引电动机驱动；主电路为不等份三段半控桥整流电路，并用晶闸管分路，全程运行无级调速；采用加馈电阻制动和微机控制，并有防空转、防滑行等保护功能；辅助系统采用旋转劈相机作为三相异步电动机的电源。其拖车为 25 型双层空调硬座车。

此外，在 2001 年，广深铁路股份有限公司、广州中车铁路机车车辆销售租赁有限公司曾与长客厂签约，还研制了 2 列速度为 210 km/h 的动力分散型交流传动高速动车组。

3　结束语

我国自行研制的 DMUs 和 EMUs 动车组在新技术、新工艺、新结构、新材料方面，有很多新的亮点。如：电动车组采用了我国自行研制的大功率交流牵引和辅助逆变系统、自行研制的列车微机网络控制系统、大功率交流牵引电机和机械传动系统、自行研制的密接式车钩和缓冲装置；采用我国自行研制的高速转向架、铝合金车体和不锈钢车体；车头采用了“子弹头”式的流线型设计；采用了汽动塞拉门、感应式内端门及真空集便等自动化装置。

实践说明，我国机车车辆制造行业具有很强的自主研发能力，具有开发轨道交通用DMUs和EMUs的技术平台。虽然在某些方面与同行业国际先进水平还有较大差距，但在设计、制造、试验、测试、运用等方面，我们已有过成功的尝试并具有相当的经验。在目前引进国外动车组技术的过程中，只要一如既往，我们不但能很好地实现国外先进技术的吸收、消化、国产化，而且一定能有所创新，一定能更好地实现铁路的跨越式发展。

参考文献

[1] 刘友梅，中华之星高速交流传动电动车组，《机车电传动》，2003，(9) 35~39

[2] 张庆林等，《机车车辆科技手册》2000 第一卷，第二篇，第九节，240—241

[3] 李学峰，交流传动电动车组及其综合试验技术，《铁道机车车辆》2003，增刊2，44—46

[4] 傅纯力等，《铁道车辆知识问答》2003 第三章，第三节，81~89

[5] 傅小日，发展中的我国动车组，《铁道车辆》2002，增刊12，15~19

（本文作者：中国南车集团戚墅堰机车车辆工艺研究所　邹稳根）

中华人民共和国铁道部2005年铁道统计公报

2005年是铁路改革和发展取得巨大成就的一年。在铁道部党组领导下，全路认真落实科学发展观和党中央、国务院部署，以服务经济社会发展大局为己任，以铁路跨越式发展为契机，在积极推进铁路基础性改革的同时，着力加快铁路建设，大力提升装备水平，努力挖潜提效增收，运输安全形势稳定，运输生产经营成果显著，实现了客货运量大幅度增长，为缓解煤电油运紧张状况、保障人民群众正常生活和经济社会发展做出了重要贡献。

1　铁路运输

2005年，国民经济继续保持较快速度发展，运输需求旺盛，运能持续紧张。面对煤电油运"瓶颈"制约状况，铁路为保证国民经济平稳运行，坚持实施内涵扩大再生产，深入开展"多拉满载、挖潜提效"活动，不断扩充运输能力。通过深入推进内涵扩大再生产，实现了运量大上、收入大增，运输生产主要指标不断刷新历史纪录。

货物运输继续快速增长。全国铁路完成货运总发送量（包括行包运量）269296万t，比2004年增长8.1%。其中：国家铁路完成231839万t，比2004年增长6.6%；合资铁路完成19655万t，比2004年增长17.9%；地方铁路完成17802万t，比2004年增长19.3%。全国铁路完成货运总周转量（包括行包周转量）20726.03亿t·km，比2004年增长7.5%。其中：国家铁路完成19533.35亿t·km，比2004年增长6.8%；合资铁路完成1093.47亿t·km，比2004年增长19.3%；地方铁路完成99.20亿t·km，比2004年增长11.4%。

全国铁路完成货物发送量268349万t，比2004年增加20219万t，增长8.1%。其中：国家铁路完成230920万t，比2004年增长6.6%；合资铁路完成19627万t，比2004年增长17.9%；地方铁路完成17802万t，比2004年增长19.3%。全国铁路完成货物周转量20535.87亿t·km，比2004年增长7.5%。其中：国家铁路完成19346.12亿t·km，比2004年增长6.8%；合资铁路完成1090.55亿t·km，比2004年增长19.3‰；地方铁路完成99.20亿t·km，比2004年增长11.4%。

全国铁路完成行包发送量947万t。其中：国家铁路完成919万t，比2004年增长7.6%；合资铁路完成28万t；地方铁路完成2200 t。全国铁路完成行包周转量190.16亿t·km。其中：国家铁路完成187.24亿t·km，比2004年增长6.7%；合资铁路完成2.92亿t·km。

重点物资运输得到有力保证。为缓解煤电油运的紧张状况，全路贯彻胡锦涛总书记和温家宝总理等中央领导关于确保重点物资运输的重要指示和中央有保有压的宏观调控政策，拿出90%以上的运力保证重点物资运输，关键时期全力以赴突击抢运。重点物资运量在2004年较高增幅的基础上，又实现了大幅度增长。全国铁路煤炭运量再创历史最高水平，完成129038万t，比2004年增运12254万t，增长10.5%。全国368家直供电厂存煤平均可耗天数一直保持在15天以上的较高水平，基本满足了电力迎峰度夏和冬季用煤高峰的需要。完成粮食运量11839万t，比2004年增运241万t，增长2.1%。完成石油运量15291万t，比2004年增运1040万t，增长7.3%。确保化肥、棉花等农副产品运输，有力地支持了“三农”。完成化肥农药运量7815万t，比2004年增运1011万t，增长14.9%。圆满完成了受灾和贫困地区捐助物资、禽流感防疫物资、特运、军运、专运以及国家重点工程、神舟飞船等运输任务。

进出口货物运量增势强劲。全国铁路口岸共完成进出口货物运量4550.6万t，比2004年增运799.7万t，增长21.3%。其中：完成进口运量3998.0万t，比2004年增运725.0万t，增长22.1%；完成出口运量552.6万t，比2004年增运74.7万t，增长15.6%。满洲里、绥芬河、二连、阿拉山口站进出口货物运量继续保持快速增长，四大口岸共完成进出口货物运量4310.7万t，比2004年增运820.5万t，增长23.5%。进口石油仍大幅度增长，完成982.1万t，比2004年增运174.1万t，增长21.5%；完成木材进出口运量1574.1万t，比2004年增运372.0万t，增长30.9%。

旅客运输持续增长。全国铁路完成旅客发送量115583万人，比2004年增长3.4%，创出近17年来的最高水平。其中：国家铁路完成110651万人，比2004年增长3.1%；合资铁路完成4613万人，比2004年增长13.8‰地方铁路完成319万人，比2004年下降15.6%。全国铁路完成旅客周转量6061.96亿人·km，比2004年增长6.1%。其中：国家铁路完成5833.20亿人·km，比2004年增长5.8%；合资铁路完成225.23亿人·km，比2004年增长14.7%，地方铁路完成3.53亿人·km，比2004年下降11.3%。

换算周转量持续攀升。全国铁路完成总换算周转量26787.99亿t·km，比2004年增长7.1%。其中：国家铁路完成25366.56亿t·km，比2004年增长6.6%；合资铁路完成1318.70亿t·km，比2004年增长18.5%；地方铁路完成102.73亿t·km，比2004年增长10.4%。

运输收入总量再创历史新高。2005年国家铁路完成运输收入2019.1亿元，比2004年增加224.7亿元，增长12.5%；同口径增加169.7亿元，增长9.5%。其中：完成货物运费收入1105.7亿元，比2004年增加162亿元，同口径增加107.0亿元，增长11.3%；完成客票收入638.0亿元，比2004

年增加45.1亿元，增长7.6%；完成其他收入275.4亿元，比2004年增加17.6亿元，增长6.8%。

运输效率主要指标刷新纪录。2005年，国家铁路货物列车平均总重达到3038 t，比2004年增加104 t；货车周转时间实现4.92天，比2004年压缩0.02天，相当于每天节约运用车2300多辆。机车车辆运用效率提高，带动了装车数的大幅提升，全国铁路日均装车继2003年突破10万辆、2004年突破11万辆之后，2005年突破12万辆，达到122448辆新水平。

路网整体能力利用进一步提高。年内利用新长、赣龙等新线能力和宣杭、武九、兰武复线改造新增能力，合理调整京九、南昆、宁西等线车流，有效缓解了西南、华东、华南等地区运力紧张状况。对几大煤运通道实施了重载扩能改造，重载运输取得新突破。原设计能力1亿t的大秦铁路，经过技术改造，2005年运量达到2.03亿t，比2004年增运5016万t，增长32.8%。侯月线2005年完成运量1.01亿t，比2004年翻一番。京广、京沪、京哈、陇海等主要干线普遍开行5000t重载列车，部分区段达到5500~6500 t，其他部分干线普遍提高列车牵引定数，增加了既有线输送能力。

运输安全持续稳定。全路认真贯彻党中央、国务院关于安全生产的一系列重要指示，全面落实《安全生产法》和《铁路运输安全保护条例》，始终坚持“规范管理、强基达标”不动摇，积极探索新体制下规范安全管理、加强安全基础建设的有效途径，初步建立了适应新体制要求的安全管理体系和检查监督体系，狠抓安全责任的落实，强化现场作业控制，运输安全保持了相对稳定的局面。全年发生行车重大事故5件，同比减少6件，实现了7个全路安全月。

2 固定资产投资

2005年，以《中长期铁路网规划》为蓝图，加快新线建设，扩展路网规模；加速既有线改造，扩大运输能力。精心组织，优质高效地全面完成年度建设任务，为“十一五”铁路建设开局打下良好基础。

铁路基本建设增势旺盛。全国铁路基本建设投资完成889.16亿元，比2004年增长67.3%。其中：铁道部投资完成753.18亿元，比2004年增长53.9%；地方政府和企业对国家铁路和合资铁路投资完成119.50亿元，是2004年的3.5倍；地方政府对地方铁路投资完成16.49亿元。新线铺轨919 km，复线铺轨661.9 km；新线投产1146.8 km，复线投产486.3km，电气化铁路投产862.7 km。

国家铁路和合资铁路路网建设大中型项目投资完成831.50亿元，比2004年增长71.7%，其中铁道部投资完成712.0亿元，比2004年增长55.6%。营业铁路大中型项目完成436.97亿元，其中复线及扩能219.70亿元、电气化162.90亿元、枢纽及客站54.37亿元；新建铁路大中型项目完成394.53亿元。地方铁路大中型项目投资完成16.79亿元。

国家重点建设项目全面完成任务。2005年列为国家重点建设的铁路项目有24个(国家下达通知时合并为18个)，投资完成496.35亿元。完成新线铺轨390.2 km，土石方1.67万m^3，特大、大中桥18.63万折合米，隧道29.15万折合米，全面完成了年度建设任务。举世瞩目的青藏铁路建设在攻克“多年冻土、高寒缺氧、环境保护”三大世界性难题方面取得重大成果，于2005年10月实现全线提前铺通。

新开工项目成倍增加。2005年新开工项目57个，是2004年的2.5倍，投资完成

258.72 亿元，开工项目之多为铁路建设史之最。

客运专线建设全面启动。2005 年开工和进行施工准备的郑西、武广、石太客运专线，京津城际轨道交通，武汉—合肥铁路，合肥—南京铁路，温福铁路，甬台温铁路，广珠城际铁路，福厦铁路，广深港客运专线 11 个项目，投资完成 170.02 亿元，客运专线建设全面启动。

中央财政预算内资金（含国债）建设项目进展顺利。在建的国债项目 26 个，投资完成 220.61 亿元，使用中央财政预算内资金（含国债）65.89 亿元。完成新线铺轨 747.2 km，复线铺轨 16.2 km；新线投产 719.7 km，电气化铁路投产 624.5 km。完成路基土石方 9186 万 m^3，特大、大中桥 7.97 万折合米，隧道 18.37 万折合米。其中国家铁路和合资铁路 15 个项目投资完成 205.22 亿元，使用中央财政预算内资金（含国债）60 亿元。

24 个项目收尾销号。2005 年安排京九线龙川—东莞东复线、武九线扩能、宣杭复线等 24 个项目收尾销号，投资完成 89.71 亿元。完成新线铺轨 27 km，复线铺轨 193.4 km；新线投产 355.3 km，复线投产 326.2 km，电气化铁路投产 114.1 km。

路网规模继续扩大。截至 2005 年底，全国铁路营业里程达到 75438 km，比 2004 年增加 1030 km，增长 1.4%。其中：国家铁路 62200 km，合资铁路 8462 km，地方铁路 4775 km。全国铁路复线里程达到 25566 km，比 2004 年增加 658 km，增长 2.6%。复线率达到 33.9%；全国铁路电气化里程达到 20151 km，比 2004 年增加 848 km，增长 4.4%，电化率达到 26.7%。

更新改造投资继续增长。2005 年投资方向以第六次大提速和安全标准线建设为重点，在六大干线进行了曲线改造、四显示自动闭塞改造、平交道口改立交、线路栅栏封闭等主要提速扩能项目，同时进行了采用以车辆安全防范和预警系统（5T）为代表的大量新技术的安全配套设施建设。社会职能移交、铁路局管理体制改革和生产力布局的调整，保证了更充裕的资金投向运输生产一线。国家铁路更新改造投资完成 208.01 亿元，比 2004 年增长 8.6%；其中运输设备更新改造投资完成 185.60 亿元，比 2004 年增长 5.1%。

运输设备更新改造投资中，铁道部管理项目投资完成 57. 84 亿元，比 2004 年增长 15.8%。其中跨局重要干线及路网性编组站投资完成 23.69 亿元，全路指导性行车安全措施投资完成 29.97 亿元。铁路局管理项目投资完成 127.76 亿元，比 2004 年增长 0.9%。

各铁路局继续严格控制非生产性项目投资，生产性项目投资完成 122.43 亿元，比 2004 年增长 5.2%，占全部投资的比重为 95.8%，比 2004 年提高 3.9 个百分点。

机车车辆购置投资跃上新台阶。2005 年，机车车辆购置投资完成 263.80 亿元，创历史最高水平，比 2004 年增长 47.9%。购置机车 659 台，客车 1649 辆，货车 30000 辆。

3 科学技术

技术装备现代化取得重大进展。按照“引进先进技术、联合设计生产、打造中国品牌”的总体要求，成功引进了世界上最先进的时速 200 km 及以上动车组技术，大功率电力、内燃机车技术。2005 年，第一批时速 200 km 动车组技术项目转入国产化设计联络并开始生产。青藏线高原机车完成了样车生产，大功率内燃机车采购和技术转让合同已经签署。自主研发的新型车辆正向全路逐步推广，按照时速 120 km 要求，对既有货车进行技术改造，截至2005年底全路有26.5万辆货车满足提速要求，占总保有量的41.6%。自主研发制造的25 t轴重的C80、C76型运煤专用货车在大秦线投入使用。载重70 t的通用货车投入批量生产。在技术引进过程中，紧紧抓住关键技术的消化吸收，确保实现技术的全面转让和国产化目标。掌握时速200 km动车组及大功率交直交机车车辆生产的核心技术和关键技术，使我国机车车辆研制水平跨人世界先进水平行列。目前采购的机辆装备国产化率动车组最高达75%以上、大功率电力机车最高达70%以上、大功率内燃机车最高达85%以上。

科技创新成绩显著。大秦线试验开行2×1万t重载组合列车，标志着我国铁路首次实现了欧洲的GSM—R技术与美国Locotrol重载技术的系统集成创新，实现我国铁路重载技术的新突破；组织了京秦线提速时速200 km列车交会试验和遂渝线提速时速200 km综合试验，针对《既有线提速200 km/h技术条件（试行）》进行了多项试验验证，并组织修订《铁路技术管理规程》，为实施既有线时速200 km提速积极做好相关技术准备工作；紧密结合客运专线建设实际，制定和建立客运专线的技术标准（技术条件），针对客运专线建设关键技术问题，开展重点研究；在继续抓好冻土等科技攻关的同时，积极开展站后工程试验，试运营规章准备工作取得明显成效，为青藏铁路建设提供了有力支持；通过引进，在成渝线组织完成了百米轨普通平车单车组、小半径的运输试验，取得了良好的试验结果；组织了乌鞘岭隧道、宜万铁路、天兴洲公铁两用长江大桥多项重点工程建设技术攻关；组织开展了23 t轴重通用货车的研制和试验工作。

4 铁路改革

铁路局直接管理站段体制改革取得巨大成功。经国务院同意，2005年3月18日，实施了铁路局直接管理站段体制改革。撤销了41个铁路分局和2个铁路公司（南疆铁路公司、北疆铁路公司），同时成立太原、武汉、西安铁路局。这项改革解决了我国铁路长期以来存在的铁路局和铁路分局两级法人以同一方式经营同一资产的体制性弊端，为继续深化铁路改革奠定了坚实基础。

运输生产力布局调整取得重大成果。为适应运输生产力发展水平的需要，全路大力开展运输生产力布局调整，运输生产站段数量由调整前的1504个减少到目前的857个，为优化运力资源配置、调整运输生产组织结构、提高运输效率效益、强化安全管理发挥了重要作用。

铁路投融资体制改革取得突破。与地方合资建路的规模和质量实现历史性突破。按照“政府主导、多元化投资、市场化运作”的指导思想，铁道部先后与31个省市自治区签订了铁路建设战略合作协议，涉及铁路建设项目158个。推出武广客运专线等43个重点建设项目公开招商引资。

5 劳动工资

劳动用工减少，劳动报酬增长。2005年末，全路从业人员为206.19万人，比2004年末减少2.50万人。其中：运输业从业人员为141.91万人，比2004年末减少1.83万人。全路职工人数为213.73万人，比2004年末减少2.80万人。其中：运输业职工人数为151.68万人，比2004年末减少3.49万人。全路从业人员平均劳动报酬比2004年同口径增长15.9%，职工平均工资比2004年同口径增长15.8%。

劳动生产率稳步提高。铁路运输业劳动生产率按实物量计算，达到176.0万换算吨公里/人，比2004年增长7.2%；按价值量计算，达到144470元/人，比2004年增长13.0%。

6 多元经营

多元经营健康持续发展。2005年，全路多经系统认真贯彻落实铁道部党组的重要部署和关于多元经营的重要指示，在铁路局直接管理站段体制改革中，迅速整合原铁路分局多经系统，建立和完善辅业资产管理机构，积极推进资源整合资产重组，大力推动多元经营规范发展，坚持敞口接收运输主业分流人员，取得了创收创利创岗的新成绩。全路多元经营2005年度完成营业收入987亿元，比2004年增加152.3亿元，同比增长18.2%；实现利润26.97亿元（不包含处置不良资产影响当期利润的因素），比2004年增加3.13亿元，同比增长13.1%。截至2005年末，全路多元经营铁路职工24.87万人，比2004年末增加1.56万人。全员劳动生产率增长11.8%。

7 工业生产

工业产品销售良好。完成不变价工业总产值22.3亿元，现价工业总产值37.6亿元，现价工业销售产值38.9亿元。工业企业产品销售率达103.5%，保持较高水平，超全国工业企业产品销售率5.8个百分点。

注：1 铁路运输指标为精密统计数据，其余均为速报数；

2 未注明“全国铁路”者均为“国家铁路”。

（本资料由铁道部统计中心提供，原载于《中国铁路》2006年第3期）

2005年铁路主要指标完成情况

项 目	单 位	2004年	2005年	±%
一、铁路运输设备				
全国铁路营业里程	公里	74407.7	75437.6	1.4
全国铁路复线里程	公里	24908.3	25566.0	2.6
全国铁路电气化里程	公里	19303.2	20150.6	4.4
全国铁路机车拥有量	台	17022	17473	2.6
其中：内燃机车	台	11872	12114	2.0
电力机车	台	4887	5166	5.7
全国铁路客车拥有量	辆	41353	41974	1.5
全国铁路货车拥有量	辆	526894	548368	4.1
国家铁路正线60公斤钢轨里程	公里	60701.3	64661.0	6.5
国家铁路正线无缝线路里程	公里	42363.2	47094.3	11.2
国家铁路自动化驼峰	处	96	97	1.0
国家铁路半自动化驼峰	处	25	26	4.0
国家铁路营业车站	个	5613	5561	-0.9
国家铁路自动闭塞里程	公里	22723.6	24148.9	6.3
国家铁路半自动闭塞里程	公里	39334.5	39389.9	0.1

续上表

项　　目	单　位	2004年	2005年	±%
二、铁路运输				
全国铁路旅客发送量	万人	111764	115583	3.4
全国铁路旅客周转量	亿人公里	5712.17	6061.96	6.1
旅客平均运程	公里	511	524	2.6
全国铁路货物总发送量	万吨	249017	269296	8.1
其中：煤炭（国铁）	万吨	99210	107082	7.9
全国铁路货物总周转量	亿吨公里	19288.77	20726.03	7.5
货物平均运程	公里	770	765	-0.6
全国铁路每营业公里换算密度	万换算吨公里/公里	3360	3551	5.7
全国铁路每营业公里客运密度	万人公里/公里	768	804	4.6
全国铁路每营业公里货运密度	万吨公里/公里	2592	2747	6.0
国家铁路平均一日装车数	车	99327	104819	5.5
国家铁路平均一日运用车数	车	503477	527544	4.8
国家铁路货运机车日产量	万吨公里	108.7	110.6	1.7
国家铁路货运机车日车公里	公里	455	458	0.7
货运机车平均牵引总重	吨	2934	3038	3.5
国家铁路旅客列车旅行速度	公里/小时	64.4	65.2	1.2
国家铁路旅客列车技术速度	公里/小时	73.7	74.2	0.7
国家铁路货物列车旅行速度	公里/小时	32.2	32.1	-0.3
国家铁路货物列车技术速度	公里/小时	46.7	46.3	-0.9
国家铁路货车周转时间	天	4.94	4.92	-0.02天
国家铁路内燃机车万吨公里耗油	公斤	25	24.6	-1.6
国家铁路电力机车万吨公里耗电	千瓦时	111.2	111.8	0.5
国家铁路运输全员劳动生产率	万换算吨公里/人	164.2	178.5	8.7
三、铁路固定资产投资	亿元	901.38	1364.31	51.4
（一）铁路基本建设投资	亿元	531.55	880.18	65.6
新建铁路投产里程	公里	1501.1	1230	-18.1
复线铁路投产里程	公里	399.8	486.3	21.6
电气化铁路投产里程	公里	413.7	865.7	109.3
（二）国家铁路更新改造投资	亿元	191.51	218.34	14.0
（三）国家铁路机车车辆购置	亿元	178.32	265.79	49.1
四、工业生产				
新造机车	台	1154	1011	-14.1
其中：内燃机车	台	835	694	-20.3
电力机车	台	319	317	-0.6
新造客车	辆	1715	1521	-12.7
新造货车	辆	23155	34408	48.6

注：① 2005年全国铁路营业里程合计75437.6公里，其中：国家铁路62200公里，合资铁路8462.3公里，地方铁路及其他4775.3公里。

② 工业生产统计数字由中国南车集团公司和中国北车集团公司提供。

（本资料由铁道部统计中心提供，
原载于《铁道知识》2006年第3期）

索引

索　引

索　　引

B

北京二七车辆厂　217
北京铁工经贸公司　248
北京隆长泰工程机械有限公司　280
北京丰华实机械有限公司　280
北京中铁二七储运有限公司　281

C

财务管理　106
车辆生产与技术开发　128
成都机车车辆厂　208
常州铁道高等职业技术学校　246

D

大事记　77
党群工作概述　90
多元经营　113
党群工作　145

F

附录　285

G

概况　87
规划与投资　104
工会工作　154
共青团工作　157
贵州航天电源科技有限公司　282
贵州汇通华城楼宇科技有限公司　282

H

黄菊　3
湖南铁道职业技术学院　244
合资合作经营企业　279
汇通源泉环境科技有限公司　281

J

集团公司行政部门组织机构图　94
集团公司党群部门组织机构图　95
经营与销售　101
技术管理　119
机车生产与技术开发　123
教育管理　141
纪检监察工作　151
机关党务工作　161

K

科技发展与管理　119

L

李荣融　16
刘志军　26
劳动工资管理　138
洛阳机车厂　211
牢固树立服务运输宗旨　全面提升车辆装备水平　为推进铁路跨越式发展作出新的更大贡献　285

M

眉山车辆厂　199

N

能源管理与环境保护　130
南车四方机车车辆股份有限公司　184
南京浦镇车辆厂　192
南方汇通股份有限公司(贵阳车辆厂)　229
南方汇通微电子分公司　282

Q

企业管理　101
戚墅堰机车车辆厂　178
戚墅堰机车车辆工艺研究所　237
青岛四方—庞巴迪—鲍尔铁路运输设备有限公司　279

R

人力资源管理　135
人事管理　135
人物与荣誉　255

S

审计工作　108
四方机车车辆有限责任公司　189
石家庄车辆厂　221
逝世人物　260
石家庄国祥运输制冷设备有限公司　280
索引　325

T

特载　3
铜陵车辆厂　206
统计资料　267
2005 年铁路主要指标完成情况　321

W

武昌车辆厂　203
武汉江岸车辆厂　225
我国轨道交通网的结构与技术特征　297
我国自行研制的 DMUs 和 EMUs 回顾　311

X

行政工作概述　87
销售工作　103
信息化建设　111
宣传工作　148
学会·协会　163
下属单位　169
襄樊内燃机车厂　214
襄樊牵引电机有限公司　241
新力搏交通装备投资发展有限公司　251
先进人物　255
先进集体　260

Y

宇宙钢丝绳有限公司　282

Z

专文　37
赵小刚　37、68
郑昌泓　51、60
中国南车集团公司领导干部名单　96
中国南车集团公司工会副主席、纪委副书记、副总经济师、副总工程师、副总会计师名单　96
中国南车集团公司总部机关各部门负责人名单　97
质量管理与通用技术　120
组织工作　145
株洲电力机车有限公司　169
资阳机车厂　174
株洲车辆厂　196
株洲电力机车研究所　233
株洲西门子牵引设备有限公司　279
株洲斯威铁路产品有限公司　279
装用 280 系列柴油机机车的技术优势和发展前景　305
中华人民共和国铁道部 2005 年铁道统计公报　316

图书在版编目（CIP）数据

中国南方机车车辆工业集团公司年鉴．2006/《中国南方机车车辆工业集团公司年鉴》编委会编．－北京：中国铁道出版社，2006．12

（中铁工业年鉴．2006）

ISBN 7－113－07465－5

Ⅰ．中…　Ⅱ．中…　Ⅲ．机车－车辆工厂－中国－2006－年鉴　Ⅳ．F426．472－54

中国版本图书馆 CIP 数据核字（2006）第 107562 号

书　　名：中国南方机车车辆工业集团公司年鉴（2006）
作　　者：《中国南方机车车辆工业集团公司年鉴》编辑委员会
出版发行：中国铁道出版社（100054，北京市宣武区右安门西街 8 号）
责任编辑：罗桂英
封面设计：石佑达
印　　刷：大连机车研究所科技服务公司印刷厂
开　　本：787×1092 毫米 1/16　印张：21.5　彩页：60　字数：496 千
版　　本：2006 年 9 月第 1 版　　2006 年 9 月第 1 次印刷
印　　数：1－1000 册
书　　号：ISBN 7－113－07458－5/U·1971
定　　价：150 元